科学出版社“十四五”普通高等教育本科规划教材

普通高等教育基础医学类系列教材

供基础、临床、预防、口腔、护理等医学类专业使用

组织学与胚胎学

（第 三 版）

王亚平　周　雪　主编

科 学 出 版 社
北 京

内 容 简 介

本教材系统介绍了组织学与胚胎学的基本知识，立足基础、突出重点、内容精要、注重联系临床工作实际，为后期基础医学课程（如生理学、病理学、药理学、细胞生物学和医学免疫学等）和临床医学课程（如内科学、外科学、妇产科学、儿科学和生殖医学等）的学习奠定坚实基础。为帮助读者更好地掌握组织学与胚胎学的基本知识，本教材在每章开始提出了学习要点，每章末尾附有小结。此外，本教材的主要章节还配有微课视频（扫描二维码即可观看）供读者学习参考。

本教材可供全国高等医药院校医学及医学相关专业本科生使用，也可供相关专业的青年教师、研究生、成人教育学生等参考学习。

图书在版编目（CIP）数据

组织学与胚胎学 / 王亚平，周雪主编. —3 版 . —北京：科学出版社，2021.11（2025.1重印）

普通高等教育基础医学类系列教材

ISBN 978-7-03-068865-1

Ⅰ. ①组… Ⅱ. ①王… ②周… Ⅲ. ①人体组织学—高等学校—教材 ②人体胚胎学—高等学校—教材 Ⅳ. ① R32

中国版本图书馆 CIP 数据核字（2021）第 098744 号

责任编辑：闵 捷 / 责任校对：谭宏宇

责任印制：黄晓鸣 / 封面设计：殷 靓

科学出版社 出版

北京东黄城根北街 16 号

邮政编码：100717

http://www.sciencep.com

南京文脉图文设计制作有限公司排版

上海时友数码图文设计制作有限公司印刷

科学出版社发行 各地新华书店经销

*

2014 年 1 月第 一 版 开本：889 × 1194 1/16

2021 年 11 月第 三 版 印张：17

2025 年 1 月第十八次印刷 字数：543 000

定价：75.00 元

（如有印装质量问题，我社负责调换）

《组织学与胚胎学》（第三版）
编委会

主　编

王亚平　周　雪

主　审

祝彼得

副主编

苏炳银　杨　岚　余　鸿　吴　宏

编　委

（以姓氏拼音为序）

常　青（宁夏医科大学）
李红丽（陆军军医大学）
李　坪（昆明医科大学）
陆　祥（遵义医科大学）
石娅萍（成都中医药大学）
苏　敏（贵州医科大学）
文晓红（川北医学院）
杨代耘（成都中医药大学）
杨　岚（成都中医药大学）
余　鸿（西南医科大学）
周　玥（大理大学）
韩　艺（西南医科大学）
李　静（重庆医科大学）
刘　琼（复旦大学）
彭　彬（川北医学院）
苏炳银（成都医学院）
王亚平（重庆医科大学）
吴　宏（重庆医科大学）
杨桂枝（四川大学）
杨　姝（首都医科大学）
周　雪（四川大学）

学术秘书（兼）

李　静（重庆医科大学）　**石娅萍**（成都中医药大学）

《组织学与胚胎学》（第三版）
微课制作人员

负责人

杨桂枝（四川大学）
李　静（重庆医科大学）
王巧稚（西南医科大学）

制作人员

（以姓氏拼音为序）

丁　艳（四川大学）
龚艳菊（成都中医药大学）
李　静（重庆医科大学）
穆欣艺（重庆医科大学）
马　利（川北医学院）
王巧稚（西南医科大学）
吴　宏（重庆医科大学）
张　蕾（重庆医科大学）
冯　颖（四川大学）
韩　艺（西南医科大学）
刘　琼（复旦大学）
彭　彬（川北医学院）
王　璐（重庆医科大学）
文晓红（川北医学院）
谢璐霜（成都中医药大学）
周春妮（重庆医科大学）

第三版前言

习近平总书记在党的二十大报告中指出，教育、科技、人才是全面建设社会主义现代化国家的基础性、战略性支撑。我们要坚持教育优先发展、科技自立自强、人才引领驱动，加快建设教育强国、科技强国、人才强国，坚持为党育人、为国育才，全面提高人才自主培养质量，着力造就拔尖创新人才，聚天下英才而用之。我们要办好人民满意的教育，全面贯彻党的教育方针，落实立德树人根本任务，培养德智体美劳全面发展的社会主义建设者和接班人；加快建设高质量教育体系，发展素质教育，促进教育公平。我们要深入实施人才强国战略，坚持尊重劳动、尊重知识、尊重人才、尊重创造，完善人才战略布局，把各方面优秀人才集聚到党和人民事业中来。

为适应21世纪国家需要，培养人民满意的高质量、高水平医学人才是医学教育的首要任务。教材建设在提高人才培养质量中发挥着重要的基础性作用。一部好教材，无论是编写内容还是编写形式都应当遵循教与学的规律，即教师好教、学生易学、给予医学生以正确的引导。科学出版社"十四五"普通高等教育本科规划教材《组织学与胚胎学》(第三版）修订工作得到了全国14所高等院校的21位具有丰富教学经验的组织学与胚胎学专家的大力支持。第三版教材既传承了第二版教材的优点，也修订了第二版教材的不足。

（1）本教材更好地把握了教材内容的传承与发展关系；教材内容与教学对象的关系；有利于"好教"与"易学"的关系。本教材强调组织学与胚胎学的基本理论、基本知识和基本技能的传授，适用于全国高等医药院校医学及医学相关专业本科生。

（2）组织学与胚胎学是基础医学的形态学科，图片质量是确保教材质量的关键。本教材淘汰了第二版教材中质量欠佳的实物图和模式图，绘制和拍摄了更加精美的图片，展示了形态学科的特点。

（3）本教材对文字进行了认真凝练与修订，使文字更加简明精炼、科学严谨、重点与难点突出。在部分章节插入了"知识拓展"，介绍了相关领域的新知识，以启发学生思考，扩大知识范围。本教材适度增强了与其他基础医学学科和临床学科的联系，发挥本学科在医学教育中承上启下的作用。

（4）为帮助学生更好地掌握本专业的基本知识，本教材在每章开始提出了学习要点，每章末尾附有小结，教材的主要章节还配有微课视频（扫描二维码即可观看）供大家学习参考。

本教材在编写过程中得到了各参编学校专家们的鼎力支持，尤其是优质图片实现了资源共享。成都中医药大学祝彼得教授作为第三版教材的主审，对教材内容与编写形式提出了很多宝贵意见，在此谨代表编委会表示衷心地感谢。

希望本教材能成为一部高质量、高水平，深受师生喜爱的好教材。欢迎同行专家、广大师生给予批评指正，并预致谢意。

主　编

2023年5月修订

第二版前言

培养适应国家需要，人民满意的高质量、高水平医学人才是医学教育的首要任务。教材建设在提高人才培养质量中发挥着重要的基础性作用。一部好教材，无论从编写内容和编写形式都应当遵循教与学规律，即教师好教，学生易学，给医学生以正确的引导。全国普通高等教育基础医学类教材《组织学与胚胎学》(第二版)的修订组织了全国15所高等医药院校的20位有丰富教学经验的组织学与胚胎学专家参加编写。第二版教材既传承了第一版教材的优点，也修订了第一版教材的不足。

(1)本教材针对全国五年制医学类本科学生。参编教师以严谨的科学态度和责任意识，把握了教材内容的传承与发展关系；本教材内容与教学对象的关系；有利于“好教”与“好学”的关系。本教材编写指导思想是强调组织学与胚胎学的基本理论、基本知识和基本技能传授，力求文字简明精炼、重点突出，图片精美、突出实用。教材适度加强与其他基础医学学科和临床学科的联系，发挥本学科在医学教育中承上启下的作用。

(2)组织学与胚胎学是基础医学的形态学科，图片质量是高水平教材的关键所在。第二版在第一版基础上更换了质量欠佳的实物图，补充了新的实物图和模式图，更新率达到2/3，进一步体现了形态学科的特点。

(3)第二版教材对文字部分和章节编排进行了认真的凝练和修改，注重教材内容的科学性与专业性、写作形式的逻辑性与精准性，教学形式的可读性与易学性。本教材分为上篇组织学和下篇胚胎学，在组织学部分将消化系统分消化管和消化腺两部分，在胚胎学部分增加了胚胎学绪论。第二版教材在部分章节插入了“知识拓展”，介绍相关领域的新知识，以启发学生思考，扩大知识范围。第二版教材的篇章结构更加清晰，也更加有利于教学安排。

(4)第二版教材在章首提出了该章的学习要点和重点，使学生能把握重要的知识点。在章尾编写了本章小结，使学生能巩固所学内容。

本教材在编写过程中得到了各参编学校专家们的大力支持，尤其是优质图片实现了资源共享。第一版教材的主编，成都中医药大学的祝彼得教授为第二版教材的修订奠定了坚实的基础，作为主审他为第二版教材修订提出了很多宝贵意见。在此谨代表编委会表示衷心的感谢。

希望本教材能成为一本高质量、高水平、深受师生喜爱的好教材。由于编者的水平有限，纰漏错误在所难免。欢迎同行专家、广大师生给予批评指正，并预致谢意。

主　编

2016年5月

第一版前言

“教书育人，教材领先”。教材作为授业传道解惑之书，必须不断提高质量，内容是一本教材的灵魂，教材是为广大教师和学生服务的。一本好的教材应该从内容和形式都有利于“教”与“学”，教师“好教”，学生“好学”。根据《教育部关于“十二五”普通高等教育本科教材建设的若干意见》精神，实施精品战略，针对五年制医学本科生的培养目标，成都中医药大学组织全国多所医学院校的教师，秉承认真严谨务实的作风，编写了本教材。

本教材的编写强调组织学与胚胎学的基本理论、基本知识和基本技能的传授，力求简明实用、重点突出、图文并茂，适度加强与功能学科和临床学科的联系，努力发挥组织学与胚胎学在医学教育中承前启后的作用。

本教材的编写贯彻老、中、青三结合的原则，在老教师的带领下，一批优秀的中青年教师展示了他们积极向上的精神风貌。

本书的编写得到了成都中医药大学、重庆医科大学与四川大学华西医学中心的大力支持，在此表示感谢；感谢石娅萍博士、黄茜博士在本书编写过程中处理了大量繁杂的文案工作和来往信件；感谢所有关心和支持编写工作的领导和朋友们。

尽管做了努力，鉴于水平有限，不足之处恳求同行专家和广大老师同学不吝指正，预致谢意。

主　编

2013 年 9 月

目　　录

下篇 胚胎学

上　篇

组　织　学

第一章

组织学绪论

学习要点

①组织学的研究内容；②组织学常用的研究技术及方法；③组织结构的立体形态与不同断面形态间的关系；④组织学在医学中的地位和作用

一、组织学的研究内容及其在医学中的地位和作用

组织学（histology）是研究正常机体微细结构（显微镜下的结构）及其相关功能的科学，内容包括细胞、基本组织、器官与系统。**细胞**（cell）是机体结构与功能的基本单位。**组织**（tissue）是由形态、功能相同或相似的细胞和细胞外基质组成的群体结构，是构成器官的基本成分。人体有四种基本组织：上皮组织、结缔组织、肌组织和神经组织。**器官**（organ）具有一定的形态结构，并执行特定的生理功能。中央有大空腔的器官称空腔性器官，如血管、消化管等；无大空腔的器官称实质性器官，如肝、肾等。**系统**（system）由一些结构连续、功能相关的器官组成，完成连续的生理活动。如消化系统、呼吸系统、循环系统等。

组织学是重要的医学基础课程，它与生理学、病理学、内科学、妇产科学、组织工程学等其他基础医学和临床医学课程有着密切的联系。随着生命科学研究不断深入，组织学内容不断充实、更新和扩展，并与当代生命科学各学科理论上相互渗透，技术上相互引用促进，关系日益密切。医学研究中的一些重大课题，如细胞遗传与突变、增殖与分化、凋亡与衰老的调控等都与组织学有密切的联系。因此，医学生通过对组织学理论知识的学习、组织切片的观察，可系统掌握人体的微细结构，为学习其他基础和临床医学课程及以后的科学研究奠定良好的形态学基础。

按研究方法、手段及研究对象的不同，组织学还可划分为：描述组织学、比较组织学、实验组织学和分子组织学等。

二、组织学的研究方法

组织学研究的是微细结构，必须在显微镜下才能观察清楚。显微镜有**光学显微镜**（light microscope，LM，简称光镜）和**电子显微镜**（electron microscope，EM，简称电镜）。这里简要介绍一些常用的研究技术和方法。

（一）一般光学显微镜技术

要研究机体的组织结构，必须将要观察的材料制备成很薄的样本并进行染色，方可在显微镜下观察。光学显微镜下所见结构，简称光镜结构。光镜的分辨率约为 0.2 μm，可放大约 1 500 倍。

1. 切片法　**石蜡切片法**（paraffin sectioning）是最常用的技术，其基本程序如下：取材、固定、脱水、包埋、切片、染色、封片。最常用的染色法是**苏木精–伊红染色法**（hematoxylin-eosin staining），简称 HE 染色法。苏木精为碱性染料，某些酸性物质（如胞核内的染色质、胞质内的核糖体等）与碱性染料亲和力强，称为**嗜碱性**（basophilia），着紫蓝色；伊红为酸性染料，细胞质及细胞外基质中的碱性成分与酸性染料亲和力强，称**嗜酸性**（acidophilia），着粉红色；若与两种染料的亲和力都不强，则称**中性**（neutrophilia）。除 HE 染色法外，还有多种染色方法，如**银染法**，用硝酸银染色时，有些组织结构可直接使银离子还原为银颗粒而呈黑色，称**亲银性**（argentaffin）；有些组织结构需添加还原剂才能使硝酸银还原，称**嗜银性**（argyrophilia）。有些结构染色后所呈现的颜色与所用染料的颜色不同，如甲苯胺蓝染色肥大细胞时，其颗粒显示为紫红色，称为**异染性**（metachromasia）。除石蜡切片法外，尚有**冷冻切片法**，即应用液氮、低温制冷装置和恒冷切片机将组织迅速冷冻并切片，常用于不稳定活性物质的研究和快速病理诊断。

2. 非切片法　血液和脑脊液等液体样本，可直接在载玻片上涂片，干燥后再进行固定和染色，称**涂片法**。疏松结缔组织和肠系膜等软组织，可在载玻片上撕开展平，制成铺片，待干燥后进行固定和染色，称**铺片法**。骨和牙等坚硬组织可直接磨成薄片进行染色观察，称**磨片法**。

（二）几种特殊的光学显微镜

1. 荧光显微镜　**荧光显微镜**（fluorescence microscope）一般采用高压汞灯和弧光灯作为光源，激发生物样本中的荧光物质，产生各种荧光。利用荧光显微镜可研究自发荧光物质或带有荧光标记的物质在组织细胞中的分布，以达到对特定物质进行定性、定位和定量观察的目的。

2. 倒置显微镜　**倒置显微镜**（inverted microscope）的光源和聚光器在显微镜载物台的上方，从而增大了载物台放置样本的高度，主要用于观察体外培养的活细胞，可对细胞生长情况进行连续拍摄。

3. 相差显微镜　**相差显微镜**（phase contrast microscope）可将活细胞内各种结构对光的不同折射转换为光密度差异（明暗差），从而使镜下结构反差明显，呈现清晰的影像。在实际应用中还可将相差显微镜和倒置显微镜制成倒置相差显微镜，用于研究体外培养活细胞的形态结构及分裂、增殖、运动等变化过程。

4. 激光扫描共聚焦显微镜　**激光扫描共聚焦显微镜**（confocal laser scanning microscope，CLSM）是一种高光敏度与高分辨率的显微镜，主要由激光光源、共聚焦成像扫描系统、电子光学系统和计算机图像分析系统四部分组成。它可对较厚的组织切片进行连续精确的断层扫描，获得其内各层面的精细图像，经计算机合成处理后形成完整的三维图像。还可动态观察体外培养的活细胞，并对细胞内分子或离子进行标记，检测各种物质的表达及其动态变化。CLSM 突破了普通显微镜不能对组织或细胞内部进行定位检测的局限，能够对细胞内部进行非侵入式光学断层扫描成像，是开展亚细胞水平的结构和功能研究的有力工具。近年出现的双光子显微镜结合了激光扫描共聚焦显微镜和双光子激发技术，可用于观察更厚的标本，获得更强立体感的成像，对细胞的损伤更小。

（三）电子显微镜技术

电子显微镜技术简称电镜技术，是以电子束代替可见光，以电磁透镜代替光学透镜，最后将物像投射到荧光屏上观察。在电镜下可以观察到的结构，称**亚微结构**或**超微结构**。目前常用的电镜有透射电镜和扫描电镜。

1. 透射电镜　**透射电镜**（transmission electron microscope，TEM）的分辨率为 0.1 ～ 0.2 nm，放大倍数为几万到几十万倍，主要用于观察组织细胞内部的平面微细结构，图像似黑白照片。用透射电镜观察的样本必须制备成超薄切片（通常厚为 50 ～ 80 nm）。其制备过程主要包括戊二醛和锇酸固定、脱水、环氧树脂包埋、超薄切片机切片、电子染色等。电子束投射到样本时，可随组织构成成分的密度不同而发生相应的电子散射，如电子束投射到质量大的结构时，电子被散射较多，因此投射到荧光屏上的电子少而呈暗像，称**电子密度高**（electron dense）；反之，则称**电子密度低**（electron lucent）。

2. 扫描电镜 **扫描电镜**（scanning electron microscope，SEM）是用极细的电子束在样本表面扫描，用特制的探测器收集产生的二次电子，形成电信号运送到显像管，在荧光屏上显示立体图像。其分辨率一般为 5 ～ 7 μm，主要用于观察组织和细胞的表面形态和立体结构。

（四）组织化学技术和细胞化学技术

组织化学（histochemistry）技术和**细胞化学**（cytochemistry）技术是应用化学反应原理，对组织或细胞内某种物质进行定位检测的一种方法。若与显微分光光度计或图像分析仪合用，则可获得定量信息。

1. 一般组织细胞化学技术 其原理是在切片上加入能与组织细胞中某种待检物质发生化学反应的试剂，其最终产物或为有色沉淀物，可用光镜观察；或为重金属沉淀，可用电镜观察。常见待检物质如下：

（1）糖类：显示细胞、组织内的多糖或蛋白多糖的常用方法是**过碘酸希夫反应**（periodic acid Schiff reaction，PAS 反应），其基本原理是，糖类可被过碘酸氧化形成二醛基，后者与无色亚硫酸品红结合，反应产物为紫红色沉淀。

（2）酶类：每一种酶都可催化特定的底物产生化学反应。为证明细胞或组织中某种酶的存在和活性，先将切片放入有特异性底物的溶液中孵育，底物经酶水解或氧化形成初级反应产物；该产物再与相应的捕捉剂结合，形成不溶性、有颜色的或电子致密的反应终产物，在光镜或电镜下观察。

（3）脂类：显示脂肪和类脂，样本常用甲醛固定，冷冻切片，油红 O、尼罗蓝或苏丹类脂溶性染料染色。也可用锇酸固定兼染色，脂类呈黑色。

（4）核酸：显示 DNA 的传统方法为**福尔根反应**（Feulgen reaction）。切片经稀盐酸处理后，使 DNA 水解，打开脱氧核糖核酸和嘌呤碱之间的连接键，暴露出醛基，再用 Schiff 试剂处理，使 DNA 呈紫红色。

2. 免疫组织化学和免疫细胞化学技术 组织细胞内的蛋白质与肽类均具有抗原性。将组织中待测的多肽或蛋白质作为抗原，把经过标记的、与待测抗原相对应的抗体与之反应，产生的抗原抗体复合物因被标记在显微镜下可见，从而对组织和细胞中某些多肽和蛋白质等大分子进行定位、定量分析，这种技术叫**免疫组织化学技术**（immunohistochemistry）或**免疫细胞化学技术**（immunocytochemistry）。常用的标记物有荧光素（如异硫氰酸荧光素）、酶（如辣根过氧化酶）等。该技术特异性强、灵敏度高。近年来，已被广泛用于基础研究和一些疾病的早期诊断。

3. 原位杂交技术 **原位杂交**（in situ hybridization）技术又称核酸分子杂交组织化学技术，是在组织细胞原位进行核酸分子杂交，以检测 RNA 或 DNA 序列片段的方法。其基本原理是，两条单核苷酸链通过碱基互补原则紧密结合，形成稳定的杂交体。应用含有特定序列、经过标记的 DNA 或 RNA 片段作为核酸探针，与组织切片或细胞内待测核酸（RNA 或 DNA）片段进行杂交，便可获知是否有待测核酸及相对量。常用标记物有放射性核素和地高辛精。

（五）放射自显影技术

放射自显影技术（autoradiography，ARG）是通过活细胞对放射性物质（如 ^{3}H、^{14}C、^{32}P、^{35}S、^{131}I 等）的特异性摄入，以显示该细胞的功能状态或该放射性物质在组织或细胞内的代谢过程。将放射性核素或放射性核素标记的物质注入动物体内，让动物存活一定时间后取材、制备切片，并在其上面涂以感光材料（如感光乳胶），置暗处，细胞内放射性核素产生的射线能使乳胶感光。经显影、定影处理，可在光镜或电镜下观察，从而获知被检物质在组织或细胞内的分布、相对含量及代谢转归。

（六）组织和细胞化学定量技术

1. 分光光度术 **显微分光光度术**（microspectrophotometry）是以物质分子对光波的选择性吸收为基

础，应用显微分光光度计测定细胞内某种物质的光密度值（OD 值），从而对细胞内化学成分进行定量分析的一门技术。如测定细胞内蛋白质、核酸、酶、脂类、糖类等的含量。

2. 流式细胞术　**流式细胞术**（flow cytometry）是应用流式细胞仪进行细胞定量和分类研究技术，能对单个细胞及其群体的某种化学物质含量与种类作出分析。其工作原理是，分离被检细胞，并进行荧光染色或标记，然后使单细胞液流快速通过仪器的激光照射分析区，被检细胞产生不同的荧光信号并转变为电脉冲，经计算机分析获得该细胞群体中不同类型细胞的有关数据。该技术快速、精确、灵敏。

3. 显微图像分析系统　**显微图像分析系统**（microspe image analysis system）主要由四部分组成：显微镜、图像采集装置、计算机和数据分析软件。该系统应用数学、统计学等原理，对被观察切片所提供的数字图像进行处理，根据图像像素大小、位置、灰度等信息，以获得组织和细胞内成分的数量、体积、直径及表面积等参数。此外，该系统还可将平面图像中获得的某种结构成分的二维信息通过计算机转换成三维数据，从而得以了解该结构成分的立体图像，也称为**体视学**（stereology）。

（七）体外培养技术

体外培养技术包括**组织培养**（tissue culture）技术和**细胞培养**（cell culture）技术，是指从机体取得的活组织或活细胞在体外一定环境条件下进行培养并进行实验的技术。体外培养一般在 CO_2 培养箱中进行，培养环境无菌，要有适宜的温度、O_2 与 CO_2 浓度、pH 等条件，培养液要含有适合细胞生长的营养物质、生长因子、激素等。组织培养常用的容器有培养瓶、培养皿、培养板等。在倒置相差显微镜下可直观细胞的增殖、分化、运动、吞噬等动态变化，并可用显微录像或显微摄影真实地记录下活细胞的连续变化过程。应用此技术可研究各种因素对活细胞的影响，获得单纯体内实验难以达到的效果。

组织工程（tissue engineering）是用细胞培养技术在体外模拟构建机体组织或器官的技术。目前正在研究构建的组织器官主要有皮肤、软骨、骨、肌腱、骨骼肌、血管及角膜等；其中以组织工程皮肤的研究较为成功并已应用于临床治疗烧伤、皮肤静脉性溃疡等疾病。

（八）组织芯片技术

组织芯片（tissue chip），又称**组织微阵列**（tissue microarrays），具有高通量、可比性强、实验误差小及成本低等优点，适用于大样本研究。将成百上千个组织标本整齐有序地排列在载玻片上制成微缩组织切片，结合免疫组织化学、核酸原位杂交等技术，对切片上所有组织样本同时进行形态结构比较、基因和蛋白表达水平的定位检测。

三、组织学的学习方法

组织学是一门形态科学，学好这门课程，除要注重理论联系实际外，还需注意以下几个方面。

1. 形态与功能结合　组织学以形态研究为主，但形态结构不是孤立的，而是与一定的生理功能相联系的，如红细胞含有丰富的血红蛋白，因而有结合和携带氧的功能。

2. 平面与立体结合　不论是细胞或是器官，实际上都是立体的，但看到的切片、插图和照片仅显示组织和细胞的平面结构，且随着切面部位和角度的变化，其表现的形态结构也不尽相同。因此，在学习过程中，应积极培养空间思维能力，努力将看到的平面和局部的二维图像还原为实物的三维结构，以更好地理解整体器官的结构。

3. 发生、发展和进化的观点　人体各器官的形态结构是在漫长的由低级向高级、由简单向复杂的进化过程中逐步形成的，这些组织结构一直处于新陈代谢、发育分化的动态变化之中。

4. 共性与特性结合　学习组织学应善于比较分析，努力掌握其共性和特性。如人体内脏器官虽然数量很多、结构各异，但可归纳为实质性器官和中空性器官两类，实质性器官一般由被膜、实质和间质组成；中空性器官管壁均可分层，由于功能不同，其管壁又各出现一些特征性的结构。

总之，正确掌握学习方法可以提高学习效率，牢固掌握知识，并能把所学到的基础理论知识灵活运用于其他各学科。

本章小结

组织学是重要的医学基础课程。组织学是研究正常机体的__________及其相关功能的科学。观察组织细胞微细结构需用光镜和电镜。制作光镜标本常用的染色方法是__________染色，染色质、核糖体与碱性染料亲和力强，称为__________，着__________色；细胞质及细胞外基质中的碱性成分与酸性染料亲和力强，称为__________，着__________色。电镜有__________电镜和__________电镜两种，前者显示组织细胞__________结构，后者显示组织细胞的__________和__________结构。组织化学技术和细胞化学术是应用化学反应原理，对组织或细胞内某种物质进行定位检测的一种方法。此外，组织学的研究方法还有放射自显影术、组织和细胞化学定量术、体外培养技术等。学习组织学时应注意形态与功能结合，平面与立体结合，__________、共性与特性结合。

（周　雪）

第二章

上皮组织

学习要点

①上皮组织的一般特点；②被覆上皮的类型、结构、分布及功能；③上皮细胞的游离面、侧面和基底面的特殊结构及功能；④腺上皮、外分泌腺和内分泌腺的结构特点。

上皮组织（epithelial tissue）简称上皮，由密集排列的上皮细胞与极少量的**细胞外基质**（extracellular substance）组成。上皮细胞朝向体表或空腔性器官腔面那侧称游离面，与游离面相对的一侧称基底面，基底面借一层基膜与深部结缔组织相连。上皮的游离面和基底面在形态结构和功能上的差异性称为上皮的**极性**（polarity）。相邻细胞之间的连接面称侧面。上皮内大多无血管，其营养来自结缔组织中的血管，营养物质透过基膜渗透供给上皮细胞。上皮组织中含有丰富的感觉神经末梢，感受各种刺激。上皮组织具有保护、吸收、分泌和排泄等功能。位于身体不同部位和器官的上皮常以某种功能为主，如体表上皮主要发挥保护作用，而消化管的上皮除保护作用外，还有吸收和分泌功能。

上皮组织根据功能，主要分为被覆上皮和腺上皮两大类。少数部位的上皮特化为感觉上皮、生殖上皮和肌上皮等。

一、被覆上皮

被覆上皮（covering epithelium）主要覆盖于人体的体表或衬贴于体内各种管、腔、囊的内表面，分布广泛。根据上皮细胞排列层数，分为单层上皮和复层上皮。又根据细胞（或表层细胞）垂直切面的形状分为扁平、立方、柱状等多种类型（表 2-1）。

表 2-1　被覆上皮的类型、主要分布及功能

上皮类型		主要分布	功能
单层上皮	单层扁平上皮	内皮：心、血管和淋巴管的腔面	内皮薄而光滑，有利于血液和淋巴液的流动
		间皮：胸膜、腹膜和心包膜的表面	使器官表面光滑而湿润，有利于内脏器官的活动
		其他：肺泡和肾小囊壁层等	气体交换和保护等
	单层立方上皮	肾小管、甲状腺滤泡上皮等	吸收和分泌
	单层柱状上皮	胃、肠、胆囊、子宫等腔面	保护、吸收和分泌
	假复层纤毛柱状上皮	呼吸管道等腔面	保护、分泌和将尘粒排出呼吸道
复层上皮	复层扁平上皮	未角化的：口腔、食管和阴道等腔面	保护、分泌、防止水分丢失
		角化的：皮肤的表皮	保护
	复层柱状上皮	眼睑结膜、男性尿道等腔面	保护
	变移上皮	肾盏、肾盂、输尿管和膀胱等腔面	保护，有利于器官扩张或收缩

（一）单层扁平上皮

单层扁平上皮（simple squamous epithelium）由一层扁平细胞构成。表面观，细胞呈不规则形，核圆或椭圆，位于细胞中央。相邻细胞的边缘呈锯齿状嵌合。垂直切面观，细胞扁而薄，胞质很少，仅含核的部分略厚（图 2-1）。分布在心、血管和淋巴管腔面的单层扁平上皮称**内皮**（endothelium），内皮薄而光滑，有利于血液、淋巴液的流动和内皮细胞内、外的物质交换。分布在胸膜、腹膜和心包膜表面的单层扁平上皮称**间皮**（mesothelium），间皮光滑而湿润，有利于内脏器官的活动。此外，单层扁平上皮还分布于肺泡上皮和肾小囊壁层等处（图 2-2）。

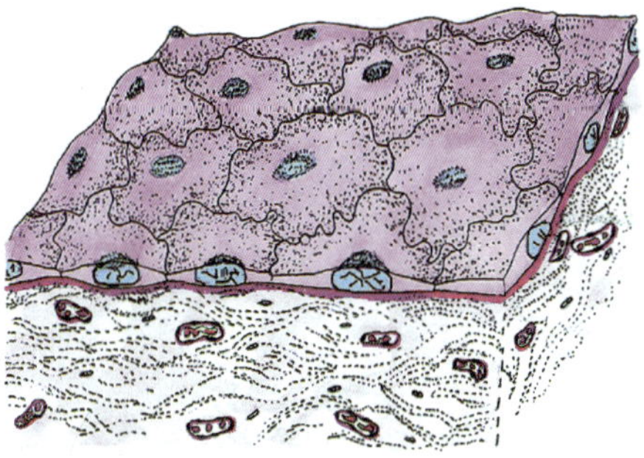

图 2-1 单层扁平上皮模式图

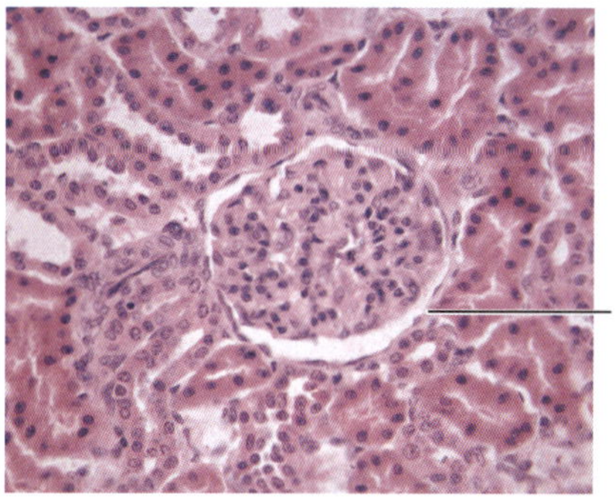

图 2-2 单层扁平上皮（肾小囊壁层，HE 染色，高倍）

（二）单层立方上皮

单层立方上皮（simple cuboidal epithelium）由一层立方细胞构成。表面观，细胞呈六边形或多角形。垂直切面观，细胞呈立方形，核圆，位于中央（图 2-3）。单层立方上皮分布于肾小管、肾集合小管（图 2-4）、甲状腺滤泡和视网膜色素上皮等处。

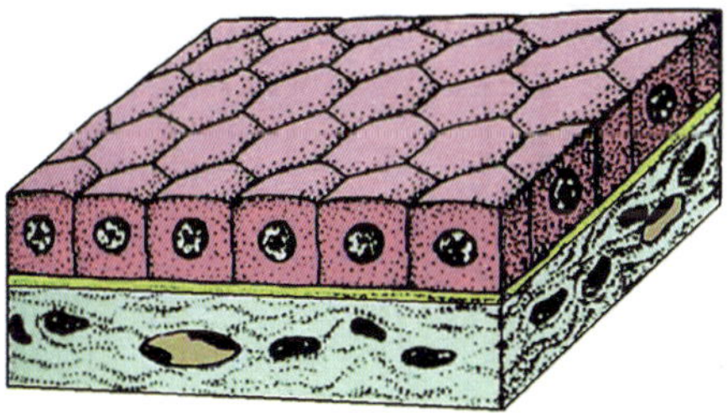

图 2-3 单层立方上皮模式图

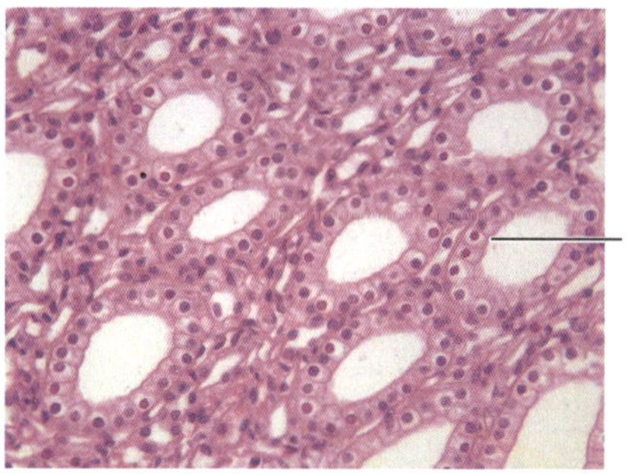

图 2-4 单层立方上皮（肾髓质，HE 染色，高倍）

（三）单层柱状上皮

单层柱状上皮（simple columnar epithelium）由一层棱柱状细胞构成。表面观，细胞呈六边形或多边形。垂直切面观，细胞呈柱状，核呈椭圆形，多位于细胞基底部（图 2-5）。分布于肠腔的单层柱状上皮细胞之间常夹有散在的**杯状细胞**（goblet cell），该细胞形似高脚酒杯，细长的基底部抵达基膜，胞核呈三角形，染色深，靠近细胞基底部，是一种单细胞腺，顶端胞质内充满**黏原颗粒**（mucinogen granule）。单层柱状上皮大多分布于胃、肠、胆囊、子宫和输卵管等器官的腔面，有吸收和分泌的功能（图 2-6）。

（四）假复层纤毛柱状上皮

假复层纤毛柱状上皮（pseudostratified ciliated columnar epithelium）由柱状细胞、梭形细胞、锥形细胞和杯状细胞构成，其中柱状细胞最多，其游离面伸出大量纤毛。垂直切面观，由于细胞形态不同、高低不等，核的位置参差不齐，貌似复层，但所有细胞基底面均附着于基膜上，实为单层（图 2-7）。假复层纤毛柱状上皮主要分布于呼吸道的腔面（图 2-8）。

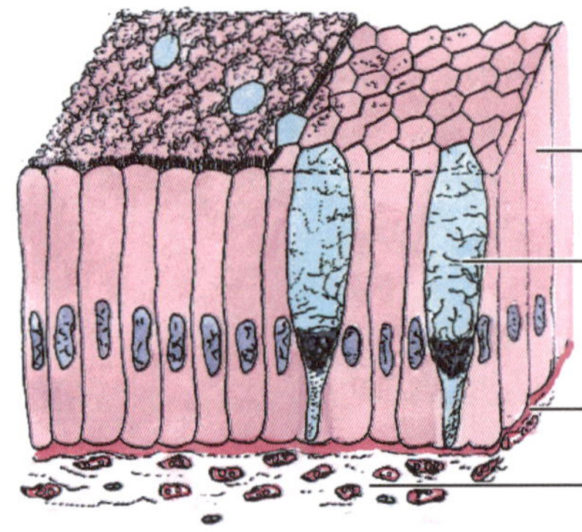

图 2-5 单层柱状上皮模式图

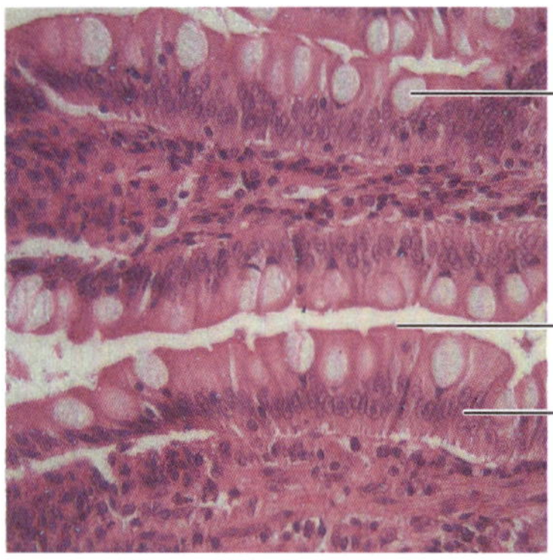

图 2-6 单层柱状上皮（小肠绒毛，HE 染色，高倍）

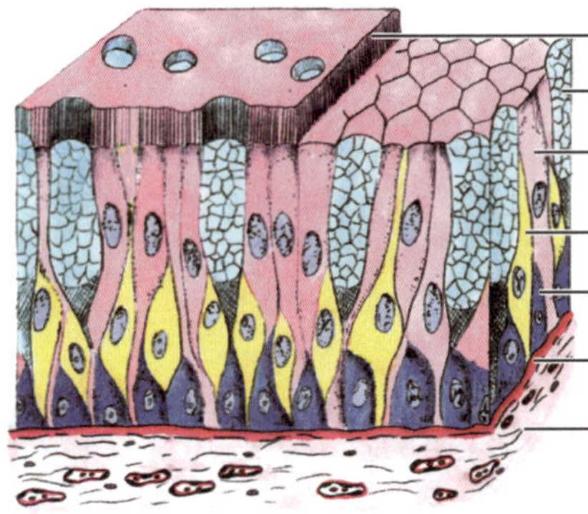

图 2-7 假复层纤毛柱状上皮模式图

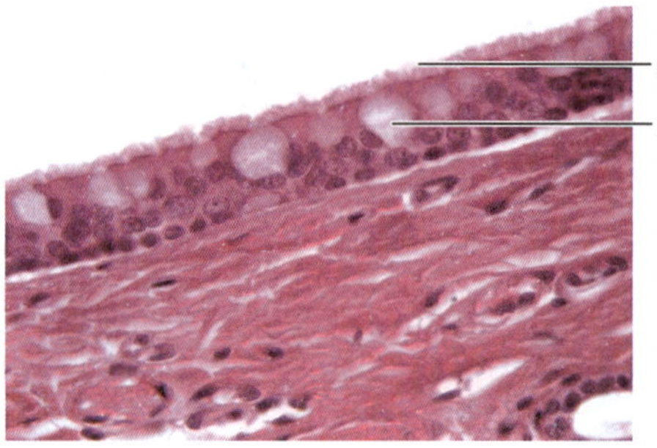

图 2-8 假复层纤毛柱状上皮（气管，HE 染色，高倍）

（五）复层扁平上皮

复层扁平上皮（stratified squamous epithelium）由多层细胞构成，因表层细胞呈扁平鳞片状，又称复层鳞状上皮。垂直切面观，紧贴基膜的一层基底细胞为矮柱状，细胞较幼稚，是一种干细胞，它可增殖分化形成新生细胞逐渐向浅层推移；中间数层细胞为多边形；浅层细胞为扁平鳞片状并不断退化、脱落。上皮基底面与结缔组织的连接面凹凸不平，除了增加两者的连接面使连接更加牢固外，还能保证上皮组织的营养供应。复层扁平上皮较厚，具有很强的机械保护作用。分布于口腔、食管和阴道腔面的复层扁平上皮，浅层细胞有核，含角蛋白较少，称未角化的复层扁平上皮（图 2-9、图 2-10）。分布于皮肤表皮的复层扁平上皮，浅层上皮细胞无核，含有大量角蛋白，形成干硬的角化层，称角化的复层扁平上皮（图 2-11、图 2-12）。

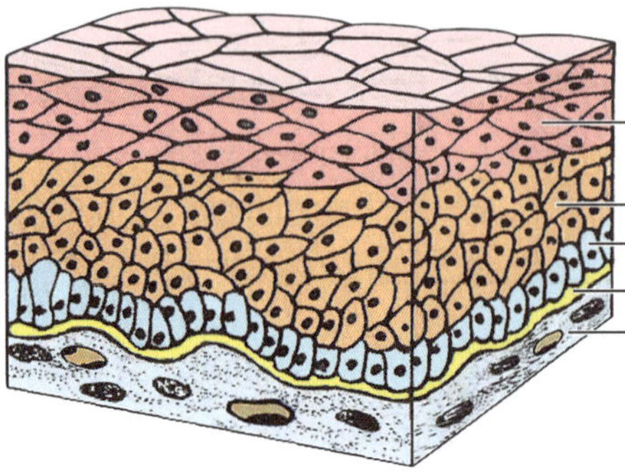

图 2-9 未角化的复层扁平上皮模式图

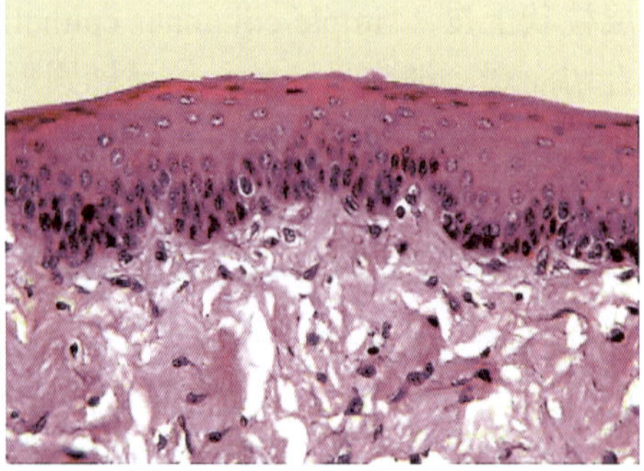

图 2-10 未角化的复层扁平上皮（食管，HE 染色，低倍）

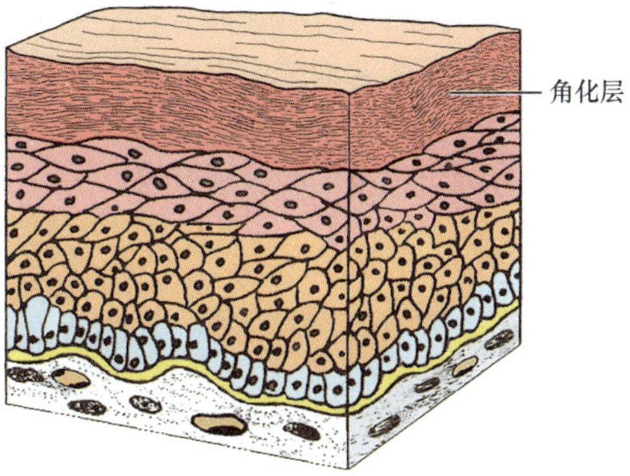

图 2-11　角化的复层扁平上皮模式图

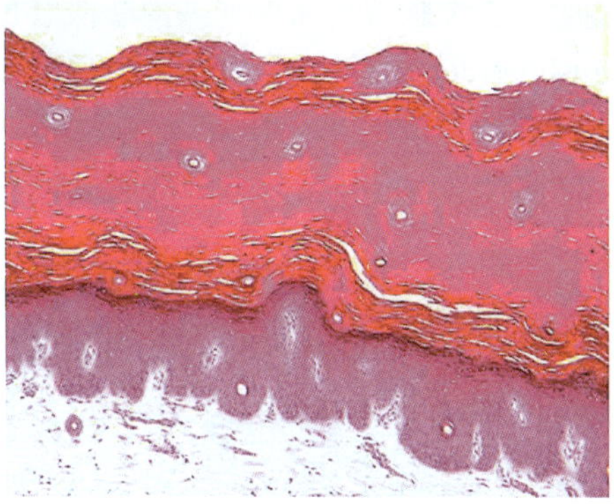

图 2-12　角化的复层扁平上皮（皮肤表皮，HE 染色，低倍）

（六）复层柱状上皮

复层柱状上皮（stratified columnar epithelium）由多层上皮细胞组成，表面一层为排列较整齐的矮柱状细胞，深层由几层多边形细胞构成。分布于眼睑结膜、男性尿道和一些腺的大导管等处。

（七）变移上皮

变移上皮（transitional epithelium）又称移行上皮。由浅层细胞、中间层细胞和基底细胞构成。变移上皮主要分布于排尿管道，其特点是细胞形态和层数随器官功能状态的不同而发生变化。如膀胱空虚收缩时，上皮变厚，细胞层数增多，表层细胞呈大立方形，有 1 ～ 2 个胞核，可覆盖其深层的几个细胞，故称盖细胞，其游离面胞质浓缩成壳层，防止尿液侵蚀；中间几层细胞呈多边形；基底细胞为立方形（图 2-13、图 2-14）。反之，膀胱充盈扩张时，上皮变薄，细胞层数减少，表层细胞略扁。

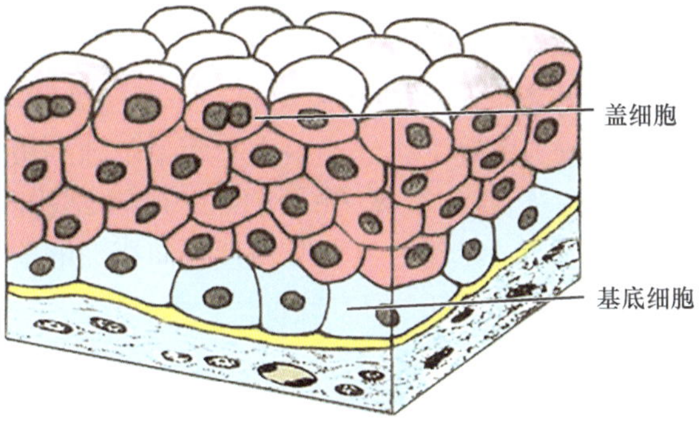

图 2-13　变移上皮模式图

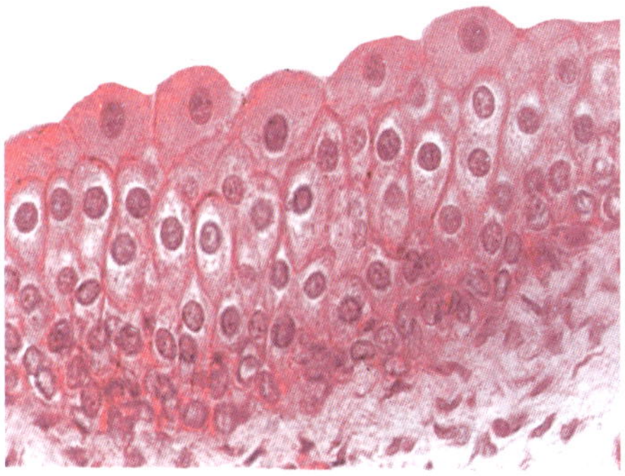

图 2-14　变移上皮（膀胱空虚状态，HE 染色，高倍）

二、上皮组织的特殊结构

上皮组织为适应功能的需要，常在细胞的游离面、侧面和基底面形成一些特殊结构，这些特殊结构也可见于其他组织的细胞。

（一）上皮细胞的游离面

1. 微绒毛　**微绒毛**（microvillus）是上皮细胞的胞膜和胞质共同向游离面伸出的微细指状突起。直径 0.1 ～ 0.3 μm，长度因细胞种类或生理状态而有所差别。微绒毛在光镜下不能分辨出，HE 染色仅在吸收功能旺盛的上皮细胞游离面见到一薄层淡红色结构，称**纹状缘**（striated border）（小肠上皮，图 2-6）或**刷状缘**（brush border）（肾近端小管上皮），实为许多整齐而密集排列的微绒毛集合而成。电镜下，微绒毛表面为细胞膜，内部为胞质，其中含有许多纵行排列的微丝，微丝自微绒毛顶部下行到达微绒毛根部，附着于终末网（图 2-15）。微绒毛的功能是扩大细胞游离面的表面积，有利于细胞的吸收或分泌。

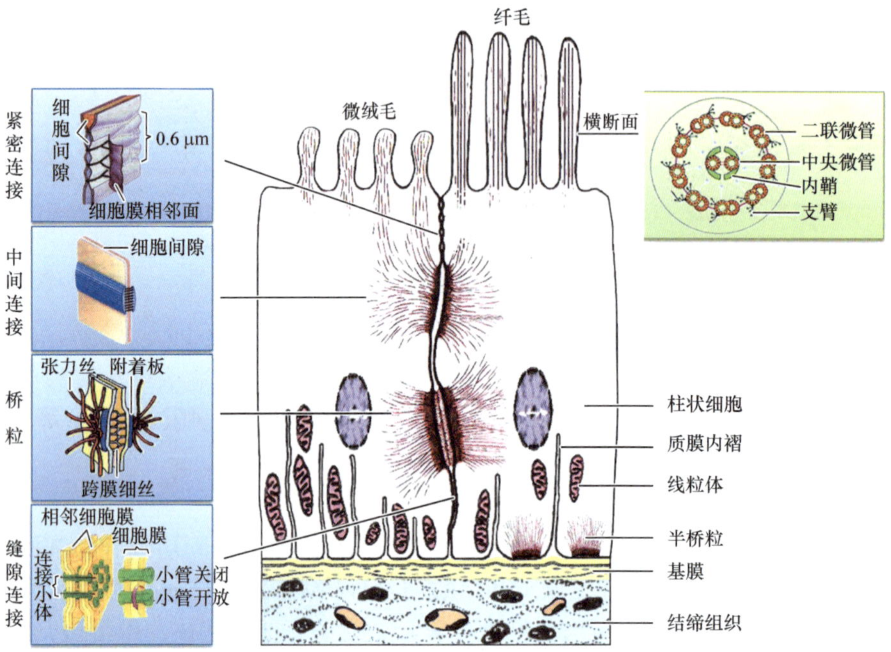

图 2-15 上皮细胞游离面、侧面和基底面特殊结构模式图

微绒毛的胞膜外面常覆盖一层较厚的**细胞衣**（cell coat）。细胞衣是构成胞膜的糖蛋白和糖脂向外伸出的糖链部分。细胞衣具有黏着、保护和物质交换等作用。此外，细胞衣还与细胞表面抗原性、细胞识别等有关。

2. 纤毛 **纤毛**（cilium）是上皮细胞的胞膜和胞质共同向游离面伸出的较大突起。纤毛比微绒毛粗而长，直径 0.2 ～ 0.5 μm，长 5 ～ 10 μm，光镜下可见（图 2-8）。电镜下，纤毛中央有两条单独的微管，周围有 9 组二联微管（即 9+2 结构）（图 2-15），根部有一个致密颗粒称**基体**（basal body），其结构与中心粒基本相同，其中的微管与纤毛的微管相连。微管可以相互滑动，使纤毛具有节律性定向摆动的能力。众多纤毛的协调摆动像风吹麦浪一样，将黏附在上皮表面的颗粒及黏液向一定方向推送。

（二）上皮细胞的侧面

上皮细胞之间的间隙很窄，只有极少量的细胞外基质。相邻细胞除以**钙黏连蛋白**（cadherin）等黏附分子相互结合外，细胞侧面还形成一些特殊结构，称**细胞连接**（cell junction），仅在电镜下能观察到，常呈点状、斑状或带状结构。细胞连接可分为紧密连接、中间连接、桥粒和缝隙连接。

1. 紧密连接 **紧密连接**（tight junction）又称**闭锁小带**（zonula occludens），位于细胞的侧面顶端呈箍状环绕细胞。两相邻细胞的细胞膜外层的蛋白质呈间断融合，融合处无细胞间隙，非融合处有极窄的间隙存在。此结构不仅起到机械性连接作用，还将相邻上皮细胞顶部的细胞间隙封闭，既防止大分子物质进入细胞间隙，又阻止组织液的流失（图 2-15）。

2. 中间连接 **中间连接**（intermediate junction）又称**黏着小带**（zonula adherens），多位于紧密连接下方，相邻细胞之间有 15 ～ 20 nm 的间隙，其内含有低密度的丝状物连接相邻细胞膜，膜的胞质面有薄层致密物质和微丝附着，微丝参与组成终末网（图 2-15）。这种连接也见于心肌细胞间的闰盘。中间连接除黏着作用外，还有保持细胞形状和传递细胞收缩力的功能。

3. 桥粒 **桥粒**（desmosome）又称**黏着斑**（macula adherens），位于中间连接的深部，呈大小不等的椭圆形斑。细胞间隙宽 20 ～ 30 nm，内有低密度的丝状物，间隙中央有一条与胞膜相平行而致密的中间线，此线由丝状物交织而成。两侧胞膜的胞质面有较厚的致密物质构成附着板，胞质中有许多直径约 10nm 的张力丝附着于板上，并折成袢状返回胞质中，起固定和支持作用（图 2-15）。桥粒是一种很牢固的连接方式，多见于易受机械性刺激或摩擦较多的皮肤、食管等部位的复层扁平上皮。

4. 缝隙连接 **缝隙连接**（gap junction）又称**通信连接**（communication junction），位于桥粒的深部。电镜下，细胞间隙仅约 3 nm，内有许多间隔大致相等的连接点。在连接点处两相邻细胞膜中的镶嵌蛋白相互结合，蛋白颗粒呈柱状，称**连接小体**（connexon），每个连接小体直径 7 ～ 9 nm，由 6 个亚单位环绕而成，中央有直径约 2 nm 的管腔。两相邻细胞胞膜上的蛋白颗粒彼此相接，管腔也相通，成为细胞间直接交通的管道（图 2-15）。在 Ca^{2+} 及其他因素作用下，管道可闭合或开放，某些小分子物质和离子以此进行相邻细胞间流通，传递化学信息，使细胞在营养代谢、增殖分化和功能等方面成为统一体。此种连接常分布在心肌细胞之间、平滑肌细胞之间和神经细胞之间。

当两个或两个以上的细胞连接同时存在时，称**连接复合体**（junctional complex）。细胞连接的存在和数量常随器官不同发育阶段和功能状态及病理变化而改变。

（三）上皮细胞的基底面

1. 基膜 **基膜**（basement membrane）是上皮细胞基底面与深部结缔组织之间的一层薄膜。基膜厚度不一，在 HE 染色切片上难以分辨，但假复层纤毛柱状上皮和复层扁平上皮的基膜较厚，光镜下 HE 染色呈粉红色均质状，镀银染色呈黑色。电镜下，基膜由靠近上皮的**基板**（basal lamina）和与结缔组织相连的网板（reticular lamina）构成（图 2-15）。

基板由上皮细胞分泌产生，由薄层电子密度低的**透明层**（lamina lucida）和电子密度高的致密层（lamina densa）构成。基板厚 50 ～ 100 nm，主要化学成分有层粘连蛋白、Ⅳ型胶原蛋白和硫酸肝素蛋白聚糖等。网板由结缔组织中的成纤维细胞分泌产生，主要由基质与网状纤维构成，有时可有少许胶原纤维。基膜是一种半透膜，可选择性地使某些物质透过，有利于上皮细胞与深部结缔组织之间进行物质交换，同时具有支持、连接和固着作用。基膜还能引导上皮细胞移动，影响细胞的增殖和分化。

2. 质膜内褶 **质膜内褶**（plasma membrane infolding）是上皮细胞基底面的胞膜向胞质内折叠形成。在质膜内褶之间含丰富的线粒体，二者在光镜下呈嗜酸性条纹状，称**基底纵纹**（basal striation）。质膜内褶常分布于肾小管等处，其扩大了细胞基底面的表面积，有利于水和电解质等物质的迅速转运，线粒体为转运过程提供能量（图 2-15）。

3. 半桥粒 **半桥粒**（hemidesmosome）位于上皮细胞基底面与基膜接触处。在上皮细胞胞质面有附着板，张力细丝附着于板上，折成袢状返回胞质（图 2-15）。故其结构实为桥粒结构的一半，其作用是将上皮细胞固着于基膜上。

三、腺上皮和腺

（一）腺上皮

腺上皮（glandular epithelium）是以分泌功能为主的上皮。以腺上皮为主构成的器官称为**腺**（gland）。腺上皮大多起源于由内胚层或外胚层分化的被覆上皮，也有来自中胚层分化的上皮。这些上皮细胞分裂、增殖形成细胞索，凹陷入深部的结缔组织中，进而分化出两种不同结构的腺（图 2-16）。其中有导管结构，腺细胞的分泌物可经导管排至体表或器官腔内的腺，称**外分泌腺**（exocrine gland），如汗腺、乳腺和唾液腺等。另一种不形成导管，腺细胞的分泌物（激素）通过释放入毛细血管或淋巴管，经循环运送至其作用部位，称**内分泌腺**（endocrine gland），如甲状腺、肾上腺和脑垂体等。

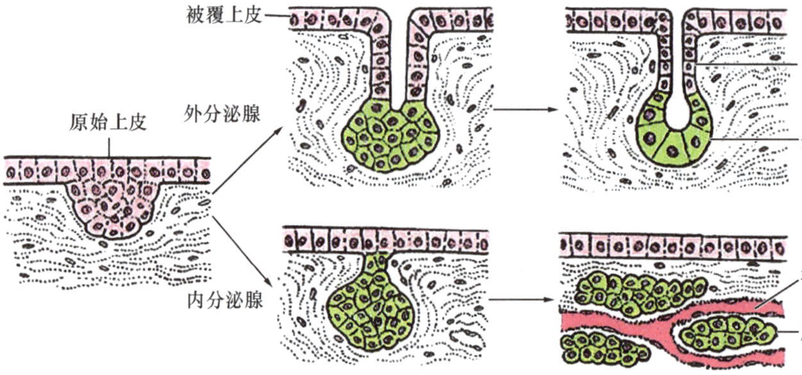

图 2-16　腺发生的模式图

（二）外分泌腺

外分泌腺可分为**单细胞腺**（unicellular gland）和**多细胞腺**（multicellular gland）。杯状细胞属单细胞腺。人体大部分外分泌腺为多细胞腺，一般由分泌部和导管两部分组成。

1. 分泌部　**分泌部**（secretory portion）一般由一层腺细胞围成管状、泡状或管泡状，常称为**腺泡**（acinus）。腺泡中央有腔，周围有基膜，基膜与腺泡之间还可见扁平的肌上皮细胞。根据腺泡结构和分泌物性质的不同，一般分为浆液性腺泡、黏液性腺泡和混合性腺泡（图 2-17、图 2-18）。

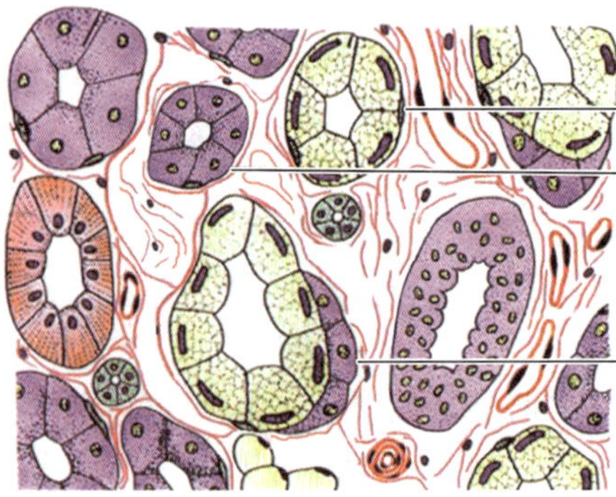

图 2-17　三种腺泡模式图

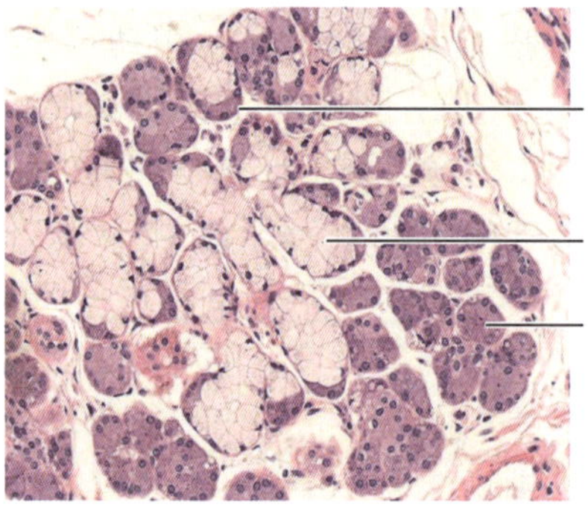

图 2-18　三种腺泡（下颌下腺，HE 染色，高倍）

（1）浆液性腺泡：**浆液性腺泡**（serous acinus）由**浆液性腺细胞**（serous cell）围成，具有**蛋白质分泌细胞**（protein secretory cell）的特点。HE 染色中，细胞呈锥体形，核圆，位于细胞基底部，胞质顶部含许多嗜酸性的分泌颗粒，称**酶原颗粒**（zymogen granule），基底部胞质呈强嗜碱性（图 2-18）。电镜下，细胞基底部为密集的粗面内质网，核上方有较发达的高尔基体和电子密度高的分泌颗粒。腺细胞合成与分泌蛋白质的过程如下：① 腺细胞首先从血液中摄取氨基酸；② 通过粗面内质网合成蛋白质；③ 蛋白质进一步输送到高尔基体加工、浓缩形成膜被分泌颗粒，分泌颗粒聚集在细胞顶部，以胞吐方式将分泌物释放出细胞外（图 2-19）。分泌部完全由浆液性腺泡构成的腺，称为浆液性腺，如腮腺。

（2）黏液性腺泡：**黏液性腺泡**（mucous acinus）由**黏液性细胞**（mucous cell）围成，属糖蛋白分泌细胞。HE 染色中，细胞呈锥体形，核扁圆形，位于细胞基底部，核周的胞质呈弱嗜碱性，大部分胞质内充满**黏原颗粒**（mucinogen granule），黏原颗粒通常在制作切片时被溶解而呈空泡状（图 2-17、图 2-18）。电镜下，细胞基底部有粗面内质网和游离核糖体，核上方有高尔基体和粗大的黏原颗粒。该细胞分泌物较黏稠，主要含糖蛋白，与水结合成**黏液**（mucus），有滑润和保护作用。杯状细胞是散在分布于上皮中的一种典型的黏液性腺细胞。分泌部完全由黏液性腺泡构成的腺，称为黏液性腺，如十二指肠腺。

（3）混合性腺泡：**混合性腺泡**（mixed acinus）由黏液性腺细胞和浆液性腺细胞共同构成。大部分混合性腺泡以黏液性细胞为主，常在黏液性腺泡末端有几个浆液性细胞，在切片中呈半月形结构，称**浆半**

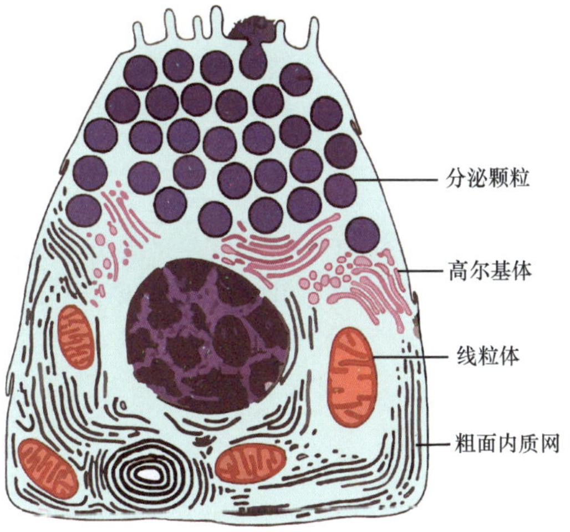

图 2-19　蛋白质分泌细胞超微结构和分泌过程示意图

月（serous demilune）（图 2-17、图 2-18）。分泌部由三种腺泡共同构成的腺，称为混合腺，如下颌下腺和舌下腺。

2. 导管　**导管**（duct）是直接与分泌部相通，由单层或复层上皮构成的管道，可将分泌物排至体表或器官腔内，有的导管上皮细胞还具有吸收或分泌水和电解质的功能。根据导管有无分支，可将外分泌腺分为**单腺**（simple gland）和**复腺**（compound gland）；结合分泌部和导管特征，可将外分泌腺分为单管状腺、复泡状腺和复管泡状腺等（图 2-20）。

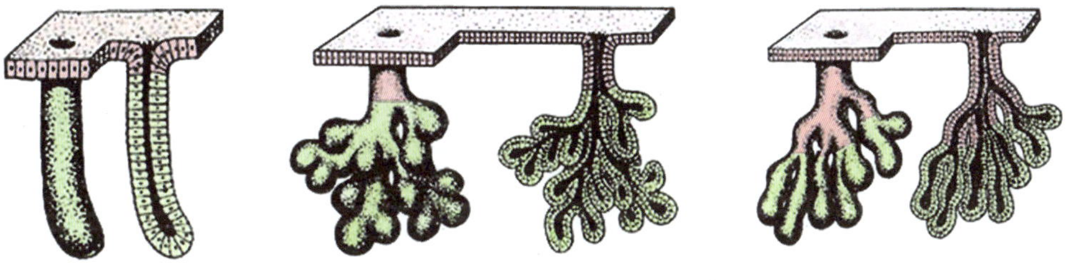

图 2-20　几种外分泌腺结构模式图

（三）内分泌腺

内分泌腺的结构特点是没有导管，腺细胞排列呈索状、团状或滤泡状，周围有丰富的毛细血管，腺细胞的分泌物（激素）直接释放入毛细血管或淋巴管送达其靶器官，以调节组织和器官的功能活动。内分泌腺细胞分含氮激素分泌细胞和类固醇激素分泌细胞（详见“第 11 章内分泌系统”相关内容）。

本章小结

上皮组织是由大量形态较规则并排列紧密的________与极少量的________组成。上皮组织具有明显________，可分为游离面、侧面和基底面。上皮细胞的游离面有________、________。侧面有四种细胞连接方式，即________连接、________连接、________和________连接，基底面有________、________和________。上皮组织内大多无血管，其营养由结缔组织中的血管提供。上皮组织根据结构和功能，主要分为被覆上皮和腺上皮两大类。被覆上皮主要覆盖于人体外表面，或衬贴在体内有腔器官的内表面。根据上皮细胞的排列层数和浅层细胞的形态，上皮组织可分为单层上皮和复层上皮。单层上皮包括单层 ________ 上皮，单层 ________ 上皮，单层 ________ 上皮和假复层 ________ 上皮；复层上皮包括复层 ________ 上皮和移行上皮。上皮组织主要具有保护、吸收、分泌和排泄等功能。腺上皮是以分泌功能为主的上皮，以腺上皮为主构成的腺通常分为外分泌腺和内分泌腺。外分泌腺由 ________ 和 ________ 组成。腺泡分为 ________、________ 和 ________ 三种类型。外分泌腺的分泌物通过导管排送出。内分泌腺细胞排列呈索状、团状或滤泡状，没有导管，周围有丰富的毛细血管，内分泌腺的分泌物释放入毛细血管或淋巴管而循环全身发挥作用。

（李 坪）

第二章微课

微绒毛与纤毛

第三章

固有结缔组织

学习要点

① 结缔组织的一般特点，疏松结缔组织各种细胞的结构和功能；② 疏松结缔组织各种纤维的结构和功能特性，疏松结缔组织基质的化学组成、分子结构特点和功能；③ 致密结缔组织、脂肪组织、网状组织的结构特点和功能。

结缔组织（connective tissue）由多种细胞和大量的细胞外基质构成，形态多样、分布广泛，具有连接、支持、营养、运输、防御等功能。其结构特点是：细胞数量少而种类多，散在于细胞外基质内，无极性；细胞外基质多，包括细丝状纤维、无定形基质和不断循环更新的组织液，是细胞赖以生存的微环境。根据细胞外基质的物理性状，将结缔组织分为：胶体状态的固有结缔组织、固体状态的软骨组织和骨组织、液体状态的血液和淋巴。一般所说的结缔组织是指固有结缔组织。

结缔组织均由胚胎时期的**间充质**（mesenchyme）分化而来。间充质是胚胎时期填充在内、外胚层之间散在的中胚层组织，由间充质细胞和基质构成。间充质细胞呈星状，核较大，核仁明显，胞质弱嗜碱性，细胞间以突起相互连接成网。间充质细胞分化程度很低，但具有很强的分化潜能，在胚胎时期能分化成为多种结缔组织细胞、内皮细胞和平滑肌细胞等（图 3-1）。成体的结缔组织内仍保留少量未分化的间充质细胞。

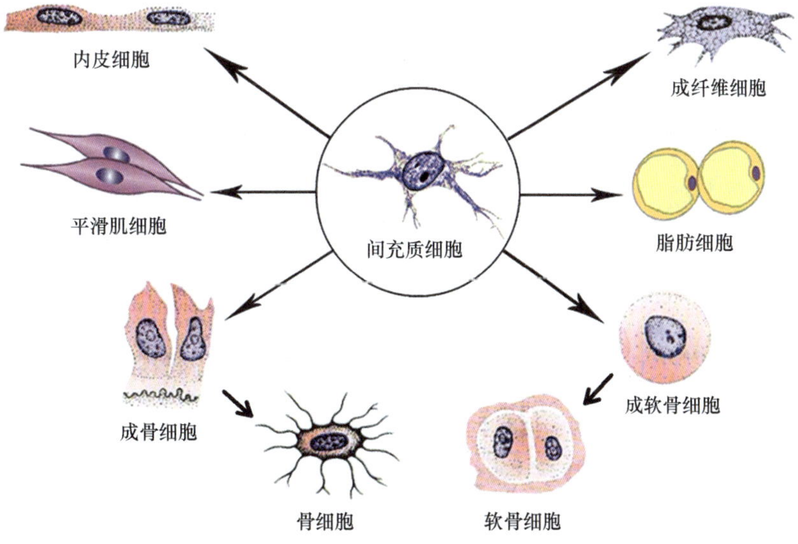

图 3-1　胚胎时期间充质细胞分化模式图

固有结缔组织（connective tissue proper）分布广泛，根据结构和功能的不同分为疏松结缔组织、致密结缔组织、脂肪组织和网状组织。

一、疏松结缔组织

疏松结缔组织（loose connective tissue）又称**蜂窝组织**（areolar tissue），广泛分布于器官之间、组织之间和细胞之间，具有支持、连接、营养、防御和修复等作用。其特点是细胞种类多，散在于大量基质内，纤维含量较少而排列稀疏（图 3-2、图 3-3）。

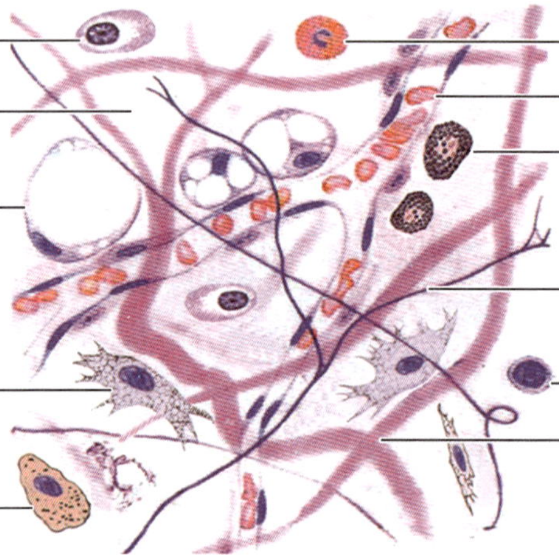

图 3-2 疏松结缔组织铺片模式图

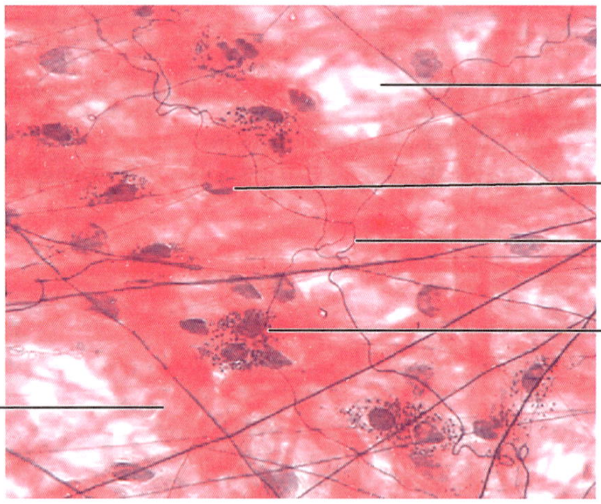

图 3-3 疏松结缔组织铺片（活体锥虫蓝注射，醛复红、地衣红染色，高倍）

（一）细胞

细胞种类较多，包括成纤维细胞、巨噬细胞、浆细胞、肥大细胞、脂肪细胞、未分化的间充质细胞及白细胞等，各类细胞的数量和分布随存在部位和功能状态而不同。

1. 成纤维细胞　**成纤维细胞**（fibroblast）是疏松结缔组织中最主要的细胞，细胞扁平，有突起，常位于胶原纤维周围。光镜下，核较大，扁卵圆形，可见核仁，胞质呈弱嗜碱性，细胞轮廓常显示不清（图 3-3）。电镜下，胞质内有丰富的粗面内质网、游离核糖体和发达的高尔基体，表明细胞合成蛋白质功能旺盛（图 3-4）。成纤维细胞可产生结缔组织的各种纤维和基质；还能分泌多种生长因子，调节细胞增殖分化。成纤维细胞功能处于静止状态时，称**纤维细胞**（fibrocyte），胞体较小，呈长梭形；核小而细长，着色深；胞质少常嗜酸性。电镜下，细胞器不发达（图 3-4）。在创伤等情况下，纤维细胞可转化为功能活跃的成纤维细胞，合成细胞外基质修复创伤。成纤维细胞合成胶原纤维需要维生素 C 等，若维生素 C 缺乏，会引起胶原纤维合成障碍，因此，手术和创伤后，适当补充维生素 C，能促进伤口愈合。

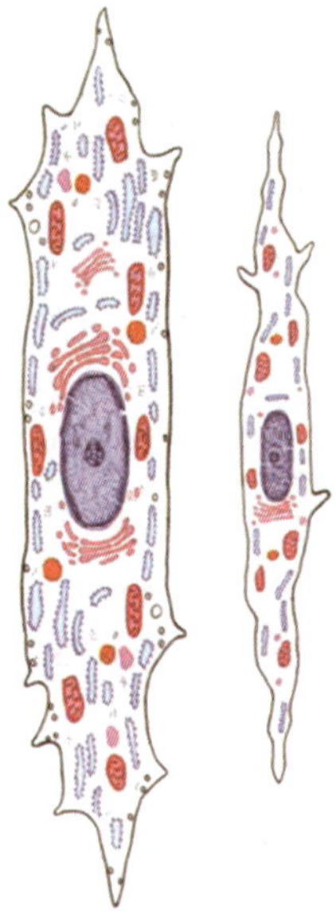

图 3-4 成纤维细胞（左）和纤维细胞（右）模式图

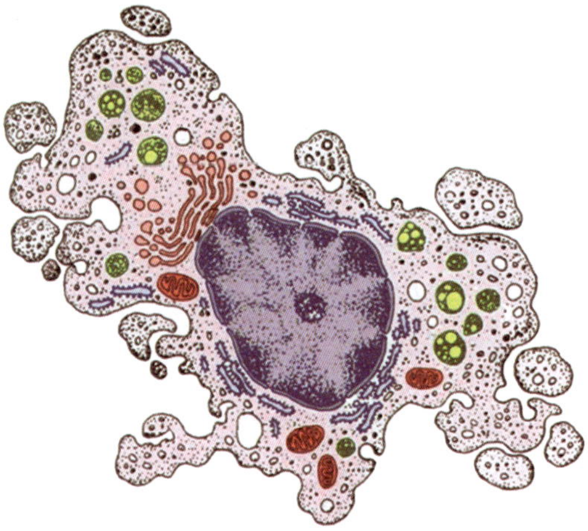

图 3-5 巨噬细胞模式图

2. 巨噬细胞 **巨噬细胞**（macrophage）来源于血液中的单核细胞，细胞形态随功能状态而改变。HE 染色，核较小，呈卵圆形或肾形，着色深；胞质丰富，多呈嗜酸性。当注射锥虫蓝染料入动物体内时，巨噬细胞表现出活跃的吞噬功能，胞质内因此出现大量的染料颗粒（图 3-3）。电镜下，细胞表面有许多皱褶和微绒毛，胞质内含大量溶酶体、吞噬体、吞饮泡和残余体，胞膜内侧有较多的微丝、微管。当功能活跃时，常伸出伪足而形态不规则（图 3-5、图 3-6）。

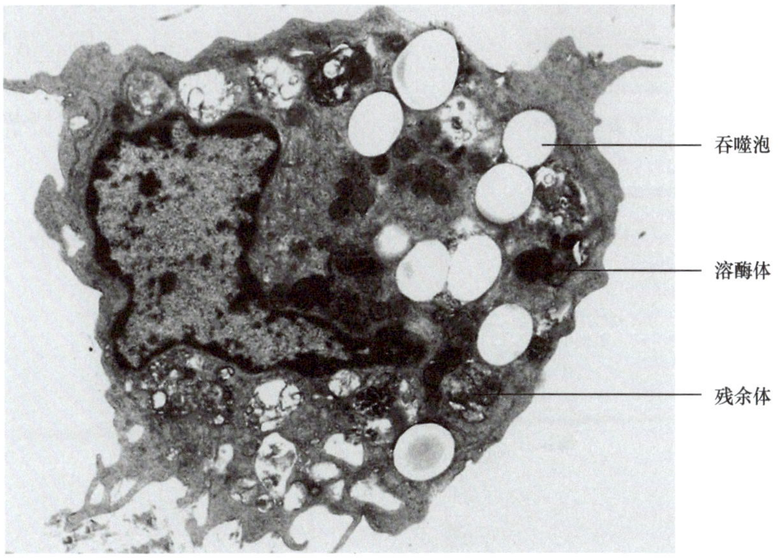

图 3-6* 巨噬细胞透射电镜图

巨噬细胞是机体重要的防御细胞，具有趋化运动、吞噬和清除异物及衰老、伤亡细胞的功能，可捕捉、处理、呈递抗原，启动 T 淋巴细胞的免疫应答功能。巨噬细胞还具有活跃的分泌功能，能合成和分泌多种生物活性物质，如干扰素、补体、溶菌酶、红细胞生成素等。

3. 浆细胞　**浆细胞**（plasma cell）来源于B淋巴细胞，一般疏松结缔组织内较少，在病原微生物易于入侵的部位如消化道、呼吸道的结缔组织及慢性炎症部位较多。光镜下，浆细胞呈圆形或卵圆形；核圆，多偏于细胞一侧，异染色质粗大，多沿核膜下辐射状分布，呈车轮状；胞质嗜碱性，核旁有一淡染区（图3-7）。电镜下，胞质内含大量平行排列的粗面内质网，发达的高尔基体常位于核旁（图3-8）。浆细胞合成和分泌**免疫球蛋白**（immunoglobulin，Ig），即**抗体**（antibody），参与体液免疫。

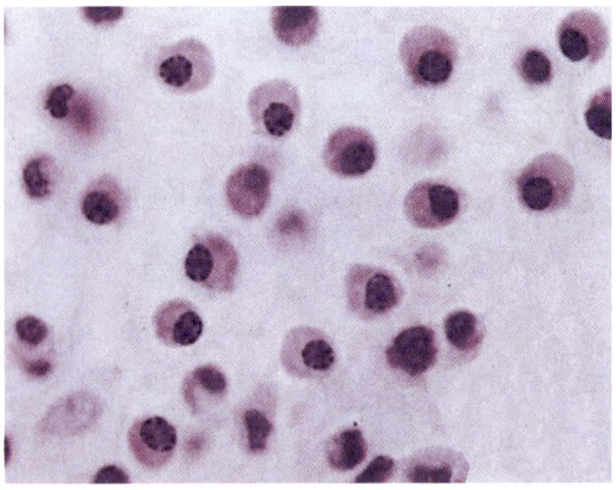

图3-7　浆细胞（HE染色，高倍）

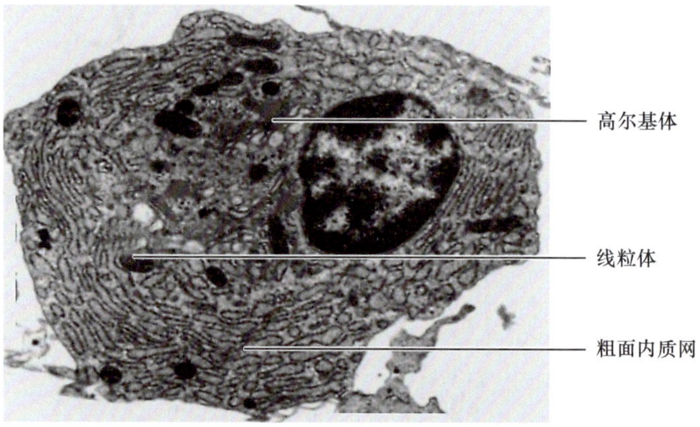

图3-8*　浆细胞透射电镜图

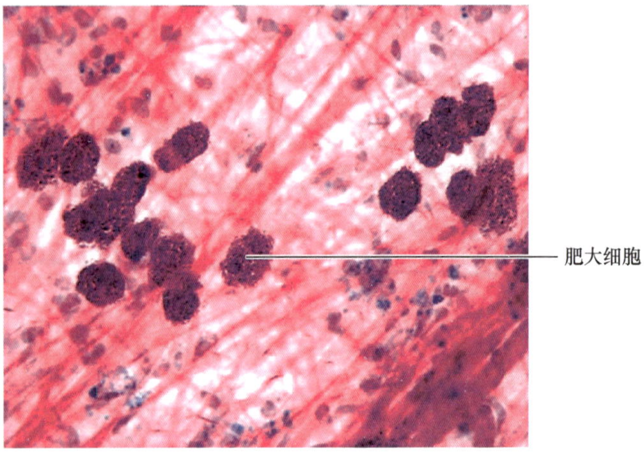

图3-9　肥大细胞（活体锥虫蓝注射，醛复红、地衣红染色，高倍）

4. 肥大细胞　**肥大细胞**（mast cell）常成群分布于小血管和小淋巴管周围。细胞较大，呈圆形或卵圆形；核圆形或卵圆形，位于中央；胞质内充满粗大的水溶性、异染性、嗜碱性分泌颗粒（图3-9）。电镜下，颗粒圆形或卵圆形，大小不等，电子密度不一，有单位膜包裹，高尔基体较发达。

当受到某些药物或抗原刺激时肥大细胞会释放颗粒，称脱颗粒（图3-10）。肥大细胞颗粒内含肝素、组胺、嗜酸性粒细胞趋化因子等，胞质内含有白三烯。肝素具有抗凝血作用。组胺和白三烯使微静脉和毛细血管通透

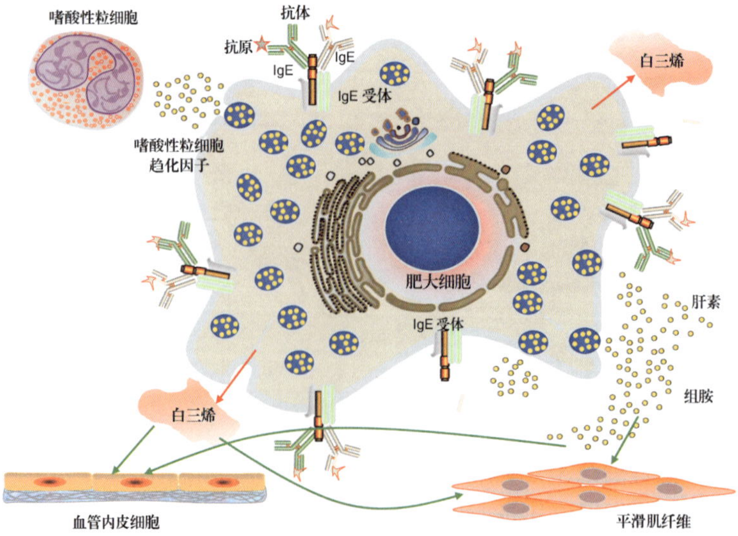

图3-10　肥大细胞脱颗粒示意图

性增加，血浆蛋白和液体溢出，导致组织水肿，形成荨麻疹；还可使支气管平滑肌痉挛，引起通气不畅，呼吸困难，呼吸道黏膜肿胀，引起速发性过敏反应，如哮喘等。嗜酸性粒细胞趋化因子能吸引嗜酸性粒细胞向过敏反应部位迁移，发挥抗过敏作用。所以，肥大细胞与过敏反应关系密切。

5. 脂肪细胞 **脂肪细胞**（fat cell）单个或成群分布。细胞体积大，呈圆形或卵圆形，常因挤压而呈多边形，胞质内含一个大脂滴，核被脂滴挤到一侧，呈扁圆形。HE 染色，脂滴被溶解，细胞呈空泡状（图 3-2、图 3-16）。脂肪细胞能合成和贮存脂肪。

6. 未分化的间充质细胞 **未分化的间充质细胞**（undifferentiated mesenchymal cell）形态类似成纤维细胞，分布于毛细血管附近。其保持着胚胎时期间充质细胞的一些分化潜能，在创伤修复时，可增殖分化为成纤维细胞、新生血管的内皮细胞及平滑肌细胞等（图 3-1）。

7. 白细胞 外周血液的白细胞常以变形运动穿出毛细血管和微静脉，游走至疏松结缔组织内，行使其防御功能（图 3-2）。

（二）纤维

疏松结缔组织中有三种纤维：胶原纤维、弹性纤维和网状纤维。

1. 胶原纤维 **胶原纤维**（collagenous fiber）数量最多，新鲜时呈白色，故又名白纤维。HE 染色，呈嗜酸性，粗细不等，直径 1 ～ 20 μm，呈波浪状，分支交织成网（图 3-2、图 3-3）。其化学成分为Ⅰ型和Ⅲ型胶原蛋白。电镜下，胶原纤维由更细的胶原原纤维黏合而成。胶原原纤维直径 20 ～ 200 nm，有明暗相间横纹，横纹周期为 64 nm（图 3-11）。胶原纤维韧性大、抗拉力强。

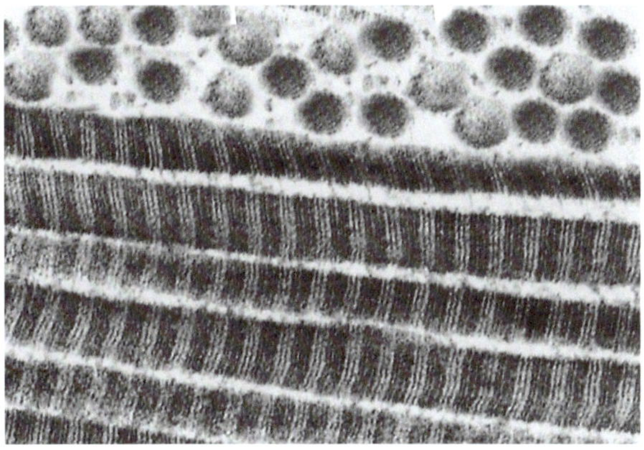

图 3-11 胶原纤维纵横断面电镜图

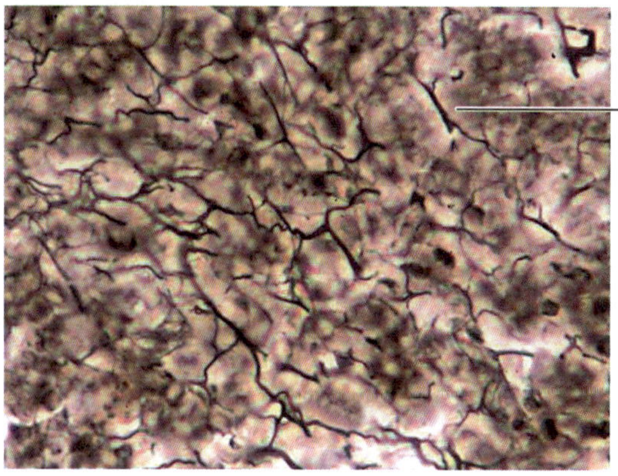

图 3-12 网状纤维（银染，高倍）

2. 弹性纤维 **弹性纤维**（elastic fiber）新鲜时呈黄色，又名黄纤维。HE 染色着色淡红，不易与胶原纤维区分，但折光性强。特殊染色时弹性纤维可清楚显示。弹性纤维较细，直径 0.2 ～ 1.0 μm，有分支，交织成网（图 3-2、图 3-3）。电镜下，弹性纤维由微原纤维和弹性蛋白（elastin）构成。弹性纤维弹性大，与胶原纤维交织，使疏松结缔组织兼有弹性和韧性，有利于所在器官或组织保持其形态和位置的相对恒定，并有一定的可塑性。

3. 网状纤维 **网状纤维**（reticular fiber）纤维微细，直径 0.2 ～ 1.0 μm，分支交织成网。网状纤维主要由Ⅲ型胶原蛋白构成。HE 染色不易分辨，用银染法，网状纤维呈棕黑色，故又称嗜银纤维（图 3-12）。网状纤维主要参与形成造血组织和淋巴组织，构成其微细的支架，也分布于基膜网板、腺泡及血管等外周。

（三）基质

基质（ground substance）是由蛋白多糖和结构性糖蛋白等生物大分子构成的无定形的胶状物，孔隙中有组织液。

1. 蛋白多糖 **蛋白多糖**（proteoglycan）又称黏多糖，为基质的主要成分，是**糖胺多糖**（glycosaminoglycan）

与蛋白质结合的复合物。糖胺多糖包括透明质酸、硫酸软骨素、硫酸角质素、硫酸乙酰肝素等。**透明质酸**（hyaluronic acid）是曲折盘绕的长链大分子，是构成蛋白多糖复合物的主干。其他糖胺多糖与核心蛋白结合，形成蛋白多糖亚单位，并借助连接蛋白结合于透明质酸长链分子，形成带有许多微小孔隙的复杂大分子立体结构，称为**分子筛**（molecular sieve）（图 3-13）。小于孔隙的水、营养物质、代谢产物、激素、气体分子等可以通过，大于孔隙的大分子物质、细菌和癌细胞等不能通过，使基质成为限制细菌等有害病原生物扩散的防御屏障。能产生透明质酸酶的细菌、蛇毒和癌细胞等可以破坏基质分子筛的屏障作用，使局部炎症和肿瘤蔓延扩散或转移。

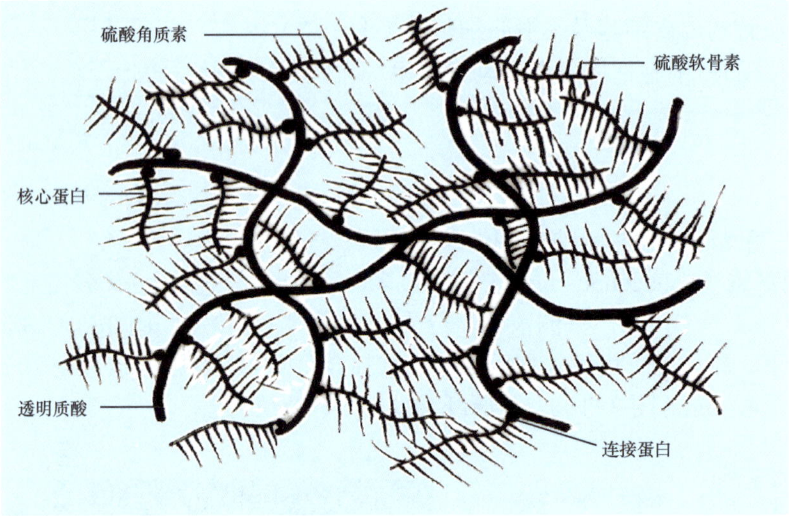

图 3-13 分子筛结构示意图

2. 结构性糖蛋白 **结构性糖蛋白**（structure glycoprotein）最主要的是纤维粘连蛋白。结构性糖蛋白除了参与构成基质外，还通过其他连接和介导作用影响细胞的黏附和迁移，并参与细胞生长和分化的调节。

3. 组织液 **组织液**（tissue fluid）是从毛细血管动脉端渗出的部分血浆成分，含有溶解于水的单糖、电解质、气体等小分子物质，经毛细血管静脉端或毛细淋巴管回流入血液或淋巴。组织液是细胞赖以生存的体液环境，细胞只有通过组织液才能与血液之间进行物质交换，所以在正常情况下，组织液不断更新，保持动态平衡，有利于细胞摄取营养物质和排泄代谢产物。当组织液的产生和回流失去平衡时，基质的组织液含量可增多或减少，导致组织水肿或脱水。

二、致密结缔组织

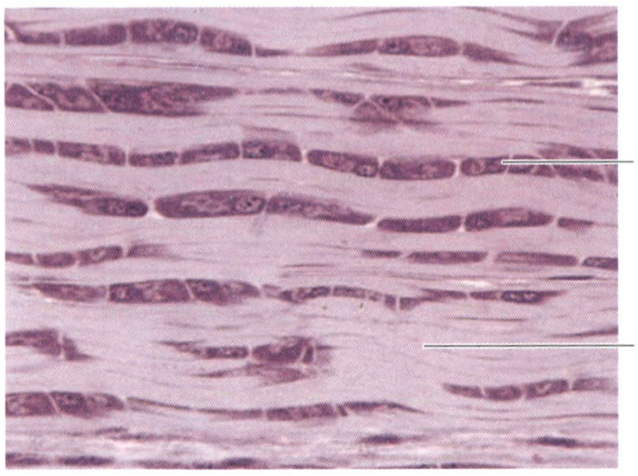

图 3-14 规则致密结缔组织（肌腱，HE 染色，高倍）

致密结缔组织（dense connective tissue）以纤维为主要成分，纤维粗大，排列紧密，以支持和连接为其主要功能。根据纤维的性质和排列方式，可分为下列三种主要类型。

1. 规则致密结缔组织 **规则致密结缔组织**（regular dense connective tissue）主要构成肌腱，使骨骼肌附着于骨。由大量密集、平行排列的胶原纤维束组成。纤维束之间有腱细胞，为形态特殊的成纤维细胞，胞体伸出多个薄翼状突起插入纤维束之间（图 3-14）。

2. 不规则致密结缔组织　**不规则致密结缔组织**（irregular dense connective tissue）主要构成真皮、硬脑膜及多数器官的被膜。其特点是粗大的胶原纤维纵横交织成致密的网状结构，纤维之间有少量的基质和成纤维细胞。

3. 弹性组织　**弹性组织**（elastic tissue）是以弹性纤维为主的致密结缔组织，粗大的弹性纤维平行排列成束或编织成膜状，如项韧带、黄韧带、弹性动脉的中膜等。

三、脂 肪 组 织

脂肪组织（adipose tissue）由大量密集的脂肪细胞构成，被少量疏松结缔组织分隔成小叶。根据脂肪细胞的结构和功能，可分为以下两类。

1. 黄色脂肪组织　**黄色脂肪组织**（yellow adipose tissue）即通常所说的脂肪组织。人类脂肪组织呈黄色，其脂肪细胞胞质内大多只含一个大的脂滴，为单泡脂肪细胞（图 3-15、图 3-16）。主要分布于皮下、网膜和系膜等处，是体内最大的贮能库，具有供能、保温、支持、缓冲、保护等作用。当脂肪组织超过体重的 20% ～ 25% 时，称肥胖。

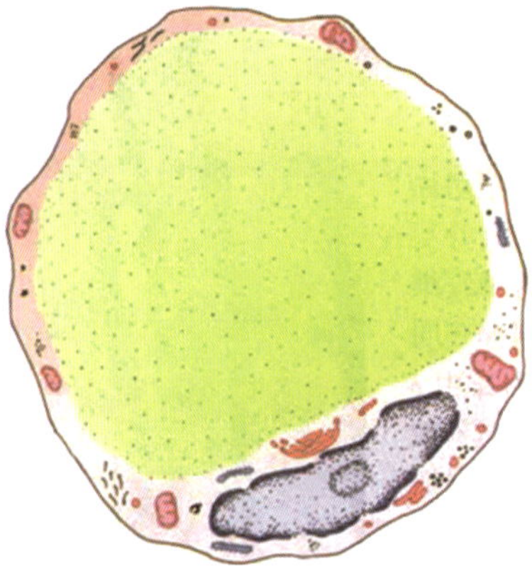

图 3-15　单泡脂肪细胞模式图

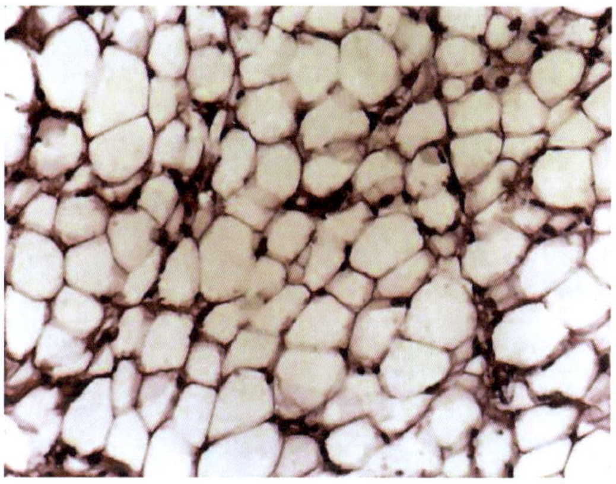

图 3-16　黄色脂肪（HE 染色，高倍）

2. 棕色脂肪组织　**棕色脂肪组织**（brown adipose tissue）呈棕色，其特点是组织中有丰富的毛细血管，脂肪细胞小，核圆、位于中央，胞质内含许多散在脂肪小滴，为多泡脂肪细胞（图 3-17、图 3-18）。棕色脂肪组织在成人极少，主要分布于新生儿的肩胛间区、腋窝及颈后等处。其主要功能是为机体提供热能。

近年研究发现，脂肪组织能分泌释放多种具生物活性的脂肪因子，如瘦素等，可调节机体代谢活动。

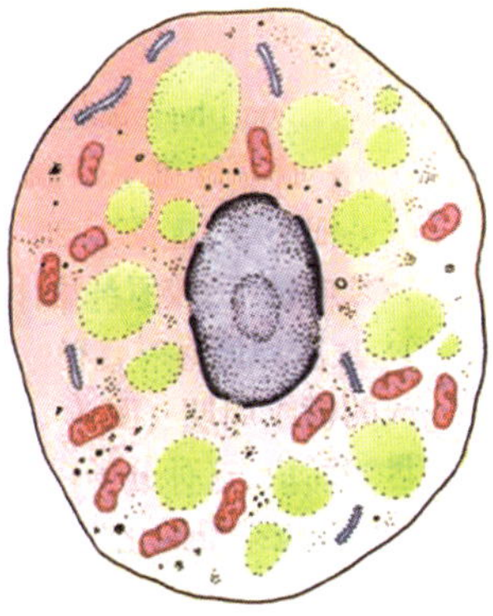

图 3-17　多泡脂肪细胞模式图

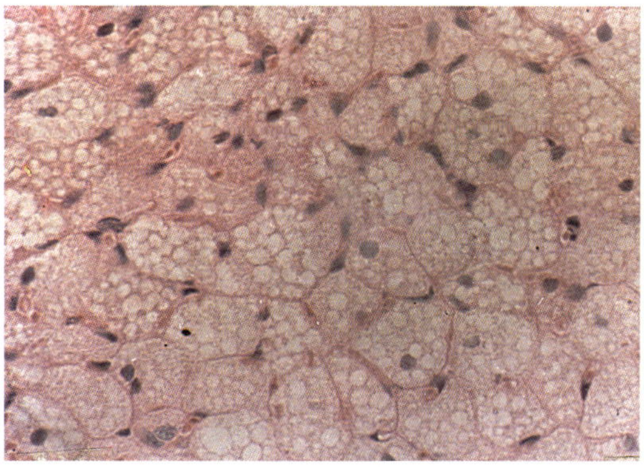

图 3-18　棕色脂肪组织（HE 染色，高倍）

四、网 状 组 织

网状组织（reticular tissue）由网状细胞和网状纤维构成（图 3-19）。**网状细胞**（reticular cell）是有突起的星形细胞，相邻细胞的突起相互连接成网；核较大，呈圆形或卵圆形，着色浅，核仁明显；胞质丰富，弱嗜碱性。网状纤维由网状细胞产生，交织成网，是网状细胞依附的支架。网状组织构成造血组织和淋巴组织的支架，为血细胞和淋巴细胞的发育提供微环境。

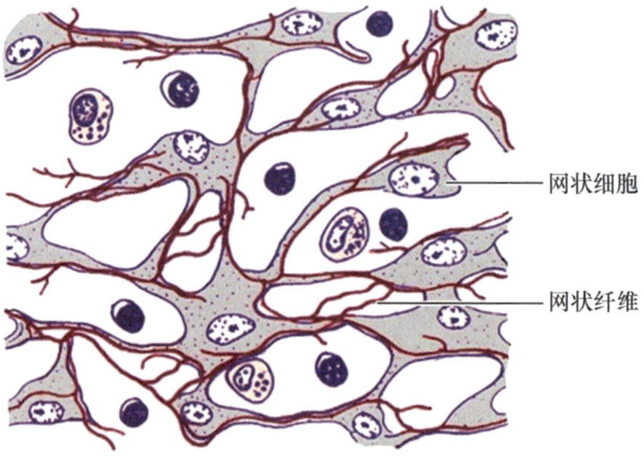

图 3-19 网状组织模式图

本章小结

结缔组织均由胚胎时期的 ______ 分化而来，主要是由 ______ 和 ______ 组成，细胞外基质包括 ______、______ 和 ______。广义的结缔组织可分为 ______、______、______ 和 ______。狭义的结缔组织是指 ______，根据结构和功能的不同分为 ______、______、______ 和 ______ 四种类型。

疏松结缔组织的细胞种类多，其中数量最多、分布最广的是 ______，它能合成 ______ 和 ______。在机体慢性炎症部位较多见的细胞是浆细胞、巨噬细胞和白细胞，发挥着防御和保护的功能。浆细胞的功能是合成和分泌 ______。巨噬细胞具有很强的趋化性，能 ______ 异物及衰老死亡的细胞，还能 ______、______ 和 ______ 抗原。

结缔组织有三种纤维，即 ______、______ 和 ______。胶原和网状纤维主要由 ______ 构成，弹性纤维主要由 ______ 构成。胶原纤维具有很好的 ______，弹性纤维具有很强的 ______，______ 和胶原纤维交织在一起，使疏松结缔组织既具有弹性又有韧性。

基质是由 ______ 和 ______ 等生物大分子构成的无定形、无色透明的胶状物，孔隙中含有组织液。其 ______ 使基质具有营养和便于物质交换的作用，又具有限制有害物质扩散的屏障功能。

（陆　祥）

第三章微课

肥大细胞

第四章

软骨和骨

学习要点

① 软骨组织的结构与功能；② 三种软骨的特点与分布；③ 骨组织和长骨的结构；④ 骨发生的两种方式与骨骼生长的关系。

软骨与骨分别主要由软骨组织和骨组织构成，均为固态的结缔组织，与固有结缔组织一样，也由细胞、纤维和基质构成。

一、软　　骨

软骨（cartilage）由软骨组织及周围的软骨膜构成。软骨组织由软骨细胞、纤维和软骨基质构成。除关节软骨外，软骨的表面均覆有薄层致密结缔组织，即软骨膜。

（一）软骨组织

1. 软骨细胞　**软骨细胞**（chondrocyte）包埋在软骨基质中，细胞所在的小腔称**软骨陷窝**（cartilage lacunae）。软骨组织周边部的软骨细胞幼稚，单个分布，较小，扁圆形；越近中央，细胞越成熟，体积越大，变成圆形或椭圆形，多为2～8个聚集在一起，它们由一个软骨细胞分裂而来，故称**同源细胞群**（isogenous group）（图4-1）。成熟软骨细胞核小，有1～2个核仁，胞质嗜碱性。电镜下，胞质内可见丰富的粗面内质网和高尔基体，以及少量的线粒体及一些糖原颗粒和脂滴（图4-2）。软骨细胞具有合成和分泌软骨基质和纤维的能力。

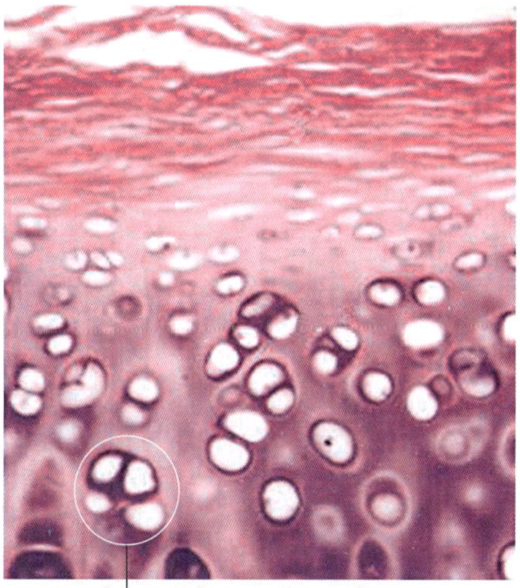

图4-1　透明软骨（HE染色，高倍）

2. 纤维　纤维包埋在软骨基质中，不同部位的软骨组织所含纤维的种类不同，据此可对软骨进行分类。

3. 软骨基质　**软骨基质**（cartilage matrix）为凝胶状，主要成分为蛋白多糖和水分，其蛋白多糖与疏松结缔组织中的相似，也构成分子筛结构。糖胺多糖以硫酸软骨素含量最高，在基质中分布不均，紧靠软骨陷窝的部位相对较多，HE染色呈强嗜碱

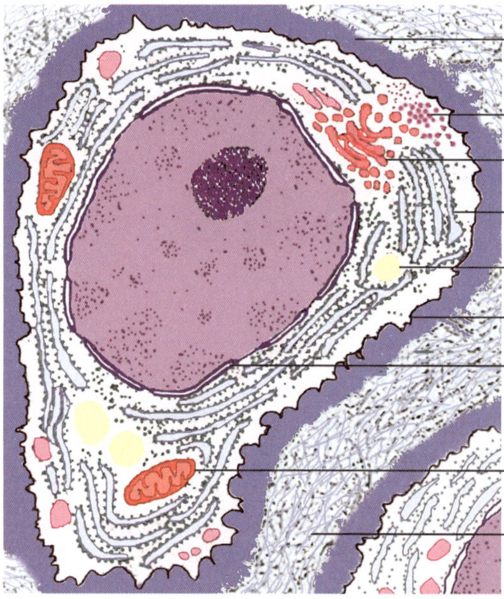

图 4-2* 软骨细胞超微结构模式图

性，形似囊状包绕软骨细胞，故称**软骨囊**（cartilage capsule）。

（二）软骨膜

软骨膜（perichondrium）为致密结缔组织，分内、外两层。外层纤维多，主要起保护作用；内层细胞较多，富含毛细血管和神经。内层中有梭形的骨祖细胞，能增殖分化为软骨细胞。软骨膜除营养和保护作用外，还对软骨的生长和修复起重要作用。

（三）软骨的类型

根据软骨基质所含纤维的不同，可将软骨分三类：透明软骨、弹性软骨和纤维软骨。

1. 透明软骨　**透明软骨**（hyaline cartilage）分布较广，肋软骨、关节软骨和呼吸道软骨等均属这种软骨。透明软骨因在新鲜时呈半透明状而得名。透明软骨中的纤维为胶原原纤维，由Ⅱ型胶原蛋白组成。胶原原纤维很细，且折光率与基质接近，故在 HE 染色切片上不易分辨（图 4-1）。基质中含大量水分，是透明软骨呈半透明的重要原因之一。

2. 弹性软骨　**弹性软骨**（elastic cartilage）分布于耳郭、咽喉及会厌等处，新鲜时呈黄色。其结构特点是，有大量交织成网的弹性纤维，使软骨具有很强的弹性（图 4-3）。

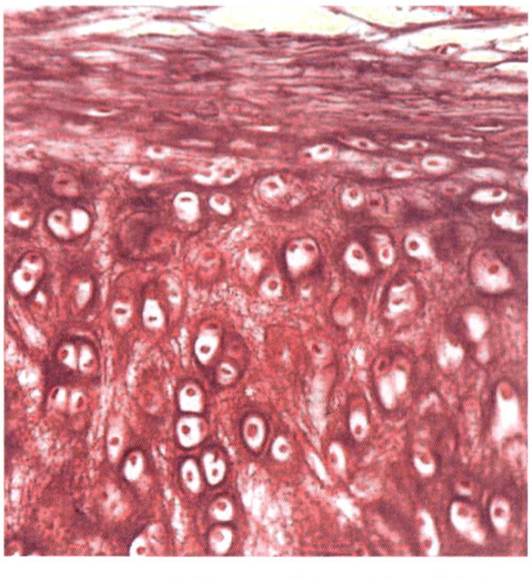

图 4-3* 弹性软骨（地衣红染色，高倍）

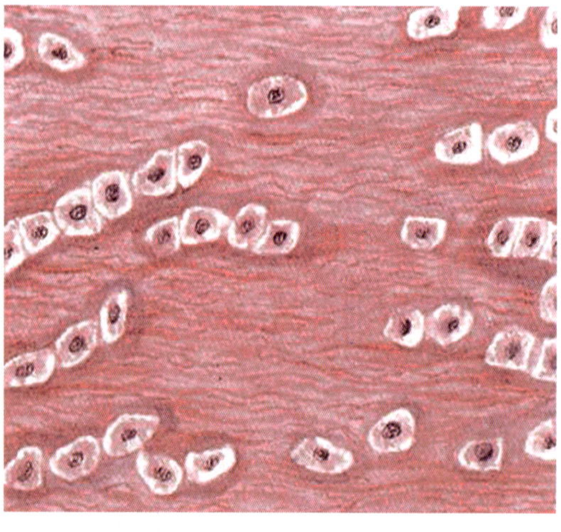

图 4-4* 纤维软骨（HE 染色，高倍）

3. 纤维软骨 **纤维软骨**（fibrous cartilage）分布于椎间盘、关节盘及耻骨联合等处，呈不透明的乳白色。其结构特点是，含有大量平行或交叉排列的胶原纤维束，使软骨具有很强的韧性。软骨细胞较小，成行排列于纤维束之间（图 4-4）。

（四）软骨的生长

软骨的生长同时并存两种方式：① **附加性生长**（appositional growth），又称软骨膜下生长，是软骨膜内层的骨祖细胞分裂分化，向软骨组织表面添加新的软骨细胞，后者合成和分泌纤维和基质，使软骨从表面向外扩大；② 内积性生长（interstitial growth），又称软骨内生长，是软骨组织内的软骨细胞分裂增殖，并合成和分泌纤维和基质，使软骨从内部生长增大。

二、骨

骨由骨组织、骨膜、骨髓等构成，具有运动、支持和保护作用，骨髓是血细胞发生部位。骨组织是坚硬的结缔组织，是机体钙、磷等矿物质的贮存库，体内的钙约 99% 以骨盐形式沉积在骨组织内。

（一）骨组织的结构

骨组织（osseous tissue）由大量钙化的细胞外基质及数种细胞组成。钙化的细胞外基质称为骨基质。细胞包括骨祖细胞、成骨细胞、骨细胞和破骨细胞。骨细胞数量最多，分散在骨基质内，其余三种细胞位于骨组织边缘（图 4-5）。

1. 骨基质 **骨基质**（bone matrix）由有机成分和无机成分构成。① 有机成分：包括大量胶原纤维（占有机成分的 90%）及少量基质。胶原纤维化学成分主要为 I 型胶原蛋白，基质为凝胶状，主要成分是蛋白多糖及其复合物，有黏合纤维的作用。骨基质中还含有多种糖蛋白，如骨钙蛋白、骨粘连蛋白和骨桥蛋白。② 无机成分又称**骨盐**（bone mineral），占骨干重量的 65%，其化学成分主要为羟基磷灰石结晶［$Ca_{10}(PO_4)_6(OH)_2$］，属不溶性中性盐，呈细针状，长 10 ～ 20 nm，沿胶原原纤维长轴规则排列并与之紧密结合。有机成分使骨具有韧性，无机成分使骨坚硬。

骨基质中的胶原纤维成层排列，并与骨盐紧密结合，构成板层状的**骨板**（bone lamella），并成层排列。同一骨板内的纤维相互平行，相邻骨板的纤维则相互垂直，从而有效增加了骨的支持力，增强了骨的强度。

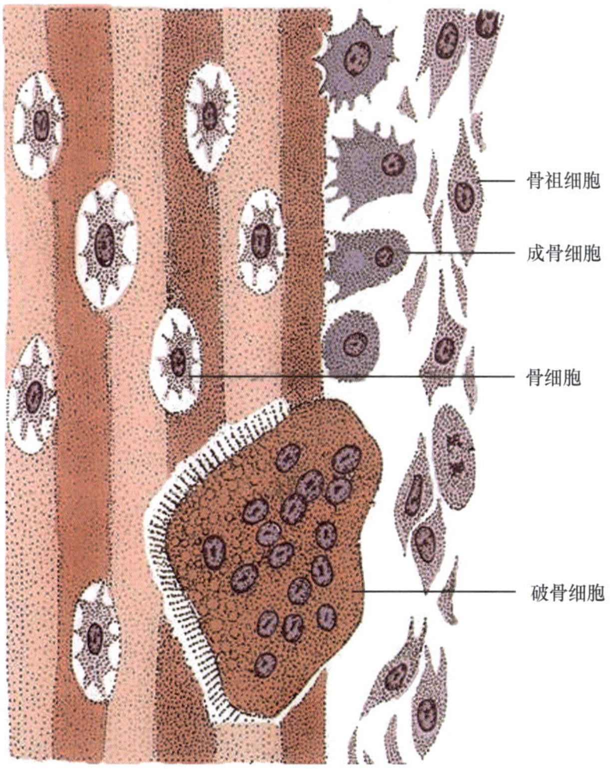

图 4-5* 骨组织的各种细胞模式图

2. 骨组织的细胞

（1）骨祖细胞：**骨祖细胞**（osteoprogenitor cell）是骨组织中的干细胞，位于骨组织与骨膜的交界面，胞体小，呈梭形，核呈卵圆形，胞质弱嗜碱性（图 4-5）。骨组织生长、改建及骨折修复时，骨祖细胞能分化为成骨细胞。

（2）成骨细胞：**成骨细胞**（osteoblast）分布于骨组织表面，通常单层排列，胞体大，呈立方形或矮柱状，表面伸出许多细小突起，并与邻近的成骨细胞或骨细胞的突起相连。细胞核圆形，胞质嗜碱性（图 4-5）。电镜下，胞质内含丰富的粗面内质网和发达的高尔基体。成骨细胞合成和分泌骨基质的有机成分，这种未钙化的细胞外基质又称**类骨质**（osteoid）。成骨细胞还以顶浆分泌的方式向类骨质中释放**基质小泡**（matrix vesicle）。基质小泡由膜包裹，膜上富含碱性磷酸酶和 ATP 酶等，小泡内含钙结合蛋白与细小的骨盐结晶。基质小泡是类骨质钙化的重要结构。成骨细胞分泌的类骨质中逐渐有钙盐沉积，转变成骨基质，成骨细胞自身也被包埋入其中成为骨细胞。

（3）骨细胞：**骨细胞**（osteocyte）分散于骨板内或骨板间。胞体较小呈扁圆形，所在空隙称**骨陷窝**（bone lacuna），胞体伸出很多细长突起，突起所在的空隙称**骨小管**（bone canaliculus）（图 4-5）。相邻骨陷窝借骨小管彼此连通，相邻骨细胞的突起以缝隙连接相接。骨陷窝和骨小管内含组织液，可营养骨细胞和输送代谢产物。骨细胞具有一定的溶骨和成骨作用，对骨基质的更新和维持有重要作用，其死亡会引起骨基质的溶解吸收。

（4）破骨细胞：**破骨细胞**（osteoclast）是一种多核巨细胞，常位于骨组织表面的小凹陷处。破骨细胞由单核细胞融合而成，含核 5 ～ 50 个不等，胞质嗜酸性（图 4-5）。电镜下，细胞器丰富，尤以溶酶体和线粒体居多。功能活跃的破骨细胞在骨质侧有微绒毛，称**皱褶缘**（ruffled border），其胞质内含大量溶酶体和吞饮泡，泡内含骨盐晶体及解体的有机成分。环绕于皱褶缘周围的胞质略微隆起，形成一封闭区。此区含多量微丝，无其他细胞器，称**亮区**（clear zone）（图 4-6）。亮区紧贴骨组织表面，构成一堵环形胞质围墙包绕皱褶缘，以维持所包围区内含较高浓度的水解酶及枸橼酸、乳酸等有机酸溶解骨质。溶解产物经皱褶缘吸收。破骨细胞的主要功能是溶解和吸收骨质，与成骨细胞相辅相成，共同参与骨的生长和改建，并维持血钙平衡。

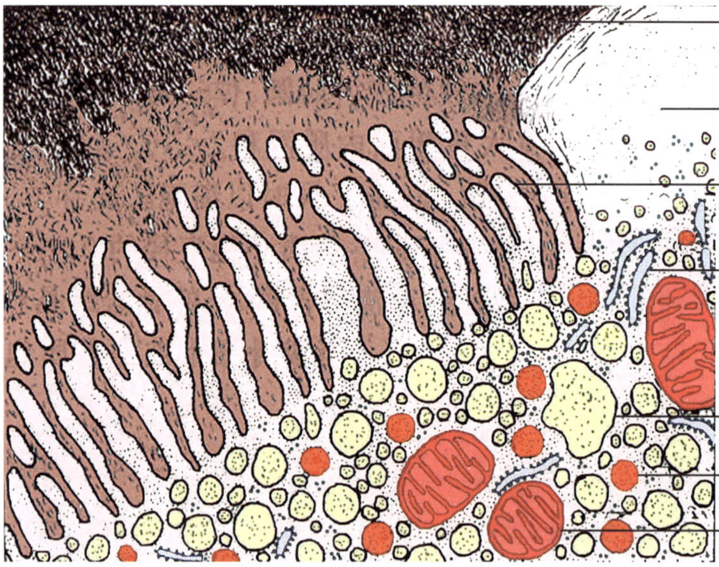

图 4-6* 破骨细胞超微结构模式图

（二）长骨的结构

长骨由骨松质、骨密质、骨膜、骨髓等构成。

1. 骨松质 **骨松质**（spongy bone）分布于长骨的骨骺及骨干的内侧面。骨松质是由大量骨小梁交织形成的多孔网架结构，网孔充填有骨髓。骨小梁由数层平行排列的骨板形成，呈针状或片状。

2. 骨密质 **骨密质**（compact bone）分布于长骨骨干和骨骺的外侧面。骨板的排列有以下三种方式（图 4-7）。

（1）环骨板：**环骨板**（circumferential lamella）分布于长骨干的外侧面及近骨髓腔的内侧面，分别称外环骨板及内环骨板。外环骨板较厚，由数层或十多层骨板组成，较整齐地环绕骨干排列；内环骨板较薄，仅由数层骨板组成，排列不甚规则。骨干中有横穿环骨板的**穿通管**（perforating canal），又称**福尔克曼管**（Volkmann 管），内含血管和神经，与骨单位的中央管相通。

（2）骨单位：**骨单位**（osteon）又称**哈弗斯系统**（Haversian system），位于内、外环骨板之间，数量多。骨单位是长骨干的基本结构单位，呈长筒状，其中轴为纵行的管道，称**中央管**（central canal），其长轴与骨干的长轴平行，内有血管、神经和骨膜组织，周围有 5 ～ 20 层同心圆排列的骨板，又称哈弗斯骨板，骨板内的纤维绕中央管呈螺旋状走行（图 4-7）。骨单位周边都有一层含骨盐较多而胶原纤维很少的骨基质，称**黏合线**（cement line），骨单位最外层骨板内的骨小管均在黏合线处返折，不与相邻骨单位的骨小管相通，同一骨单位内的骨小管互相通连，最内层的骨小管开口于中央管。

（3）间骨板：**间骨板**（interstitial lamella）位于骨单位之间或骨单位与环骨板之间的一些不规则的平行骨板，它们是骨生长和改建中原有骨单位被吸收后的残留部分。

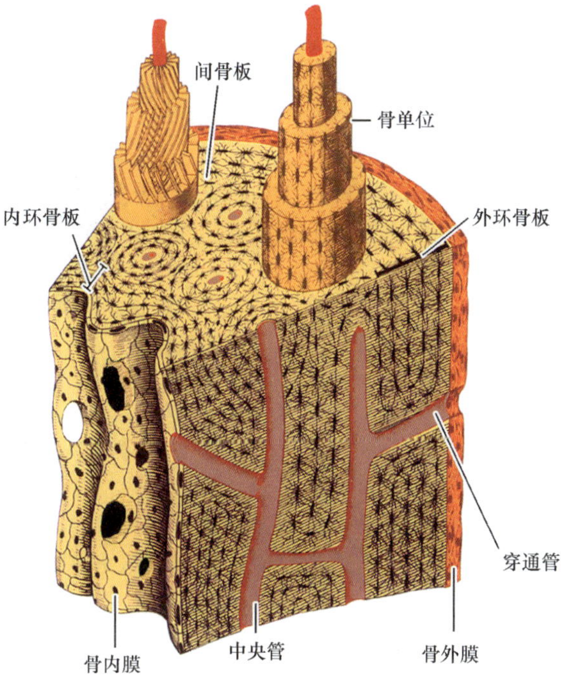

图 4-7 长骨骨干立体结构模式图

3. 骨膜　除关节面外，骨的内、外表面分别覆以骨内膜和骨外膜。**骨外膜**（periosteum）较厚，分为两层：外层为致密结缔组织，纤维粗大而密集，有的纤维横向穿入外环骨板，称**穿通纤维**（perforating fiber），有固定骨膜作用；内层较薄，富含骨祖细胞及血管和神经。**骨内膜**（endosteum）很薄，由一层扁平的骨祖细胞和少量结缔组织构成，并与穿通管内的结缔组织相连。骨膜的主要作用是营养骨组织，并参与骨的生长和修复，故临床上处理骨折时，应尽可能保存骨膜以利于骨修复。

三、骨的发生

骨来源于胚胎时期的间充质。骨的发生有两种方式，即膜内成骨和软骨内成骨。

（一）膜内成骨

膜内成骨（intramembranous ossification）是在原始的结缔组织膜内直接成骨。顶骨、额骨、枕骨和锁骨等以此种方式发生。其具体过程为：在将要形成骨的部位，血管增生，氧供和营养丰富，间充质首先分化为原始结缔组织膜，继而，间充质细胞聚集并分化为骨祖细胞，骨祖细胞进一步分化为成骨细胞，后者分泌类骨质，自身被包埋其中成为骨细胞，类骨质钙化成为骨基质。成骨细胞最早成骨的部位称为**骨化中心**（ossification center）（图 4-8）。随着骨化的不断进行，骨小梁形成，数目逐渐增多，形成骨松质，以后骨松质的表面逐渐改建为骨密质。成骨区周围的间充质将分化为骨膜。

（二）软骨内成骨

软骨内成骨（endochondral ossification）是在骨发生的部位首先形成透明软骨雏形，随后软骨组织逐渐被骨组织代替。人体的大多数骨，如四肢骨、躯干骨和部分颅底骨等都以此种方式发生。现以长骨的发生为例，简述如下（图 4-9）。

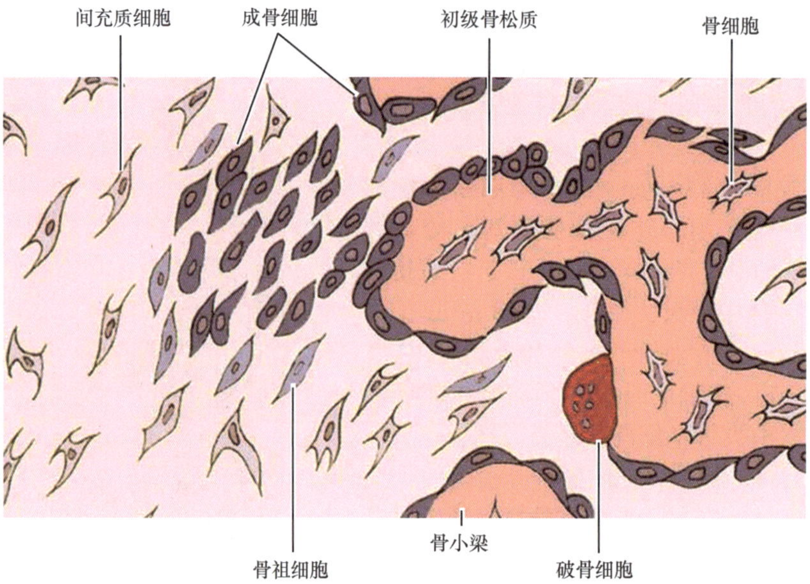

图 4-8　膜内成骨模式图

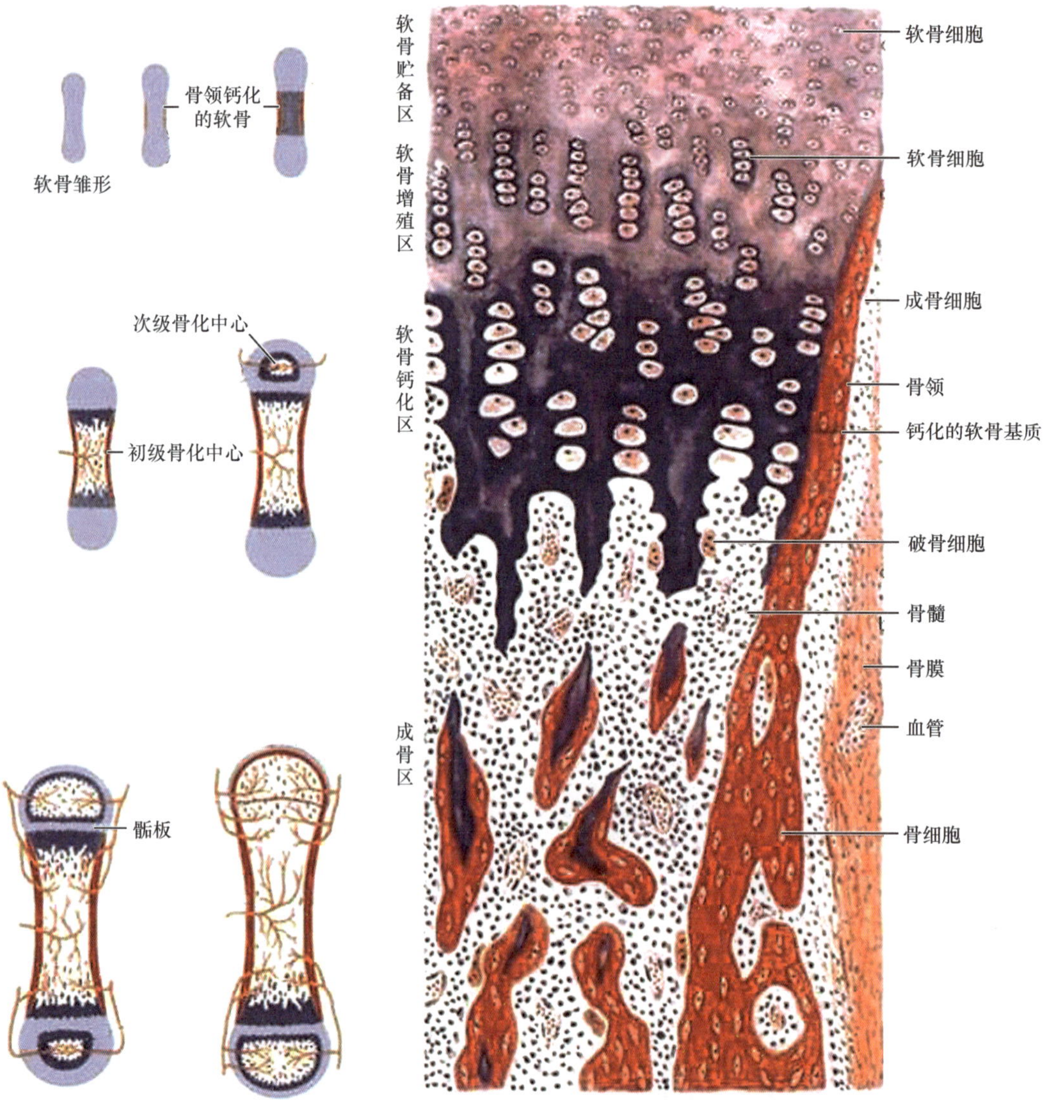

图 4-9*　软骨内成骨过程和长骨的发生模式图

1. 软骨雏形的形成 在将要发生长骨的部位，间充质聚集分化为骨祖细胞，后者再分化为软骨细胞。软骨细胞分泌软骨基质，细胞自身被包埋其中，形成软骨组织，周围的间充质分化为软骨膜，形成一块软骨，其形状与将要形成的长骨的形状大致相似，称**软骨雏形**（cartilage model）。

2. 骨领的形成 软骨雏形中段软骨膜内的骨祖细胞分化为成骨细胞。成骨细胞在软骨表面形成薄层原始骨组织，这层骨组织犹如领圈样包绕软骨雏形中段，故称**骨领**（bone collar）。骨领表面的软骨膜从此改称骨膜。

3. 初级骨化中心与骨髓腔形成 软骨雏形中央的软骨细胞停止分裂，体积增大并分泌碱性磷酸酶，使周围的软骨基质钙化，肥大的软骨细胞退化死亡，形成空而大的陷窝。骨膜的血管连同间充质细胞、成骨细胞和破骨细胞等穿越骨领进入退化软骨区。破骨细胞分解吸收退化的软骨组织，形成大小不一的腔隙，称初级骨髓腔。骨祖细胞分化为成骨细胞，并在残留的钙化软骨表面成骨，这种以钙化软骨基质为中轴，表面附以骨组织的结构称为过渡型骨小梁，形成的初级骨髓腔内充满初级骨髓，这一区域称**初级骨化中心**（primary ossification center）。

初级骨化中心继续向软骨两端扩展，过渡型骨小梁不断被破骨细胞吸收，初级骨髓腔逐渐融合为一个大的骨髓腔。骨髓腔内的间充质细胞分化为网状细胞，形成网状组织。以后造血干细胞迁入并增殖分化，成为有造血功能的骨髓。

4. 次级骨化中心及骨骺形成 **次级骨化中心**（secondary ossification center）可在出生前形成，多数出现在出生后数月或数年。它出现在骨干两端的软骨中央，形成过程与初级骨化中心相似，并从中央呈辐射状向四周成骨，最终软骨组织由骨组织代替，使长骨两端成为骨骺。骨骺表面始终保留薄层软骨，即关节软骨。骨骺与骨干之间亦保留一定厚度的软骨层，称**骺板**（epiphyseal plate），它是长骨增长的基础。至 17 ～ 20 岁时，骺板失去增生能力，被骨组织取代，骨干与骨骺间留下一条骺板的线性痕迹，称**骺线**（epiphyseal line），长骨便停止加长。

5. 骨的加长与增粗 骨的加长是通过骺板的不断生长并被骨组织替换过程而实现的。此时，从骨骺端至骨干骨髓腔间，出现四个动态变化的区带（图 4-9、图 4-10）。

（1）软骨贮备区：**软骨贮备区**（zone of reserve cartilage）软骨细胞较小，呈圆形或椭圆形，胞质呈弱嗜碱性。

（2）软骨增殖区：**软骨增殖区**（zone of proliferating cartilage）软骨细胞变大，增殖活跃，分裂形成同源细胞群，后者纵向排列成软骨细胞柱。

（3）软骨钙化区：**软骨钙化区**（zone of calcifying cartilage）软骨细胞肥大变圆，逐渐成为空泡状、核固缩，最终退化死亡。软骨基质钙化，呈弱嗜碱性。

（4）成骨区：**成骨区**（zone of ossification）钙化的软骨基质表面形成骨组织，构成条索状的过渡型骨小梁，并不断被吸收，骨髓腔向两端扩展。

成骨细胞在骨干外表面不断添加骨组织，使骨干变粗，在骨干内表面，骨组织不断被破骨细胞吸收，骨髓腔扩大。骨干

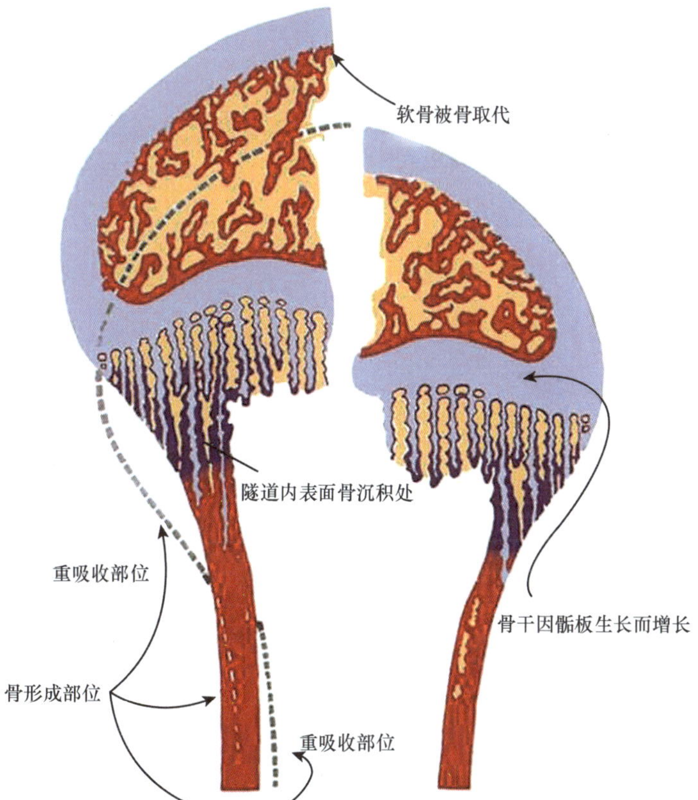

图 4-10* 骨干骨密质形成及骨骺发育示意图

外表面新骨形成速度略快于骨干内部的吸收速度，这样骨干的密质骨适当增厚。

（三）影响骨生长的因素

影响骨生长的因素很多，除受遗传因素影响外，也与激素（如生长激素、甲状腺素、降钙素等）、骨矿物质（如钙、磷等）、细胞因子（如转化生长因子 -β、白细胞介素等）及维生素（维生素 A、维生素 C、维生素 D 等）有关。此外，应力作用的影响也甚为重要。

本章小结

软骨由__________及周围的__________构成。软骨组织由__________、__________和__________构成。根据软骨基质所含__________的不同，可将软骨分三类：__________、__________和__________。软骨的生长同时并存两种方式：__________和__________。骨组织由骨基质和数种细胞组成，细胞包括__________、__________、__________和__________。成骨细胞分泌尚未钙化的骨基质称__________。长骨骨干的骨板排列方式为三种：环骨板、骨单位和间骨板，__________是长骨干的基本结构单位。骨的发生有两种方式，即__________和__________。骨的加长是通过骺板的不断生长并被骨组织替换过程而实现的。从骨骺端至骨干骨髓腔间，出现四个动态变化的区带：__________、__________、__________和__________。

（杨　岚　龚艳菊）

第四章微课

密质骨

第五章

血 液

学习要点

① 血液的组成、各种血细胞的形态结构和功能；② 造血干细胞、造血祖细胞的特点；③ 红骨髓的结构，造血诱导微环境的概念及血细胞发生。

血液（blood）是循环流动在心血管系统内的液态结缔组织。正常成人循环血量约为 5 L，约占体重的 7%。将血液静置于体外，不加抗凝剂，血浆中溶解状态的纤维蛋白原转变为不溶解的纤维蛋白，交织成纤维蛋白网，将细胞成分及大分子血浆蛋白包裹起来形成凝固血块，血块上层析出的淡黄色清亮液体，称**血清**（serum）。在新鲜血液中加入适量抗凝剂（肝素或枸橼酸钠），静置或离心沉淀后，血液将分三层：上层淡黄色为血浆，中间薄层灰白色为白细胞和血小板，下层深红色为红细胞（图 5-1）。

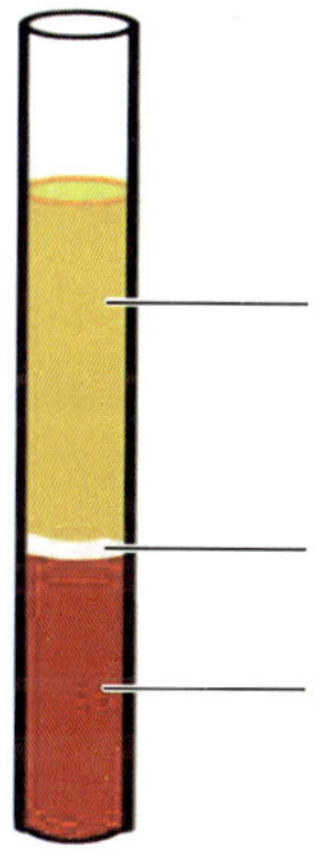

图 5-1 血浆和血细胞比容

血液由**血细胞**（blood cell）和**血浆**（plasma）组成。血细胞包括红细胞、白细胞和血小板，约占血液容积的 45%。血浆相当于细胞外基质，约占血液容积的 55%，pH 7.3 ～ 7.4，主要成分是水（约占 90%），其余为血浆蛋白（白蛋白、球蛋白、纤维蛋白原、补体蛋白等）、脂蛋白、酶、无机盐、激素和代谢物等。血浆不仅是运载血细胞、营养物质及全身代谢产物的循环液体，还参与机体免疫反应、体液与体温调节、酸碱平衡和渗透压的正常维持，具有保持机体内环境稳定的功能。

临床上将血细胞的数量、形态、比例和血红蛋白含量的测定结果称血象（表 5-1）。正常情况下，机体血象保持相对稳定，当机体出现疾病等异常情况时血象常发生显著变化，故血象是临床诊断疾病、判断疾病预后和制定疾病治疗方案的重要指标。通常采用瑞特（Wright）或吉姆萨（Giemsa）染色法染血涂片，观察血细胞的形态与比例。

表 5-1 血细胞各组分正常值

血液有形成分各组分	正 常 值	血液有形成分各组分	正 常 值
红细胞	男：（4.0 ～ 5.5）$\times 10^{12}$/L	中性粒细胞	50% ～ 70%
	女：（3.5 ～ 5.0）$\times 10^{12}$/L	嗜酸性粒细胞	0.5% ～ 5%
网织红细胞	0.5% ～ 1.5%	嗜碱性粒细胞	0 ～ 1%
血红蛋白	男：120 ～ 150 g/L	单核细胞	3% ～ 8%
	女：110 ～ 140 g/L	淋巴细胞	20% ～ 40%
白细胞	（4.0 ～ 10）$\times 10^{9}$/L	血小板	（100 ～ 300）$\times 10^{9}$/L

一、红 细 胞

红细胞（erythrocyte，red blood cell，RBC）是数量最多的血细胞。在扫描电镜下，红细胞呈双凹圆盘状，直径约 7.5 μm，周缘较厚，约 2 μm，中央较薄，约 1 μm（图 5-2）。因此，血涂片标本显示红细胞中央着色较浅，周缘较深（图 5-3）。红细胞的这种形态特点使其表面积比同体积球形结构的表面积增大约 25%，并且细胞内任何一点距细胞表面都不超过 0.85 μm，从而有利于细胞内外的气体交换。

图 5-2 人血细胞扫描电镜图

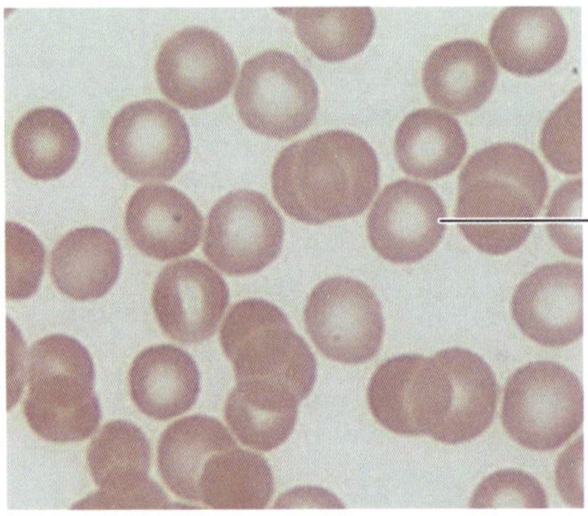

图 5-3 红细胞（瑞特染色，油镜）

哺乳动物成熟的红细胞无细胞核及细胞器，红细胞内主要成分是**血红蛋白**（hemoglobin，Hb），约占红细胞质量的 33%。血红蛋白是含有卟啉铁的蛋白质，易与酸性染料结合而染成橘红色。血红蛋白是红细胞中最重要的功能蛋白，具有结合与运输 O_2 和 CO_2 的功能。当血液流经肺时，由于肺内 O_2 分压高，CO_2 分压低，血红蛋白即释放 CO_2 并与 O_2 结合；相反，当血液流经器官时，血红蛋白可释放所带的 O_2 并结合 CO_2。血红蛋白的这种生物学特性决定了其能供给全身细胞在生命活动中所需要的 O_2，并带走代谢所产生的 CO_2。血红蛋白还能与 CO 结合，其亲和力十分强大，约为与 O_2 结合力的 210 倍，如果空气中含有 CO，血红蛋白就易于与 CO 结合，从而出现缺氧症状或窒息，如临床常见的煤气中毒。

正常情况下，红细胞数量及血红蛋白含量会随机体生理功能而改变，如运动状态高于安静状态，高原居民高于平原居民，新生儿高于成人等。一般认为红细胞数量少于 3.0×10^{12}/L，血红蛋白低于 100 g/L 时，称**贫血**（anemia）；红细胞数量高于 7.0×10^{12}/L，血红蛋白高于 180 g/L 时，则为红细胞和血红蛋白增多，使血液黏滞性增加，血流缓慢，也会造成组织细胞缺氧。病理情况下，由于血浆渗透压降低，血浆中水分进入红细胞内，导致红细胞肿胀破裂，血红蛋白逸出，称**溶血**（hemolysis）。溶血后残留的红细胞膜称**血影**（ghost）；若血浆渗透压过高，红细胞内水分被析出，导致红细胞皱缩，也可引起红细胞膜破坏形成溶血。

红细胞有一定弹性和形态**可变性**（deformability），能顺利通过比其直径小的毛细血管，这是因为红细胞膜固定在一个能变形的圆盘状网架结构上，称**红细胞膜骨架**（erythrocyte membrane skeleton），其主要成分是**血影蛋白**（spectrin）和肌动蛋白等。遗传性球形红细胞血症的血影蛋白分子结构异常，球形红细胞通过脾时，易被巨噬细胞吞噬，导致先天性溶血性贫血。

红细胞膜上镶嵌有与血型相关的膜糖蛋白，如血型抗原 H、血型抗原 A 及血型抗原 B。根据血型抗原在红细胞膜上的有无，分为 A、B、O、AB 四种血型，构成了人类 ABO 血型抗原系统，在临床输血中有重要的意义，若错配血型，首次输血可导致抗原抗体结合，引起红细胞肿胀、破裂，血红蛋白逸出，导致溶血。此外，蛇毒、溶血性细菌、毒素、脂溶剂等也能引起溶血。

红细胞平均寿命约 120 天。衰老的红细胞携氧能力下降，细胞变形性降低，细胞变脆，在肝、脾和骨髓等处被巨噬细胞吞噬清除，同时大量新生的未完全成熟的**网织红细胞**（reticulocyte）从骨髓进入血液。煌焦油蓝染色可见网织红细胞内有许多呈蓝色细网状或颗粒物质，这是残留在胞质内的核糖体（图 5-4），因此网织红细胞仍然具有合成血红蛋白的能力。网织红细胞进入血液循环约 1 天后，核糖体消失，成为成熟的红细胞。成人外周血中网织红细胞占红细胞总数的 0.5% ～ 1.5%，新生儿可达 3% ～ 6%。因此，外周血中网织红细胞计数常作为判断骨髓生成红细胞能力的指标之一，对血液病的诊断、疗效和预后判定有重要意义。

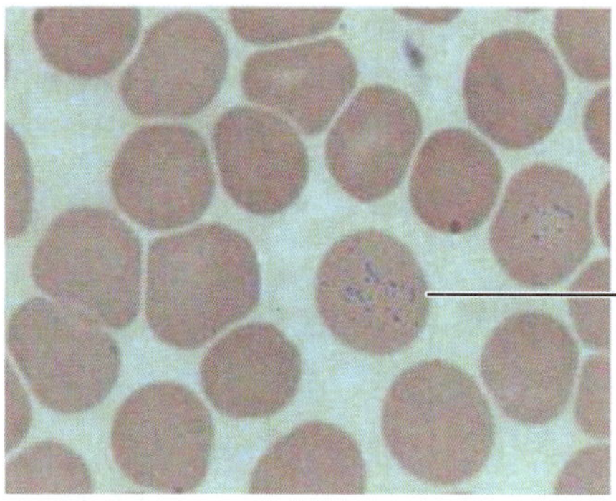

图 5-4 网织红细胞（煌焦油蓝染色，油镜）

二、白 细 胞

白细胞（leukocyte，white blood cell，WBC）是无色的球形细胞，有细胞核。根据白细胞胞质内有无特殊颗粒，可分为两大类：**有粒白细胞**（granular leukocyte，granulocyte）和**无粒白细胞**（agranular leukocyte，agranulocyte）。有粒白细胞根据其特殊颗粒的染色特性分为中性粒细胞、嗜酸性粒细胞和嗜碱性粒细胞。无粒白细胞根据其形态分为单核细胞和淋巴细胞。白细胞是不再分裂的终末分化细胞，寿命仅数天。多数白细胞能以变形运动的方式穿出血管壁，进入结缔组织或淋巴组织发挥免疫和防御功能。

（一）中性粒细胞

中性粒细胞（neutrophilic granulocyte，neutrophil）是数量最多的一种白细胞，占外周血白细胞总数的 50% ～ 70%。中性粒细胞在骨髓内成熟后停留 5 天左右，随即进入血液循环，6 ～ 8 小时后进入结缔组织，存活 2 ～ 3 天。

中性粒细胞呈圆球形，直径 10 ～ 12 μm，细胞核着色较深，呈杆状或分叶状，每叶呈不规则的卵圆形，叶间由染色质丝相连，一般可分 2 ～ 5 叶（图 5-5）。正常情况下，杆状核约占 5%，两叶核约占 35%，三叶核约占 41%，四叶核约占 17%，五叶核约占 2%，一般认为核的分叶越多，细胞越衰老。

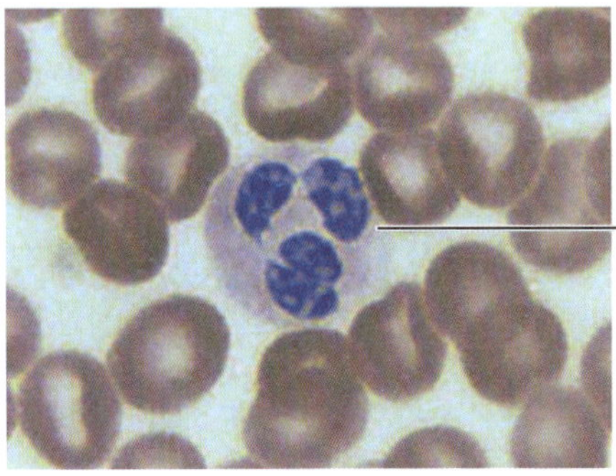

图 5-5 中性粒细胞（瑞特染色，油镜）

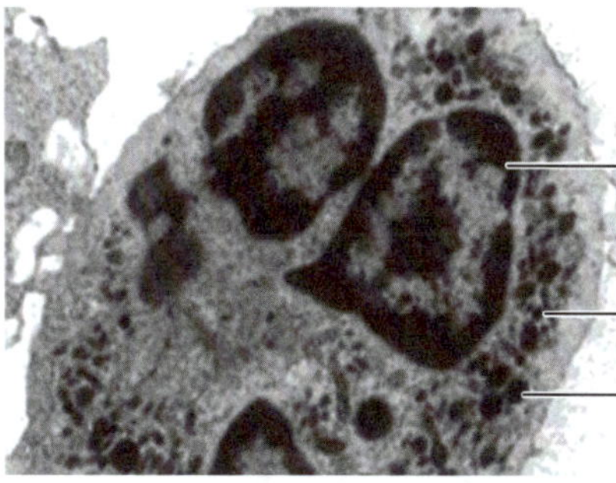

图 5-6 中性粒细胞透射电镜图

中性粒细胞胞质为粉红色，内含较多细小的、分布均匀的、染色成淡紫色较大和淡红色较小的颗粒。较大的颗粒为嗜天青颗粒，较小的颗粒为特殊颗粒（图 5-5）。嗜天青颗粒约占颗粒总数的 20%，电镜下呈圆形或椭圆形，是一种溶酶体，内含酸性磷酸酶、髓过氧化物酶等，能分解消化吞噬的细菌和异物。其中髓过氧化物酶为中性粒细胞溶酶体的标志酶。特殊颗粒约占颗粒总数的 80%，电镜下呈哑铃形或椭圆形，内含乳铁蛋白、吞噬素和溶菌酶等（图 5-6）。

中性粒细胞具有活跃的趋化性和吞噬功能。中性粒细胞穿过毛细血管壁进入周围组织的过程称**游出**（emigration）。当机体局部组织受到细菌侵入或其他病理损伤时，中性粒细胞在趋化因子等作用下，迅速游出，聚集于病变组织周围，进行活跃的吞噬、分泌活动，参与炎症反应。因此，当机体受到细菌感染时，白细胞总数和中性粒细胞比例会显著增高。中性粒细胞在吞噬、杀灭大量细菌后，自身也会死亡，成为脓细胞。

（二）嗜酸性粒细胞

嗜酸性粒细胞（eosinophilic granulocyte）占外周血中白细胞总数的 0.5% ～ 3%。嗜酸性粒细胞在骨髓内成熟后停留 3 ～ 4 天，入血后循行 6 ～ 10 小时进入结缔组织，在组织中存活时间为 8 ～ 12 天。

嗜酸性粒细胞呈圆球形，直径 10 ～ 15 μm，细胞核多为 2 叶，少数为杆状或多叶形，染色质较为致密，胞质内充满粗大的、分布均匀的橘红色嗜酸性颗粒（图 5-7）。电镜下，颗粒有膜包裹，呈圆形或椭圆形，内含细颗粒状基质和一个或多个方形或长方形的致密结晶体（图 5-8）。嗜酸性颗粒是一种特殊的溶酶体，除含一般溶酶体酶外，还含有组胺酶、芳基硫酸酯酶及阳离子蛋白。

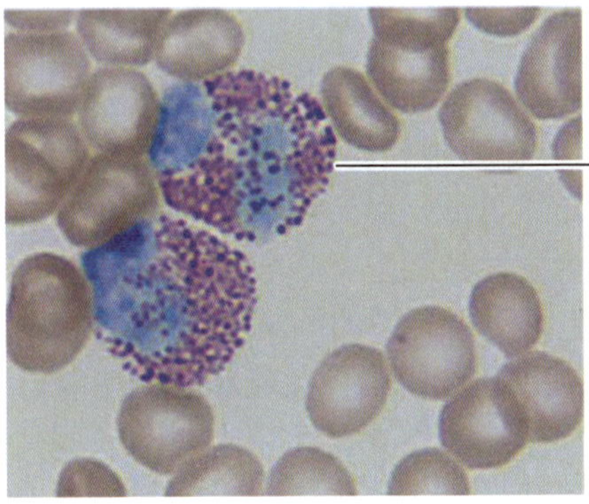

图 5-7　嗜酸性粒细胞（瑞特染色，油镜）

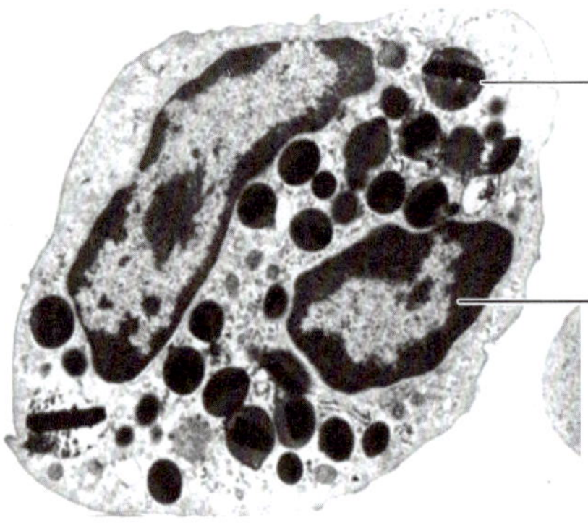

图 5-8　嗜酸性粒细胞透射电镜图

嗜酸性粒细胞同样具有变形运动和趋化性，可吞噬异物或抗原抗体复合物，释放颗粒内的多种溶酶体水解酶。组胺酶可分解组胺、芳基硫酸酯酶可灭活白三烯，从而抑制或缓解机体过敏反应；阳离子蛋白可直接杀灭寄生虫体或虫卵，或吞噬抗体与寄生虫形成的抗原抗体复合物。因此，过敏性疾病或寄生虫感染时该细胞数量增多。

（三）嗜碱性粒细胞

嗜碱性粒细胞（basophilic granulocyte）是血液中数量最少的白细胞，仅占外周血白细胞总数的 0 ～ 1%。嗜碱性粒细胞成熟入血后，在血液循环中停留约 12 小时进入结缔组织，在组织中存活 12 ～ 15 天。

嗜碱性粒细胞呈球形，直径 10 ～ 12 μm。核分叶或呈“S”形，着色浅，轮廓不清。胞质内含大小不等、分布不均、着蓝紫色的嗜碱性颗粒（图 5-9）。电镜下，嗜碱性颗粒中充满分布均匀的细小微粒，有的颗粒内可见微粒排成板层状或旋涡状（图 5-10）。嗜碱性颗粒为分泌颗粒，内含肝素、组胺、嗜酸性粒

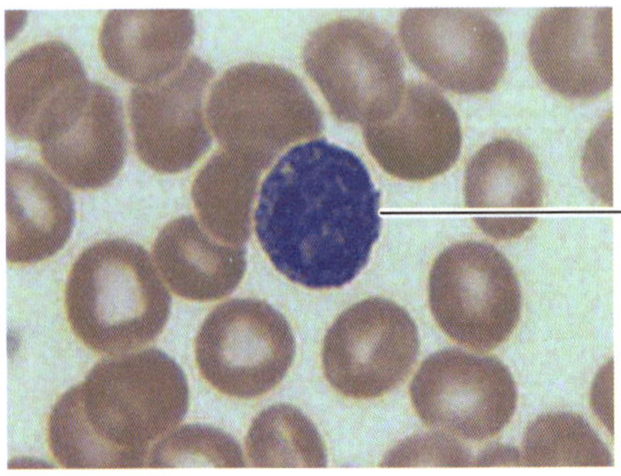

图 5-9　嗜碱性粒细胞（瑞特染色，油镜）

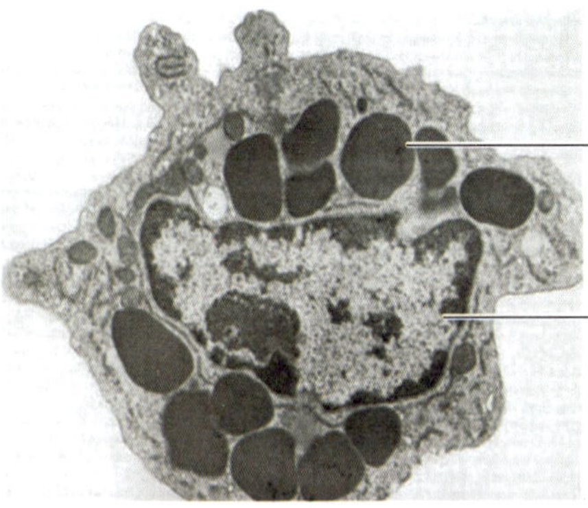

图 5-10　嗜碱性粒细胞透射电镜图

细胞趋化因子等，可被快速释放，胞质内的白三烯则被缓慢释放。因而，嗜碱性粒细胞与肥大细胞一样参与过敏反应，二者可能有相同的祖细胞来源。

（四）淋巴细胞

淋巴细胞（lymphocyte）占外周血白细胞总数的 20% ～ 30%。淋巴细胞呈圆球形，大小不一，直径 5 ～ 20 μm 不等，其中直径 5 ～ 8 μm 的为小淋巴细胞，9 ～ 12 μm 的为中淋巴细胞，13 ～ 20 μm 的为大淋巴细胞。外周血中以小淋巴细胞为主，中淋巴细胞仅少数，无大淋巴细胞。小淋巴细胞核为圆形，一侧常有浅凹，染色质致密，常呈粗块状，着色较深；中淋巴细胞核染色质略稀疏，着色略浅，有的可见核仁。淋巴细胞胞质嗜碱性，呈蔚蓝色。小淋巴细胞胞质较少，在核周形成一窄缘；中淋巴细胞胞质较多，可含嗜天青颗粒（图 5-11）。电镜下，淋巴细胞胞质中含丰富的游离核糖体、少量粗面内质网、高尔基体、线粒体及溶酶体（图 5-12）。

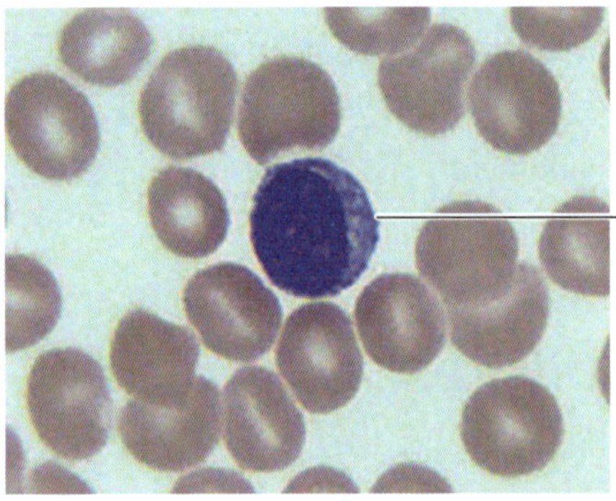

图 5-11 淋巴细胞（瑞特染色，油镜）

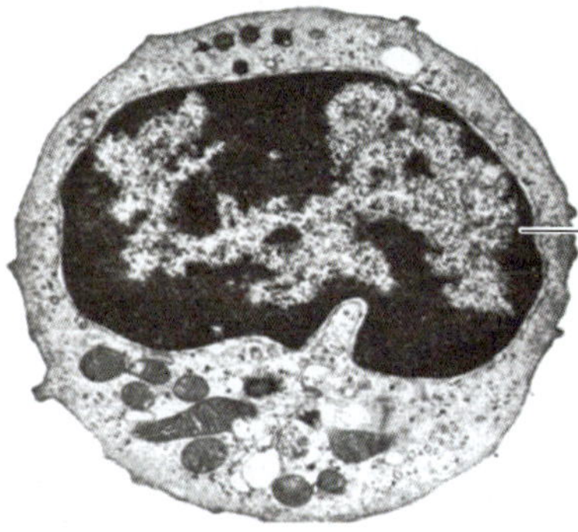

图 5-12 淋巴细胞透射电镜图

根据淋巴细胞发生来源、细胞表面标志和免疫功能等不同，可将其分为以下三类。

1. 胸腺依赖淋巴细胞 **胸腺依赖淋巴细胞**（thymus dependent lymphocyte，T 细胞）占外周血中淋巴细胞总数的 70% ～ 75%，该细胞发生于胸腺，参与细胞免疫，并调节免疫应答。

2. 骨髓依赖淋巴细胞 **骨髓依赖淋巴细胞**（bone marrow dependent lymphocyte，B 细胞）占外周血中淋巴细胞总数的 10% ～ 15%，该细胞发生于骨髓，受抗原刺激后增殖分化为浆细胞，产生抗体，参与体液免疫。

3. 自然杀伤细胞 **自然杀伤细胞**（nature killer cell，NK 细胞）占外周血中淋巴细胞总数的 10%，该细胞发生于骨髓，能直接杀伤某些肿瘤细胞和病毒感染细胞。

（五）单核细胞

单核细胞（monocyte）占外周血白细胞总数的 3% ～ 8%，是体积最大的白细胞。单核细胞呈圆球形，直径 14 ～ 20 μm，胞核呈肾形、卵圆形或马蹄形，染色质呈细网状，着色浅。胞质丰富，弱嗜碱性，呈

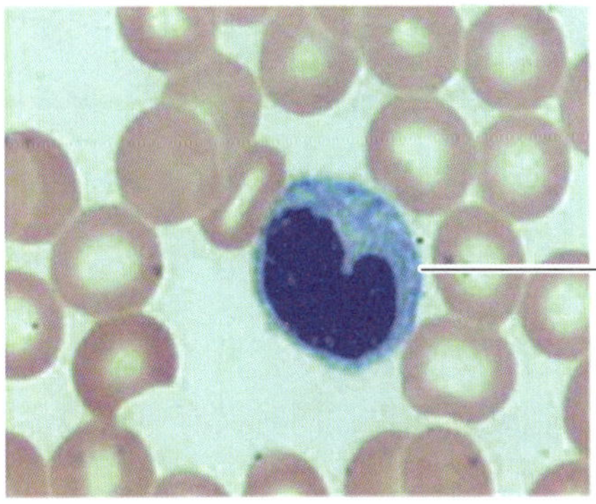

图 5-13 单核细胞（瑞特染色，油镜）

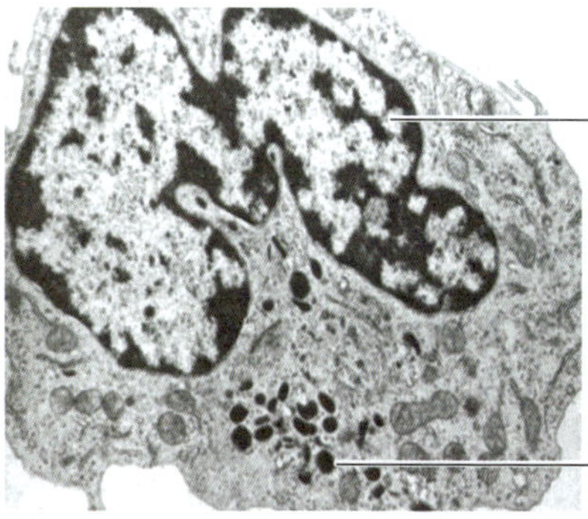

图 5-14 单核细胞透射电镜图

灰蓝色，内含许多细小的嗜天青颗粒（图 5-13）。电镜下，细胞表面有皱褶和微绒毛，胞质内含较多溶酶体和吞噬体（图 5-14）。

单核细胞具有较强的变形性和明显的趋化性。单核细胞从骨髓进入血液循环，并在其中停留 1 ～ 2 天后，进入全身结缔组织或其他组织进一步分化成为巨噬细胞等具有吞噬功能的细胞。单核细胞及由其分化而来的具有吞噬能力的各种巨噬细胞共同构成了机体的**单核吞噬细胞系统**（mononuclear phagocytic system，MPS），参与机体的免疫反应，还能分泌多种生物活性物质、参与造血调控。

三、血 小 板

血小板（blood platelet）又称**血栓细胞**（thrombocyte），是**骨髓巨核细胞**（megakaryocyte）脱落下来的胞质小块。游离于血浆中未激活的血小板呈双凸圆盘状，直径 2 ～ 4 μm，无细胞核，有完整的胞膜。血管损伤时，血小板被激活，黏附聚集，伸出细小突起，呈不规则形。血小板中央部分可见蓝紫色嗜天青颗粒，称**颗粒区**（granulomere）；周围呈均质浅蓝色，称**透明区**（hyalomere）（图 5-15）。

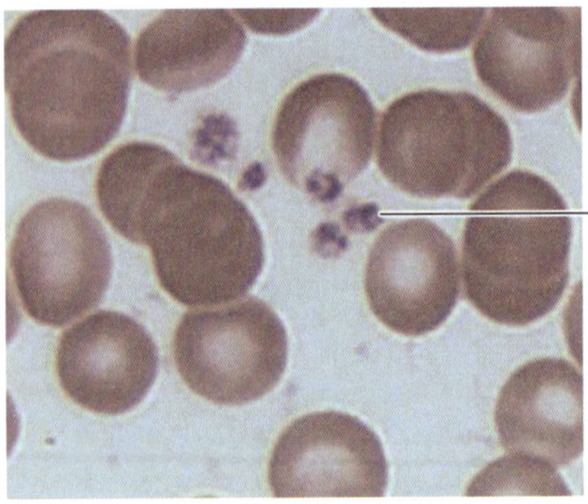

图 5-15 血小板（瑞特染色，油镜）

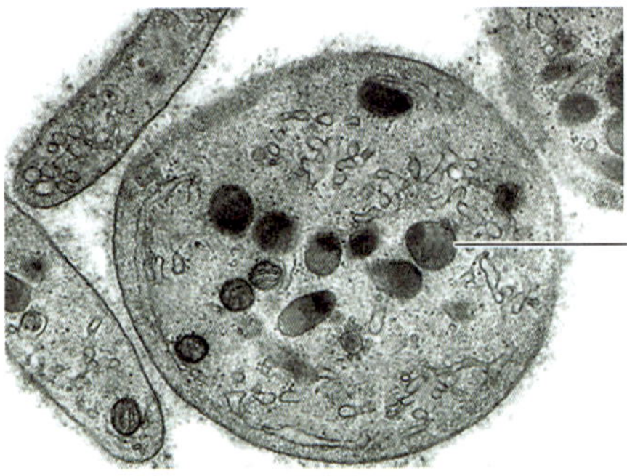

图 5-16 血小板透射电镜图

电镜下（图 5-16），血小板表面有较厚的糖衣。颗粒区内含有特殊颗粒、致密颗粒和溶酶体。特殊颗粒体积较大，圆形，中等电子密度，内含血小板因子Ⅳ、**血小板源性生长因子**（platelet derived growth factor，PDGF）、**凝血酶敏感蛋白**（thrombospondin）等；致密颗粒较小，电子密度高，内含 **5-羟色胺**（5-hydroxytryptamine，5-HT）、ADP、ATP、Ca^{2+}、肾上腺素等。透明区含有微丝和微管，以维持血小板的形态并参与变形。血小板内有两套小管系统：开放小管系统和致密小管系统。开放小管系统与血小板表面胞膜连续，增加血小板与血浆的接触面积，有利于血小板颗粒内容物经小管释放；致密小管系统是封闭的小管，相当于滑面内质网，能收集 Ca^{2+} 和合成前列腺素等物质。

正常情况下，血小板悬浮于血流中，并不发生黏附聚集。当血管损伤时，血小板迅速聚集并黏附于破损处，激活凝血过程，形成血栓封堵裂口或小血管管腔，在凝血、止血中起着重要作用。因此，当机体血小板数量显著减少或功能障碍时，可引起皮肤和黏膜出血等现象。血小板可存活 7 ～ 14 天。

四、骨髓和血细胞发生

各种成熟血细胞的存活时间有限，机体每天都有一定数量的血细胞衰老死亡，同时又有一定数量的血细胞在骨髓成熟释放入血，使外周血中各种血细胞的数量、质量和比例保持动态平衡。

造血器官作为机体生成血细胞的重要场所，在人体发育的不同时期有所不同。人胚胎时期的卵黄囊、胸腺、肝脏、脾脏及骨髓均能进行造血活动，出生后，红骨髓成为终身主要的造血器官。人体胚胎在第3周卵黄囊壁血岛内生成第一代多能造血干细胞；随着机体的发育，在人胚第6周，造血干细胞从卵黄囊壁迁入肝脏并开始造血；人胚第4个月，迁入脾脏内的造血干细胞开始造血，并增殖分化产生各种血细胞；从胚胎后期至出生后，骨髓成为主要的造血器官。

（一）骨髓的结构

骨髓（bone marrow）位于骨髓腔内，分为红骨髓和黄骨髓。红骨髓呈红色，内含大量红细胞和不同成熟阶段的红系前体细胞，是机体重要的造血组织；黄骨髓主要是脂肪组织，仅有微弱的造血功能。新生儿所有的骨髓都是红骨髓，随着年龄的增长，长骨干骨髓腔内出现脂肪组织，红骨髓逐渐被黄骨髓所替代，至成年时骨髓占体重的3.5%～4.6%，其中红骨髓和黄骨髓约各占一半。成人红骨髓主要分布于扁骨、不规则骨和长骨骨骺端的骨松质中，主要由造血组织和血窦构成。成年人长骨骨干的骨髓腔充满黄骨髓，其中仍有少量幼稚血细胞，保持造血潜能，当机体需要时部分黄骨髓可转变为红骨髓进行造血。

1. 造血组织　由网状组织、造血细胞及基质细胞共同构成。其中网状组织构成造血组织的支架及微环境，网孔中充满不同发育阶段的各类血细胞及巨噬细胞、脂肪细胞、成纤维细胞、间充质细胞等造血基质细胞。

2. 血窦　形状不规则，窦壁由内皮、基膜共同组成。内皮间隙较大，基膜不完整，有利于成熟血细胞进入血液。窦壁周围和窦腔内的巨噬细胞能吞噬消除血液中的异物、细菌和衰老死亡的血细胞。

造血诱导微环境（hemopoietic inductive microenvironment）：是造血细胞赖以生存、增殖与分化的场所。包括骨髓的神经成分、微血管系统、细胞外基质与造血基质细胞等。**造血基质细胞**（hematopoietic stromal cell）是造血诱导微环境的核心成分，它是由成纤维细胞、巨噬细胞、血管内皮细胞、网状细胞和脂肪细胞等组成的混合性细胞群，基质细胞不仅是造血细胞生长的支架，还可通过细胞间通信，分泌多种造血调控因子，产生细胞外基质等多种途径调控血细胞的增殖与分化。

（二）造血干细胞和造血祖细胞

血细胞的发生是在特定诱导因素和微环境作用下，造血干细胞增殖分化为各类造血祖细胞，并定向成各种成熟血细胞的过程。

1. 造血干细胞　**造血干细胞**（hemopoietic stem cell），也称多能干细胞（multipotential stem cell），是生成各种血细胞的始祖细胞。1961年Till和McCullch创立的脾集落法首次证明了造血干细胞的存在。他们给受致死剂量辐射的小鼠输注同种骨髓细胞8～11天后，在受体鼠脾的表面出现了肉眼可见的结节，称**脾集落**（spleen colony）（图5-17）。脾集落既可由红系、粒系或巨核细胞系组成，也可由其中两者或三者混合而成。造血干细胞起源于人胚第3周卵黄囊血岛，出生后主要存在于红骨髓，约占骨髓有核细胞的0.5%，其次是脾和淋巴结，外周血内也有极少量。一般认为，造血干细胞的形态似小淋巴细胞。

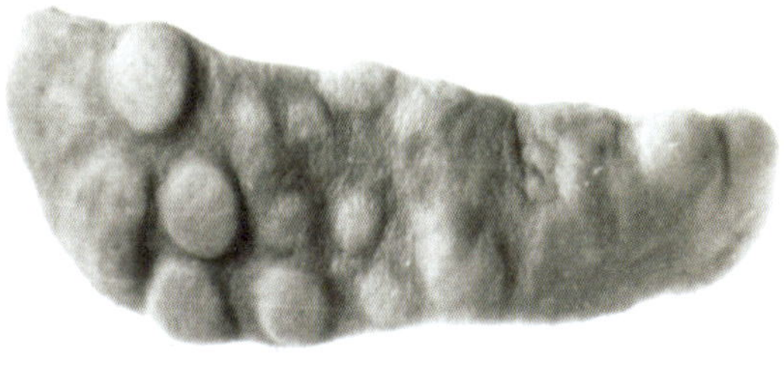

图5-17　小鼠脾集落

造血干细胞的生物学特性：① 具有很强的增殖潜能，在一定条件下能反复分裂，大量增殖。但在一般生理状态下，多数造血干细胞处于G_0期静止状态，仅不足5%处于细胞周期的$S/G_2/M$期。② 具有多向分化能力，造血干细胞能分化为各系造血祖细胞，此外还能分化成为某些非造血细胞，如树突状细胞、破骨细胞、内皮细胞等。③ 具有自我复制的能力，造血干细胞通过不对称性有丝分裂，形成两种子细胞，一种分化为早期造血祖细胞，另一种保持干细胞全部特征不变，从而保持了造血干细胞恒定的数量和原有的特性。④ 具有不均一性，造血干细胞在功能、生物学特性和表面标志上不完全相同，是一个不均一的细胞群。

知识拓展

造血干细胞移植

造血干细胞移植是从自体或异体骨髓、外周血、脐带血等中分离纯化造血干细胞，采用造血干细胞工程技术在体外扩增造血细胞，通过静脉输注给受体，使造血干细胞定居于受体的造血器官，从而使受体获得重建造血功能的临床治疗方法。目前造血干细胞移植广泛应用于实体瘤、血液肿瘤等放、化疗后的造血支持治疗和造血重建，建立移植物抗白血病或抗肿瘤效应，替代异常的造血或免疫组织，以及以造血干细胞为靶细胞的基因治疗等。

2. 造血祖细胞 **造血祖细胞**（hemopoietic progenitor cell，HPC），也称**定向干细胞**（committed stem cell），是由造血干细胞分化而来的分化方向确定的干细胞。一般认为，造血祖细胞已失去了自我更新的能力，其数量的恒定需要依赖造血干细胞的增殖进行补充，在不同的集落刺激因子的作用下，分别分化为形态可辨认的各种血细胞。根据分化方向可将造血祖细胞分为：

（1）髓系多向造血祖细胞（colony forming unit-granulocyte，erythrocyte，monocyte and megakaryocyte，CFU-GEMM）：是造血干细胞增殖分化而来的早期祖细胞。在干细胞因子（stem cell factor，SCF）、白细胞介素 -3（interleukin-3，IL-3）、粒巨噬细胞集落刺激因子（granulocyte-macrophage colony-stimulating factor，GM-CSF）、血小板生成素（thrombopoietin，TPO）和促红细胞生成素（erythropoietin，EPO）等造血生长因子诱导下，在体外能培养出粒-巨噬细胞、红细胞和巨核细胞共同组成的混合性集落（colony forming unit-mixed，CFU-MIX）。这种祖细胞进一步分化可形成单系造血祖细胞。

（2）红系造血祖细胞：由髓系多向造血祖细胞增殖分化而来。在 SCF、IL-3 和 EPO 诱导下，早期红系祖细胞可形成数量庞大的红系细胞集落，有些小的细胞团散在集落中心周边，形似爆炸形态，故称爆式红细胞集落（brust forming unit-erythroid，BFU-E）。BFU-E 进一步在 EPO 诱导下形成晚期红系祖细胞（colony forming unit-erythroid，CFU-E）。

（3）粒巨噬细胞系造血祖细胞（colony forming unit-granulocyte macrophage，CFU-GM）：由髓系多向造血祖细胞增殖分化而来，是粒细胞与单核细胞共同的祖细胞。在 GM-CSF 和 IL-3 等诱导下，能形成由粒细胞与巨噬细胞共同组成的集落，或单独的粒细胞与巨噬细胞集落。

（4）巨核系祖细胞（colony forming unit-megakaryocyte，CFU-MK）：由髓系多向造血祖细胞增殖分化而来，主要受 TPO 诱导形成巨核细胞集落。TPO 还可加速巨核细胞分化成熟，增大细胞体积，诱导胞质内形成凸起的界膜系统和血小板颗粒，最终形成血小板。

（5）淋巴系祖细胞：由造血干细胞增殖分化而来。在胸腺基质细胞与 IL-2、IL-7 等存在的条件下，形成前 T 细胞组成的 T 细胞集落（colony forming unit-T-lymphocyte，CFU-TL），后者在 IL-1 和 IL-4 的进一步诱导下形成 T 细胞。在骨髓基质细胞与 IL-1、IL-6 等因子的诱导下，可形成由前 B 细胞形成的 B 细胞集落（colony forming unit-B-lymphocyte，CFU-BL），再经 IL-2、IL-1 及抗原等进一步诱导形成 B 细胞与浆细胞。

（三）血细胞发生过程及形态演变

血细胞发生是指多能造血干细胞在特定造血诱导微环境的造血调控网络控制下，增殖分化为各种成熟血细胞的动态平衡过程（图 5-18），一般分为三个阶段：① 原始阶段；② 幼稚阶段（包括早、中、晚三期）；③ 成熟阶段。

各系血细胞发生过程中形态演变一般遵循以下规律：① 胞体由大逐渐变小，但巨核细胞则由小逐渐变大。② 胞核由大逐渐变小，红细胞胞核最终消失；粒细胞胞核由圆形逐渐变成杆状、分叶状，核内染色质由细疏变得粗密，核仁由明显渐至消失；巨核细胞胞核由小逐渐变大，呈分叶状。③ 胞质由少逐渐变多，胞质的嗜碱性由强逐渐变弱；胞质内特殊颗粒、血红蛋白等功能物质逐渐从无至有；细胞的核质

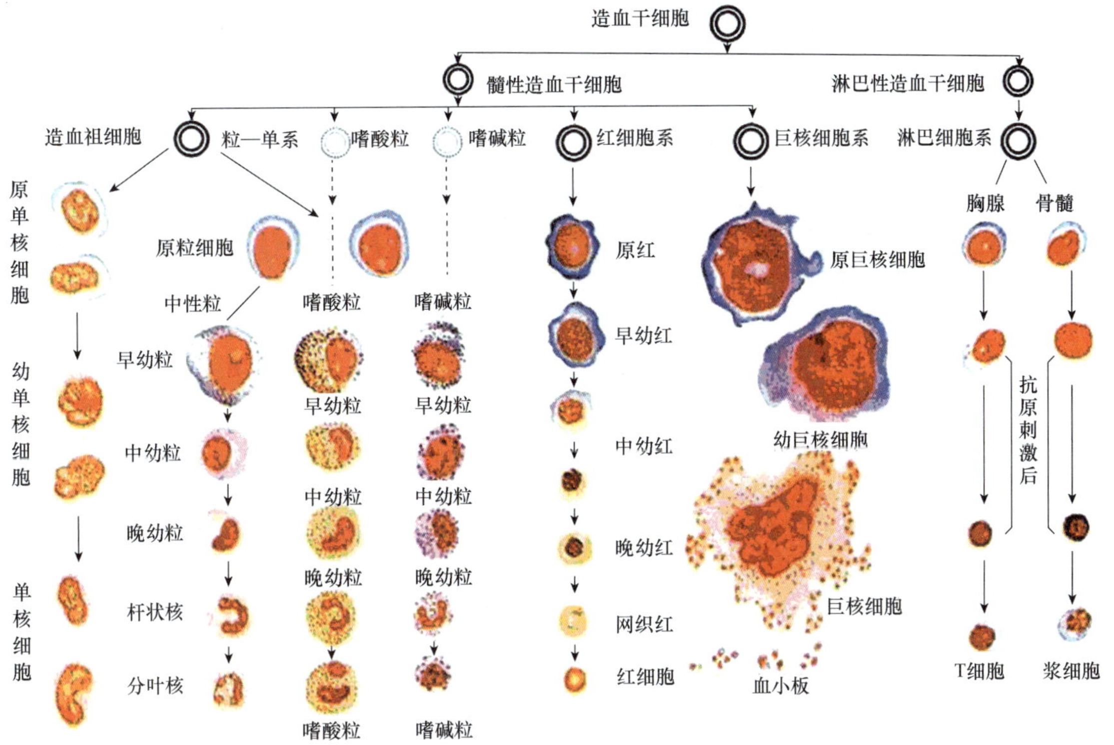

图 5-18 血细胞发生过程示意图

比例逐渐减小。④ 细胞分裂能力从有至无，但成熟的淋巴细胞仍保持潜在的分裂能力。

1. 红细胞发生 起始于红系祖细胞，历经原始红细胞、早幼红细胞、中幼红细胞、晚幼红细胞、网织红细胞，最终成为成熟红细胞，此过程历时约 1 周。

2. 粒细胞发生 起始于粒-巨噬细胞祖细胞，历经原粒细胞、早幼粒细胞、中幼粒细胞、晚幼粒细胞，进而分化为成熟的杆状核和分叶核粒细胞进入外周血循环，此过程历时 10 ～ 12 天。

3. 单核细胞发生 起始于粒-巨噬细胞祖细胞，历经原单核细胞、幼单核细胞，进而分化为成熟的单核细胞。

4. 血小板发生 起始丁巨核细胞祖细胞，历经原巨核细胞、幼巨核细胞，发育为成熟巨核细胞，其胞质脱落形成血小板。

5. 淋巴细胞发生 起始于淋巴系祖细胞，即淋巴干细胞，历经原淋巴细胞、幼淋巴细胞，进而分化为成熟的淋巴细胞。

知识拓展

白 血 病

白血病亦称血癌，是一类造血干细胞异常的克隆性恶性疾病。白血病表现为造血细胞增殖失控、分化成熟受阻和正常的凋亡过程失调，其克隆的白血病细胞失去进一步分化成熟的能力而停滞在细胞发育的不同阶段；在骨髓和其他造血组织中白血病细胞大量增生积聚并浸润其他器官和组织，同时使正常造血受抑制。临床表现为贫血、出血、感染及各器官浸润等。

本章小结

血液由__________和__________组成。血细胞包括__________、__________和__________。血细胞的数量、形态、比例和血红蛋白含量的测定结果称__________，是临床工作中诊断疾病的重要依据之一。红细胞是数量最多的血细胞，呈双凹圆盘状，无__________，无__________，胞质内充满__________，具有运输 O_2 和 CO_2 的功能。人红细胞平均寿命为 120 天。未完全成熟的红细胞称__________，其数量对血液病的诊断，疗效和预后判定具有重要意义。白细胞根据__________可分有粒白细胞和无粒白细胞，有粒白细胞分为__________、__________和__________；无粒白细胞分为__________和__________。白细胞具有防御和免疫功能。骨髓巨核细胞脱落下来的胞质小块称__________，参与止血、凝血和保护血管内皮等功能。造血干细胞在特定的微环境和某些因素的调节下，先增殖分化为各类血细胞的祖细胞，然后定向增殖、分化为各种成熟的血细胞的过程称__________。造血干细胞是生成各种血细胞的原始细胞，其特性为：__________、__________、__________和__________，故造血干细胞可终生保持数量的恒定。

（周　玥　石娅萍）

第五章微课

粒细胞

第六章

肌 组 织

学习要点

① 三种肌肉组织的光镜结构与功能特点；② 骨骼肌与心肌的超微结构及二者的不同点；③ 骨骼肌纤维的收缩原理；④平滑肌的超微结构。

肌组织（muscle tissue）主要由肌细胞组成，肌细胞之间有少量的结缔组织、血管、淋巴管及神经。肌细胞呈长纤维形，又称**肌纤维**（muscle fiber）。肌纤维的细胞膜称**肌膜**（sarcolemma），细胞质称肌质（sarcoplasm），滑面内质网称**肌质网**（sarcoplasmic reticulum）。肌质中有许多肌丝，它们是肌纤维收缩的物质基础。肌组织分为三类：骨骼肌、心肌和平滑肌（图 6–1），前两种属于**横纹肌**（striated muscle）。骨骼肌受躯体神经支配，属随意肌；心肌和平滑肌受内脏神经支配，为不随意肌。

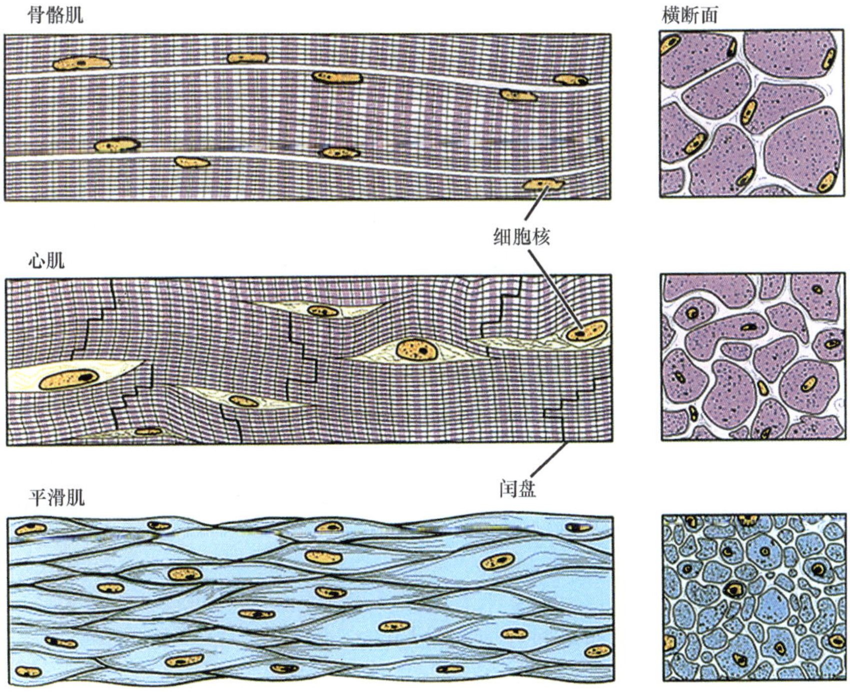

图 6–1　骨骼肌、心肌、平滑肌模式图

一、骨 骼 肌

骨骼肌（skeletal muscle）一般借肌腱附着在骨骼上。致密结缔组织包裹在整块肌肉外面形成**肌外膜**（epimysium）。肌外膜的结缔组织伸入肌肉内，分隔和包围大小不等的肌束，形成**肌束膜**（perimysium），分布在每条肌纤维周围的少量结缔组织为**肌内膜**（endomysium）（图 6-2）。各层结缔组织膜对骨骼肌具有支持、连接、营养和功能调整的作用。骨骼肌中还有一种扁平、有突起的**肌卫星细胞**（muscle satellite cell），附着在肌纤维表面，具有干细胞的性质，参与肌纤维的修复。

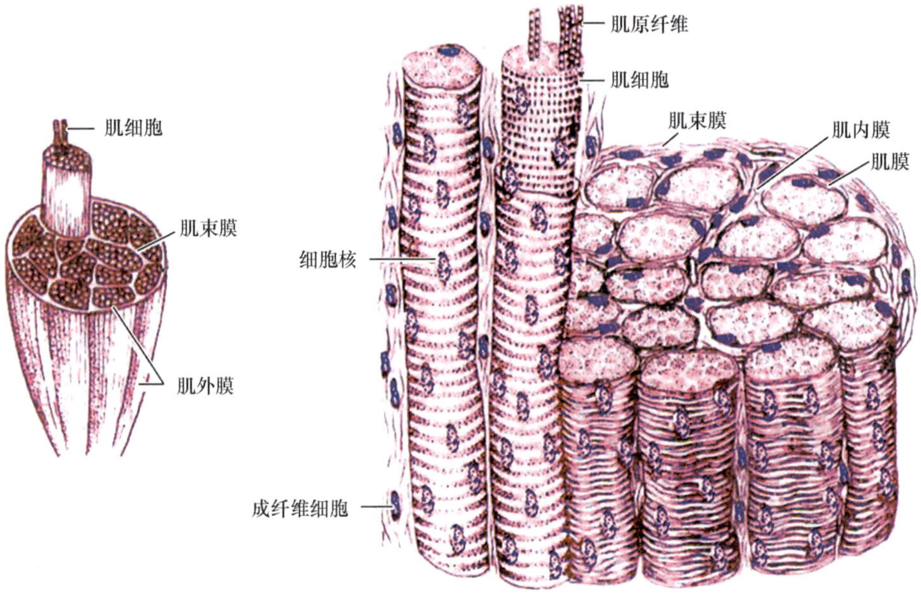

图 6-2 骨骼肌结构模式图

（一）骨骼肌纤维的光镜结构

骨骼肌纤维呈长圆柱状，直径 10 ～ 100 μm，长度不等，一般为 1 ～ 40 mm。肌膜外有基膜贴附。骨骼肌纤维内含有几十个甚至几百个细胞核，呈扁椭圆形，位于肌膜下方。肌质内含许多与肌纤维长轴平行排列的**肌原纤维**（myofibril），呈细丝状，直径 1 ～ 2 μm。每条肌原纤维都有明暗相间的带，各条肌原纤维的明带和暗带都准确地排列在同一平面上，使骨骼肌纤维呈现明暗相间的**周期性横纹**（cross striation）（图 6-3）。**明带**（light band）又称 I 带，**暗带**（dark band）又称 A 带。暗带中央有一条浅色的 H 带，H 带中央有一条深色的 M 线。明带中央有一条深色的 Z 线。相邻两条 Z 线之间的一段肌原纤维称**肌节**（sarcomere），肌节依次排列构成肌原纤维，它是肌原纤维结构和功能的基本单位（图 6-4）。每个肌节由 1/2 I 带＋ A 带＋ 1/2 I 带组成。暗带的长度恒定，约为 1.5 μm；明带的长度依骨骼肌纤维的收缩或舒张状态而异，最长可达 2 μm；肌节长度介于 1.5 ～ 3.5 μm，在一般安静状态约为 2 μm。

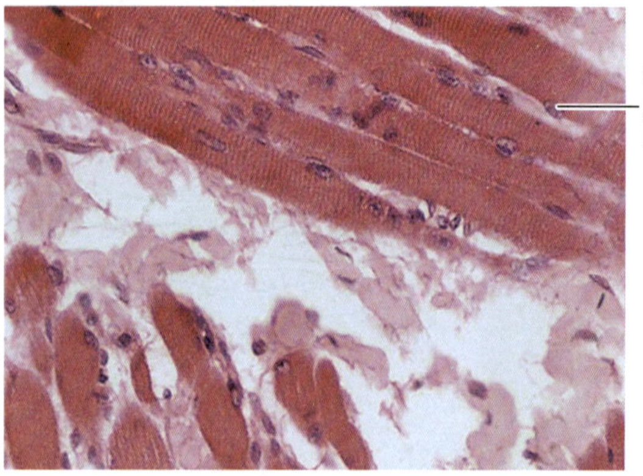

图 6-3 骨骼肌纵横切面（HE 染色，高倍）

（二）骨骼肌纤维的超微结构

1. 肌原纤维　肌原纤维由粗、细两种肌丝沿肌纤维的长轴有规律地平行排列组成。**粗肌丝**（thick filament）位于肌节的中部，中央借 M 线固定，两端游离，贯穿 A 带全长。**细肌丝**（thin filament）位于肌节两侧，一端固定在 Z 线上，另一端游离，平行插于粗肌丝之间，止于 H 带外缘。因此，I 带内只有细肌丝，H 带内只有粗肌丝，H 带以外的 A 带部分由粗、细两种肌丝组成（图 6-4）。在横切面上，可见一根粗肌丝周围有 6 根细肌丝，而每一根细肌丝周围有 3 根粗肌丝（图 6-4）。

粗肌丝长约 1.5 μm，直径 15 nm，由许多**肌球蛋白**（myosin）分子集合而成。单个肌球蛋白分子形如豆芽，分为头和杆两部分。在头和杆的连接处及杆上有两处类似关节的结构，可以屈动。大量肌球蛋白分子平行排列，集合成束，组成一条粗肌丝。肌球蛋白分子的杆朝向 M 线，头部朝向粗肌丝的两端并露于表面，称**横桥**（cross bridge）（图 6-5）。肌球蛋白头部具有 ATP 酶，当头部与细肌丝的肌动蛋白接触时 ATP 酶被激活，分解 ATP 释放出能量，使横桥屈动。

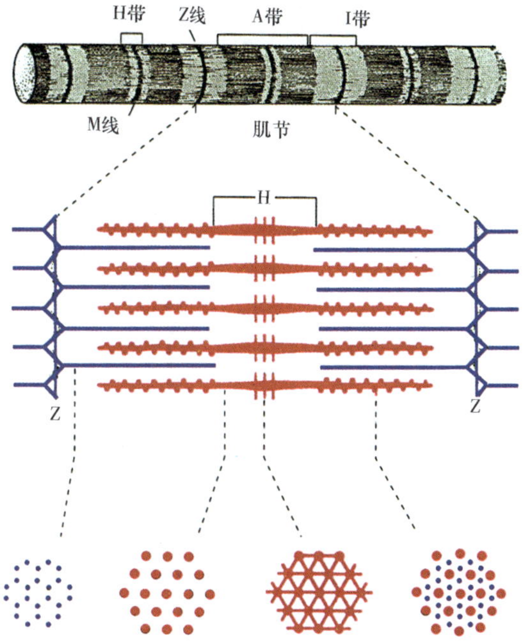

图 6-4*　肌原纤维超微结构模式图

细肌丝长约 1 μm，直径约 5 nm，由**肌动蛋白**（actin）、**原肌球蛋白**（tropomyosin）和**肌钙蛋白**（troponin）组成（图 6-5）。① 肌动蛋白分子单体为球形，互相连接成肌动蛋白链，两条肌动蛋白链呈螺旋状排列，每个球形肌动蛋白单体上都有一个可以与粗肌丝的肌球蛋白头部相结合的位点。在肌纤维处于非收缩状态时，该位点被原肌球蛋白掩盖。② 原肌球蛋白由较短的两条双股螺旋状多肽链组成，首尾相连，嵌于肌动蛋白双股螺旋链的浅沟内。③ 肌钙蛋白由 3 个球形亚单位组成。TnT 亚单位将肌钙蛋白固定于原肌球蛋白分子上；TnI 亚单位能够抑制肌动蛋白和肌球蛋白相互作用；TnC 亚单位可与 Ca^{2+} 结合。

2. 横小管　**横小管**（transverse tubule）是肌膜向肌质内凹陷形成的小管，与肌纤维长轴垂直，又称 T 小管，同一平面的横小管分支吻合，包绕每条肌原纤维。哺乳动物的横小管位于明带与暗带的交接处（图 6-6）。横小管可将肌膜的兴奋迅速传到肌纤维内部。

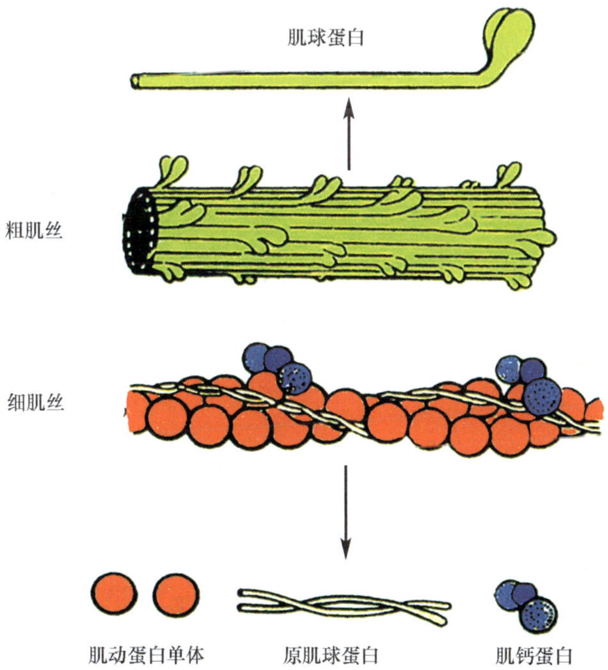

图 6-5*　粗细肌丝分子结构模式图

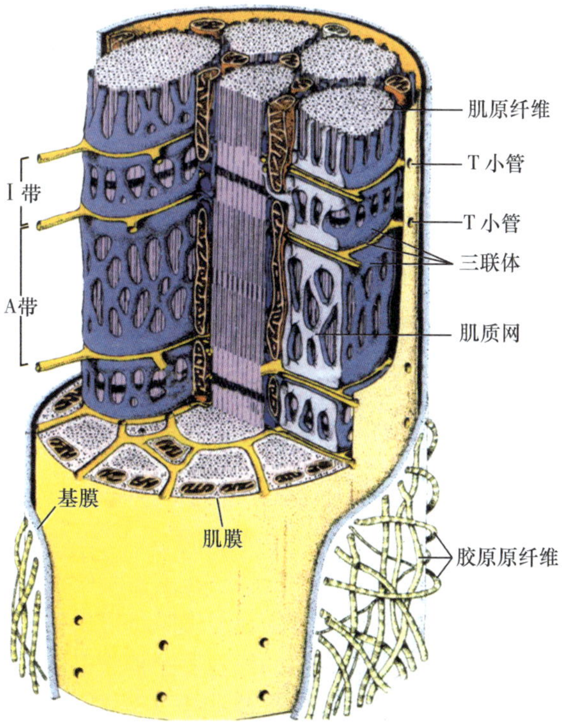

图 6-6*　骨骼肌纤维超微结构模式图

3. 肌质网　肌质网是肌纤维内特化的滑面内质网，位于横小管之间。其中部纵行包绕在每条肌原纤维周围，称**纵小管**（longitudinal tubule）或L小管；两端的肌质网形成环行膨大的扁囊，称**终池**（terminal cisternae）。每条横小管与其两旁的终池构成**三联体**（triad）（图6-6），在此部位将兴奋从肌膜传递至肌质网膜。肌质网具有富集、贮存和释放 Ca^{2+} 的功能。肌质网膜上有钙泵与钙通道，钙泵能逆浓度差将肌质中 Ca^{2+} 泵入肌质网内贮存，使其内的 Ca^{2+} 浓度为肌质中的上千倍。当肌质网膜接受兴奋后，钙通道开放，大量 Ca^{2+} 涌入肌质。

此外，肌原纤维之间有大量的线粒体（图6-7）、糖原及少量脂滴，肌质内还有肌红蛋白。

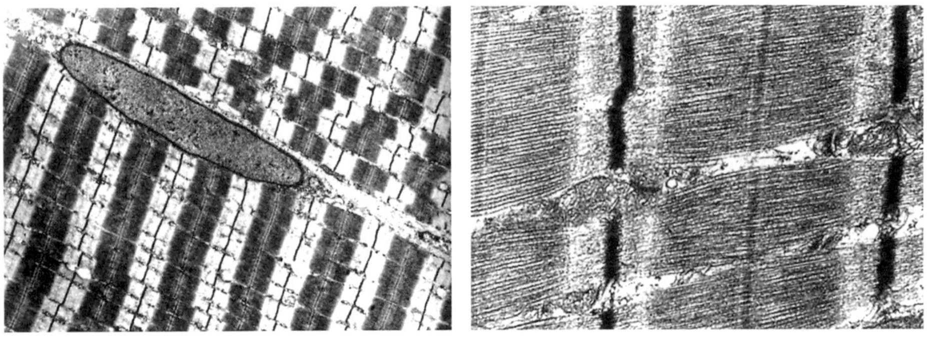

图6-7　骨骼肌纤维透射电镜图

（三）骨骼肌纤维的收缩原理

目前认为骨骼肌纤维收缩的机制是肌丝滑动原理，其主要过程为：① 运动神经末梢将神经冲动传递给肌膜；② 肌膜的兴奋经横小管迅速传递给终池，肌质网膜上的钙通道开放，大量 Ca^{2+} 涌入肌质；③ Ca^{2+} 与肌钙蛋白TnC亚单位结合，引发构象改变，进而使原肌球蛋白位置变化；④ 肌动蛋白上与肌球蛋白头部的结合位点暴露，二者迅速结合；⑤ 肌球蛋白ATP酶被激活，分解ATP并释放能量，肌球蛋白的头和杆发生屈动，将细肌丝向M线牵引；⑥ 细肌丝在粗肌丝之间向M线滑动，明带变窄，肌节缩短，肌纤维收缩；⑦ 收缩完毕，肌质内 Ca^{2+} 被泵回肌质网内，肌钙蛋白等恢复原状，肌纤维松弛。

二、心　　肌

心肌（cardiac muscle）分布于心脏和邻近心脏的大血管壁上，其收缩具有自动节律性。

（一）心肌纤维的光镜结构

心肌纤维呈短圆柱状，有分支，互联成网，连接处染色较深，称**闰盘**（intercalated disk）。多数心肌纤维有一个细胞核，少数含有双核，核呈卵圆形，位于中央。核周围可见脂褐素，为溶酶体的残余体，随年龄的增长而增多。心肌纤维也有明暗相间的周期性横纹，但不如骨骼肌明显（图6-8）。

（二）心肌纤维的超微结构

心肌纤维的超微结构与骨骼肌纤维相似，也含有粗、细肌丝及其组成的肌原纤维。但心肌纤维具有以下特点（图6-9）：① 肌原纤维不明显，大量纵行排列的肌丝组成肌丝束，粗细不等，界限不很分明，肌丝束之间有极为丰富的线粒体纵行排列；② 横小管较粗，位于Z线水平；③ 肌质网不发达，终池小而少，多见横小管与一侧的终池紧贴构成**二联体**（diad）；④ 闰盘常呈阶梯状，位于Z线水平，连接的横向面有中间连接和桥粒，起牢固连接的作用（图6-10、图6-11）；纵向面有缝隙连接，起传递电信号的作用，使许多相连的心肌纤维同步收缩，形成一个功能整体。

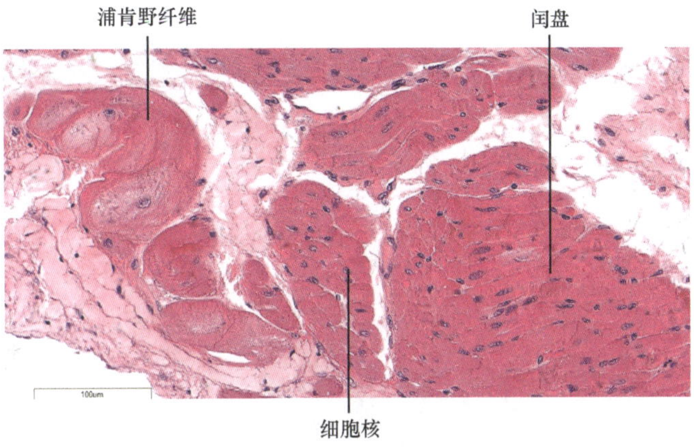

图 6-8*　心肌纵、横切面（HE 染色，高倍）

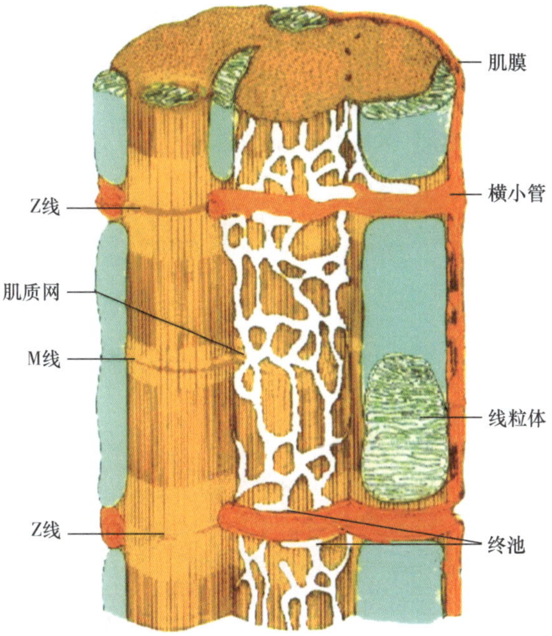

图 6-9　心肌纤维超微结构模式图

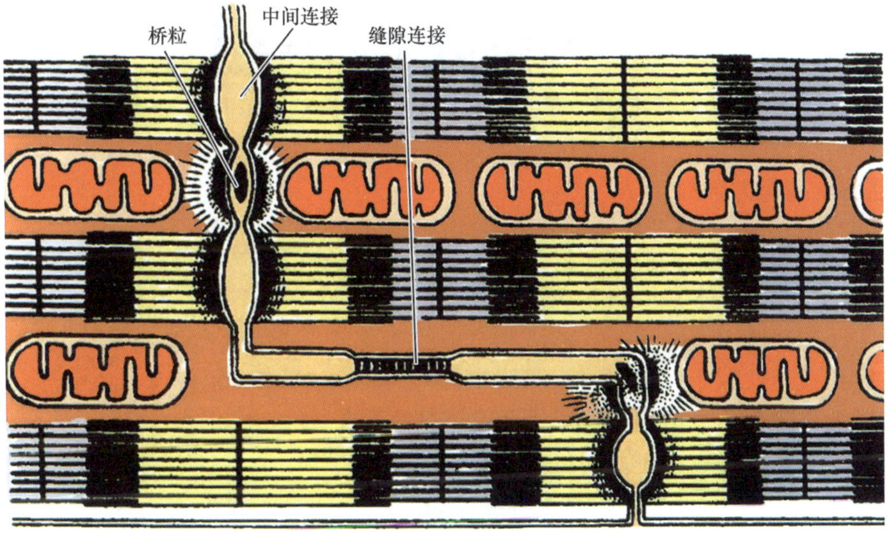

图 6-10*　闰盘超微结构模式图

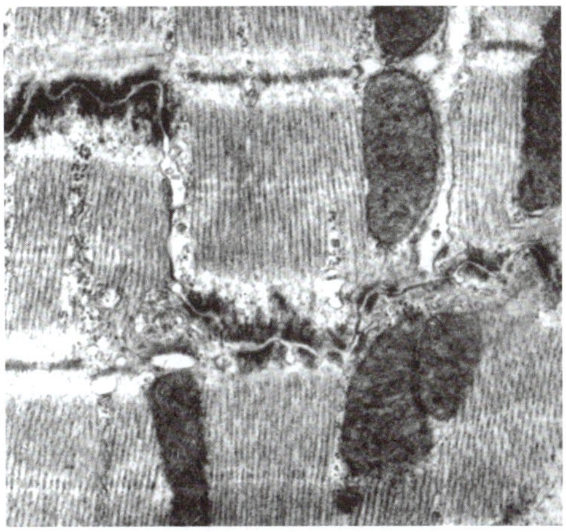

图 6-11*　心肌纤维和闰盘透射电镜图

三、平 滑 肌

平滑肌（smooth muscle）广泛分布于血管壁和内脏器官的管壁，大部分成束或成层分布，收缩缓慢而持久。

（一）平滑肌纤维的光镜结构

平滑肌纤维呈长梭形，无横纹，核呈杆状或椭圆形，位于细胞中央，收缩时可扭曲（图 6-12）。不同器官的平滑肌纤维大小不一，如小血管壁平滑肌短至 20 μm，而妊娠子宫平滑肌可长达 500 μm。

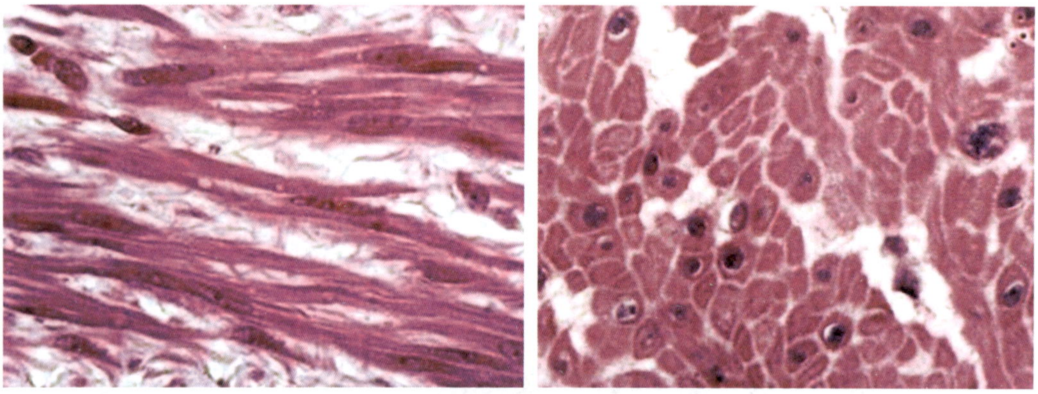

图 6-12* 平滑肌纵、横切面（HE 染色，高倍）

（二）平滑肌纤维的超微结构

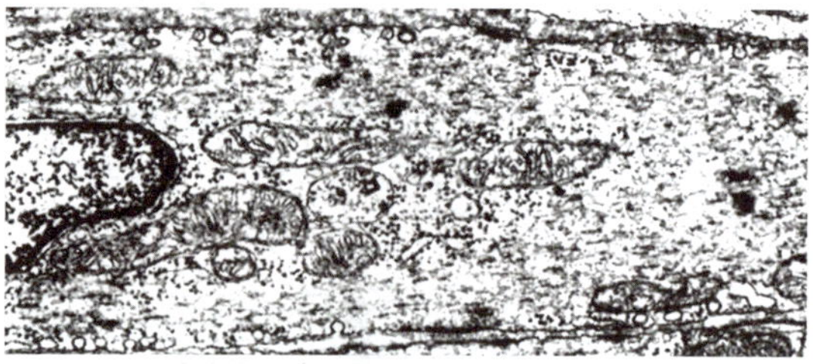

图 6-13 平滑肌纤维透射电镜图

平滑肌纤维内无肌原纤维，不形成明显的肌节，可见大量**密斑**（dense patch）、**密体**（dense body）、中间丝、粗肌丝和细肌丝等（图 6-13、图 6-14）。密斑和密体的电子密度较高，密斑位于肌膜下，密体位于肌质中，为梭形小体，均为细肌丝附着点。中间丝连于密斑与密体之间，形成菱形的细胞骨架。在密斑之间可见肌膜内陷形成的小凹，相当于骨骼肌的横小管，可传递神经冲动。粗、细肌丝主要位于细胞周边部的肌质中。细肌丝主要由肌动蛋白构成，一端固定于密斑或密体上，另一端游离；粗肌丝由肌球蛋白构成，均匀地分布在细肌丝之间，表面有成行排列的横桥，相邻的两行横桥屈动方向相反。粗、细肌丝组成的肌丝束称为肌丝单位，又称**收缩单位**（contractile unit）。平滑肌的收缩也是通过粗、细肌丝滑动完成的。由于肌丝单位在肌膜内侧呈螺旋排布，结合细胞骨架的菱形结构，使平滑肌收缩时变短、增粗并呈螺旋状扭曲。平滑肌纤维间有发达的缝隙连接，可传递信息分子和电冲动，使众多平滑肌纤维同时收缩而形成功能整体。

图 6-14* 平滑肌纤维收缩示意图

本章小结

肌组织主要由肌细胞组成，肌细胞之间有少量的结缔组织、血管、淋巴管及神经。肌组织分为三类，__________、__________ 和 __________。在光镜下，骨骼肌纤维呈长圆柱状，含有几十个甚至几百个细胞核，呈扁椭圆形，位于 __________。心肌纤维呈短圆柱状，分支互联成网，连接处称 __________。多数心肌纤维有一个细胞核，少数含有双核，核呈卵圆形，位于中央。心肌纤维也有明暗相间的周期性横纹，但不如骨骼肌明显。平滑肌纤维呈长梭形，无横纹，核呈杆状或椭圆形，位于中央，收缩时可扭曲。骨骼肌纤维内含许多与肌纤维长轴平行排列的 __________，相邻两条 Z 线之间的一段肌原纤维称为 __________，它是肌原纤维结构和功能的基本单位。在电镜下，骨骼肌纤维的肌原纤维由粗、细两种肌丝沿肌纤维的长轴有规律地平行排列组成；横小管由 __________ 内陷形成，与肌纤维长轴垂直，包绕每条肌原纤维，传递神经冲动至肌纤维内；横小管之间排布有 __________，其功能为储存、释放钙离子；每条横小管与其两侧的终池形成 __________。心肌纤维的粗、细肌丝组成肌丝束，肌原纤维不明显；横小管较粗；肌质网不发达，多见横小管与一侧的终池紧贴构成 __________。闰盘常呈阶梯状，连接的横向面有 __________、__________，在纵向面有 __________，利于信息交换和传导冲动。平滑肌纤维内无肌原纤维，不形成明显的肌节，可见大量密斑、密体、中间丝、粗肌丝和细肌丝等。

（杨　岚　李　敏）

第六章微课

骨骼肌

第七章

神经组织

学习要点

① 神经元的形态结构及分类；② 突触的结构与功能；③ 神经胶质细胞的种类、形态结构特点及功能；④ 神经纤维的结构及分类，神经的结构；⑤ 神经末梢的分类、结构特点及功能。

神经组织（nervous tissue）是神经系统最主要的组织成分，由**神经细胞**（nerve cell）和**神经胶质细胞**（neuroglial cell）组成。神经细胞又称**神经元**（neuron），是神经组织结构和功能的基本单位，具有接受体内外刺激、整合信息和传导冲动的功能。神经元之间彼此联系，将接受的信息加以分析和储存，并传递给肌细胞和腺细胞等，以产生效应。此外，有些神经元（如下丘脑某些神经元）还具有内分泌功能。神经胶质细胞的数量为神经元的 10 ～ 50 倍，散在分布于神经元之间，对神经元起支持、营养、保护、绝缘等作用。

一、神　经　元

（一）神经元的形态结构

神经元是一种高度分化的细胞，其形态多样，大小不一。神经元在结构上可分为胞体、树突和轴突三部分（图 7-1）。神经元通过树突及胞体接受信息，通过轴突将神经冲动传递给其他细胞（神经元、肌细胞及腺细胞等）。

1. 胞体　神经元的胞体是整个细胞的营养和代谢中心，位于中枢神经系统大脑和小脑的皮质、脑干和脊髓的灰质及周围神经系统的神经节内。胞体可呈锥体形、梭形、圆形和星形等，直径在 4 ～ 120 μm 之间，由细胞膜、细胞质和细胞核构成（图 7-2）。

（1）细胞膜：是可兴奋膜，具有接受刺激和传导神经冲动的功能。神经元细胞膜的性质取决于膜蛋白的种类、数量、结构和功能。有些膜蛋白是离子通道，根据其通过的离子而命名；有些膜蛋白是受体，与相应的神经递质结合，影响特定离子通道的开放。

（2）细胞核：位于胞体中央，大而圆，核膜明显，常染色质多，故着色浅，核仁大、清晰可见（图 7-2）。

（3）细胞质：又称**核周质**（perikaryon），除含有一般细胞器和发达的高尔基体外，还有丰富的尼氏体和神经原纤维。

尼氏体（Nissl body）：光镜下呈强嗜碱性斑块或细粒状结构。不同神经元尼氏体的形态、数量和大小不同。在大神经元，如脊髓前角运动神经元，尼氏体呈粗大的斑块状（图 7-2A）；而在小神经元，如脊神经节内神经元，尼氏体呈细粒状（图 7-3）。电镜下，尼氏体由大量平行排列的粗面内质网和游离核糖体构成，表明神经元具有极其活跃的蛋白质合成功能，主要合成细胞器更新所需的结构蛋白、神经递质和肽类神经调质及产生这些物质相关的酶。当神经元受损、过度疲劳或衰老时，均可引起尼氏体数量的减少，甚至消失；当有害因素消除或损伤修复后，尼氏体又可复原。因此尼氏体可作为神经元功能状态的一种标志。

神经原纤维（neurofibril）：光镜下，在镀银切片标本中，胞质内可见许多交织成网并伸向树突和轴突的棕黑色细丝，即神经原纤维（图 7-2B）。电镜下，神经原纤维是由**神经丝**（neurofilament）和微管成束排列而成。神经丝是由神经丝蛋白构成的一种中间丝。神经原纤维构成了神经元的细胞骨架，并参与细胞内的物质转运。

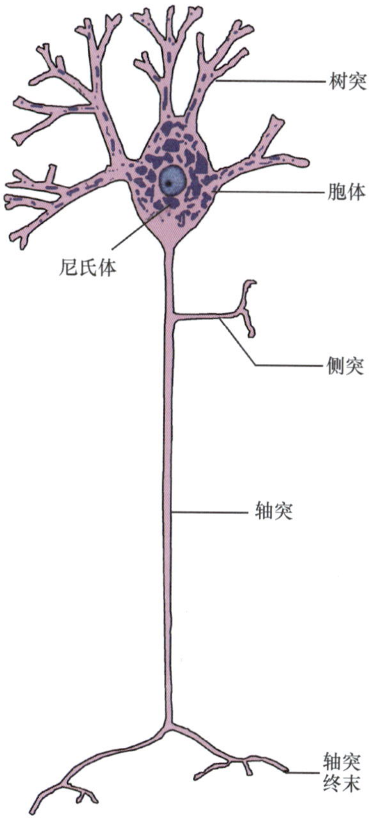

图 7-1*　神经元模式图

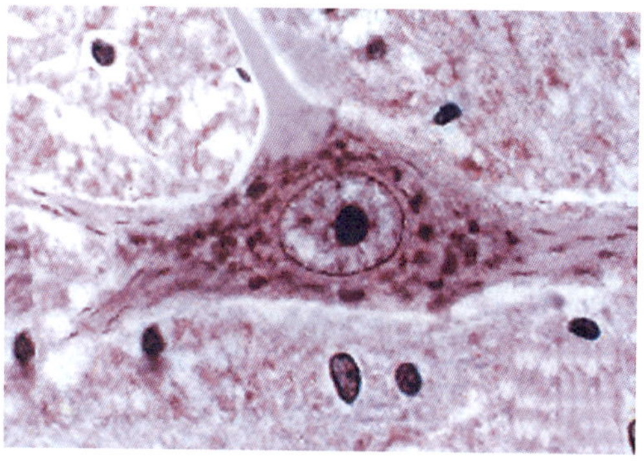

A

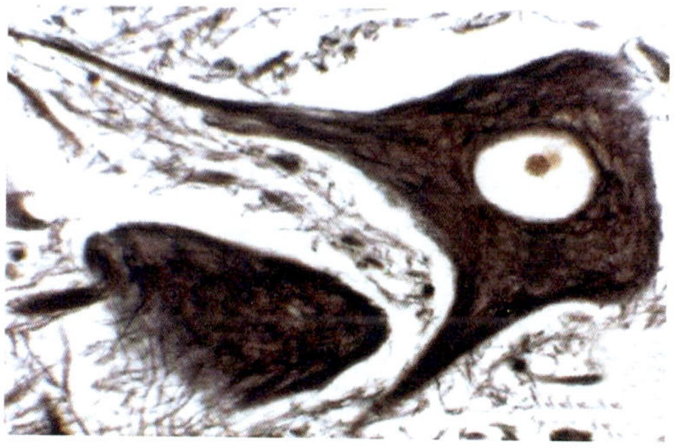

B

图 7-2*　脊髓前角运动神经元光镜图，高倍
A. HE 染色；B. 银染

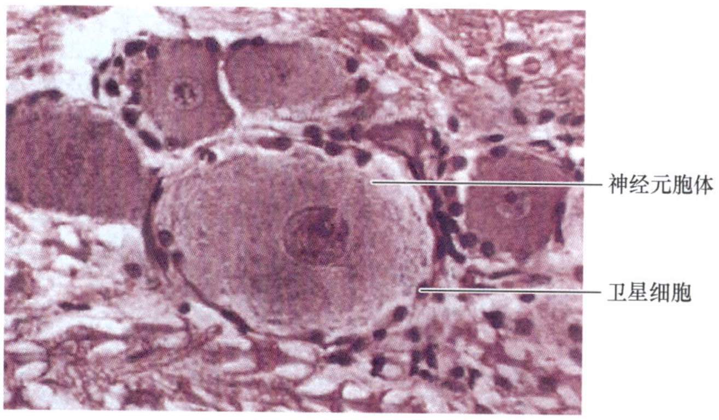

图 7-3*　脊神经节神经元光镜图（HE 染色，高倍）

胞质内还含有色素，最常见的是棕黄色的**脂褐素**（lipofuscin），并随年龄增长而增多。

2. 树突　一个神经元有一个或多个**树突**（dendrite）。树突起始部较粗，自胞体发出后即反复分支逐渐变细，形似树枝状。分支表面有许多棘状突起，称**树突棘**（dendritic spine），是神经元之间形成突触的主要部位，其数量和分布因神经元而异。树突内的胞质与核周质的结构基本相同，但无高尔基体。树突的功能主要是接受刺激并将冲动传向神经元胞体，树突的分支和树突棘扩大了神经元接受刺激的表面积（图 7-1）。

3. 轴突　每个神经元只有一个**轴突**（axon），一般由胞体发出，表面较光滑，长短不一，长者可达 1 m 以上，短者仅有数微米。轴突较树突细，直径较均一，分支少，自胞体发出后，在较远处才有呈直角发出的侧支（图 7-1）。轴突末端分支较多，称轴突终末。胞体发出轴突的部位呈圆锥形，称**轴丘**（axon hillock），因不含尼氏体而着色浅（图 7-1、图 7-2A）。轴突表面的胞膜称**轴膜**（axolemma），其内的胞质称**轴质**（axoplasm）。轴质内无粗面内质网、游离核糖体和高尔基体。轴突的主要功能是将冲动从胞体传递给与之接触的神经元或效应细胞。

轴突内的物质转运称**轴突运输**（axonal transport），是轴突与胞体之间进行物质交换的方式，可分为自胞体向轴突末梢的顺向轴突运输和自轴突末梢到胞体的逆向轴突运输。前者可再分为快速（100 ～ 400 mm/d）和慢速（0.1 ～ 0.2 mm/d）轴突运输两种类型。由于轴突内无尼氏体和高尔基体，轴突不能合成蛋白质，蛋白质必须在胞体中合成后运输到轴突，在胞体内新形成的微管、微丝和神经丝经慢速轴突运输缓慢地移向轴突终末。顺向快速轴突运输主要运输具有膜结构的细胞器、蛋白质（包含酶）和含神经递质的小泡等结构。轴突末端内的代谢产物或由轴突终末摄取的物质（如由邻近细胞产生的神经营养因子等）可逆向运输到神经元胞体。某些病毒（如狂犬病病毒）和毒素（如破伤风毒素）也可通过逆向轴突运输迅速侵犯神经元胞体。

（二）神经元的分类

1. 根据神经元突起的数量分类　可分为三类：① **多极神经元**（multipolar neuron）有一个轴突和多个树突；② **双极神经元**（bipolar neuron）有一个轴突和一个树突；③ **假单极神经元**（pseudounipolar neuron）从胞体发出一个突起，在距胞体不远处又呈“T”形分成周围突和中枢突（图 7-4）。

2. 根据神经元的功能分类　可分为三类：① **感觉神经元**（sensory neuron）或称**传入神经元**（afferent neuron），接受体内外刺激，并将冲动传向中枢，多为假单极神经元；② **运动神经元**（motor neuron）或称**传出神经元**（efferent neuron），将神经冲动传给肌细胞或腺细胞，一般为多极神经元；③ **中间神经元**（interneuron）位于前两类神经元之间，起信息传递和调节的作用，主要为多极神经元。人类神经系统中，中间神经元约占神经元总数的 99%，构成中枢神经系统内极其复杂的神经网络，是学习、记忆和思维的结构基础。

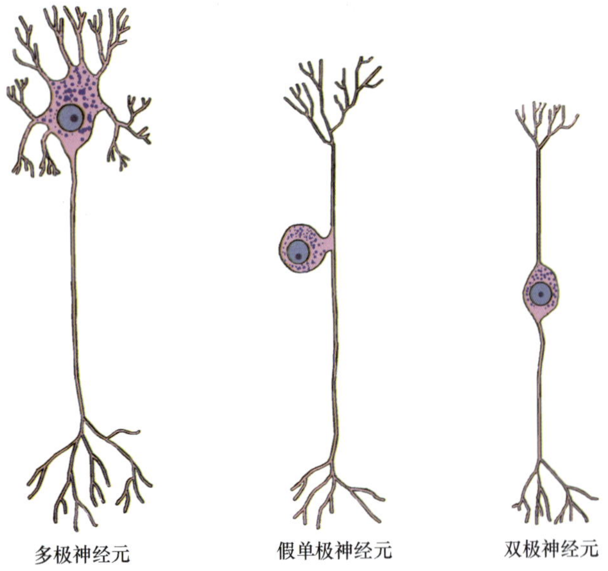

图 7-4　神经元的类型模式图

3. 根据神经元释放的神经递质分类　可分为四类：① **胆碱能神经元**（cholinergic neuron）释放乙酰胆碱；② **胺能神经元**（aminergic neuron）释放肾上腺素、多巴胺、5-HT 等；③ **肽能神经元**（peptidergic neuron）释放内啡肽、脑啡肽、P 物质等；④ **氨基酸能神经元**（aminoacidergic neuron）释放谷氨酸、天冬氨酸、甘氨酸等。

二、突　　触

突触（synapse）是神经元与神经元之间，或神经元与效应细胞之间特化的细胞连接，是传递信息的重要结构。根据两个神经元之间发生的连接部位不同，可分为轴-树突触、轴-体突触、轴-轴突触、树-树突触、体-体突触等，其中以一个神经元轴突末端与另一个神经元的树突或胞体形成突触的方式最为常见。根据传递信息的方式不同，突触又可分为化学突触和电突触两大类，前者以神经递质作为传递信息的媒介；后者即缝隙连接，以电流传递信息。

（一）化学突触

通常所说的突触即指**化学突触**（chemical synapse），在哺乳动物的神经系统中占绝大多数。光镜下的镀银染色标本中，可见神经元轴突末端膨大呈环扣状紧贴于另一神经元胞体或树突表面，称**突触扣结**（synaptic bouton）（图 7-5）。电镜下，化学突触由突触前成分、突触间隙和突触后成分三部分构成（图 7-6、图 7-7）。

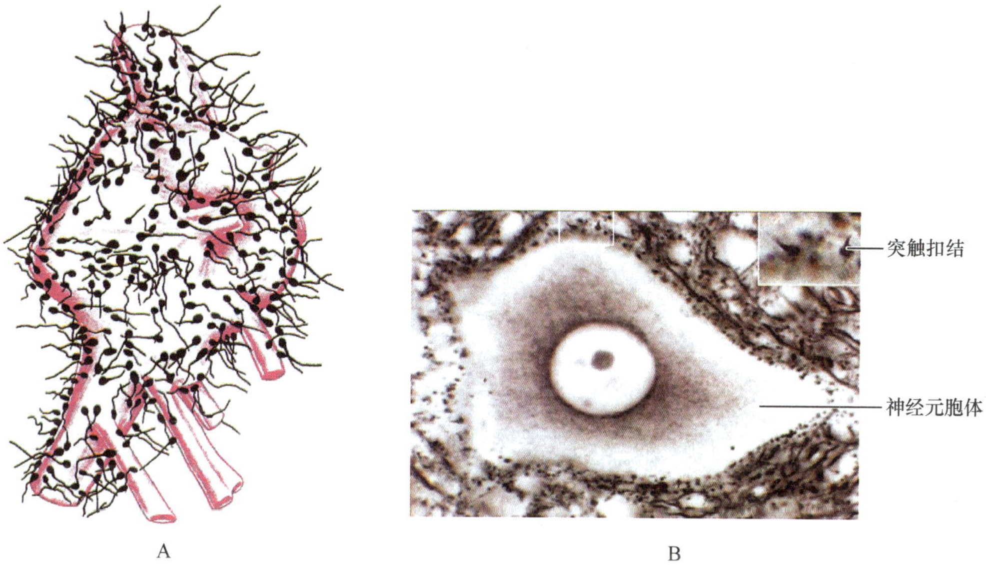

图 7-5* 突触扣结

A. 模式图；B. 运动神经元光镜图（银染，高倍）

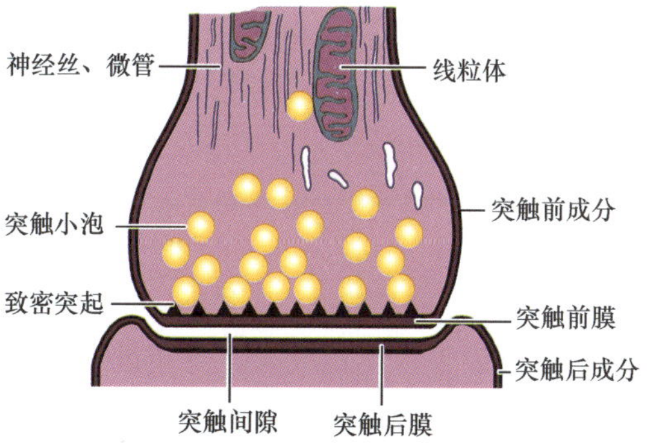

图 7-6* 化学突触超微结构模式图

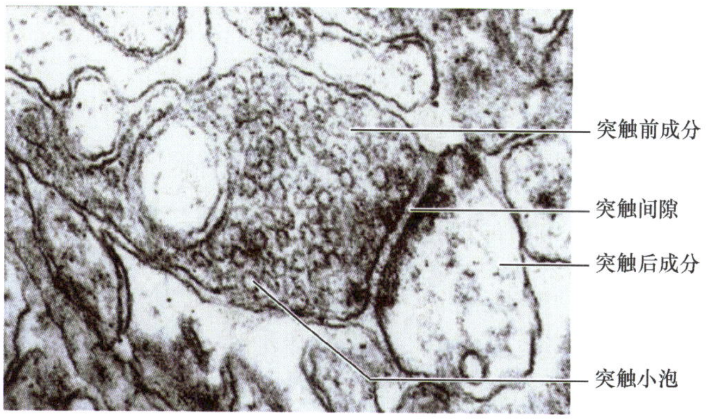

图 7-7 化学突触电镜图

1. 突触前成分　**突触前成分**（presynaptic element）即光镜下的突触扣结。包括突触前膨大和突触前膜（presynaptic membrane）。突触前膨大为轴突末端膨大的部分，内含许多**突触小泡**（synaptic vesicle），还有少量线粒体、微丝和微管等。突触小泡内含神经递质或神经调质。神经递质是神经元传递信息的化学载体，作用于相应受体产生效应。神经递质分为肽和非肽两大类。肽类神经递质又称神经肽，种类繁多；非肽类神经递质主要包括乙酰胆碱、胺类和某些氨基酸。**神经调质**（neuromodulator）一般为肽类，可以通过不同受体调节神经元对神经递质的反应。突触小泡表面附有一种蛋白质，称**突触素**Ⅰ（synapsin Ⅰ），它把突触小泡与细胞骨架连接在一起。轴突末端的轴膜称为突触前膜。

2. 突触间隙　**突触间隙**（synaptic cleft）为突触前膜与突触后膜之间的狭窄间隙，宽 15 ～ 30 nm。

3. 突触后成分　**突触后成分**（postsynaptic element）是与突触前膜相对应的另一胞体的胞体或树突部分，主要为**突触后膜**（postsynaptic membrane），膜上有特异性的神经递质或神经调质的受体和离子通道。

突触前膜和突触后膜胞质面均附有一些致密物质，因此较一般细胞膜略厚。突触前膜胞质面还含有电子密度高、排列规则的锥形致密突起突入细胞质内，突起间容纳突触小泡（图 7-6）。

当神经冲动沿轴膜传至突触前膜时，膜上的钙通道开放，Ca^{2+} 从细胞外进入突触前成分，在 ATP 的参与下，使突触素Ⅰ发生磷酸化。磷酸化的突触素Ⅰ与突触小泡的亲和力降低，致使突触小泡与细胞骨架分离并移至突触前膜，通过出胞作用将小泡内的神经递质释放到突触间隙内，神经递质随即与突触后膜上相应的特异性受体结合，引起与受体偶联的化学门控通道开放，从而改变突触后膜两侧离子分布状况，出现兴奋性或抑制性突触后电位变化，使突触后神经元兴奋或抑制。

一个神经元既可以通过突触将信息传递给许多其他神经元或效应细胞，也可以通过突触接受来自许多其他神经元的信息。在这些信息中，有些是兴奋性的，有些是抑制性的。如果兴奋性突触活动的总和超过抑制性突触活动的总和，并足以刺激该神经元的轴突起始端产生神经冲动时，该神经元表现为兴奋。反之，则为抑制。

（二）电突触

电突触（electric synapse）即两个神经元之间的缝隙连接。这种连接以电流传递信息，因其电阻低、不依赖神经递质，因而传导速度快，并可双向传导。电突触在哺乳动物中较少，多见于无脊椎动物。

三、神经胶质细胞

神经胶质细胞简称**神经胶质**（neuroglia）或**胶质细胞**（glial cell），广泛分布于中枢神经系统和周围神经系统，终生保持分裂增殖能力。神经胶质细胞体积较神经元小，形态各异，虽然也有突起，但无树突、轴突之分，也无传导冲动的功能。在常规染色标本中只能显示其胞核（图 7-2A），用金属浸镀技术或免疫细胞化学方法可显示细胞的全貌（图 7-8、图 7-9）。

神经胶质细胞与神经元之间有着十分密切的关系，它不仅对神经元具有支持、保护、营养、绝缘、防御和修复等多种作用，还积极参与神经元的活动，调节神经元的代谢及离子环境，对神经系统的生理活动及病理变化都有着重要作用。

（一）中枢神经系统的神经胶质细胞

中枢神经系统的神经胶质细胞主要有以下四种。

1. 星形胶质细胞　**星形胶质细胞**（astrocyte）是中枢神经系统中数目最多、体积最大、分布最广的一种神经胶质细胞。胞体呈星形，核呈圆形或卵圆形、较其他胶质细胞的核大而着色浅，染色质细小分散。胞质内含**胶质丝**（glial filament），参与细胞骨架的组成。胶质丝是一种中间丝，由**胶质原纤维酸性蛋白**（glial fibrillary acid protein，GFAP）构成，GFAP 是星形胶质细胞的一种标志性蛋白。从星形胶质细胞胞体发出的突起伸展充填在神经元胞体及突起之间，并包绕在突触周围，起支持和隔离作用，保证神经元结构的稳定及功能的专一性。有些突起的末端常膨大形成**脚板**（foot plate），贴附在毛细血管壁上或伸到

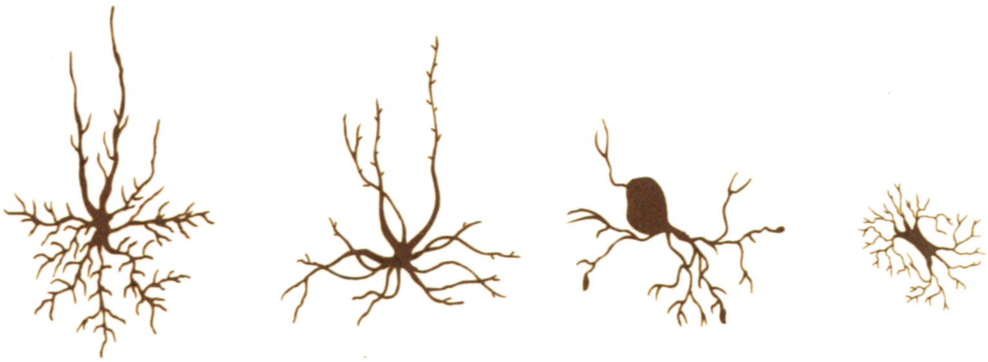

图 7-8 中枢神经系统主要的胶质细胞模式图

脑和脊髓表面形成胶质界膜（图 7-8）。星形胶质细胞彼此之间存在缝隙连接，传递信息、营养物质和代谢产物，具有营养支持及调节神经元的代谢和离子环境等作用。当中枢神经系统损伤时，星形胶质细胞增生，充填缺损的空隙，形成胶质瘢痕。星形胶质细胞可分为两种。

（1）原浆性星形胶质细胞：**原浆性星形胶质细胞**（protoplasmic astrocyte）突起短而粗，分支多（图 7-8、图 7-9），胶质丝较少，主要分布于脑和脊髓的灰质内。

（2）纤维性星形胶质细胞：**纤维性星形胶质细胞**（fibrous astrocyte）突起细而长，分支少（图 7-8、图 7-9），胞质内含有大量的胶质丝，主要分布于脑与脊髓的白质内。

2. *少突胶质细胞* **少突胶质细胞**（oligodendrocyte）胞体较小，核圆、染色较深。在银染标本上，少突胶质细胞的突起较少，常呈串珠状（图 7-8、图 7-9），突起末端扩展成扁平薄膜，包卷神经元的轴突形成髓鞘。少突胶质细胞是中枢神经系统的髓鞘形成细胞。

3. *小胶质细胞* **小胶质细胞**（microglia）是最小的神经胶质细胞，数量少，较均匀地分布在白质和灰质中。胞体细长或椭圆形，核小、呈扁平或三角形、染色深，胞质中含有大量的溶酶体。突起细长有分支，表面有许多小棘突（图 7-8、图 7-9）。当中枢神经损伤时，小胶质细胞可以转化为巨噬细胞出现

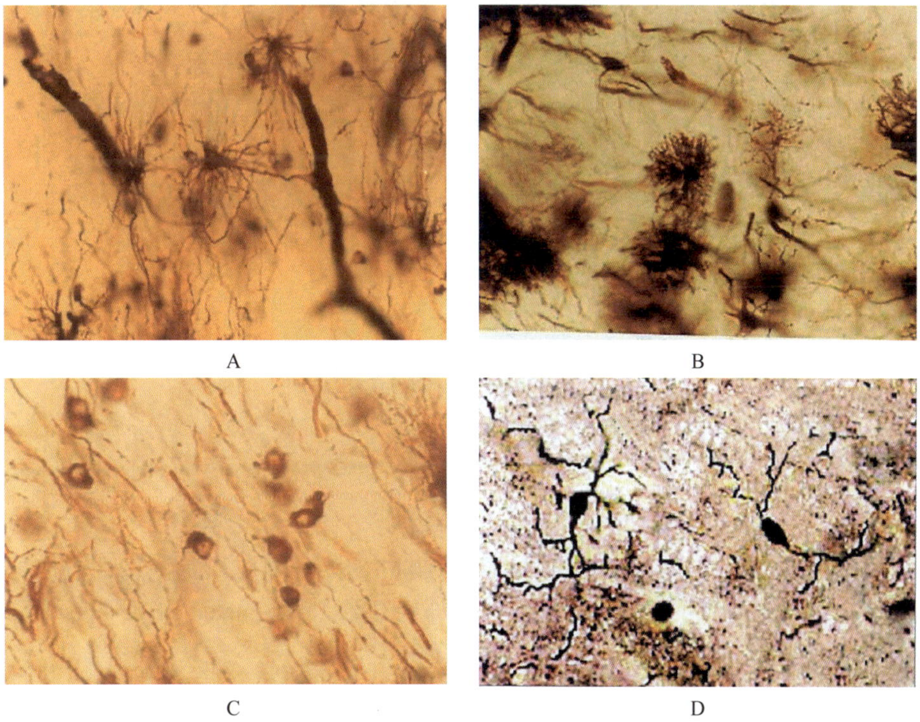

图 7-9* 中枢神经系统主要的胶质细胞光镜图（银染，高倍）
A. 纤维性星形胶质细胞；B. 原浆性星形胶质细胞；C. 少突胶质细胞；D. 小胶质细胞

在损伤区内，吞噬细胞碎片及变性的髓鞘。一般认为，小胶质细胞来源于血液中的单核细胞，属于单核吞噬细胞系统。

4. 室管膜细胞 **室管膜细胞**（ependymal cell）是一层立方或矮柱状的细胞，覆盖在脑室及脊髓中央管的内表面。细胞表面有许多微绒毛，有些细胞具有纤毛。部分室管膜细胞基底面有细而长的突起，伸向脑和脊髓的深层。室管膜细胞参与脑脊液的形成，对脑和脊髓起支持、保护作用。

（二）周围神经系统的神经胶质细胞

周围神经系统的神经胶质细胞主要有两种。

1. 施万细胞 **施万细胞**（Schwann cell）又称**神经膜细胞**（neurolemmal cell），是周围神经系统主要的胶质细胞，成串排列，包裹周围神经纤维的轴突，是周围神经系统的髓鞘形成细胞（图 7-10）。施万细胞膜外常有一层基膜，在周围神经再生中起重要作用。

2. 卫星细胞 **卫星细胞**（satellite cell）又称**被囊细胞**（capsule cell），是神经节内神经元胞体周围的一层扁平或立方细胞。核呈圆形或卵圆形，染色较深（图 7-3）。卫星细胞对神经节内神经元具有支持、保护作用。细胞外表面也有一层基膜。

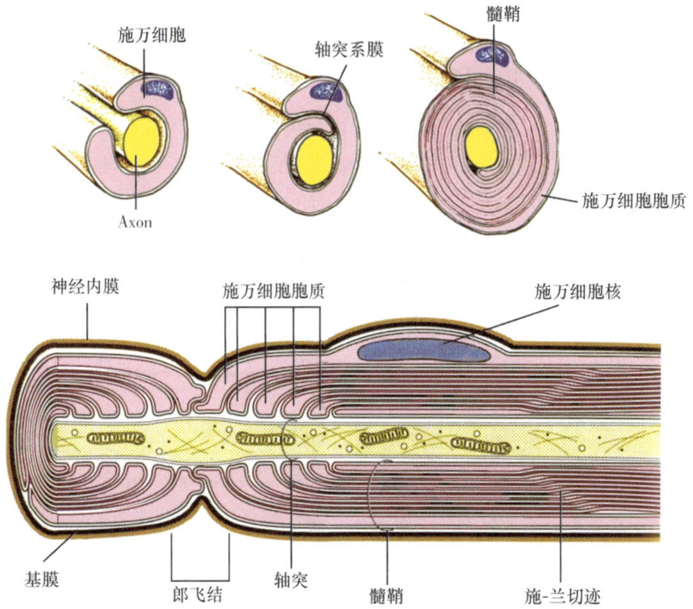

图 7-10* 周围神经系统有髓神经纤维髓鞘形成模式图

四、神经纤维和神经

（一）神经纤维

神经纤维（nerve fiber）由神经元的轴突和包绕在其外面的神经胶质细胞构成。依据神经纤维有无**髓鞘**（myelin sheath）结构，可将神经纤维分为**有髓神经纤维**（myelinated nerve fiber）和**无髓神经纤维**（unmyelinated nerve fiber）两种类型。

1. 有髓神经纤维

（1）周围神经系统的有髓神经纤维：由轴突及包绕在其外面的神经膜细胞构成。在有髓神经纤维的髓鞘形成过程中，神经膜细胞表面凹陷形成一条纵沟，轴突陷入纵沟，沟两侧的细胞膜相贴，形成轴突系膜。轴突系膜不断伸长并呈同心圆反复包卷轴突形成板层状致密的髓鞘（图 7-10）。由此可见，髓鞘由神经膜细胞的胞膜构成，而胞质被挤到髓鞘的内外侧、两端及轴突系膜中连接内外侧胞质的螺旋形狭窄通道内。髓鞘的主要成分是脂蛋白，称**髓磷脂**（myelin），其中类脂约占 80%，其余为蛋白质。常规染色标本中，因类脂被溶解而仅见呈网状的残留蛋白质（图 7-11）。在用锇酸固定染色的有髓神经纤维纵切标本上，髓鞘呈黑色，轴突系膜中连接内外侧胞质的螺旋形狭窄通道内因保留了少量胞质，系膜不能相贴，形成了一些跨越髓鞘的漏斗状的斜裂，称**施-兰切迹**（Schmidt-Lantermann incisure）或**髓鞘切迹**（incisure of myelin）（图 7-10）。电镜下，髓鞘为明暗相间的板层状结构。神经膜细胞最外面的细胞膜及其外面的基膜合称神经膜。

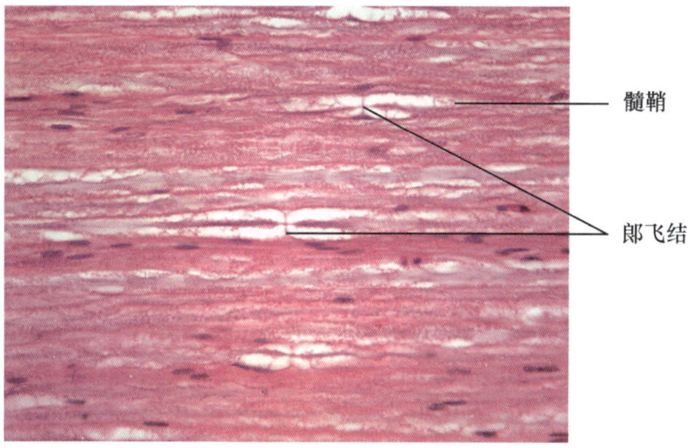

图 7-11　坐骨神经有髓神经纤维光镜图（HE 染色，高倍）

一个神经膜细胞只包绕一小段轴突，故一条轴突外面由一连串的神经膜细胞包卷。相邻神经膜细胞之间不完全连接，之间呈一环形狭窄，此处轴突裸露，不形成髓鞘，称**郎飞结**（Ranvier node）（图 7-11）。相邻两个郎飞结之间的一段神经纤维称**结间体**（internode），长 0.8 ～ 14 μm。

（2）中枢神经系统的有髓神经纤维：结构与周围神经系统的有髓神经纤维基本相同，但形成髓鞘的细胞是少突胶质细胞。少突胶质细胞突起末端扩展成扁平状，包卷轴突形成髓鞘。一个少突胶质细胞有多个突起，可分别包卷多条轴突，其胞体位于神经纤维之间（图 7-12）。与周围神经系统比较，相邻少突胶质细胞突起之间间隙较大，因而郎飞结较宽；有髓神经纤维外表面没有基膜，因而亦无神经膜；髓鞘内无施-兰切迹。

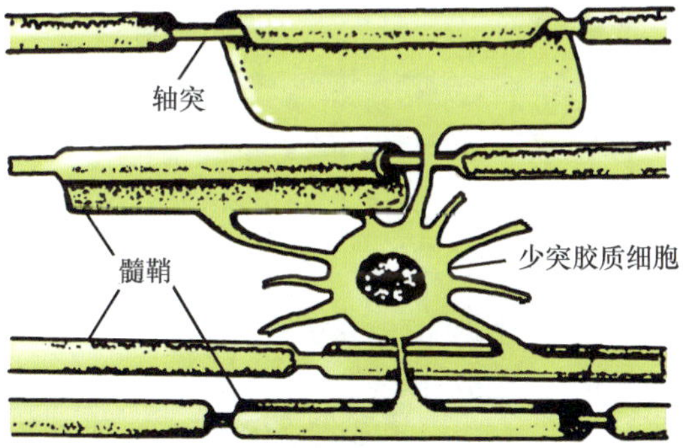

图 7-12　中枢神经系统有髓神经纤维髓鞘形成模式图

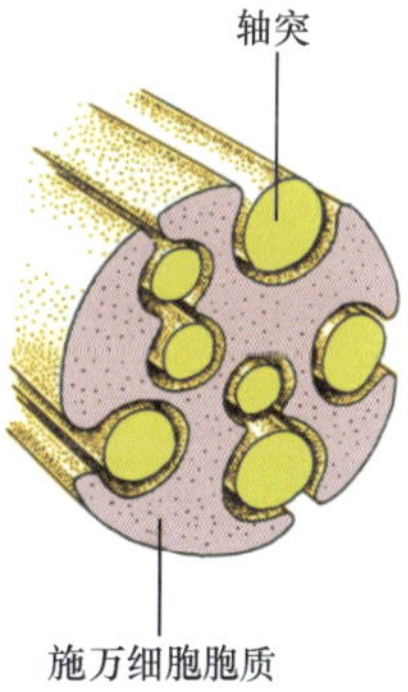

图 7-13*　周围神经系统无髓神经纤维超微结构模式图

2. 无髓神经纤维　周围神经系统的无髓神经纤维由较细的轴突及其外面的神经膜细胞构成。神经膜细胞表面有多个深浅不一的纵行凹沟，将细小的轴突单独或成束地包埋其中，但不形成髓鞘（图 7-13），外面仍有神经膜。相邻神经膜细胞紧密衔接，故无郎飞结。

中枢神经系统的无髓神经纤维因轴突外没有神经胶质细胞包裹，轴突完全裸露，既无髓鞘也无神经膜。

神经冲动的传导在轴膜上进行。有髓神经纤维因髓鞘的绝缘作用，神经冲动从一个郎飞结跳到下一个郎飞结，呈跳跃式传导，结间体越长，传导速度越快。无髓神经纤维因无髓鞘和郎飞结，神经冲动只能沿轴膜连续传导，故传导速度较有髓神经纤维慢。

（二）神经

在周围神经系统，许多神经纤维集合在一起构成**神经**（nerve），广泛分布于体内各组织器官。多数神

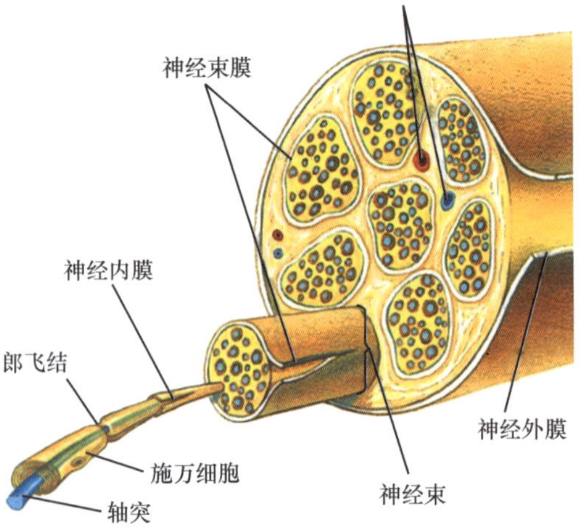

图 7-14 神经模式图

经同时含有感觉、运动和自主神经纤维，结构上同时包含有髓和无髓神经纤维。由于有髓神经纤维的髓鞘含髓磷脂，肉眼观察神经通常呈白色。

每条神经纤维周围有薄层的结缔组织包裹，称**神经内膜**（endoneurium）。许多神经纤维集合形成神经纤维束，其外有**神经束膜**（perineurium）包裹。神经束膜分为内外两层，外层为结缔组织，内层为几层扁平细胞构成的神经束膜上皮。神经束膜上皮细胞间有紧密连接，对进出神经纤维束的物质有屏障作用。若干神经纤维束聚集在一起形成神经，周围有致密结缔组织包裹，称**神经外膜**（epineurium），其中的血管及淋巴管发出分支延伸至神经内膜，形成毛细血管网及毛细淋巴管网（图 7-14）。

五、神经末梢

周围神经纤维的终末部分终止于全身各器官或组织所形成的结构称**神经末梢**（nerve ending）。根据其功能可分为感觉神经末梢和运动神经末梢两大类。

（一）感觉神经末梢

感觉神经末梢（sensory nerve ending）是指感觉神经元周围突的终末部分与其附属结构共同构成的感受器。它能将来自体内外的刺激转化为神经冲动并传至中枢。根据各种感受器形态结构的不同，又可分为游离神经末梢和有被囊神经末梢两类。

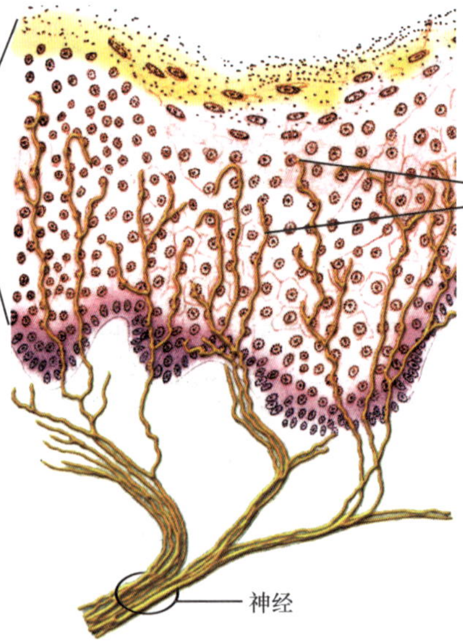

图 7-15* 表皮内游离神经末梢模式图

1. 游离神经末梢 **游离神经末梢**（free nerve ending）是较细的有髓或无髓神经纤维的终末部分反复分支，在接近末梢处失去神经膜细胞形成的裸露的细支，广泛分布于表皮、角膜、结缔组织、心脏、血管和内脏等处（图 7-15）。能感受冷热、疼痛和轻触刺激。

2. 有被囊神经末梢 有结缔组织被囊包裹的感觉神经末梢称为**有被囊神经末梢**（encapsulated nerve ending）。其种类很多，大小不一，常见的有以下几种。

（1）触觉小体：**触觉小体**（tactile corpuscle）分布于皮肤的真皮乳头内，在口唇和指尖处最为密集。触觉小体呈卵圆形，长轴与皮肤表面垂直，内有许多横行的扁平细胞，外包结缔组织被囊（图 7-16）。有髓神经纤维进入小体时失去髓鞘，分支呈螺旋状缠绕扁平细胞。触觉小体主要感受触觉。

（2）环层小体：**环层小体**（lamellar corpuscle）又称**帕奇尼小体**（Pacinian corpuscle），广泛分布于皮下组织、腹膜、肠系膜、韧带和关节囊等处，体积较大，呈圆形或卵圆形，常集合成小群。小体的被囊由数十层呈同心圆板层排列的扁平细胞组成，中央有一条均质状圆柱体。有髓神经纤维进入被囊时失去

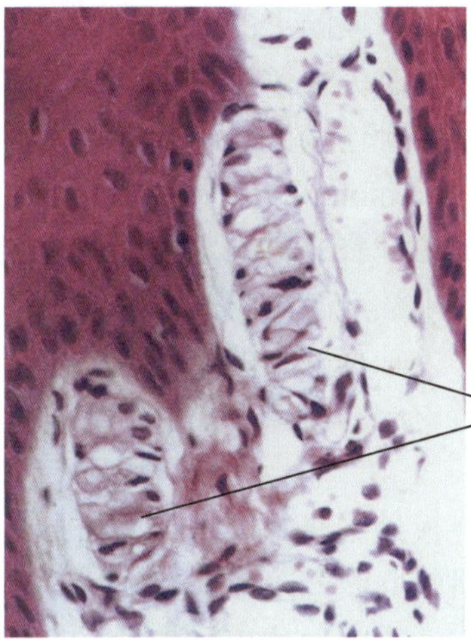

图 7-16 指尖部的触觉小体光镜图（HE 染色，高倍）

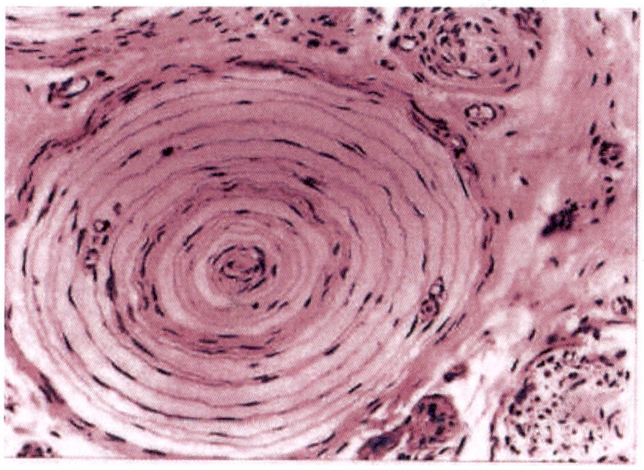

图 7-17 环层小体光镜图（HE 染色，高倍）

髓鞘，裸露的轴突穿行于小体中央的圆柱体内（图 7-17）。环层小体主要感受压觉和振动觉。

（3）肌梭：**肌梭**（muscle spindle）是位于骨骼肌内的细长梭形结构，表面是结缔组织被囊，其内有小束较细的骨骼肌纤维，称**梭内肌纤维**（intrafusal muscle fiber）。梭内肌纤维的胞核常成串集中于肌纤维的中段而使该处膨大，肌原纤维较少。感觉神经纤维进入肌梭时失去髓鞘，分成多支，分别呈环状缠绕梭内肌纤维的中段（图 7-18）。此外，肌梭内也有分布在肌纤维两端的 γ 运动神经末梢。梭内肌纤维与周围肌纤维同步收缩或舒张，能感受肌纤维的伸缩变化，是一种本体感受器，对调节骨骼肌的活动发挥重要作用。

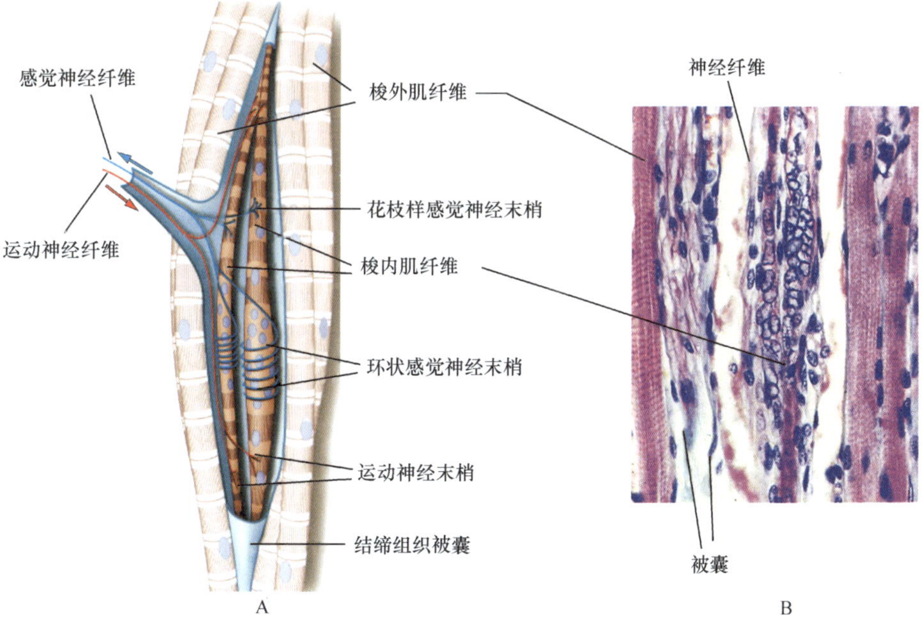

图 7-18 肌梭

A. 模式图；B. 光镜图，HE 染色，低倍

（二）运动神经末梢

运动神经末梢（motor nerve ending）是运动神经元的轴突发出的传出纤维的终末部分，与肌纤维或腺细胞等效应细胞形成连接，可支配肌纤维的收缩或调节腺体的分泌活动，是神经元与非神经元之间特化的突触性结构。运动神经末梢分为躯体运动神经末梢和内脏运动神经末梢两类。

1. 躯体运动神经末梢 **躯体运动神经末梢**（somatic motor nerve ending）是终止于骨骼肌的运动神经

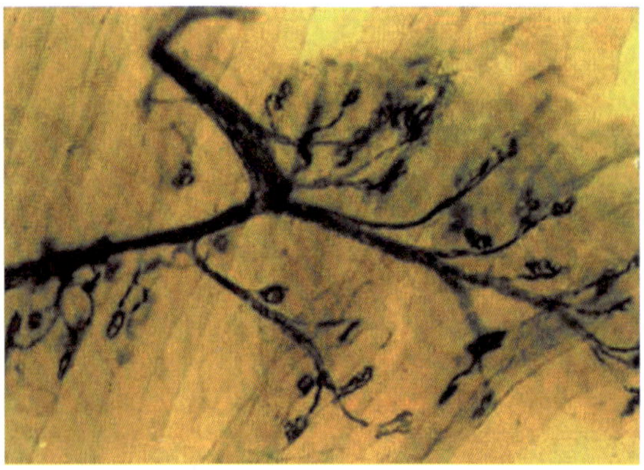

图 7-19　运动终板光镜图（氯化金镀染，低倍）

末梢。位于脊髓灰质前角或脑干的运动神经元胞体发出轴突，到达骨骼肌纤维时失去髓鞘并反复分支，分支终末与骨骼肌纤维建立突触连接，此连接区域呈椭圆形板状隆起，称**运动终板**（motor end plate）或**神经肌连接**（neuromuscular junction）（图 7-19）。一个运动神经元支配骨骼肌纤维的数目由数条至上千条不等，而一条骨骼肌纤维通常只接受一条轴突分支的支配。一个运动神经元的轴突及其分支所支配的全部骨骼肌纤维称一个**运动单位**（motor unit）。

电镜下，运动终板处的肌纤维富含肌质，有较多的细胞核和线粒体，肌膜向内凹陷形成突触槽，轴突终末膨大，形成杵状结构嵌入突触槽内。轴突终末膨大是突触前成分，有大量含乙酰胆碱的突触小泡，此处的轴膜为突触前膜。与其相对应的肌膜为突触后膜，膜上有 N 型乙酰胆碱受体。前后膜间有 30 ～ 50 nm 的突触间隙。当神经冲动传至运动终板时，乙酰胆碱释放入突触间隙，与突触后膜上的受体结合，致使肌膜两侧电位发生改变而产生兴奋，兴奋经横小管传导至整个肌纤维，从而引起肌纤维收缩。

2. 内脏运动神经末梢　**内脏运动神经末梢**（visceral motor nerve ending）是自主神经节后纤维的终末，分布于内脏及血管的平滑肌、心肌和腺上皮等处。此类神经纤维较细，大多为无髓神经纤维，分支末端呈串珠样膨大，称**膨体**（varicosity），贴附在平滑肌纤维、心肌纤维表面或穿行于腺细胞之间，与效应细胞建立突触连接，引起肌肉收缩或腺体分泌。

本章小结

神经组织由 ______ 和 ______ 组成。神经元具有接受体内外刺激、整合信息和传导冲动的功能，在结构上可分为 ______、______ 和 ______ 三部分。神经元之间或神经元与效应细胞之间通过 ______ 彼此联系。______ 散在分布于神经元之间，对神经元起着支持、营养、保护、绝缘等作用。中枢神经系统的胶质细胞有 ______、______、______、______ 和 ______；周围神经系统的胶质细胞有 ______ 和 ______。神经纤维由 ______ 和包于其外的 ______ 组成，分为 ______ 和 ______。在外周神经系统形成髓鞘的细胞是 ______，在中枢则是 ______。

（刘　琼）

第七章微课

神经元

中枢神经系统的神经胶质细胞

第八章

神经系统

学习要点

① 大脑皮质和小脑皮质的结构；② 血-脑屏障的结构和功能；③ 脊髓灰质和神经节的结构；④ 神经系统的组成及结构特点。

神经系统（nervous system）主要由神经组织构成，分为中枢神经系统和周围神经系统。中枢神经系统包括脑和脊髓，分别位于颅腔和椎管内。周围神经系统由神经节和神经组成，分布于全身，将脑和脊髓与全身其他器官联系起来，使中枢神经系统能根据内外环境的信息变化调节体内各种功能以适应环境。

中枢神经系统的结构可分为**灰质**（gray matter）和**白质**（white matter）。灰质是神经元胞体集中的部位，白质由神经元的轴突或长树突集聚而成，不含神经元胞体只有神经纤维。大脑和小脑的表面为灰质结构，称**皮质**（cortex）；白质位于内部称髓质。在大脑和小脑髓质、间脑及脑干中，灰质形成团块，包埋在白质内，这些灰质团块由形态和功能相同的神经元胞体集合而成，称神经核（图 8-1）。脊髓中，灰质位于中央，白质包围在灰质外面。在周围神经系统，神经元胞体主要集中在神经节，神经纤维集合在一起构成神经。

神经系统内，传统教材主要关注神经元所组成的结构。事实上，神经胶质细胞在神经系统的结构和功能中起着非常重要的作用。随着对胶质细胞研究的不断深入，关于胶质细胞的知识将逐渐增多。

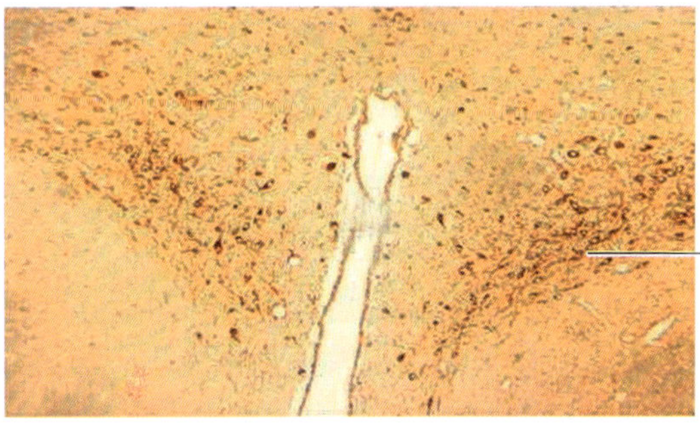

图 8-1　间脑下丘脑神经核团（免疫组化染色，低倍）

一、大 脑 皮 质

大脑皮质为大脑表面的灰质，厚度 1.5 ～ 4.5 mm，不同脑回大脑皮质厚度不一，由神经元、神经胶质细胞和神经纤维构成。

（一）大脑皮质的神经元类型

大脑皮质的神经元数量多、种类丰富，为多极神经元。按其细胞的形态分为锥体细胞、颗粒细胞和梭形细胞三大类（图 8-2、图 8-3）。也可以根据神经元轴突的长短，将其分为高尔基Ⅰ型和高尔基Ⅱ型神经元。大、中型锥体细胞和梭形细胞为高尔基Ⅰ型，是投射神经元；其余为高尔基Ⅱ型，属中间神经元。

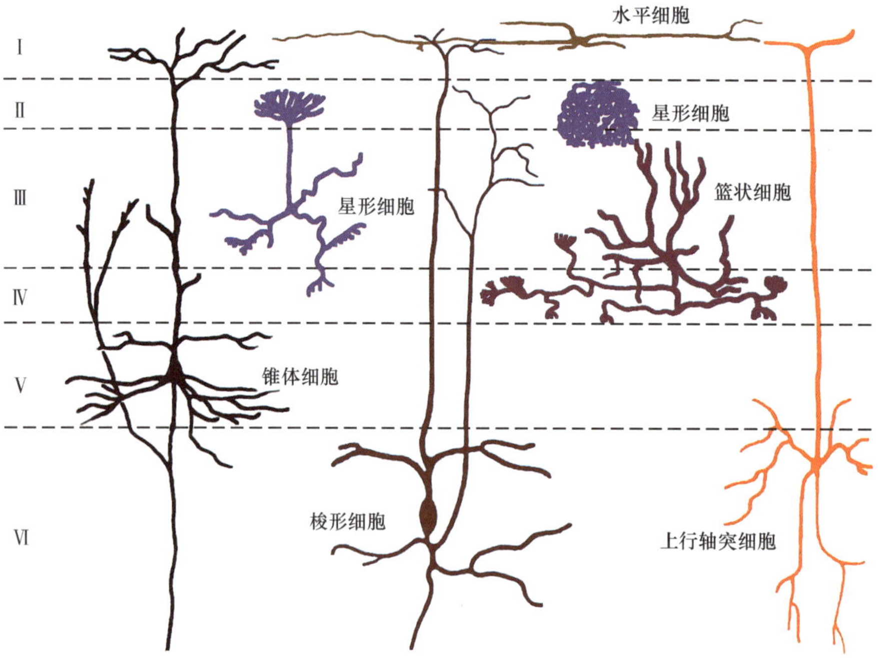

图 8-2* 大脑皮质神经元的种类和分布示意图

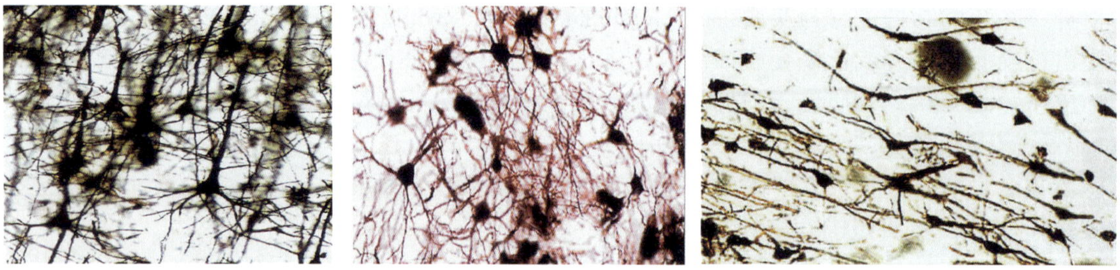

A. 锥体细胞 B. 星形细胞 C. 梭形细胞

图 8-3 大脑皮质的神经元类型（镀银染色，低倍）

1. 锥体细胞 **锥体细胞**（pyramidal cell）是大脑皮质中的主要投射神经元，可分大、中、小三型。锥体细胞胞体形似锥形，从顶部发出一条较粗的主树突，伸向皮质表层，沿途发出许多小分支（图 8-3A）。胞体底部还向四周发出一些水平走向的基树突。轴突自胞体底部发出，长短不一。短者走行在其胞体所在皮质范围，与邻近细胞形成突触联系；长者离开皮质进入髓质，组成下行至脑干或脊髓的投射纤维或走行到同侧或对侧的另一皮质区形成联合纤维。

2. 颗粒细胞 **颗粒细胞**（granular cell）数量最多。颗粒细胞胞体较小，呈颗粒状，包括**星形细胞**（stellate cell）、**水平细胞**（horizontal cell）和**篮状细胞**（basket cell）等，以星形细胞数量最多。星形细胞有许多长度相同的树突从胞体发出，其轴突多数很短，终止于附近的锥体细胞或梭形细胞（图 8-3B）。有些星形细胞的轴突较长，上行走向皮质表面，与锥体细胞顶树突或水平细胞形成突触联系。水平细胞的树突和轴突于皮质表面平行走行，与锥体细胞顶树突联系。颗粒细胞是大脑皮质区的中间神经元，将来自其他部位的传入信息综合处理后传递给锥体细胞和梭形细胞。

3. 梭形细胞 **梭形细胞**（fusiform cell）数量较少，大小不一。大梭形细胞也属投射神经元，主要分布于皮质深层，胞体梭形，树突自细胞的上、下两端发出（图 8-3C），上端树突多达皮质表面。轴突自下端树突的主干发出，进入髓质组成投射纤维或联合纤维。

（二）大脑皮质神经元分层

大脑皮质的神经元分层排列，除个别区域外，从表面至深层一般可分为6层（图8-4、图8-5）。

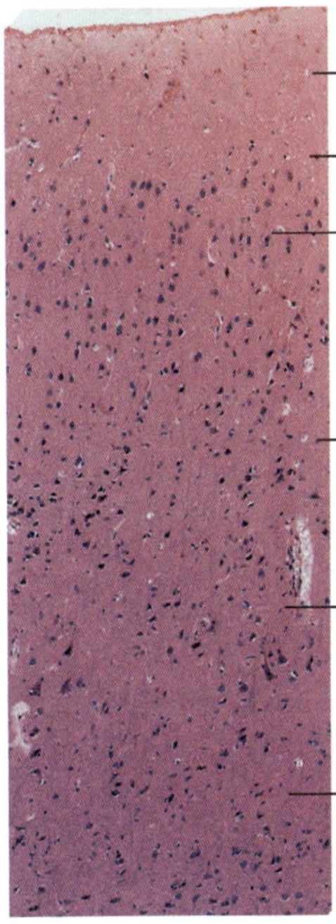

图8-4 大脑皮质（HE染色，低倍）

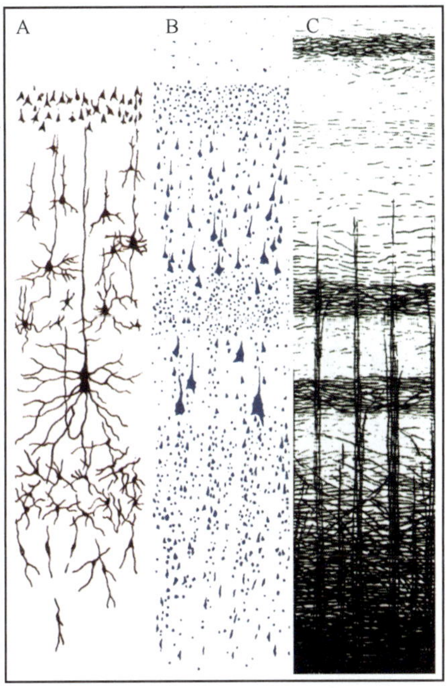

图8-5 大脑皮质的分层模式图

1. 分子层 **分子层**（molecular layer）位于大脑皮质的表面。神经元小而少，主要是水平细胞和星形细胞，还有许多与皮质表面平行的神经纤维。

2. 外颗粒层 **外颗粒层**（external granular layer）主要由许多星形细胞和少量小型锥体细胞构成。

3. 外锥体细胞层 **外锥体细胞层**（external pyramidal layer）较厚，由许多中、小型锥体细胞和星形细胞组成。锥体细胞顶树突伸至分子层，轴突进入髓质形成连合纤维。

4. 内颗粒层 **内颗粒层**（internal granular layer）细胞密集，多数是星形细胞。

5. 内锥体细胞层 **内锥体细胞层**（internal pyramidal layer）主要由中型和大型锥体细胞组成。在中央前回运动区，此层有巨大锥体细胞，胞体高120 μm，宽80 μm，称Betz细胞，其顶树突伸至分子层，轴突形成投射纤维下行到脑干和脊髓。

6. 多形细胞层 **多形细胞层**（polymorphic layer）以梭形细胞为主，还有锥体细胞和颗粒细胞。

（三）大脑皮质神经元的联系

大脑皮质1～4层主要接受传入信息。从丘脑来的特异传入纤维主要进入第4层与星形细胞形成突触，星形细胞的轴突又与其他细胞建立广泛的联系，从而对传入皮质的各种信息进行分析，做出反应。起自同侧或对侧大脑半球的联络纤维和连合纤维进入第2、3层，与锥体细胞形成突触。大脑皮质的传出纤维分投射纤维和联合纤维两种。投射纤维主要起自第5层的锥体细胞和第6层的大梭形细胞，下行至脑干及脊髓。联合纤维起自第3、5、6层的锥体细胞和梭形细胞，分布于皮质的同侧及对侧脑区。皮质第2～4层的颗粒细胞等高尔基Ⅱ型神经元主要与各层细胞相互联系，构成局部神经环路对信息进行分析、整合和贮存。大脑的高级神经活动可能与其复杂的微环路有密切关系。

皮质内神经元与皮质表面垂直排列成柱状，称**垂直柱**（vertical column），是大脑皮质结构和功能的基本单位。皮质垂直柱贯穿皮质，直径350～450 μm，由传入纤维、传出神经元和中间神经元相互连接在一起，构成一个复杂的皮质内局部神经回路。

大脑皮质神经元的结构、突触联系的数量和范围也不是一成不变的。当机体的内外环境发生变化或经过功能训练，皮质神经元原有的结构及突触联系可出现一定程度的改变，这种现象称**皮质可塑性**（cortical plasticity）。大脑皮质的可塑性变化实际上是神经元的可塑性变化，随大脑发育成熟而逐渐降低。

二、小脑皮质

小脑的表面被覆着一层灰质，称**小脑皮质**（cerebellar cortex）；皮质以内为小脑髓质，由出入小脑的神经纤维和 4 对小脑深部神经核团组成。

（一）小脑皮质的神经元与分层

小脑皮质有**浦肯野细胞**（Purkinje cell）、星形细胞、篮状细胞、**高尔基细胞**（Golgi cell）和颗粒细胞 5 种神经元。小脑皮质由表及里分别为分子层、浦肯野细胞层和颗粒层（图 8-6、图 8-7）。

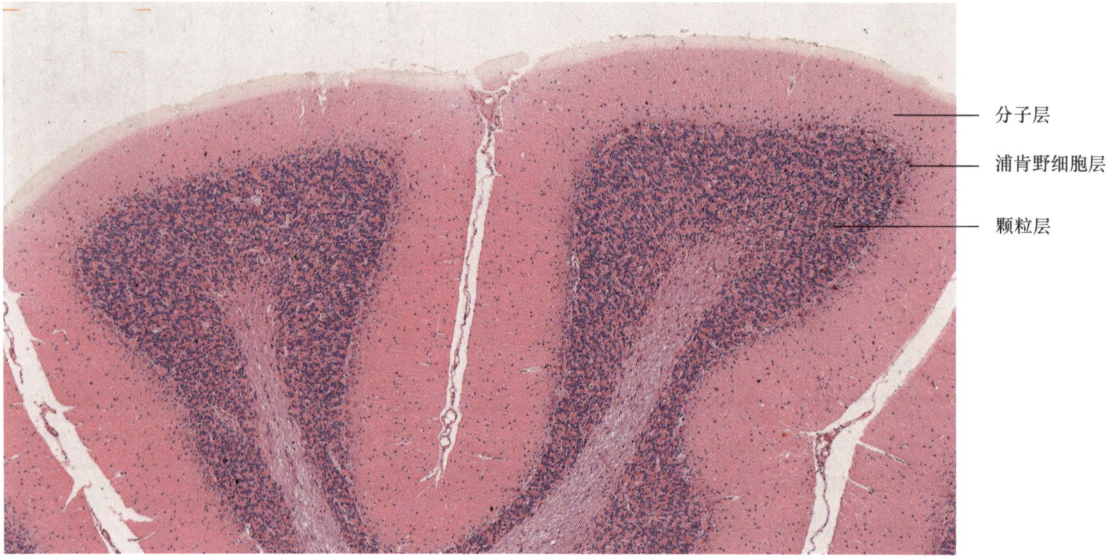

图 8-6　小脑皮质（HE 染色，低倍）

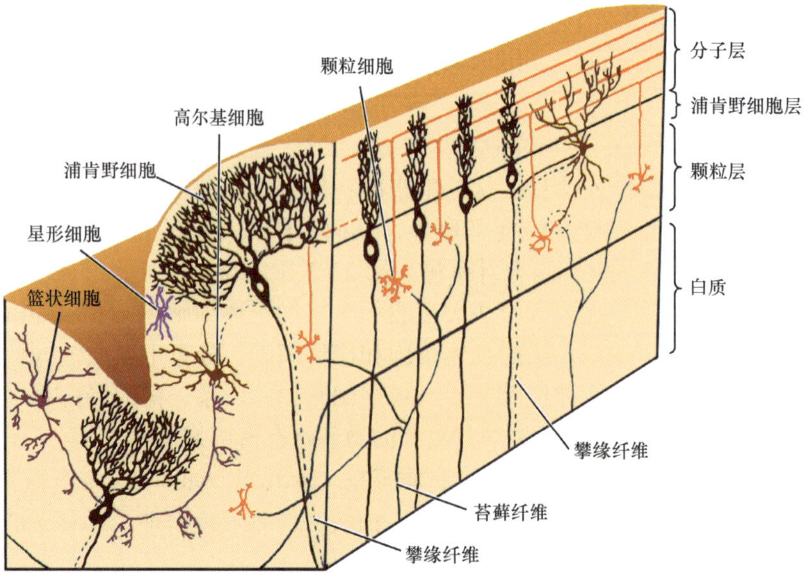

图 8-7*　小脑皮质的神经元类型及分层结构模式图

1. 分子层　**分子层**（molecular layer）较厚，神经元较少，排列分散，主要由神经纤维构成。分子层内的神经元主要有两种：星形细胞和篮状细胞。星形细胞胞体小，分布于浅层，轴突较短，与浦肯野细胞的树突形成突触。篮状细胞胞体较大，分布于深层，轴突较长，其末梢呈网状包绕浦肯野细胞的胞体并与之形成突触。

2. 浦肯野细胞层　**浦肯野细胞层**（Purkinje cell layer）由一层排列整齐有序的浦肯野细胞的胞体构成（图 8-8、图 8-9）。这是小脑皮质中最大的神经元，胞体呈梨形，从顶端发出 2～3 条粗大的主树突伸向分子层，主树突分支繁密，如扇形展开。树突上有大量的树突棘。它的轴突自胞体底部发出，向下穿出小脑皮质，与小脑深部神经核团的神经元形成突触。每个浦肯野细胞的轴突又有返行的侧支与其他的浦肯野细胞、高尔基细胞及篮状细胞构成突触。

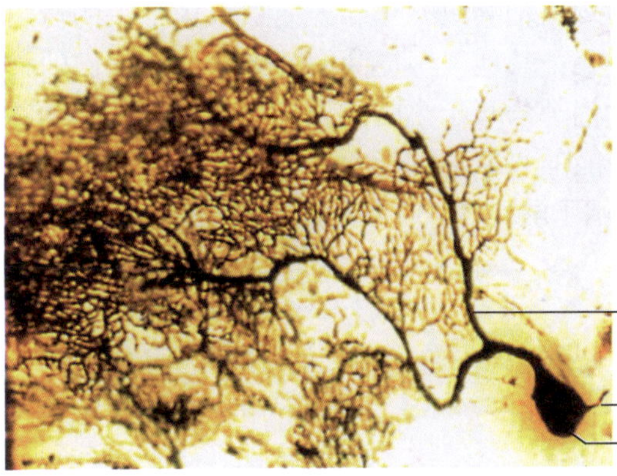

图 8-8　小脑皮质浦肯野细胞（镀银染色，低倍）

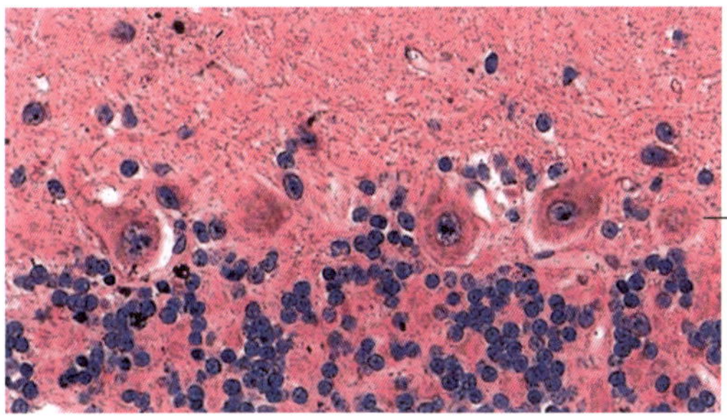

图 8-9　小脑皮质（HE 染色，高倍）

3. 颗粒层　**颗粒层**（granular layer）含密集的颗粒细胞和一些高尔基细胞。颗粒细胞胞体很小，有 4～5 支短的树突，末端分支如爪状。轴突向上伸至分子层，在那里呈 T 形分成两支，与小脑叶片长轴平行，称平行纤维。每条平行纤维与多个浦肯野细胞、星形细胞、篮状细胞和高尔基细胞的树突形成突触。大量平行纤维垂直穿过浦肯野细胞的扇形树突，与其树突棘形成突触。一条平行纤维可与 400 多个浦肯野细胞建立突触，一个浦肯野细胞的树突上可形成几十万个突触，使得一个浦肯野细胞同时接受很多颗粒细胞的支配和影响。高尔基细胞胞体较大，数量较少，位于颗粒层的浅层。其长树突分支伸向分子层，与平行纤维接触，近端树突与苔藓纤维的末梢形成突触。轴突在颗粒层内形成较多分支，与颗粒细胞的树突形成突触。

（二）小脑皮质神经元的联系

小脑的传入纤维有三种：**攀缘纤维**（climbing fiber）、**苔藓纤维**（mossy fiber）和单胺能神经纤维。前两者是以谷氨酸为递质的兴奋性神经纤维，而单胺能神经纤维是以去甲肾上腺素和 5-HT 为递质的抑制性神经纤维。攀缘纤维主要起自延髓的下橄榄核，纤维较细，与小脑皮质的浦肯野细胞的树突及树突棘形成突触。一条攀缘纤维与一个浦肯野细胞树突所形成的突触可达 300 多个，故一条攀缘纤维的神经冲动可直接引起一个浦肯野细胞强烈兴奋。苔藓纤维起源于脊髓和脑干的神经核团，纤维较粗，进入小脑皮质后纤维的分支末端膨大呈苔藓状。以苔藓纤维膨大的末端为中心，每一膨大的末端可与 20 个左右的颗粒细胞的树突、高尔基细胞的轴突及近端树突形成突触群，又称突触复合体，形似小球，故称**小脑小球**（cerebellar glomerulus）（图 8-10）。苔藓纤维的末梢与颗粒细胞的树突之间为兴奋性的突触。高尔基细胞的轴突与颗粒细胞的树突之间为抑制性突触。一条苔藓纤维的分支大约可兴奋 800 多个颗粒细胞，每个颗粒细胞的平行纤维又与 400 多个浦肯野细胞接触。这样，一条苔藓纤维可引起几十万个浦肯野细胞兴奋。攀缘纤维和苔藓纤维把来自小脑外的神经冲动传到小脑皮质，最后都作用于浦肯野细胞。攀缘纤维直接强烈地兴奋单个浦肯野细胞，而苔藓纤维则通过颗粒细胞的平行纤维间接兴奋几十万个浦肯野细胞。另一方

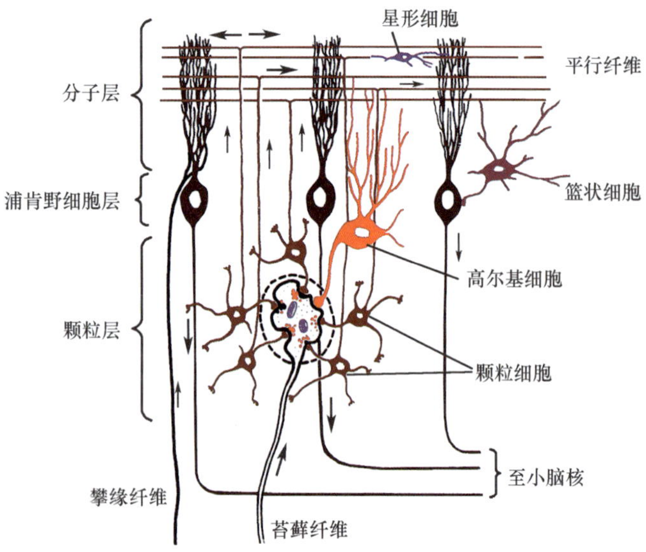

图 8-10　小脑皮质神经元与传入纤维关系模式图

面，攀缘纤维的侧支及颗粒细胞的平行纤维还可以与星形细胞、篮状细胞和高尔基细胞等抑制性中间神经元形成突触，这些抑制性中间神经元又与浦肯野细胞形成突触。因此，攀缘纤维和苔藓纤维在兴奋许多浦肯野细胞的同时，也可通过与抑制性中间神经元的连接，抑制浦肯野细胞的兴奋，从而保证小脑进行精细的调节功能。此外，单胺能神经纤维（来自脑干的蓝斑核）对浦肯野细胞也有抑制调节作用。

在小脑皮质的 5 种神经元中，只有浦肯野细胞发出轴突离开小脑皮质，成为唯一的传出神经元；其他 4 种均为中间神经元，它们的神经末梢都分布于小脑皮质之内。颗粒细胞是谷氨酸能的兴奋性神经元，其他 4 种神经元都是 γ 氨基丁酸（GABA）能的抑制性神经元。

三、脊 髓 灰 质

脊髓由中央的灰质和周围的白质构成。在横切面，灰质呈蝴蝶形，可分为腹侧较粗的前角，背侧较狭长的后角，以及前后角之间的中间带（图 8-11）。在第 2 胸椎至第 1 腰椎脊髓节段中间带突向侧方形成侧角。白质主要由上行（感觉）和下行（运动）神经纤维组成（纵行排列），多为有髓神经纤维。

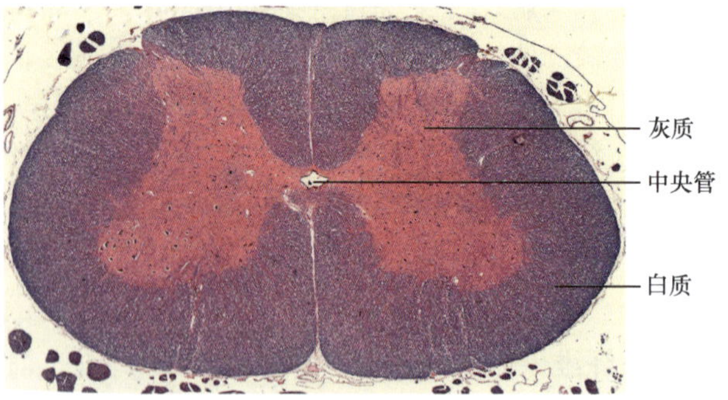

图 8-11　脊髓横切面（HE 染色，低倍）

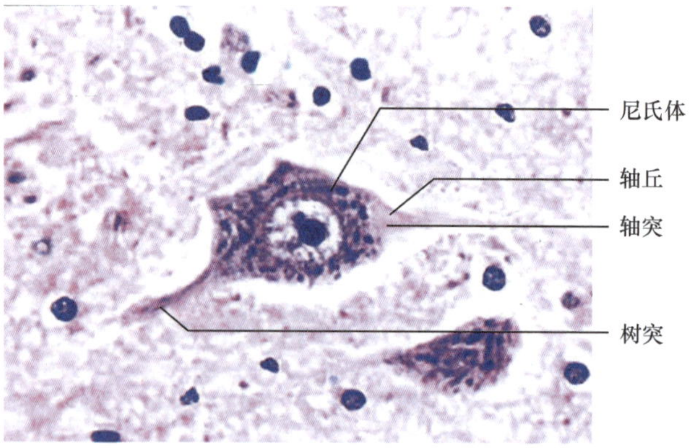

图 8-12　脊髓前角运动神经元（HE 染色，高倍）

脊髓灰质内含有形状、大小和功能各不相同的神经元。脊髓灰质前角的神经元为多极神经元，分大、中、小神经元三种类型。大型神经元称 α 神经元，数量多，胞体大，直径在 25 μm 以上，尼氏体呈粗大的斑块状，轴突粗（图 8-12）。中型神经元称 γ 神经元，直径为 15 ～ 25 μm，数量少，轴突较细。大、中型神经元为含乙酰胆碱的躯体运动神经元，其轴突形成脊神经腹根，末梢形成运动终板支配骨骼肌运动。α 神经元支配梭外肌纤维，γ 神经元支配梭内肌纤维。小型神经元称**闰绍细胞**（Ranshaw cell），属中间神经元。此细胞接受 α 神经元返回侧支，又发出短轴突与 α 神经元形成突触，起抑制作用。

脊髓侧角和中间带内的神经元与内脏运动有关，多为中型的多极神经元，为交感神经节前纤维的起始细胞，其轴突（节前纤维）出腹根后进入交感神经节内并与交感神经节细胞形成突触。

脊髓后角内的神经元为躯体感觉神经元，多为小型神经元，主要接受脊神经背根纤维（脊神经节细胞的中枢突）的传入冲动。后角中有些神经元（也称束细胞），发出长轴突进入白质，形成各种上行传导束到达大脑、小脑、丘脑和脑干。

脊髓灰质内还有许多中间神经元。它们的轴突长短不一，短轴突与同节段的束细胞和运动神经元联系，长轴突在白质内穿行至相邻或较远的脊髓节段，终止于同侧或对侧的神经元。

四、脑脊膜和血-脑屏障

（一）脑脊膜

脑脊膜（meninges）是包裹在脑和脊髓表面的结缔组织膜，由外向内分为**硬膜**（dura mater）、蛛网膜（arachnoid）和**软膜**（pia mater）三层，具有保护和支持脑与脊髓的作用（图 8-13）。硬膜（在脑部称硬脑膜，在脊髓称硬脊膜）为一层厚而致密的结缔组织膜，其内表面被覆一层间皮。硬膜与颅骨或椎骨之间的空隙为**硬膜外腔**（epidural space），其中硬脊膜外腔是硬膜外麻醉的注药部位。硬膜与蛛网膜之间的狭窄腔隙，称**硬膜下隙**（subdural space），内含少量液体。蛛网膜由薄层疏松结缔组织构成，它与软膜之间有一较宽的腔隙，称**蛛网膜下腔**（subarachnoid space），内含**脑脊液**（cerebrospinal fluid）。蛛网膜的结缔组织纤维形成小梁与软膜相连，小梁在蛛网膜下腔内分支形成蛛网状结构。腰部的蛛网膜下腔是进行腰椎穿刺和腰椎麻醉注药的部位。软膜（在脑部称软脑膜，在脊髓称软脊膜）是富含血管的薄层疏松结缔组织膜，紧贴于脑和脊髓表面。在软膜外表面和蛛网膜内、外表面及小梁表面被覆间皮。软膜中的血管是供应脑和脊髓的营养血管。软膜随血管分支进入脑和脊髓实质，但并不紧贴血管，之间的间隙称**血管周隙**（perivascular space），与蛛网膜下腔相通，内含脑脊液。当血管分支形成毛细血管时，周围的结缔组织消失，毛细血管由星形胶质细胞突起包裹。

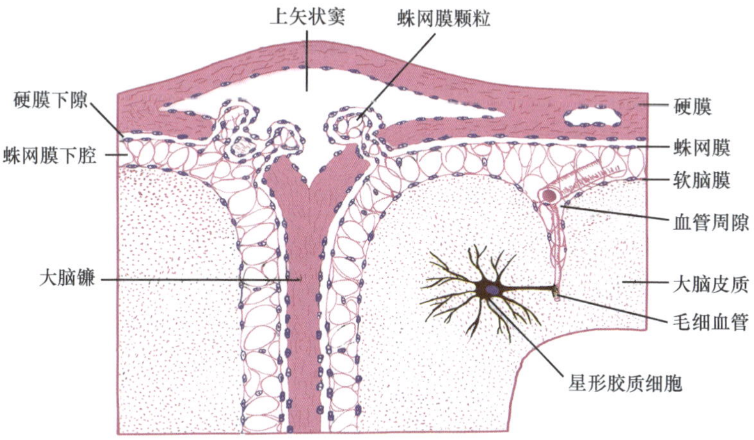

图 8-13* 脑膜模式图

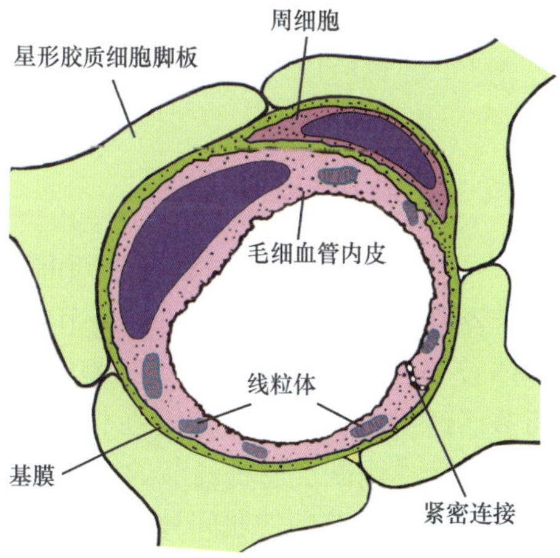

图 8-14* 血-脑屏障超微结构模式图

（二）血-脑屏障

血-脑屏障（blood-brain barrier，BBB）是中枢神经系统中血液和神经组织之间的屏障结构。由连续毛细血管的内皮细胞、基膜以及星形胶质细胞脚板围成的神经胶质膜构成（图 8-14）。一般认为毛细血管的内皮细胞是构成血-脑屏障的主要结构。血-脑屏障对物质通透具有高度的选择性，可阻止血液中某些有害物质（如细菌、毒素和一些药物等）进入神经组织，但能让营养物质和代谢产物选择性地顺利通过，对维持脑和脊髓内环境的稳定具有重要作用。

五、神　经　节

神经节（ganglion）可分为**脑脊神经节**（cerebrospinal ganglion）和**自主神经节**（autonomic ganglion），后者又分为交感神经节和副交感神经节。神经节中的神经元称**节细胞**（ganglion cell）。

（一）脑脊神经节

脑神经节分布于某些脑神经干上，而脊神经节是脊髓两侧脊神经背根上的膨大结构，二者结构相似，均为感觉神经节，节细胞为假单极神经元（感觉神经元）。神经元胞体为圆形，大小不等；核圆位于胞体中央，核仁清晰；胞质内的尼氏体细小分散。从胞体发出一个突起，在胞体附近盘曲，然后呈“T”形分支，一支为中枢突进入脊髓，另一支为周围突，经脑脊神经分布到外周组织，其终末形成感觉神经末梢。神经节细胞的胞体及突起起始部外有一层卫星细胞包裹，在突起分支处改由神经膜细胞包裹。脑脊神经节内的神经纤维多为有髓神经纤维，平行排列的神经纤维束将神经节细胞胞体分隔成群（图 8-15、图 8-16）。

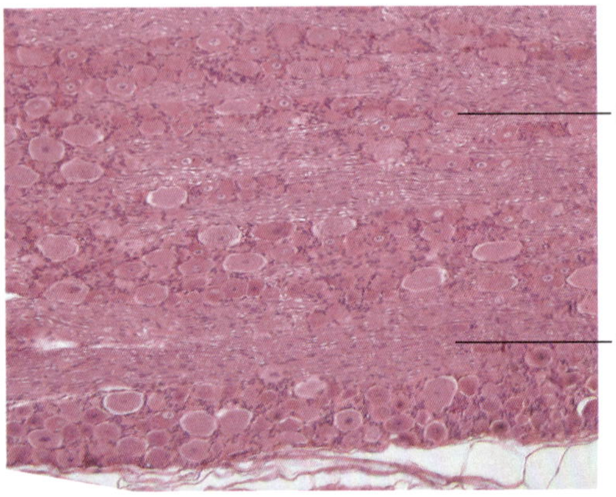

图 8-15　脊神经节（HE 染色，低倍）

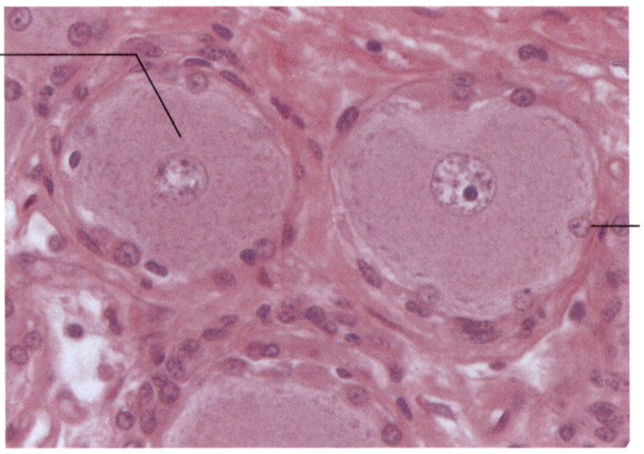

图 8-16　脊神经节（HE 染色，高倍）

（二）自主神经节

自主神经节包括交感神经节和副交感神经节。交感神经节位于脊柱两旁及前方，副交感神经节主要位于器官旁或器官内。自主神经节中的节细胞为自主神经系统的节后神经元，形态上为多极运动神经元，胞体较小，核常偏位，卫星细胞较少。节内神经纤维多为无髓神经纤维，节前纤维与节细胞形成突触，而节后纤维则离开神经节，在相应器官形成内脏运动神经末梢。交感神经节的节细胞大部分为肾上腺素能神经元，而副交感神经节的节细胞主要是胆碱能神经元。

消化道管壁中的肌间神经丛和黏膜下神经丛共同构成特殊**肠神经系统**（enteric nervous system），也称**肠脑**（gut brain）。该系统的神经元数量多达 10^7 ～ 10^8 个，包括一级感觉神经元、中间神经元和支配胃肠效应器的运动神经元。

本章小结

神经系统由＿＿＿＿＿＿及＿＿＿＿＿＿所组成。中枢神经系统包括＿＿＿＿＿＿和＿＿＿＿＿＿，周围神经系统由＿＿＿＿＿＿和＿＿＿＿＿＿组成。中枢神经系统的结构可分为＿＿＿＿＿＿和＿＿＿＿＿＿。位于大脑和小脑表层的灰质分别称＿＿＿＿＿＿和＿＿＿＿＿＿。大脑皮质内的神经元

主要有 __________、__________ 和 __________3种类型，神经元分层排列为6层，从表及里分别为 __________、__________、__________、__________、__________ 及 __________。小脑皮质分为3层，从表及里分别为 __________、__________ 和 __________。脊髓前角内的神经元主要为 __________，脊髓后角内的神经元为 __________，脊髓侧角和中间带内的神经元是 __________。血-脑屏障由 __________、__________ 和 __________ 构成。在周围神经系统，神经节是神经元胞体的集中部位，外面为结缔组织所包绕，可分为 __________ 和 __________。脑脊神经节为 __________ 聚集形成。自主神经节由 __________ 聚集形成。

（苏炳银、杨 琴）

第九章

循环系统

学习要点

① 血管壁的一般结构；② 动脉管壁的结构和功能；③ 毛细血管的分类和功能；④ 静脉管壁的结构特点；⑤ 心壁的结构和心传导系统。

循环系统（circulatory system）是连续而封闭的管道系统，由心血管系统和淋巴管系统组成。心血管系统包括心脏、动脉、毛细血管和静脉。心脏是动力中心，具有泵血功能；动脉是心脏发出的一系列逐级分支的管道，将血液运输至组织各处；毛细血管分布最广泛，是管径最细、管壁最薄的血管，是血液和组织进行物质交换的场所；静脉由毛细血管汇集形成，将血液运送回心脏。淋巴管系统是心血管系统的辅助系统，以盲端起始，由毛细淋巴管、淋巴管和淋巴导管组成，主要功能是辅助静脉回流。

一、血管壁的一般结构

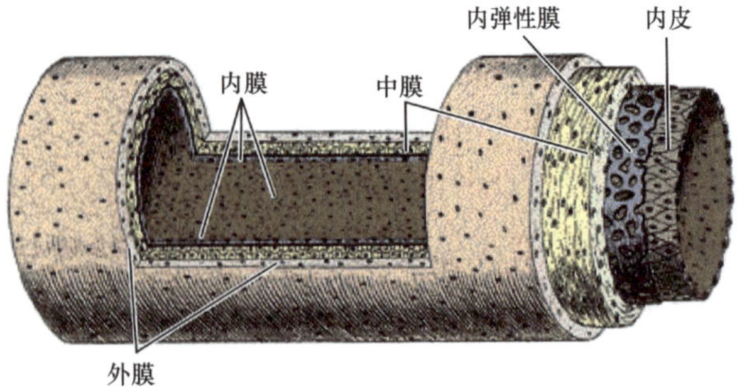

图 9-1　血管壁一般结构模式图

血管壁主要由内皮、平滑肌和结缔组织构成。各种血管壁的结构、组成成分与其功能密切相关。除毛细血管外，动脉和静脉的管壁结构一般分为内膜、中膜和外膜三层（图 9-1）。

（一）内膜

内膜（tunica intima）由内皮、内皮下层和内弹性膜构成。

1. 内皮　内皮衬贴于管腔面，表面光滑，利于血液流动。电镜下，内皮细胞胞质内可见膜包被的长杆状 **W-P 小体**（Weibel-Palade body），内含 6 ～ 26 根直径约 15 nm 的平行排列细管，与 **vWF 因子**（von Willebrandt factor）的贮存有关。该因子是一种大分子蛋白质，可同时与胶原纤维和血小板结合形成血栓，当血管破裂时得以止血。大动脉内皮细胞中的 W-P 小体尤为丰富。

2. 内皮下层　内皮下层是位于内皮和内弹性膜之间的薄层结缔组织，内含少量胶原纤维、弹性纤维和平滑肌。

3. 内弹性膜　有的动脉内皮下层深面有一层**内弹性膜**（internal elastic membrane），由弹性蛋白构成，膜上有许多小孔。HE 染色下内弹性膜为嗜酸性、均质状、有折光性的结构，在血管横切面上，因血管壁收缩，内弹性膜常呈波浪状，是内膜与中膜的分界（图 9-2）。

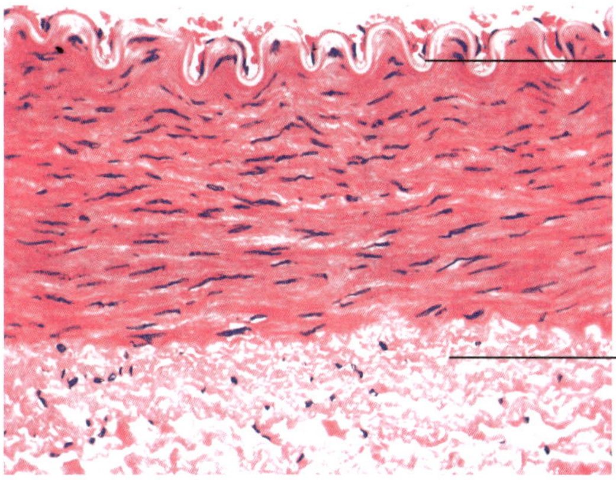

图 9-2　肌性动脉示内弹性膜和外弹性膜（HE 染色，高倍）

（二）中膜

中膜（tunica media）的厚度及成分因血管种类、大小而异。大动脉中膜以弹性膜为主，其间含少量平滑肌纤维；中动脉的中膜主要由平滑肌纤维组成，肌纤维间有少量弹性纤维和胶原纤维。动脉的中膜没有成纤维细胞，其内的平滑肌纤维可能为成纤维细胞的亚型，具有产生胶原纤维、弹性纤维和基质的功能。平滑肌纤维与内皮细胞间有细胞连接，可接收血液和内皮细胞的信息。在病理情况下，中膜的平滑肌纤维可迁入内膜增生，并产生结缔组织成分，使内膜增厚，是动脉粥样硬化的重要环节。弹性纤维可使扩张的血管回缩，胶原纤维具有维持张力的作用。

（三）外膜

外膜（tunica adventitia）由疏松结缔组织构成，含有螺旋状或纵行的胶原纤维和弹性纤维、成纤维细胞等。血管损伤时，成纤维细胞具有修复外膜的能力。较大的动脉中膜和外膜交界处可见外弹性膜，该膜也由弹性蛋白构成（图 9-2）。外膜中常含有营养血管壁自身的小血管，称营养血管，为外膜和中膜提供营养。

二、动　脉

根据管径大小、管壁的厚度和主要成分，一般将动脉分为大、中、小和微动脉。各级动脉管壁一般均由内膜、中膜和外膜三层构成。但各级动脉的管径大小和管壁结构逐渐移行，其间没有明显的分界。

（一）大动脉

大动脉（large artery）包括主动脉、肺动脉、无名动脉、颈总动脉、锁骨下动脉和髂总动脉等，因其管壁富含弹性膜和弹性纤维，故又称**弹性动脉**（elastic artery）（图 9-3）。大动脉管壁具有以下结构特点。

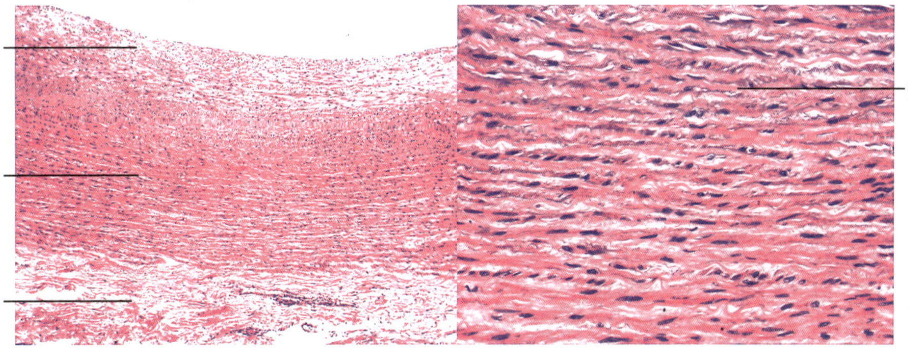

图 9-3　大动脉（HE 染色）

A. 低倍；B. 高倍示中膜

1. 内膜　内皮下层较厚，为疏松结缔组织，含有胶原纤维、弹性纤维和少量平滑肌纤维。内弹性膜因与中膜的弹性膜相移行，故内膜与中膜分界不明显。

2. 中膜　很厚，主要由 40 ～ 70 层环行弹性膜构成，各层弹性膜之间由弹性纤维相连。弹性膜之间有少量环行平滑肌纤维、胶原纤维和基质。

3. 外膜　较薄，由疏松结缔组织构成，细胞以成纤维细胞为主。外弹性膜不明显。外膜中有小的营养血管、神经束等。外膜的营养血管分布到外膜和中膜，而内膜一般无血管分布，其营养直接由大动脉管腔内的血液渗透供给。

心脏规律性收缩和舒张，将血液间断地射入动脉，但动脉内的血流却是持续不断的。这是因为大动脉管壁富于弹性，当心室收缩射血时其管壁扩张，部分血液储存在扩张的大动脉内，心室舒张时大动脉管壁由于弹性势能的作用回缩，推动其内的血液向前流动。因此，大动脉起着心脏辅助泵的作用，在心室舒张期将血液继续向前推进，保持了血流的连续性。

（二）中动脉

除大动脉外，凡在解剖学中有名称的动脉多为**中动脉**（medium-sized artery）。中动脉中膜的平滑肌丰富，故又称肌性动脉。其管壁具有典型的三层结构（图 9-4）。

1. 内膜　是三层膜中最薄的一层。内皮下层薄，内弹性膜明显，在血管横切面上由于血管壁的收缩呈波浪状，为内膜和中膜的分界（图 9-2，图 9-4）。

2. 中膜　较厚，主要由 10 ～ 40 层环行排列的平滑肌纤维构成，肌纤维间有少量胶原纤维、弹性纤维和基质，由平滑肌纤维产生（图 9-2，图 9-4）。

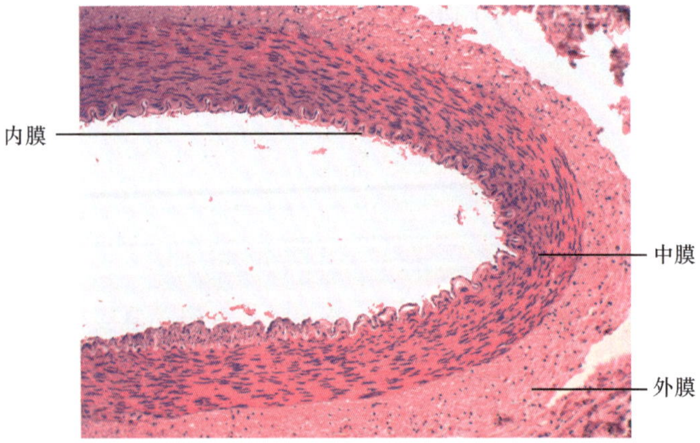

图 9-4　中动脉（HE 染色，低倍）

3. 外膜　厚度与中膜大致相等，由疏松结缔组织构成。多数中动脉外膜与中膜交界处有外弹性膜，由断续的较薄的弹性膜组成（图 9-2，图 9-4）。外膜中除含小动脉、小静脉外，还含有较多的神经纤维伸入中膜平滑肌，调节其舒缩。

中动脉中膜平滑肌发达，其收缩和舒张能改变管径的大小，可调节分配到身体各器官的血流量，故中动脉又叫分配动脉。

（三）小动脉和微动脉

小动脉（small artery）管径多在 0.3 ～ 1 mm，也属肌性动脉，结构与中动脉相似，但各层均变薄（图 9-5）。较大的小动脉内弹性膜明显，中膜平滑肌纤维可达 8 ～ 10 层，外膜厚度与中膜相近，但一般没有外弹性膜。管径在 0.3 mm 以下的动脉称**微动脉**（arteriole），内膜无内弹性膜，中膜由 1 ～ 2 层平滑肌纤维构成，外膜较薄。

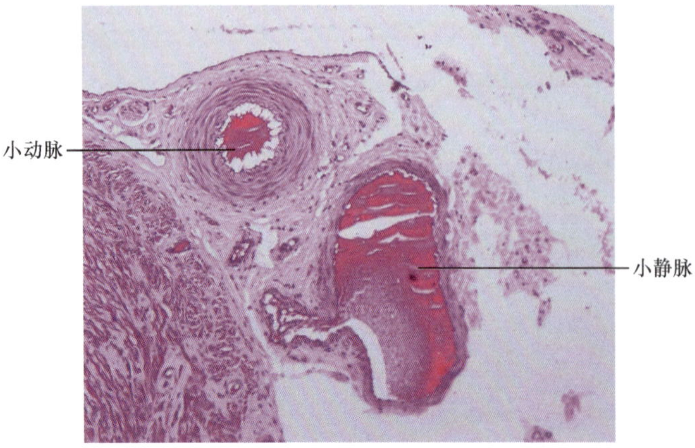

图 9-5　小动脉和小静脉（HE 染色，高倍）

小动脉和微动脉管壁的平滑肌收缩可使管径缩小，增加血流阻力，调节进入局部组织的血流量，并对血压的调节起重要作用，故小动脉和微动脉又称外周阻力血管。

三、毛细血管

毛细血管（capillary）广泛分布于组织和细胞间，彼此吻合成网。不同器官组织内的毛细血管疏密程度差别很大。在代谢旺盛的组织和器官，如骨骼肌、心肌、肺、肝、肾等毛细血管网密布；在代谢较低的组织和器官，如平滑肌、骨、肌腱等毛细血管网则较稀疏。

（一）毛细血管的结构

毛细血管管径一般为 6 ～ 8 μm，可容许单行红细胞通过，但在不同的组织器官和不同功能状态下存在差异。毛细血管管壁由一层内皮细胞和基膜构成，基膜只有基板。在内皮与基板之间散在分布一种扁平而有突起的**周细胞**（pericyte），其突起紧贴在内皮细胞基底面。周细胞胞浆内除高尔基体、粗面内质网和线粒体等细胞器外，微丝较多，散在或成束附着于质膜内面的密体，可起机械性支持作用并具有收缩功能，参与毛细血管直径的调控；也有学者认为，周细胞在血管生长和再生时可增殖、分化为内皮细胞、平滑肌细胞和成纤维细胞。

（二）毛细血管的分类

根据电镜下内皮细胞和基膜的结构特点，将毛细血管分为三类。

1. 连续毛细血管　**连续毛细血管**（continuous capillary）的特点是管壁有一层连续的内皮细胞，内皮细胞间有紧密连接，基膜完整。内皮细胞胞质内有许多直径 60 ～ 70 nm 的质膜吞饮小泡（图 9-6），在细胞游离面或基底面形成，然后转运到对侧，以胞吐方式释放内容物。连续毛细血管分布于肌组织、结缔组织、中枢神经系统、胸腺和肺等处，主要以吞饮小泡方式在血液与组织液之间进行物质交换，并参与多种屏障性结构的构成。

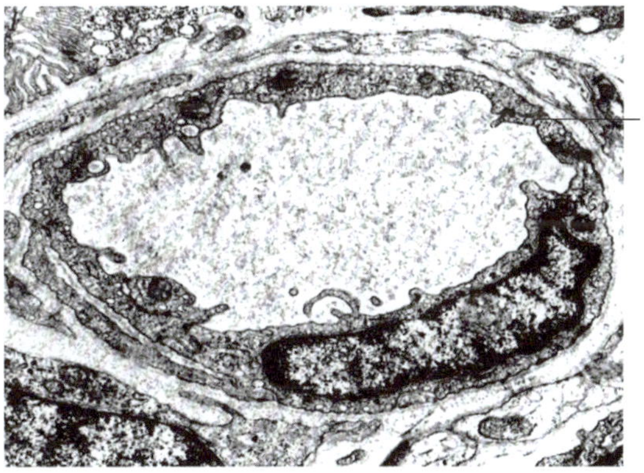

图 9-6　连续毛细血管透射电镜图

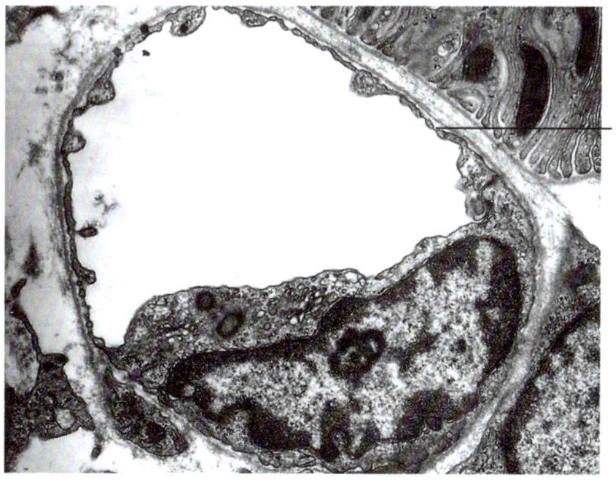

图 9-7　有孔毛细血管透射电镜图

2. 有孔毛细血管　**有孔毛细血管**（fenestrated capillary）的特点是内皮细胞间也有紧密连接，基膜完整，但内皮细胞不含核的部分很薄，有许多贯穿胞质的内皮窗孔，直径 60 ～ 80 nm，一般有厚 4 ～ 6 nm 的隔膜封闭（图 9-7）。内皮窗孔有利于血管内外中、小分子物质交换。有孔毛细血管分布于胃肠黏膜、某些内分泌腺和肾血管球等处。

3. 血窦　**血窦**（sinusoid）又称窦状毛细血管，管腔大，直径可达 40 μm，形状不规则，内皮细胞间有较大的间隙。基膜一般不完整或不存在。血窦主要分布于肝、脾、骨髓及某些内分泌腺。不同器官内血窦的结构常有较大差别，如肝血窦的内皮细胞上有孔，细胞间隙较宽，无基膜；脾血窦的内皮细胞呈杆状，细胞上无孔，细胞间隙大，内皮细胞外有网状纤维环绕成栅栏状结构，基膜不完整；而某些内分泌腺的血窦，内皮细胞上有孔，内皮细胞有间隙，但基膜完整。

（三）毛细血管与物质交换

毛细血管广泛分布于各器官和组织内，具有管壁薄、面积大、血流速度缓慢、通透性强等特点，是血液与周围组织进行物质交换的主要部位。体重 60 kg 者，毛细血管总面积可达 6 000 m^2。O_2、CO_2 和一些脂溶性物质等以简单扩散的方式可直接透过内皮细胞；液体及一些大分子物质，如血浆蛋白、激素、抗体等通过吞饮小泡、内皮细胞的孔或内皮细胞之间的间隙，由毛细血管内皮的一侧运至另一侧。

毛细血管的通透性可受许多因素的影响，在生理或病理情况下都可发生很大变化，如组胺、5-HT、酸性代谢产物局部堆积及温度升高等，都可使毛细血管通透性增强。维生素 C 缺乏时基膜和胶原纤维的形成受阻，易引起毛细血管性出血。

四、静　脉

静脉由小至大逐级汇合，管壁增厚，管径增粗。根据管径的大小，静脉分为大、中、小和微静脉。中、小静脉常与相应的动脉伴行，但其数量较动脉多，管径较粗，血容量较大。静脉管壁的结构也分为内膜、中膜和外膜三层，但与同行的动脉相比，其管壁较薄，含结缔组织成分多，而平滑肌和弹性组织成分少，故在切片中常塌陷变扁或成不规则形，三层膜的分界也不明显。

（一）微静脉

微静脉（venule）管腔不规则，管径为 50 ～ 200 μm，内膜仅一层内皮，内皮外为薄层结缔组织，随着管径增大，内皮与结缔组织间可出现少量平滑肌纤维，外膜薄。与毛细血管相连的微静脉称毛细血管后微静脉，其内皮细胞的间隙较大，故通透性大，具有物质交换功能。

（二）小静脉

小静脉（small vein）管径为 0.2 ～ 1 mm，内皮外平滑肌逐渐增多，较大的小静脉中膜有一层至数层平滑肌纤维，外膜逐渐变厚（图 9-5）。

（三）中静脉

中静脉（medium-sized vein）管径为 1 ～ 10 mm，除大静脉以外，凡有解剖学名称的静脉都属中静脉。中静脉内膜薄，内弹性膜不明显；中膜明显薄于伴行的动脉，环行平滑肌纤维分布稀疏；外膜比中膜厚，由结缔组织组成，可含少量纵行平滑肌束。

（四）大静脉

大静脉（large vein）包括上腔静脉、下腔静脉、无名静脉、奇静脉、颈内静脉、颈外静脉、髂内静脉、髂外静脉、门静脉和肺静脉等，管径在 10 mm 以上。内膜较薄；中膜不发达，为几层稀疏排列的环行平滑肌；外膜较厚，结缔组织中常有较多的纵行平滑肌束（图 9-8）。

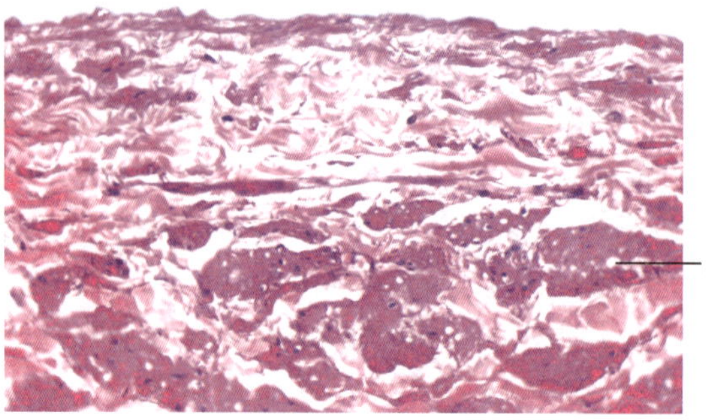

图 9-8　大静脉（HE 染色，低倍）

（五）静脉瓣

管径在 2 mm 以上的静脉常有**静脉瓣**

(valve vein)。瓣膜是由内膜突向腔内折叠而成的半月形结构(图 9-9)。表面覆有内皮，内部为含弹性纤维的结缔组织。静脉瓣的游离缘朝向血流方向，可防止血液逆流。四肢静脉的瓣膜较多。

静脉血回流的动力主要靠静脉内的压力差，而不是管壁本身的收缩。心的收缩力、重力和体位、呼吸运动及静脉周围肌组织的收缩挤压等都是影响静脉压力差的因素。

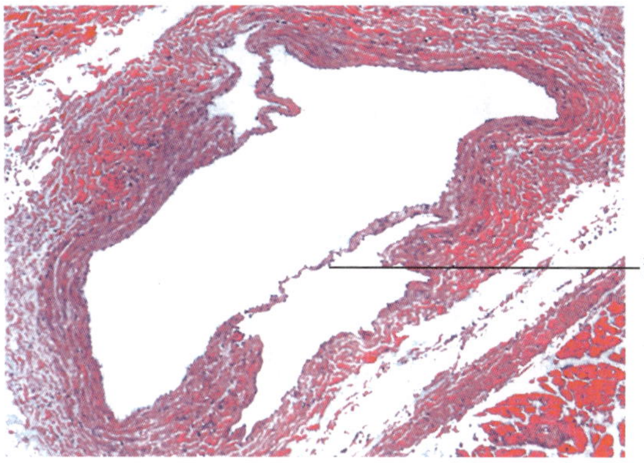

图 9-9　静脉瓣(HE 染色，低倍)

五、微　循　环

微循环(microcirculation)是指从微动脉到微静脉之间的血液循环，是血液循环的基本功能单位。由于各组织和器官的功能不同，微循环的组成和排列方式各有特点，但一般都包括下述几部分(图 9-10)。

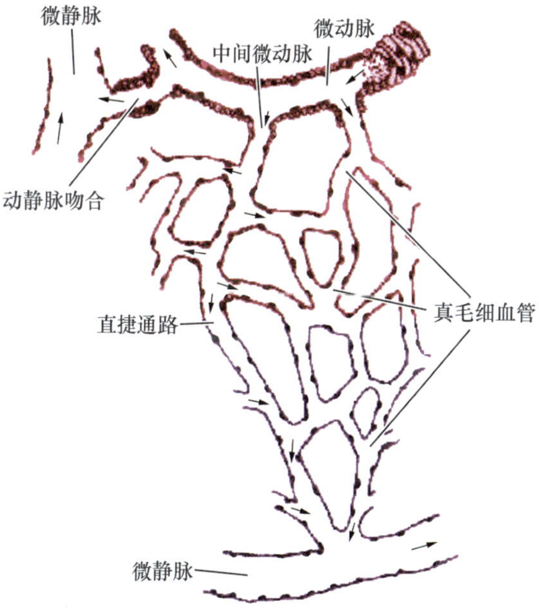

图 9-10　微循环模式图

1. *微动脉*　微动脉管壁环行平滑肌的舒缩，可调节微循环的血流量，起到“总闸门”的作用。

2. *毛细血管前微动脉和中间微动脉*　微动脉的分支称毛细血管前微动脉，后者进一步分支为中间微动脉(又称后微动脉)。中间微动脉的管壁有稀疏的平滑肌，其收缩可调节整个毛细血管网的血流量。

3. *真毛细血管*　即通称的毛细血管，由中间微动脉分支形成，相互吻合成网，其行程迂曲，血流缓慢，是实现物质交换的主要部位。在真毛细血管的起点，有少许环行平滑肌组成的毛细血管前括约肌，是调节微循环的“分闸门”。

4. *直捷通路*　是中间微动脉与微静脉直接相通的部分，为距离最短的毛细血管，管径略粗。它是经常开放的血液通路，其特点是直而短，血流速度快，流量大，血液与组织之间的物质交换较少。

5. *动静脉吻合*　是微动脉发出的直接与微静脉相通的血管。管壁较厚，有发达的纵行平滑肌层和丰富的血管运动神经末梢。动静脉吻合多处于收缩状态，当机体处于应激状态时开放，微动脉的血液经此直接流入微静脉。动静脉吻合主要分布于指、趾、鼻和唇等处的皮肤及某些器官，是调节局部组织血流量的重要结构。

6. *微静脉*　如本章前述。

知识拓展

微循环——人体的“第二心脏”

微循环是指微动脉和微静脉之间的血液循环。微循环的基本功能是进行血液和组织液之间的物质交换。自20世纪20年代以来就已开始了微循环的研究，但微循环这个名词是在1954年第一届美国微循环会议上才正式确定和使用。半个多世纪以来世界各国纷纷成立微循环学会，已召开了六次世界性微循环大会，三次亚洲微循环大会。微循环的研究已从显微镜下直接观察血流，深入到细胞和分子水平。正常情况下，微循环供给组织细胞O_2和养料，带走代谢废物，其血流量与人体组织、器官代谢水平相适应，保证了正常生命活动的进行。微循环功能障碍或微循环血流灌注量减少时，营养物质和氧气不能满足组织代谢的需要，同时组织器官中的废物不能及时排出，可导致组织器官功能不全或衰竭，这成为许多疾病发生和发展的重要原因。现代医学证明，许多疾病的发生都与微循环有密切的关系。所以，微循环的功能正常与否，是人体健康状态的重要标志之一。微循环也因具有这种重要的生理功能，被医学界称为人体的“第二心脏”。

六、心　　脏

心脏是管腔性肌性器官，心壁很厚，主要由心肌构成。心肌节律性的收缩和舒张，推动血液在血管中循环流动，保证机体各组织和器官的血液供应。此外，心脏还具有内分泌功能。

（一）心壁的结构

心壁从内到外由心内膜、心肌膜和心外膜三层构成（图9-11）。

1. 心内膜　**心内膜**（endocardium）由内皮和内皮下层构成。内皮为单层扁平上皮，与出入心腔的大血管内皮相连续，薄而平滑，利于血液流动。内皮下层由结缔组织构成，可分为内外两层：内层薄，为细密结缔组织，含少量平滑肌纤维；外层靠近心肌膜，也称心内膜下层，为疏松结缔组织，含小血管和神经。在心室壁的心内膜下层可见心传导系统分支浦肯野纤维（图9-11、图9-12）。

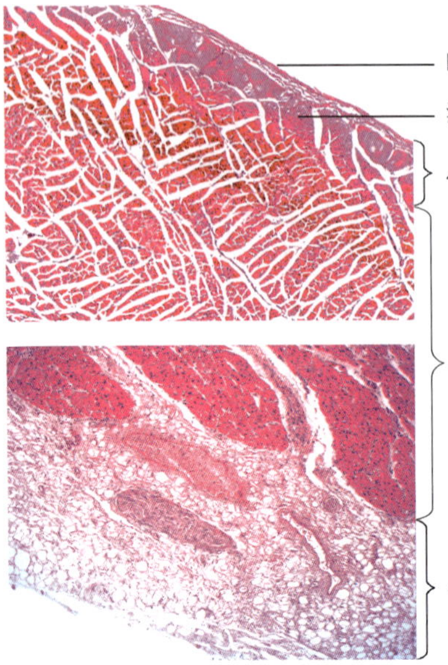

图9-11　心壁（HE染色，低倍）

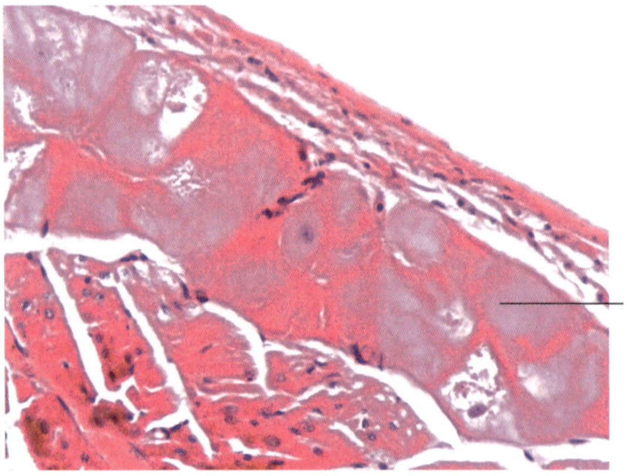

图9-12　心内膜示蒲肯野纤维（HE染色，高倍）

位于房室口和动脉口处的心内膜向腔内折叠突出，形成薄片状的**心瓣膜**（cardiac valve）。包括二尖瓣、三尖瓣、主动脉瓣和肺动脉瓣。瓣膜表面为内皮，内部为致密结缔组织，其基底附着于心骨骼的纤维环。心瓣膜的功能是防止血液倒流。患风湿性心脏病时，心瓣膜内胶原纤维增生，使瓣膜变硬、变形或发生粘连，以致瓣膜不能正常关闭和开放。

2. 心肌膜　**心肌膜**（myocardium）是心壁中最厚的一层，主要由心肌纤维构成（图 9-11）。心肌纤维集合成束，呈螺旋状排列，大致可分为内纵行、中环行和外斜行三层，于心房处较薄，左心室最厚。心肌纤维或肌束之间有丰富的毛细血管和数量不等的结缔组织。在心房肌和心室肌交界处，有由致密结缔组织构成的支架结构，称**心骨骼**（cardiac skeleton）。心房肌与心室肌分别附着于心骨骼的纤维环上，两部分心肌并不连续。

心房肌纤维较心室肌纤维短而细，电镜下可见部分心房肌纤维含有电子密度高的膜包颗粒，称**心房特殊颗粒**（specific atrial granule），内含**心房钠尿肽**（atrial natriuretic peptide，ANP），又称心钠素，具有很强的排钠、利尿、扩张血管和降低血压等作用。除心房外，心室肌纤维内亦有心钠素存在。此外，心脏还能分泌脑钠素、抗心律失常肽、血管紧张素、肾素等多种生物活性物质。

3. 心外膜　**心外膜**（epicardium）即心包的脏层，为浆膜。其表面被覆间皮，间皮下为薄层疏松结缔组织，内含血管、淋巴管、神经及脂肪组织。心包的脏、壁两层之间为心包腔，内有少量浆液，可减少摩擦，利于心脏搏动。患心包炎时，两层可发生粘连，致心脏搏动受限。

（二）心传导系统

心脏具有特殊的传导系统，能产生节律性的冲动，并快速传导至心脏各处，使心房肌和心室肌按一定节律收缩。心传导系统由心壁内特殊的心肌纤维组成，包括窦房结、房室结、房室束（又称希氏束）及其各级分支。窦房结位于上腔静脉与右心耳交界处的心外膜深面，是心脏的起搏点，其余部分均分布于心内膜下层（图 9-13）。组成心脏传导系统的细胞有起搏细胞、移行细胞和浦肯野纤维三种。

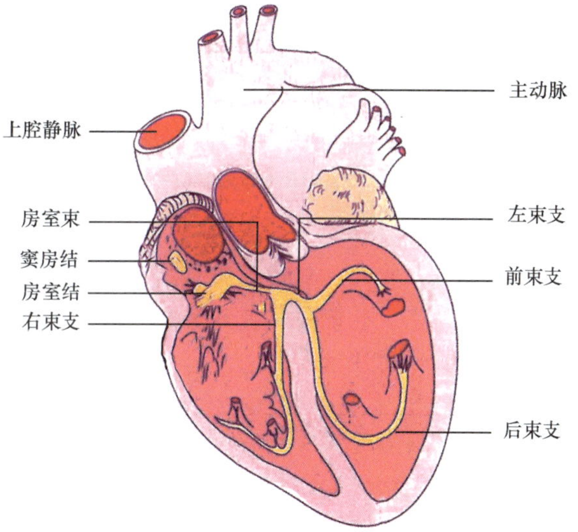

图 9-13　心脏传导系统模式图

1. 起搏细胞　**起搏细胞**（pacemaker cell）位于窦房结和房室结中心部位的结缔组织中，细胞较小，染色浅，呈梭形或多边形。胞质内细胞器较少，有少量肌原纤维，糖原较多。起搏细胞是心肌兴奋的起搏点。

2. 移行细胞　**移行细胞**（transitional cell）主要位于窦房结和房室结的周边部及房室束内，具有传导冲动的作用。其结构介于起搏细胞和普通心肌纤维之间，较普通心肌纤维细而短，比起搏细胞长，胞质内含肌原纤维较起搏细胞稍多，肌浆网也较发达。

3. 浦肯野纤维　**浦肯野纤维**（Purkinje fiber）也称束细胞，位于心室的心内膜下层，组成房室束及其各级分支。其结构较普通心肌纤维短而粗，形状常不规则，细胞中央有 1 ～ 2 个核，胞质中有丰富的线粒体和糖原，肌原纤维较少，分布在细胞的周边部（图 9-12），故 HE 染色浅。细胞之间有发达的闰盘相连。浦肯野纤维穿入心室肌层与心室肌纤维相连，将冲动快速传递到心室各处，引起心室肌兴奋，产生同步舒缩。

七、淋巴管系统

淋巴管系统是输送淋巴的管道，除中枢神经系统、软骨、骨、骨髓、眼球、牙及胎盘等处没有淋巴管分布外，其余组织或器官大多有淋巴管。淋巴管系统以毛细淋巴管起始于组织内，逐渐汇集形成粗细不等的淋巴管，最后以淋巴导管导入静脉。

（一）毛细淋巴管

毛细淋巴管（lymphatic capillary）以盲端起始于组织内，其主要特点是比毛细血管的管腔大而不规则，管壁很薄，仅由一层内皮细胞和极薄的结缔组织构成，无周细胞。电镜下，毛细淋巴管的内皮细胞间隙较宽，基膜不连续或不存在，故通透性比毛细血管大，一些不易透过毛细血管壁的大分子物质如蛋白质、脂类物质及细菌、癌细胞等，较易进入毛细淋巴管。

（二）淋巴管

淋巴管（lymphatic vessel）的结构与小静脉相似，但管腔更大，管壁更薄，由内皮、少量平滑肌和结缔组织构成。淋巴管有丰富的瓣膜以防止淋巴逆流。

（三）淋巴导管

淋巴导管（lymphatic duct）包括胸导管和右淋巴导管。其结构与大静脉相似，管壁薄，三层膜的分界不明显，中膜含有较多的平滑肌呈纵行和环行排列。外膜较薄，含有纵行平滑肌束、胶原纤维和营养血管。

本章小结

除毛细血管外，血管壁由内向外由__________、__________和__________三层结构组成。动脉分为大、中、小和微动脉，各级动脉的结构特点主要体现在中膜。大动脉的中膜主要由__________构成；中动脉的中膜主要由__________构成；小动脉的中膜由__________构成。静脉与伴行的动脉相比，有__________、__________和__________等特点。大静脉管壁内膜与中膜较薄，外膜较厚，结缔组织中常有较多的__________。毛细血管壁主要由一层内皮细胞和基膜构成。电镜下，根据内皮细胞和基膜的结构特点，将毛细血管分为__________、__________和__________三类。微循环是指微动脉与微静脉之间的血循环，是血循环的基本功能单位，包括微动脉、__________、__________、__________、__________、__________和微静脉。心壁由内向外包括__________、__________和__________三层构成。内膜由内皮和内皮下层构成。__________较厚，主要由心肌纤维构成。__________即心包的脏层；心传导系统由特殊的心肌纤维组成，包括__________、__________和__________三种细胞。

（苏　敏）

第九章微课

动脉

毛细血管

第十章

免疫系统

学习要点

① 免疫系统的组成、分布及功能；② 免疫细胞种类，单核吞噬细胞系统的定义、组成、分布和功能；③ 淋巴组织的结构、存在形式及功能意义；④ 淋巴结的结构和功能，淋巴结内淋巴循环途径，淋巴细胞再循环的概念与意义；⑤ 胸腺的结构与功能；⑥ 脾的结构、血循环特点和功能。

免疫系统（immune system）由淋巴器官（中枢淋巴器官和外周淋巴器官）、淋巴组织（弥散淋巴组织和淋巴小结）、免疫细胞和免疫活性分子构成。中枢淋巴器官包括胸腺和骨髓，外周淋巴器官包括淋巴结、脾和扁桃体等；淋巴组织是构成淋巴器官的主要成分，同时也广泛分布于消化管、呼吸道和生殖管道等非淋巴器官内；免疫细胞包括淋巴细胞、抗原呈递细胞、血液中的各种粒细胞、结缔组织中的浆细胞、肥大细胞等。以上各种免疫细胞或聚集于淋巴组织中，或分散在血液、淋巴及其他组织内，但可通过血液循环和淋巴循环相互联系，形成一个动态的功能性整体。

免疫系统通过识别“自我”和“非我”抗原物质，产生免疫应答反应，承担三个方面的主要功能：① 免疫防御，识别和清除侵入机体的抗原，包括病原微生物、异体细胞和大分子物质等抗原性异物；② 免疫监视，识别和清除体内表面抗原发生变异的细胞（肿瘤细胞和病毒感染的细胞等）；③ 免疫稳定，识别和清除体内衰老死亡的细胞，维持机体内部的稳定。

免疫系统行使上述功能的主要分子基础是特异性抗原受体和**主要组织相容性复合分子**（major histocompatibility complex molecules，MHC 分子）。① 特异性抗原受体位于 T 细胞和 B 细胞的表面，虽然其种类可超过百万种，但每个细胞上只有一种抗原受体。因此，作为个体，每个淋巴细胞只参与针对一种抗原的免疫应答；但作为群体，淋巴细胞可以针对许多种抗原发生免疫应答反应。② MHC 分子是自身细胞的标志，同一个体或单卵孪生个体所有细胞的 MHC 分子是相同的。MHC 分子可分为 MHC-Ⅰ、MHC-Ⅱ和 MHC-Ⅲ3 类分子。MHC-Ⅰ类分子分布在个体所有有核细胞的表面，主要参与内源性抗原呈递；MHC-Ⅱ类分子主要分布在抗原呈递细胞表面，包括 B 细胞、树突状细胞、单核吞噬细胞系统，以及活化的 T 细胞表面，主要参与外源性抗原呈递；MHC-Ⅲ类分子包括补体、细胞因子和热休克蛋白，与炎症反应有关。

一、免疫细胞

（一）淋巴细胞

淋巴细胞（lymphocyte）是组成免疫系统的核心成分，是执行免疫功能的主要成分。淋巴细胞具有下列重要特性。① 特异性：每个淋巴细胞表面具有抗原受体，不同淋巴细胞抗原受体不同，只能识别相应的抗原，具有严格的异质性。但种类繁多的淋巴细胞在光镜下形态相似，不易区分，只有用免疫细胞化学方法才能予以鉴别。② 转化性：处于静息状态下的淋巴细胞，在受到相应抗原刺激后被激活，这一过程称为转化。③ 记忆性：转化后的淋巴细胞能分裂增殖，其中有一部分再转变为静息状态的细胞，并对相应抗原具有记忆，称记忆（T 或 B）细胞。当相应抗原再次入侵时，记忆细胞能迅即活化、增殖、分化为效应细胞，执行高效而持久的特异免疫功能。

通常根据淋巴细胞来源、细胞表面标志和免疫功能等方面的不同，可将淋巴细胞分为**胸腺依赖淋巴细胞**（thymus dependent lymphocyte，T 细胞）、**骨髓依赖淋巴细胞**（bone marrow dependent lymphocyte，B 细胞）和**自然杀伤细胞**（nature killer cell，NK 细胞）三类。

1. T 细胞　T 细胞是骨髓来源的淋巴干细胞在胸腺内发育分化而成，占外周血液淋巴细胞总数的 65% ～ 75%，是淋巴细胞中数量最多、功能最复杂的一类。T 细胞参与**细胞免疫**（cellular immunity）。胸腺产生的初始 T 细胞进入外周淋巴器官或淋巴组织后，保持静息状态。经抗原呈递细胞介导的抗原刺激后活化、增殖、分化，大多形成具有行使免疫功能的**效应 T 细胞**（effector T cell），少数恢复静止状态成为**记忆 T 细胞**（memory T cell）。效应 T 细胞迅速执行清除抗原功能，寿命仅 1 周左右。而记忆 T 细胞在机体再次遇到相同抗原时，能迅速活化、增殖、分化，形成大量效应 T 细胞，执行更强有力的免疫应答。记忆 T 细胞寿命可达数年或终生。

T 细胞可分为三个亚群：① **细胞毒性 T 细胞**（cytotoxic Tcell，Tc）：能直接杀伤肿瘤细胞、病毒感染细胞和异体细胞。当 Tc 细胞与靶细胞的抗原结合后，可释放穿孔素，使靶细胞膨胀破裂死亡。Tc 细胞还可分泌颗粒酶，诱发靶细胞凋亡。② **辅助性 T 细胞**（helper T cell，Th）：能识别抗原，分泌多种细胞因子，正反馈调节各种免疫细胞功能而进行免疫应答。艾滋病病毒能特异性破坏 Th 细胞，导致患者免疫系统功能瘫痪。③ **调节性 T 细胞**（regulatory T cell，Tr）：数量较少，对机体免疫应答起负调节作用。Tr 细胞通过接触方式，或通过分泌抑制性细胞因子，直接或间接抑制 T 细胞的增殖、分化及其活性，进而下调机体的免疫应答。Tr 数量和功能异常往往导致自身免疫性疾病。

2. B 细胞　B 细胞由骨髓淋巴干细胞分化而成，占外周血液淋巴细胞总数的 5% ～ 10%。新生成的初始 B 细胞离开骨髓迁移到外周淋巴器官和淋巴组织的初级淋巴小结，在抗原刺激下，转化为大淋巴细胞，并增殖、分化。其中，大部分细胞为效应 B 细胞，即浆细胞，小部分为记忆性 B 细胞。浆细胞的主要功能是产生抗体中和抗原、激活补体、参与 I 型超敏反应等功能，**介导体液免疫**（humoral immunity）；B 细胞也可作为抗原提呈细胞，摄取、加工并提呈抗原，在再次免疫应答过程中发挥抗原提呈作用，对可溶性抗原的提呈尤为重要。B 细胞还可产生细胞因子（如 IL-6、IL-10、TNF-α 等），参与调节巨噬细胞、树突状细胞、NK 细胞及 T 细胞的功能。

3. NK 细胞　NK 细胞由骨髓淋巴干细胞分化而成，占外周血液淋巴细胞总数的 10%。NK 细胞不需抗原呈递细胞的介导，也不借助抗体的存在，即可直接杀伤肿瘤细胞或病毒感染的细胞，在肿瘤监视和防止肿瘤转移等方面起重要作用。

（二）单核吞噬细胞系统

单核细胞和由其分化而来的具有吞噬功能的细胞统称**单核吞噬细胞系统**（mononuclear phagocytic system，MPS）。该系统包括结缔组织的巨噬细胞、肝的库普弗细胞、肺的尘细胞、神经组织的小胶质细胞和骨组织的破骨细胞等，这些细胞均来源于骨髓内的幼单核细胞。血液中的单核细胞穿出血管壁进入其他组织器官内，分化为上述各种细胞。该系统在体内分布广，细胞数量很多，其主要功能为吞噬细菌异物，清除衰老的红细胞和组织碎片，合成和分泌多种免疫活性分子，抑制肿瘤生长，作为抗原呈递细胞参与和调节免疫应答。

（三）抗原呈递细胞

抗原呈递细胞（antigen-presenting cell，APC）是指能有效捕获、加工和处理抗原，形成被特异性 T 细胞识别的抗原肽-MHC 分子复合物，并将抗原肽呈递给 T 细胞，从而启动免疫应答的所有细胞。目前已知，Tc 和 Th 细胞都能识别抗原肽-MHC 分子复合物，体内的许多细胞均能加工、处理和呈递抗原信息给 Tc 或 Th 细胞。通常所说的抗原呈递细胞是指能表达 MHC-Ⅱ类分子的树突状细胞、单核吞噬细胞系统、B 细胞等，即所谓的专职性抗原呈递细胞。上皮细胞、成纤维细胞等也具有弱的抗原呈递能力，称非专职性抗原呈递细胞。

树突状细胞（dendritic cell，DC）数量很少，但分布很广，包括血液 DC、表皮和消化管上皮内的朗格汉斯细胞，心、肝、肺、肾、消化管的**间质** DC（interstitial dendritic cell），淋巴内的**面纱细胞**（veiled cell），淋巴组织中的**交错突细胞**（interdigitating cell）等。不同的 DC 可能是同一种细胞在不同阶段的表现形式：血液 DC 形似单核细胞，来源于骨髓；它们进入各器官后，演变为朗格汉斯细胞或间质 DC，捕获和处理抗原；经过一段时间后，这些表面具有抗原肽-MHC 分子复合物的 DC 迁入淋巴，其表面突起变成菲薄片状，故称面纱细胞。当面纱细胞转移到淋巴器官或淋巴组织的 T 细胞区，进一步成熟为交错突细胞。交错突细胞的寿命短，数天后即凋亡。

二、淋巴组织

淋巴组织（lymphoid tissue）以网状组织为支架，网孔中充满了大量的淋巴细胞及一些巨噬细胞、浆细胞等免疫细胞，主要有弥散淋巴组织和淋巴小结两种形态。

（一）弥散淋巴组织

弥散淋巴组织（diffuse lymphoid tissue）无固定形态，与周围组织无明显的界限，除 T、B 淋巴细胞为主外，还有浆细胞、巨噬细胞、肥大细胞等。弥散淋巴组织中除有一般的毛细血管和毛细淋巴管外，还有内皮呈立方或矮柱状的**高内皮微静脉**（high endothelial venule），即**毛细血管后微静脉**（postcapillary venule），是淋巴细胞从血液进入淋巴组织的重要通道（图 10-1）。当弥散淋巴组织受抗原刺激后，可出现淋巴小结。

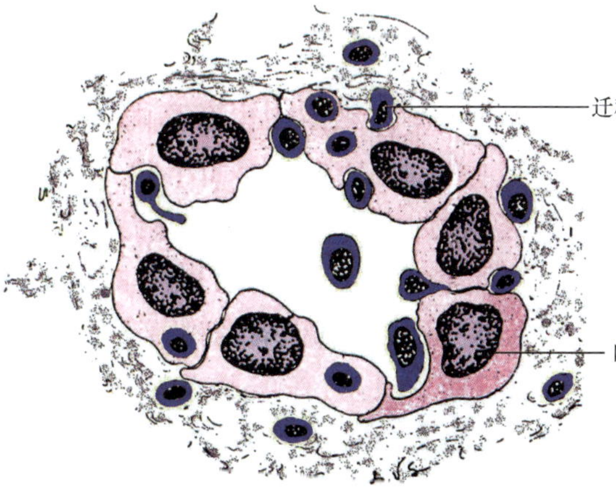

图 10-1 毛细血管后微静脉结构模式图

（二）淋巴小结

淋巴小结（lymphoid nodule）又称**淋巴滤泡**（lymphoid follicle），是呈圆形或椭圆形的密集淋巴组织，大小不一，与周围组织界限清晰，含大量 B 细胞和少量 Th 细胞、滤泡树突状细胞、巨噬细胞等。淋巴小结的形态结构随生长发育程度和免疫功能状态而处于动态变化之中。未受抗原刺激的淋巴小结为初级淋巴小结，较小。受抗原刺激后，淋巴小结增大，中央区域染色浅即**生发中心**（germinal center），此时的淋

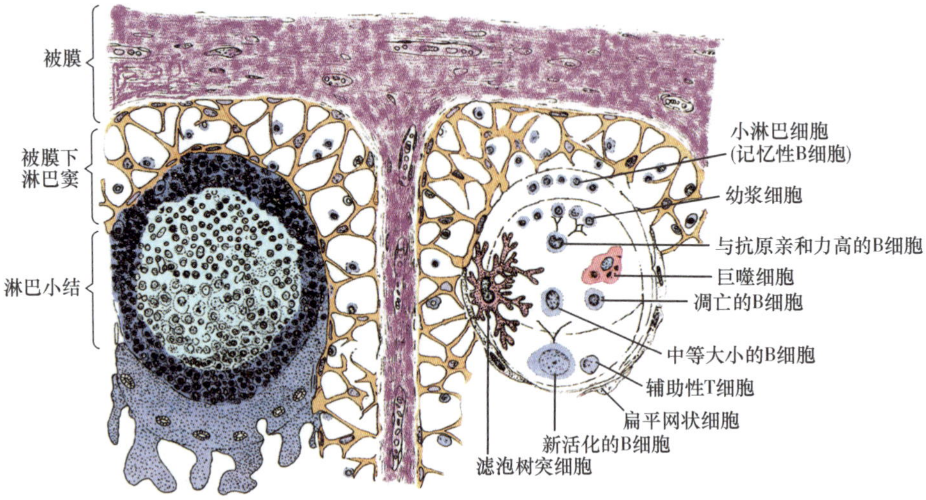

图 10-2* 淋巴小结结构模式图

巴小结即次级淋巴小结，其发育高峰在抗原刺激后二周左右，当抗原被清除后，小结可变小或消失（图 10-2）。

发育良好的次级淋巴小结可分为生发中心和小结帽。其中，生发中心可分为**暗区**（dark zone）和**明区**（light zone）。暗区较小，位于淋巴小结一端，主要包含经转化后体积较大的 B 细胞即淋巴母细胞和 Th 细胞。淋巴母细胞胞质丰富，嗜碱性强，常紧密聚集，故着色深。淋巴母细胞不断分裂，形成中等大小的 B 细胞，迁移进入明区。明区较大，位于淋巴小结中央，除中等大小的 B 细胞和 Th 细胞外，还多见滤泡树突状细胞和巨噬细胞，细胞间排列不甚紧密，故着色浅。生发中心周边为密集的小淋巴细胞，尤以明区顶部分布最厚，称**小结帽**（nodule cap），是由明区 B 细胞进一步分裂分化成的小淋巴细胞迁移至此形成。小结帽着色较深，形似新月，多为记忆 B 细胞和初始 B 细胞。记忆 B 细胞离开小结帽后参与淋巴细胞再循环；初始 B 细胞可迁入弥散淋巴组织，或进入淋巴后再迁移至其他淋巴器官、淋巴组织或慢性炎症处的结缔组织中，并分化为浆细胞。

三、淋 巴 器 官

淋巴器官又称免疫器官，是以淋巴组织为主要成分构成的器官，分为**中枢淋巴器官**（central lymphoid organ）和**外周淋巴器官**（peripheral lymphoid organ）两类。

中枢淋巴器官包括胸腺和骨髓，是培育淋巴细胞的场所，分别形成初始 T 细胞和初始 B 细胞。人在出生前数周，产生的初始淋巴细胞就已源源不断地输送至外周淋巴器官和淋巴组织。中枢淋巴器官在胚胎时期发生早，其发生和功能不受抗原刺激的影响。

外周淋巴器官包括淋巴结、脾、扁桃体等，是免疫应答的重要场所。外周淋巴器官发育晚，出生数月后才逐渐发育完善。在抗原刺激下，由中枢淋巴器官输送来的初始淋巴细胞在此增殖分化为相应的效应细胞和记忆细胞，体积迅速增大，结构成分也发生变化。免疫应答过后这些器官又缩小，逐渐复原。

（一）胸腺

胸腺（thymus）是培育初始 T 细胞的场所。胸腺发生早，在幼儿期较大，青春期后随年龄增长逐渐退化缩小、功能降低。到老年期，胸腺大部分被脂肪组织代替（图 10-3）。

1. 胸腺的结构　胸腺表面覆有薄层结缔组织**被膜**（capsule），被膜伸入胸腺实质形成**小叶间隔**（interlobular septum），将实质分隔成许多不完整的**胸腺小叶**（thymic lobule）。胸腺实质主要由胸腺细胞

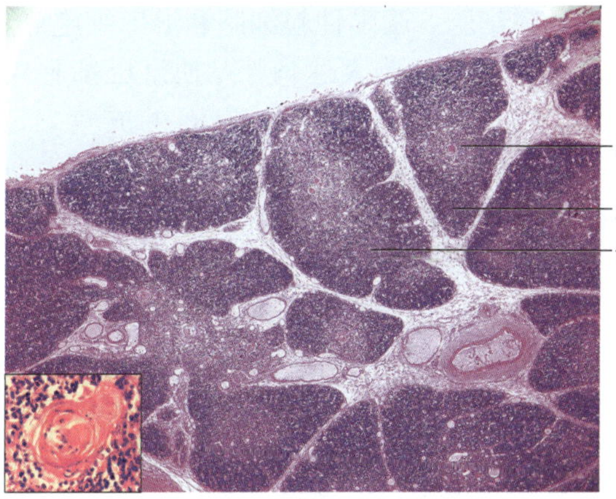

A

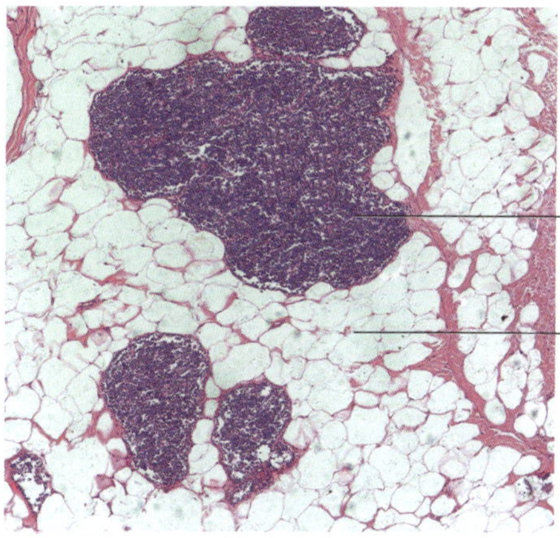

B

图 10-3 胸腺
A. 幼儿胸腺（HE 染色，低倍），左下角示放大的胸腺小体；B. 成人胸腺（HE 染色，低倍）

和胸腺上皮细胞组成，还有少量巨噬细胞、嗜酸性粒细胞、肥大细胞、成纤维细胞等。胸腺小叶周边部的胸腺细胞密集，染色较深，为皮质；中央染色较浅，为髓质。由于小叶间隔分隔不完整，相邻小叶的髓质相互通连（图 10-3A）。

（1）皮质：**皮质**（cortex）由胸腺上皮细胞和密集的胸腺细胞构成（图 10-4）。

1）胸腺上皮细胞：**胸腺上皮细胞**（thymic epithelial cell）又称**上皮性网状细胞**（epithelial reticular cell）。皮质的胸腺上皮细胞分布于被膜下和胸腺细胞之间，多呈星形，有突起，相邻细胞的突起间以桥粒连接成网。某些被膜下上皮细胞胞质丰富，包绕胸腺细胞，称**哺育细胞**（nurse cell）。胸腺上皮细胞能分泌多种胸腺激素，如**胸腺素**（thymosin）和**胸腺生成素**（thymopoietin），调控胸腺细胞的发育。胸腺上皮细胞表面表达大量的 MHC 分子。

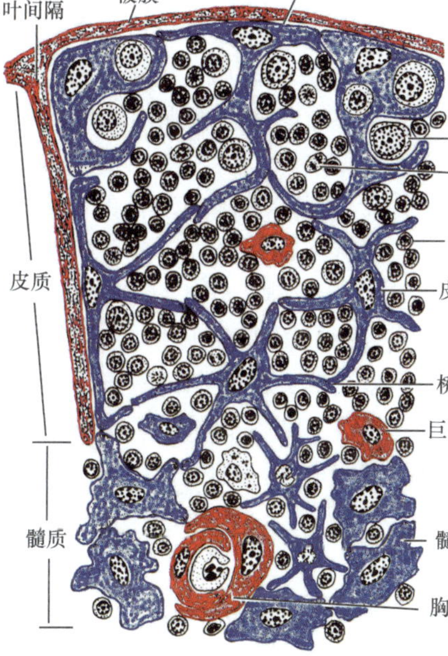

图 10-4 胸腺内细胞分布模式图

2）胸腺细胞：**胸腺细胞**（thymocyte）即胸腺内处于不同发育阶段的 T 细胞，密集于皮质内，占胸腺皮质细胞总数的 85%～90%。从皮质浅层到深层，是淋巴干细胞增殖分化为 T 细胞的过程。发育中的胸腺细胞处于被选择期，经历阳性选择和阴性选择：阳性选择赋予 T 细胞分别具有 MHC-Ⅰ类分子和 MHC-Ⅱ类分子限制性识别能力；而阴性选择则淘汰了能与机体自身抗原发生反应的胸腺细胞。被两次选择淘汰的胸腺细胞（占 95%）将发生凋亡而被巨噬细胞吞噬清除，仅 5% 的胸腺细胞能分化成初始 T 细胞，具有正常的免疫应答潜能。

（2）髓质：**髓质**（medulla）由大量胸腺上皮细胞、少量初始 T 细胞和巨噬细胞等构成。髓质胸腺上皮细胞胞体较大，呈多边形，细胞间以桥粒相连，能分泌胸腺激素，一些胸腺上皮细胞构成胸腺小体。初始 T 细胞相对较少，但均已成熟，具有免疫应答能力。另有少量巨噬细胞和**交错突细胞**（interdigitating cell）等。

胸腺小体（thymic corpuscle）是胸腺髓质的重要特征性结构，由数层或十多层扁平的胸腺上皮细胞呈同心圆排列而成（图 10-3A、图 10-4）。小体外周细胞较幼稚，可分裂，核明显；靠近中心，细胞逐渐成熟，核渐退化，胞质内角蛋白逐渐增多；中心细胞则完全角化，呈嗜酸性均质透明状。胸腺小体内

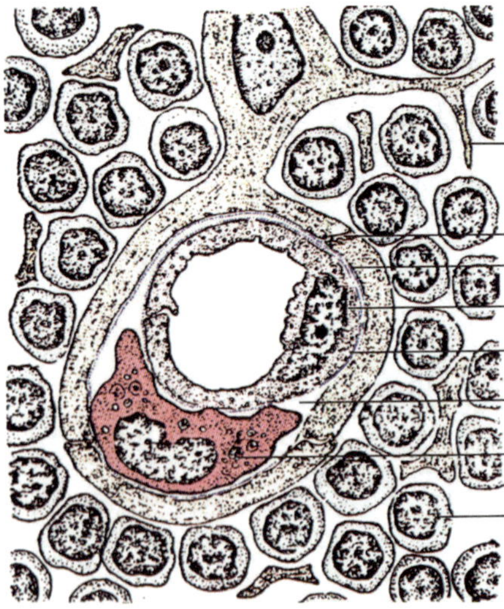

图 10-5　血-胸腺屏障结构模式图

还常见巨噬细胞、嗜酸性粒细胞和淋巴细胞等。人胸腺小体上皮细胞表达胸腺基质淋巴细胞生成素，其主要作用是刺激胸腺 DC 的成熟，后者可诱导胸腺内调节性 T 细胞的增殖和分化。

（3）胸腺的血液供应及血-胸腺屏障：数条小动脉穿越胸腺被膜入小叶间隔，至皮髓质交界处形成微动脉，并发出分支进入皮质和髓质。在皮质内均为连续毛细血管，它们在皮髓质交界处汇合为毛细血管后微静脉，该处内皮细胞为立方形，是初始 T 细胞进入血流的重要通道。毛细血管后微静脉再汇合成小静脉，经小叶间隔至被膜出胸腺。髓质的毛细血管常为有孔型，汇入微静脉后也经小叶间隔和被膜离开胸腺。

胸腺皮质的毛细血管及其周围结构可阻挡血液内抗原等的侵入，具屏障作用，称**血-胸腺屏障**（blood-thymus barrier）（图 10-5）。其组成为：① 连续毛细血管内皮，细胞间有紧密连接；② 内皮的基膜；③ 血管周隙内的巨噬细胞；④ 胸腺上皮细胞的基膜；⑤ 胸腺上皮细胞及突起。血液内一般抗原物质和药物不易通过此屏障，保持胸腺内环境的稳定，有利于胸腺细胞的正常发育。

2. 胸腺的功能

（1）产生初始 T 细胞：胸腺内幼稚的胸腺细胞不断分裂分化为成熟的初始 T 细胞，经皮、髓质交界处的毛细血管后微静脉入血，转而分布于外周淋巴器官或淋巴组织的胸腺依赖区。若新生小鼠切除胸腺，该动物缺乏 T 细胞，不能排斥异体移植物，外周淋巴器官和淋巴组织中无次级淋巴小结出现，机体产生抗体能力减弱；若动物出生数周后摘除胸腺，因已有大量初始 T 细胞进入了外周淋巴器官和淋巴组织，已能行使一定的免疫功能，故短期内看不出摘除胸腺的影响，但免疫力会逐渐下降。

（2）产生胸腺激素：胸腺上皮细胞能分泌多种胸腺细胞发育所必需的胸腺激素，如胸腺素和胸腺生成素，能诱导淋巴干细胞向 T 细胞分裂和分化，使其具有免疫应答的能力。

（二）淋巴结

淋巴结（lymph node）位于淋巴循环的通路上，成群分布于颈部、腋窝、肺门、肠系膜及腹股沟等部位。淋巴结是滤过淋巴和产生免疫应答的重要场所。

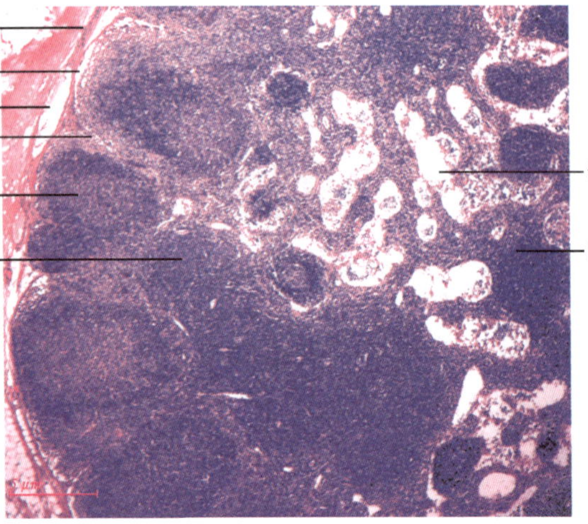

图 10-6　淋巴结（HE 染色，低倍）

1. 淋巴结的结构　淋巴结多呈豆形，表面有薄层结缔组织被膜。淋巴结一侧凹陷，称淋巴结门，输出淋巴管、血管和神经等经此进出淋巴结；淋巴结凸面有数条输入淋巴管穿越被膜通入被膜下淋巴窦。被膜和门部的结缔组织伸入实质形成**小梁**（trabecula），小梁相互连接形成粗的支架，血管与神经行于其内。小梁间为淋巴组织和淋巴窦。淋巴结实质由皮质和髓质两部分构成（图 10-6）。皮质位于淋巴结外周，染色较深；髓质位于中央，染色较浅。皮质和髓质无明显界限。

（1）皮质：位于被膜下，由浅层皮质、深层皮质及皮质淋巴窦构成。

1）浅层皮质：**浅层皮质**（superfacial cortex）位于被膜下，由淋巴小结及小结之间的弥散淋巴组织构成，主要含B细胞。受抗原刺激后，此层增厚，淋巴小结增多、增大，且多为次级淋巴小结，出现明显的小结帽和生发中心。浅层皮质的淋巴小结是最早接受抗原刺激和B淋巴细胞增殖分化的部位，与体液免疫功能强弱密切相关。

2）深层皮质：**深层皮质**（deep cortex）又称**副皮质区**（paracortex zone），为浅层皮质与髓质之间的弥散淋巴组织，主要含T细胞，故也称**胸腺依赖区**（thymus dependent area）。深层皮质有较多高内皮的毛细血管后微静脉，内皮细胞呈立方形或矮柱状，是淋巴细胞由血液进入淋巴结实质的重要部位。当血液流经此处时，约有10%的淋巴细胞可经内皮内吞转移或经内皮间隙进入深层皮质。深层皮质淋巴细胞通过髓质淋巴窦进入淋巴管道，再迁移至其他部位。

3）皮质淋巴窦：**皮质淋巴窦**（cortical sinus）包括被膜下窦和小梁周窦。被膜下窦为包绕整个淋巴结实质的扁囊，被膜侧有输入淋巴管通入。窦壁衬有很薄的内皮，外有薄层基膜、少量网状纤维和一层扁平的网状细胞。窦腔内有星状内皮细胞支撑，其上附有许多巨噬细胞，腔内含有淋巴细胞。淋巴在窦内流动缓慢，利于巨噬细胞清除异物和处理抗原。若有大量抗原进入淋巴窦，窦内巨噬细胞可急剧增多。淋巴内的各种细胞可不断穿过内皮，进入皮质淋巴组织；而淋巴组织中的细胞、抗体等成分也不断进入淋巴，淋巴组织便成为一种动态的结构，有利于免疫应答。小梁周窦位于小梁周围，与被膜下窦相延续，末端常为盲端，仅部分与髓质淋巴窦直接相通，其结构、功能与被膜下窦相似。

（2）髓质：位于实质的中央，由髓索及其间的髓窦组成。

1）髓索：**髓索**（medullary cord）是相互连接成网状的索状淋巴组织，主要含浆细胞、B细胞和巨噬细胞。淋巴小结产生的幼浆细胞在此转变为浆细胞，并分泌抗体。当淋巴回流区有慢性炎症时，髓索内浆细胞明显增多，抗体分泌增加。

2）髓窦：**髓窦**（medullary sinus）即髓质淋巴窦。结构与皮质淋巴窦相似，但窦腔较宽大，巨噬细胞较多，故有较强的滤过作用。

（3）淋巴结内的淋巴通路：淋巴从输入淋巴管进入被膜下窦，部分经小梁周窦直接流入髓窦，部分渗入皮质淋巴组织后再进入髓窦，继而汇入输出淋巴管，从门部出淋巴结。淋巴流经淋巴结的速度因含抗原的多少而有变化，含抗原越多则流速越慢。经淋巴结过滤后，淋巴中的细菌等抗原即被清除，而淋巴细胞和抗体增多。

2. 淋巴细胞再循环　淋巴细胞从淋巴组织、淋巴器官或其他组织经各级淋巴管进入血液循环，又通过毛细血管后微静脉再进入到淋巴组织或淋巴器官内。淋巴细胞可如此周而复始地从一处迁移到另一处，这种现象称**淋巴细胞再循环**（recirculation of lymphocyte）。参加再循环的淋巴细胞主要是T细胞，也有少量B细胞，18～30 h循环一次。淋巴细胞再循环有利于识别抗原，沟通信息，促进细胞间的相互协作，使分散于全身的免疫细胞成为一个相互联动的功能统一体，大大提高了机体的免疫效应。

3. 淋巴结的功能

（1）滤过淋巴：进入淋巴结的淋巴常带有较多的抗原等物质，流经淋巴窦时被过滤。过滤后的淋巴中细菌等抗原、异物即被巨噬细胞清除，而淋巴细胞和抗体增加。淋巴结对细菌的滤过清除率可达99.5%，但对病毒与癌细胞的清除率很低。

（2）免疫应答：抗原进入淋巴结后，巨噬细胞、交错突细胞可捕获和处理抗原，并呈递给T细胞，Th细胞和效应T细胞增多，深层皮质明显增宽，引发细胞免疫。B细胞在接触抗原后，淋巴小结增多增大，髓索内浆细胞增多，输出淋巴管内抗体量明显上升，引发体液免疫。淋巴结内细胞免疫应答和体液免疫应答常同时发生。

（三）脾

脾（spleen）位于血液循环的通路上，是机体滤过血液和产生免疫应答的重要器官。胚胎时期，脾是造血器官，自骨髓开始造血后，脾演变为人体最大的外周淋巴器官。

1. 脾的结构　脾外周被有被膜，实质分为白髓和红髓（图10-7）。

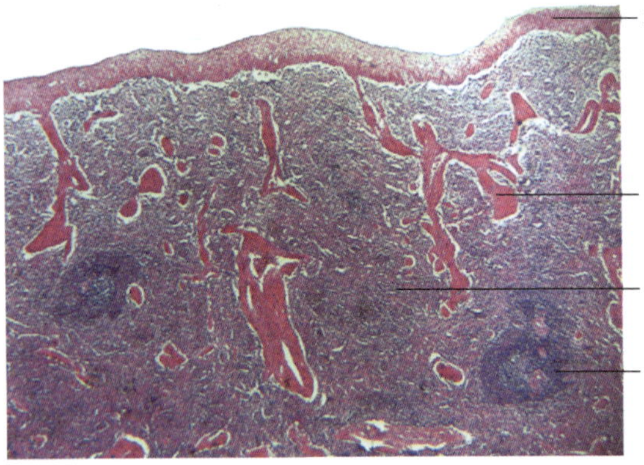

图 10-7 脾（HE 染色，低倍）

（1）被膜：为较厚的致密结缔组织，富含弹性纤维和平滑肌，表面覆有间皮。被膜伸入实质形成索状分支的小梁，构成粗支架。脾动脉和脾静脉从脾门进出，其分支随小梁走行，称小梁动脉和小梁静脉。被膜和小梁内的平滑肌和弹性纤维的伸缩可调节脾的血量。

（2）实质：在新鲜脾的切面上，大部分区域为深红色，即红髓；其间有散布的灰白色小点，即白髓。

1）白髓：**白髓**（white pulp）由动脉周围淋巴鞘、淋巴小结和边缘区构成（图 10-8）。

动脉周围淋巴鞘（periarterial lymphatic sheath）即中央动脉周围的弥散淋巴组织。小梁动脉的分支离开小梁后，称中央动脉，其外周包被有由大量 T 细胞和少量巨噬细胞及交错突细胞构成的动脉周围淋巴鞘，属胸腺依赖区。细胞免疫应答时，鞘内 T 细胞分裂增殖，鞘增厚。中央动脉旁有一条伴行的小淋巴管，是鞘内 T 细胞经淋巴迁出脾的重要通道。动脉周围淋巴鞘内无毛细血管后微静脉。

淋巴小结又称**脾小体**（splenic corpuscle），位于动脉周围淋巴鞘的一侧，主要由大量的 B 细胞构成。抗原刺激后的淋巴小结可发育成具有生发中心的次级淋巴小结，可分出小结帽、明区及暗区，小结帽朝向红髓。

边缘区（marginal zone）是白髓与红髓交界处的狭窄区域，宽 80 ～ 100 μm，由淋巴组织和边缘窦组成。边缘区淋巴组织较白髓其他部位稀疏，含 T 细胞和 B 细胞、少量红细胞、较多的巨噬细胞。中央动脉主干分支形成的毛细血管进入边缘区，有的膨大形成小血窦即边缘窦，是血液内淋巴细胞进入淋巴组织的重要通道；有的直接开口于边缘区的淋巴组织内。白髓内的淋巴细胞也可经此区进入血窦，参与再循环。边缘区是脾脏捕获、识别抗原和诱发免疫应答的重要部位。

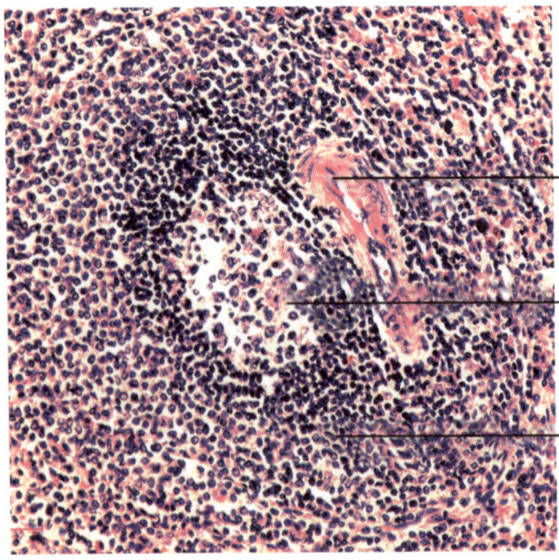

图 10-8 脾白髓（HE 染色，高倍）

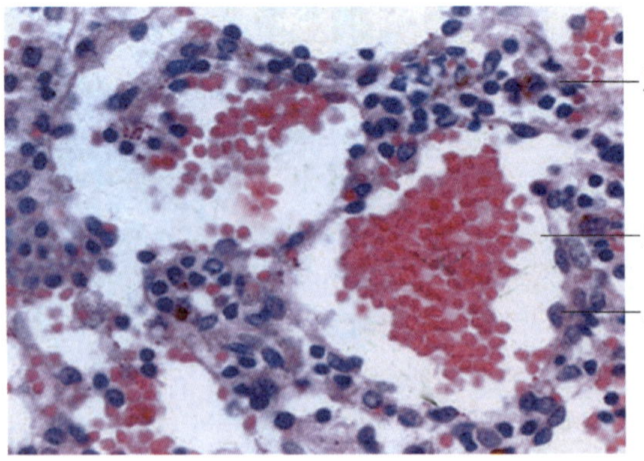

图 10-9 脾红髓（HE 染色，高倍）

2）红髓：**红髓**（red pulp）位于被膜下、小梁周围及白髓边缘区外侧，约占脾实质的 2/3。因含大量血细胞，红髓在新鲜脾切面上呈红色。红髓由脾索和脾血窦组成（图 10-9）。

脾索（splenic cord）是富含血细胞的不规则索状淋巴组织，主要含 B 细胞、浆细胞、巨噬细胞和树突状细胞等，相互连接成网，脾索间即为脾血窦。脾索内有中央动脉末端分支形成的形似笔毛的**笔毛微动脉**（penicillar arteriole），其分支末端大多呈喇叭状直接开放于脾索，也有少数直接通入脾血窦（图 10-10）。脾索内巨噬细胞、树突状细胞可捕获处理血液中的抗原，激发免疫应答。脾索是滤过血液、产生抗体的重要场所。脾索内的血细胞可通过内皮间隙进入血窦。

脾血窦（splenic sinus）简称脾窦，为相互连接成网的不规则的血窦，宽12～40 μm。窦壁由与血窦长轴平行排列的长杆状内皮细胞围成，内皮细胞间隙宽0.2～0.5 μm，内皮基膜不完整，外有网状纤维环绕，故脾血窦壁呈多孔隙的栅栏状，有利于血细胞的穿越（图10-11）。脾血窦外侧有较多的巨噬细胞，其突起可通过内皮细胞间隙伸入腔内。脾血窦汇入小梁静脉，再汇合为脾静脉经脾门出脾。

2. 脾的功能

（1）滤血：血细胞进入脾索后，大多经变形穿过脾血窦内皮细胞间隙，回到血循环。但衰老的血细胞因膜骨架蛋白变性，细胞变形性降低，不能穿越血窦内皮细胞间隙而滞留在脾索内，被此处的巨噬细胞清除（主要是红细胞）。当脾功能亢进时，红细胞破坏过多，可引起贫血。

（2）免疫应答：脾是免疫应答的重要场所，除有大量B细胞、T细胞外，还有一些NK细胞及造血干细胞。细胞免疫应答时，动脉周围淋巴鞘增厚，有丝分裂相增多；而体液免疫应答时，脾小体增多增大，脾索内浆细胞增多。

（3）造血：脾是胚胎早期的造血器官，自骨髓开始造血后，便演变为淋巴器官。成年后，脾仍含有少量造血干细胞，当机体严重缺血或某些病理状态下，可恢复其造血功能。

另外，正常人脾能储备一定量的血。当机体需要时，可将贮存的血液释放入血循环。

（四）扁桃体

扁桃体（tonsil）是产生免疫效应的重要部位，包括腭扁桃体、咽扁桃体和舌扁桃体，它们与咽黏膜内许多分散的淋巴组织共同构成咽淋巴环。腭扁桃体最大，呈扁卵圆形，表面覆盖复层扁平上皮，上皮向固有层内陷形成10～30个隐窝。隐窝周围固有层有许多淋巴小结及弥散淋巴组织（图10-12）。隐窝深部的上皮内含有大

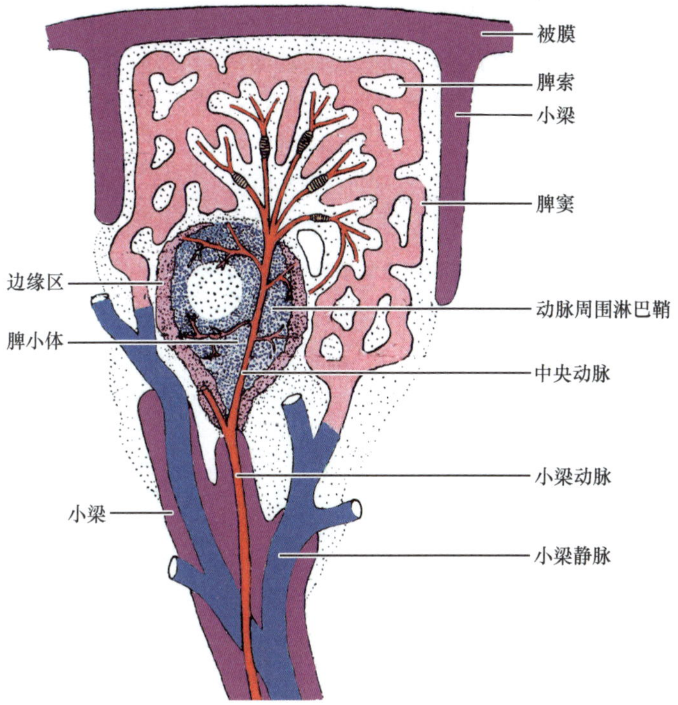

图10-10 脾血液循环模式图

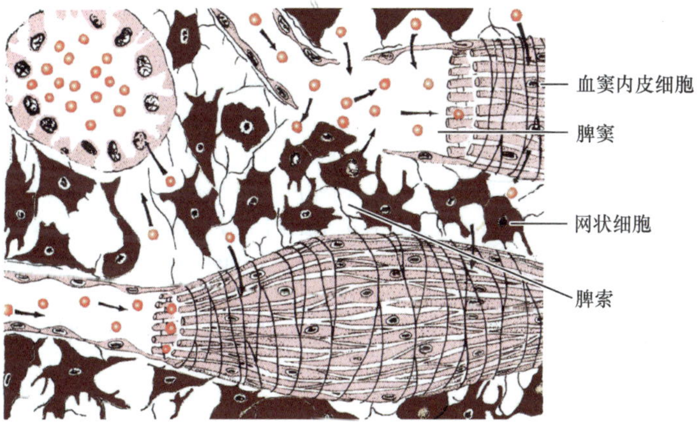

图10-11* 脾血窦与脾索结构模式图

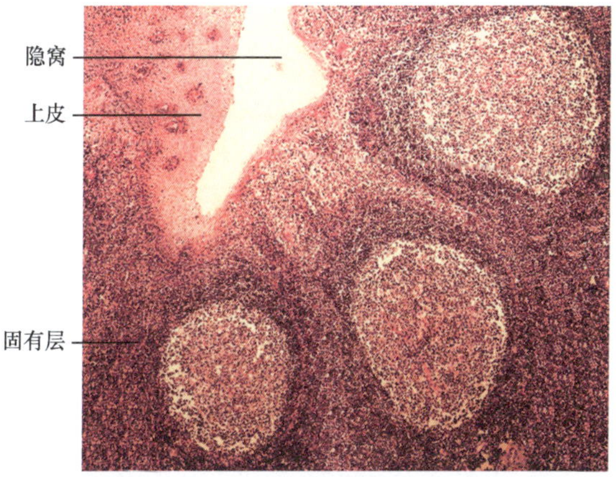

图10-12 腭扁桃体（HE染色，低倍）

量的淋巴细胞、浆细胞、巨噬细胞、交错突细胞和朗格汉斯细胞，称淋巴上皮组织。隐窝上皮细胞间隙较大，形成通道，淋巴细胞充塞其中。扁桃体底部有结缔组织包裹。

咽扁桃体和舌扁桃体较小，结构与腭扁桃体相似。但咽扁桃体无隐窝，舌扁桃体仅有一个浅隐窝，故较少引起炎症。二者在成人体内多萎缩退化。

本章小结

免疫系统由______、______和______组成，其主要功能是保护机体免受微生物、外来物质的侵扰和破坏。其中，免疫细胞包括______、______、______等；淋巴组织由网状组织和免疫细胞构成，分为______和______两种类型，前者的毛细血管后微静脉又称______，后者呈卵圆形，主要含有______细胞。

淋巴器官由淋巴组织构成。淋巴细胞最初起源于造血干细胞，B 细胞以成熟的形式离开骨髓，而 T 细胞需要在胸腺进一步发育成熟。因此，骨髓和胸腺被称为______淋巴器官，其产生的淋巴细胞迁移至血液和______。

淋巴结实质分为皮质和髓质。皮质包括______、______和______，其中，______又称胸腺依赖区。髓质包括______和______。过滤淋巴主要发生在______。淋巴结的主要功能是______和______。

脾由被膜和其内的实质构成。被膜厚，富含______和______，伸入实质形成小梁。实质分成白髓和红髓。白髓包含______、______和______，其中，______就是其胸腺依赖区。红髓由______和______构成，后者的内皮为______状。脾的主要功能是过滤血液、免疫应答、造血和储血。过滤血液的主要部位是______。

（杨桂枝　赵　佳）

第十章微课

胸腺　　淋巴结　　免疫细胞

第十一章

内分泌系统

学习要点

① 内分泌腺的一般结构；② 含氮激素和类固醇激素分泌细胞的光、电镜结构特点；③ 甲状腺、肾上腺、垂体的光镜结构和功能；④ 松果体的结构和功能；⑤ 弥散神经内分泌系统的概念和组成。

内分泌系统（endocrine system）由独立的内分泌腺和散在于其他器官内的内分泌细胞组成。内分泌腺包括甲状腺、肾上腺和垂体等。分布于其他器官的内分泌细胞有的成团分布，如胰腺的胰岛、卵巢的黄体等；而消化道和呼吸道上皮内的内分泌细胞则散在分布。内分泌腺的结构特点是：腺细胞排列成团状、索状或围成滤泡状，无排送分泌物的导管，细胞间有丰富的有孔或窦状毛细血管。腺细胞的分泌物称**激素**（hormone），它主要通过血液循环到达远处作用于特定的细胞发挥作用。少部分细胞分泌的激素可直接作用于临近的细胞（旁分泌）和分泌细胞本身（自分泌）。某种激素作用的特定器官或特定细胞，称为这种激素的**靶器官**（target organ）或**靶细胞**（target cell）。靶细胞上具有与相应激素特异结合的受体，二者结合后产生生理效应。

内分泌系统与神经系统、免疫系统相互调节，共同维持机体内环境的稳定，对人体的生长发育、新陈代谢、免疫和生殖等功能发挥重要的调控作用。

根据激素的化学性质，将内分泌细胞分为含氮激素分泌细胞和类固醇激素分泌细胞两类。机体绝大部分内分泌细胞为含氮激素分泌细胞。含氮激素受体常位于靶细胞的质膜上，而类固醇激素受体一般位于靶细胞的胞质内。两类细胞的特点如下（表 11-1）。

表 11-1 两类内分泌细胞比较

细 胞	含氮激素分泌细胞	类固醇激素分泌细胞
腺细胞起源	外胚层或内胚层	中胚层
超微结构特点	胞质中粗面内质网、高尔基体发达，有膜被分泌颗粒	胞质内有丰富的滑面内质网、管状嵴线粒体和脂滴，无分泌颗粒
分泌的激素	氨基酸衍生物、胺类、肽类和蛋白质类激素等含氮激素	类固醇激素
分布	甲状腺、甲状旁腺、垂体、肾上腺髓质、APUD 系统	肾上腺皮质、睾丸间质、黄体

一、甲 状 腺

甲状腺（thyroid gland）位于颈前部，分左、右两叶，中间以峡部相连。甲状腺实质被薄层结缔组织被膜包裹，被膜伸入实质将其分为若干小叶。大量甲状腺滤泡及滤泡旁细胞构成甲状腺的实质，滤泡间的结缔组织间质内有丰富的有孔毛细血管。

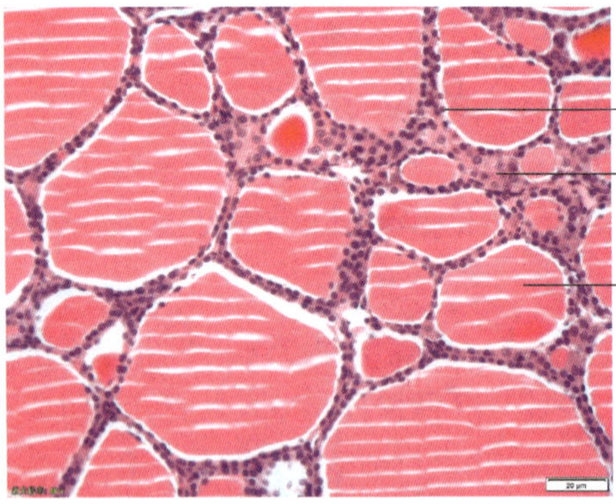

图 11-1 甲状腺（HE 染色，高倍）

（一）甲状腺滤泡

甲状腺滤泡（thyroid follicle）是由单层滤泡上皮细胞围成的不规则球形或卵圆形结构，大小不一，直径 0.02 ～ 0.9 mm，滤泡腔内充满**胶质**（colloid）(图 11-1)。滤泡上皮细胞常为立方形，功能活跃时呈矮柱状，腔内胶质减少；反之，细胞变为扁平形，腔内胶质增多。上皮细胞核圆居中，胞质呈弱嗜碱性。电镜下，细胞表面有微绒毛，胞质内有丰富的粗面内质网、线粒体和溶酶体，高尔基体发达（图 11-2），在胞质顶部常见分泌颗粒和胶质小泡。胶质是滤泡上皮细胞的分泌物，即碘化甲状腺球蛋白，在 HE 染色切片上呈嗜酸性的均质状。

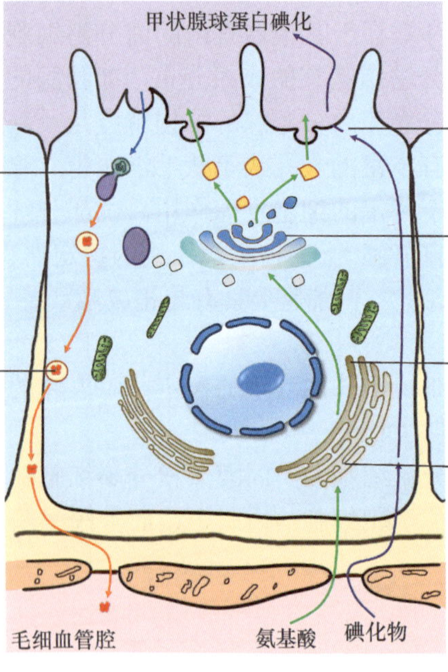

图 11-2 甲状腺滤泡上皮细胞超微结构及甲状腺激素合成与分泌模式图

甲状腺滤泡上皮细胞具有合成和分泌**甲状腺激素**（thyroid hormone）的功能。甲状腺激素的形成经历合成、贮存、碘化、重吸收、分解和释放过程。滤泡上皮细胞从血液中摄取氨基酸，经粗面内质网和高尔基体合成甲状腺球蛋白释放入滤泡腔内；滤泡上皮细胞从血液中摄取的碘离子被氧化后也进入滤泡腔，与甲状腺球蛋白结合，形成碘化甲状腺球蛋白并贮存于腔内；在腺垂体分泌的促甲状腺激素的作用下，滤泡上皮细胞以胞吞方式将碘化甲状腺球蛋白重吸收入胞质内，形成胶质小泡，溶酶体与胶质小泡融合，将其内的碘化甲状腺球蛋白水解为大量的四碘甲状腺原氨酸（T_4，即甲状腺素）及少量的三碘甲状腺原氨酸（T_3），经细胞基底部释放入血（图 11-2）。

甲状腺激素作用于机体的多种细胞，其主要功能是加快新陈代谢，提高神经系统兴奋性，促进婴幼儿骨骼和神经系统发育。甲状腺功能亢进时，机体新陈代谢加快，耗氧量增多，出现消瘦、乏力等症状，同时中枢神经系统兴奋性也明显增高；甲状腺功能低下时，在婴幼儿影响骨骼及脑的发育，可导致呆小症，在成年则表现为精神呆滞、记忆力减退、毛发稀少及黏液性水肿。

（二）滤泡旁细胞

滤泡旁细胞（parafollicular cell）数目较少、细胞较大，单个或成群分布于滤泡之间，或散在分布于

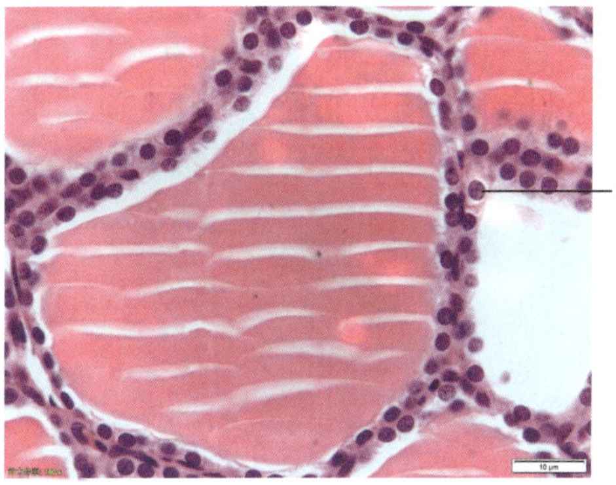

图 11-3　甲状腺（HE 染色，油镜）

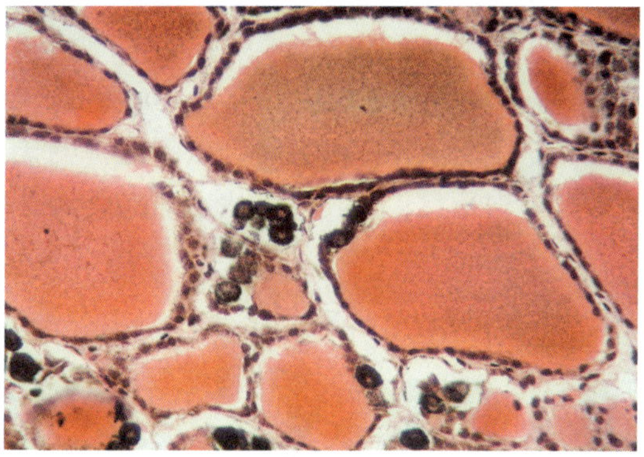
图 11-4　甲状腺（镀银染色示滤泡旁细胞，高倍）

滤泡上皮细胞之间，但其顶部被相邻的滤泡上皮细胞覆盖，不与滤泡腔接触。HE 染色切片上细胞胞质着色浅（图 11-3），镀银染色可见胞质内有棕黑色嗜银颗粒（图 11-4）。电镜下，细胞基底部可见分泌颗粒，内含**降钙素**（calcitonin，CT）。降钙素是一种多肽，其主要作用是促进成骨细胞的活动，使钙盐沉着于类骨质，并抑制胃肠道及肾小管对钙的吸收，使血钙浓度降低。

二、甲状旁腺

甲状旁腺位于甲状腺左、右叶后面，多为上、下各一对，呈黄褐色卵圆形小体，外包结缔组织被膜。腺实质内腺细胞分主细胞和嗜酸性细胞两种（图 11-5），排列成索团状，其间有少量结缔组织和丰富的有孔毛细血管。

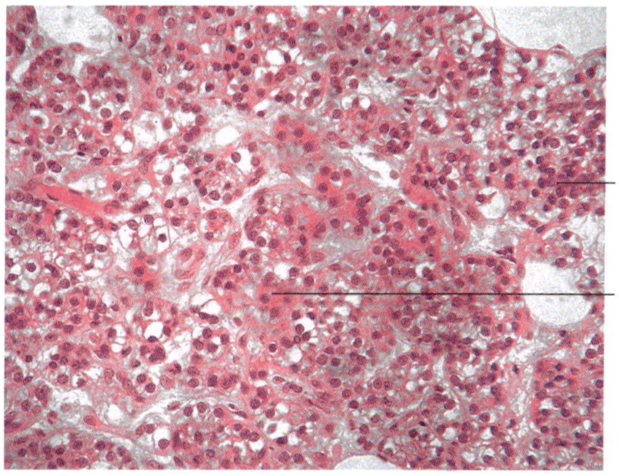

图 11-5　甲状旁腺（HE 染色，高倍）

主细胞（chief cell）：构成腺实质的主体，数量多，细胞小，呈多边形或圆形。HE 染色切片显示胞质着色浅淡。主细胞分泌甲状旁腺激素，该激素为肽类激素，主要作用于骨细胞和破骨细胞，使骨盐溶解，此外还能增加胃肠道、肾小管对钙的吸收，从而升高血钙。甲状旁腺激素与降钙素相互拮抗，共同调节钙的代谢，维持机体血钙平衡。

嗜酸性细胞：单个或成群分布于主细胞之间，数量较少，胞体较主细胞大，核小而着色深，胞质内充满嗜酸性颗粒，此颗粒即电镜下密集的线粒体。嗜酸性细胞数量随年龄增加而增多，是退化的主细胞，有时会低水平分泌甲状旁腺激素。

三、肾上腺

肾上腺（adrenal gland）位于肾的上方，外包结缔组织被膜。腺实质由周边的皮质和中央的髓质构成。皮质来源于中胚层，分泌类固醇激素；髓质来源于外胚层，分泌儿茶酚胺激素。

（一）皮质

肾上腺皮质占其体积的 80% ~ 90%，由腺细胞、血窦及少量结缔组织构成。根据细胞的形态结构和排列特征，皮质由外至内可分为球状带、束状带和网状带（图 11-6）。各带细胞均具有类固醇激素分泌细胞的超微结构特点，尤其以束状带细胞最为典型。

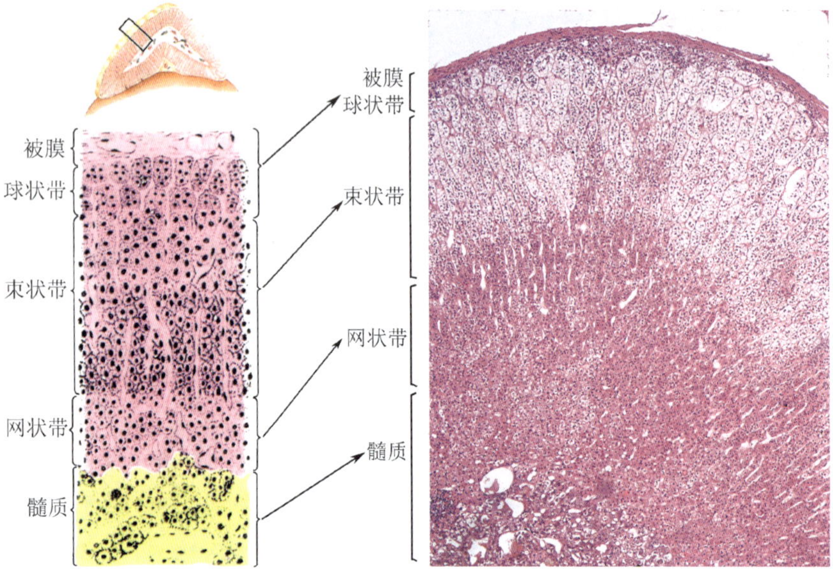

图 11-6* 肾上腺结构模式图及光镜图（HE 染色，低倍）

1. 球状带 **球状带**（zona glomerulosa）位于被膜下方，较薄，约占皮质总体积的 15%。腺细胞排列成球状或团状。细胞较小，呈锥形或多边形，核小而深染，胞质嗜酸性，内含少量脂滴。球状带细胞分泌**盐皮质激素**（mineralocorticoid），如**醛固酮**（aldosterone），能促使肾远端小管和集合管重吸收 Na^+ 及排出 K^+，起到“保钠排钾”的作用，并能刺激胃黏膜等吸收 Na^+，从而参与水盐代谢调节，维持血容量。盐皮质激素的合成释放受控于肾素血管紧张素系统。

2. 束状带 **束状带**（zona fasciculata）是皮质中最厚的部分，约占皮质总体积的 78%。腺细胞呈单行或双行索状排列。束状带细胞较其他两带的细胞大，呈多边形，核大而圆、着色浅，胞质内脂滴丰富，HE 染色时，因脂滴溶解，使胞质呈浅染的泡沫状（图 11-7）。束状带细胞分泌**糖皮质激素**（glucocorticoid），主要是皮质醇和皮质酮，可促使蛋白质和脂肪分解并转化为糖，还有抑制免疫应答和抗炎症反应等作用。腺垂体分泌的促肾上腺皮质激素调控束状带细胞的分泌活动。

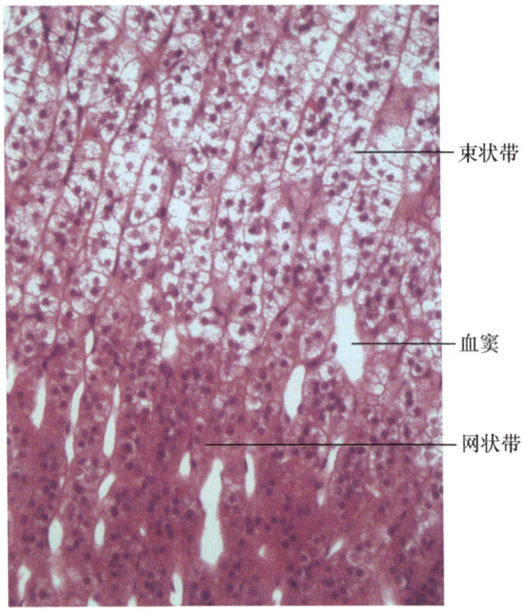

图 11-7 肾上腺皮质束状带及网状带（HE 染色，高倍）

3. 网状带 **网状带**（zona reticularis）位于皮质的最内层，较薄，仅占皮质总体积的 7%。腺细胞排列成索状，互相连接成网（图 11-6、图 11-7）。细胞较小，核小、着色深，胞质嗜酸性，内含脂褐素和少量脂滴。网状带细胞主要分泌雄激素和少量雌激素、糖皮质激素。网状带细胞也受促肾上腺皮质激素调控。

（二）髓质

髓质位于肾上腺的中央，主要由排列成索状或团状的髓质细胞组成，细胞间有血窦和少量结缔组织，髓

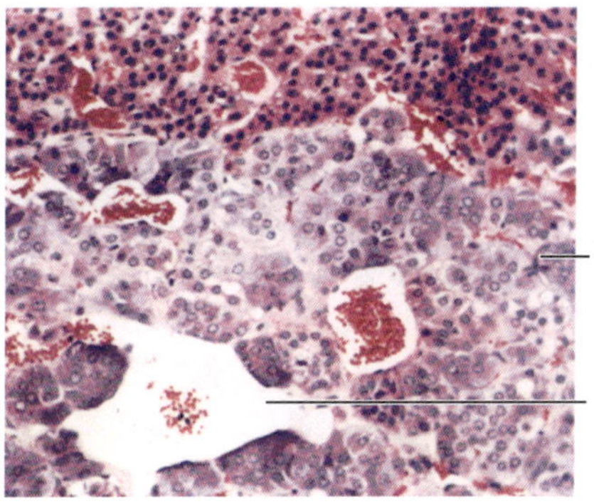

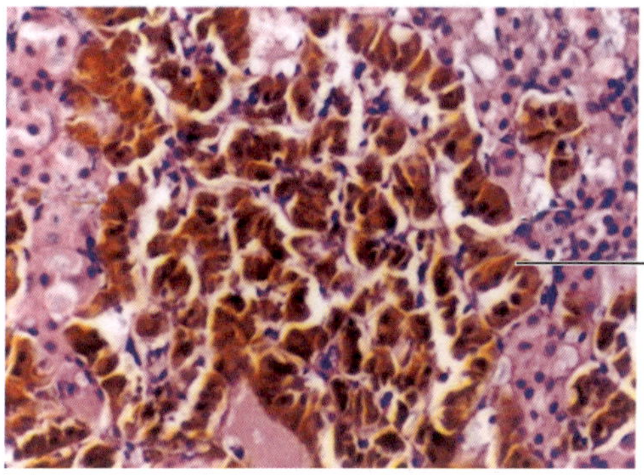

图 11-8* 肾上腺髓质（左图为 HE 染色，右图经铬盐处理）

质中央有中央静脉。髓质细胞呈多边形，核圆、着色浅，胞质嗜碱性。用重铬酸盐处理标本时，胞质内可见棕黄色的嗜铬颗粒，故髓质细胞又称**嗜铬细胞**（chromaffin cell）（图 11-8）。电镜下，髓质细胞具有含氮激素分泌细胞的超微结构特点，但其最显著的特征是含有膜包被的致密颗粒（嗜铬颗粒）。80% 髓质细胞的颗粒内含**肾上腺素**（adrenaline），称肾上腺素细胞，少部分细胞的颗粒内含**去甲肾上腺素**（noradrenaline），称去甲肾上腺素细胞。肾上腺素和去甲肾上腺素均为儿茶酚胺类物质。肾上腺素能提高心肌兴奋性，使心率加快，心输出量增加，心脏和骨骼肌的血管扩张；去甲肾上腺素能使小血管收缩而升高血压。

除髓质细胞外，髓质内还可见少量散在分布的交感神经节细胞。髓质细胞受交感神经调控，当交感神经兴奋时，神经末梢释放乙酰胆碱，引起髓质细胞释放肾上腺素和去甲肾上腺素。

肾上腺皮质、髓质的血窦相连续，大部分血液由皮质流向髓质，再汇入中央静脉离开肾上腺。富含皮质激素的血液从皮质流向髓质，其中的糖皮质激素可增强嗜铬细胞所含的 N-甲基转移酶的活性，使去甲肾上腺素甲基化，转变为肾上腺素。因而肾上腺皮质对髓质细胞的激素生成有很大的影响。

四、垂　体

垂体位于颅底蝶鞍垂体窝内，呈卵圆形，重约 0.6 g，可分泌多种激素调控其他内分泌腺的功能。垂体由**腺垂体**（adenohypophysis）和**神经垂体**（neurohypophysis）两部分组成（图 11-9）。腺垂体从胚胎原始口腔的外胚层上皮分化而来，神经垂体来自间脑底部的神经外胚层。腺垂体分为远侧部、中间部和结节部，远侧部最大，中间部位于远侧部和神经部之间，神经垂体分为神经部和漏斗部，后者上与下丘脑相连，周围有结节部包绕（图 11-9）。远侧部又称垂体前叶，神经部和中间部又称垂体后叶。

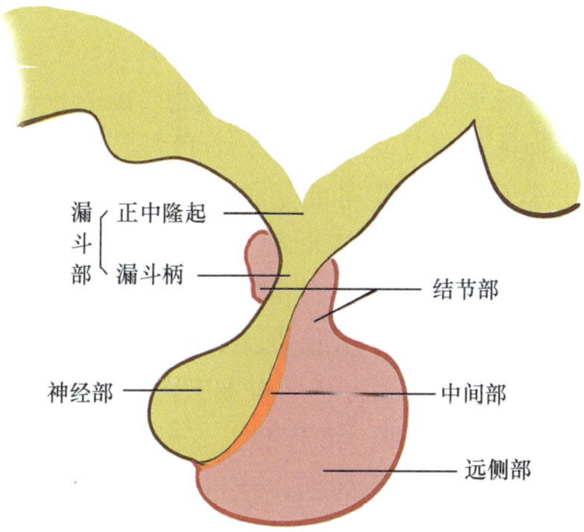

图 11-9 垂体分部模式图

（一）腺垂体

1. 远侧部　**远侧部**（pars distalis）的腺细胞多排列成团索状，少数围成滤泡。细胞间有丰富的血窦和少量结缔组织（图 11-10）。HE 染色标本中，按染色特征不同，腺细胞被分为嗜色细胞和嫌色细胞两大类，嗜色细胞又分为嗜酸性细胞和嗜碱性细胞两种（图 11-11）。

（1）嗜色细胞：细胞具有含氮激素分泌细胞的超微结构特点。由于分泌的激素不同，腺细胞又根据

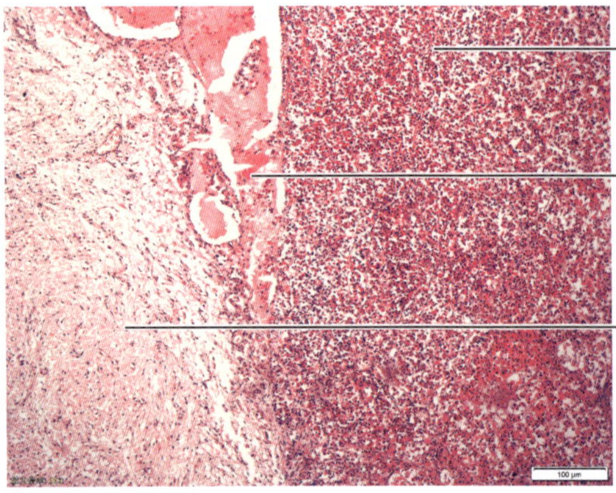

图 11-10　垂体（HE 染色，低倍）

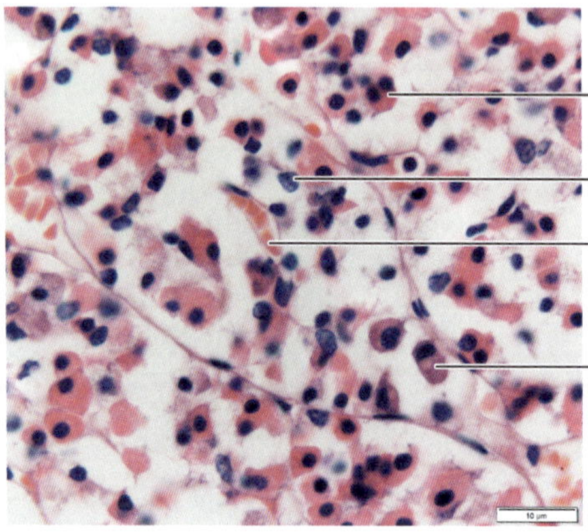

图 11-11　垂体远侧部（HE 染色，高倍）

其所分泌的激素命名。

嗜酸性细胞（acidophilic cell）：数量较多，约占远侧部腺细胞总数的 40%。细胞呈圆形或卵圆形，胞质内含有许多粗大的嗜酸性颗粒。嗜酸性细胞有两种：① **生长激素细胞**（somatotroph，STH cell），数量较多，电镜下可见电子密度高的圆形分泌颗粒。此类细胞分泌**生长激素**（growth hormone，GH），主要作用是促进机体的生长发育和物质代谢，尤其是促进骨骼的生长。幼年时期若缺乏生长激素，可致垂体性侏儒症；若分泌过多，可致巨人症。成人后生长激素分泌亢进则致肢端肥大症。② **催乳激素细胞**（mammotroph，prolactin cell），男、女性都有，女性略多，尤其是在妊娠期和哺乳期细胞增多变大，分泌颗粒也显著增多。此类细胞分泌**催乳素**（mammotropin 或 prolactin），能促进乳腺发育和乳汁分泌。

嗜碱性细胞（basophilic cell）：数量最少，约占远侧部腺细胞总数的 10%。细胞呈多边形或卵圆形，胞质内含有嗜碱性颗粒。嗜碱性细胞有三种：① **促甲状腺激素细胞**（thyrotroph，thyroid stimulating hormone cell，TSH cell），分泌**促甲状腺激素**（thyroid stimulating hormone，TSH），能促进甲状腺发育及甲状腺激素的合成和释放。② **促肾上腺皮质激素细胞**（corticotroph，ACTH cell），分泌**促肾上腺皮质激素**（adrenocorticotropic hormone，ACTH）和**促脂素**（lipotropin，lipotrophic hormone，LPH），前者主要促进肾上腺皮质束状带分泌糖皮质激素，后者作用于脂肪细胞，促进甘油三酯分解产生脂肪酸。③ **促性腺激素细胞**（gonadotroph），分泌**促卵泡激素**（follicle stimulating hormone，FSH）和**黄体生成素**（luteinizing hormone，LH）。FSH 在女性促进卵泡发育和雌激素分泌，在男性则刺激生精小管的支持细胞合成雄激素结合蛋白，以促进精子的发生。LH 在女性促进排卵和黄体形成，在男性则刺激睾丸间质细胞分泌雄激素，故又称**间质细胞刺激素**（interstitial cell stimulating hormone，ICSH）。

（2）嫌色细胞：**嫌色细胞**（chromophobe cell）数量最多，约占远侧部腺细胞总数的 50%。光镜下，细胞体积较小，胞质少，着色浅淡使其轮廓不清楚。电镜下，部分细胞的胞质内可见少量分泌颗粒，因此认为嫌色细胞可能是脱颗粒的嗜色细胞，或是嗜色细胞的初级阶段。

2. 中间部　**中间部**（pars intermedia）为远侧部与神经部之间的纵行狭窄带（图 11-10），人垂体中间部退化，仅占垂体的 2% 左右。中间部有滤泡、嗜碱性细胞和嫌色细胞。滤泡由单层立方或柱状上皮细胞围成，内含少量胶质，功能不详。嗜碱性细胞能分泌**黑素细胞刺激素**（melanocyte stimulating hormone，MSH），有促进皮肤黑素细胞合成黑色素的功能，使皮肤颜色变深。

3. 结节部　**结节部**（pars tuberalis）包围在神经垂体漏斗柄的周围，富含纵行毛细血管，腺细胞较小，主要为嫌色细胞，分布于血管之间。

4. 下丘脑与腺垂体的联系　下丘脑一些核团（如弓状核）的神经元具有内分泌功能，属于神经内分泌细胞。这些细胞的轴突组成下丘脑腺垂体束，将细胞分泌的多种激素运至神经垂体的漏斗，通过垂体门脉系统实现对腺垂体细胞的调节作用。

垂体门脉系统（hypophyseal portal system）由垂体门微静脉及其两端的毛细血管网共同构成。来自大脑基底动脉环的垂体上动脉，穿结节部上端进入神经垂体的漏斗，在此形成初级毛细血管网；初级毛细血管网下行在结节部汇成数条垂体门微静脉；后者继续下行入远侧部，再度分支形成次级毛细血管网。次级毛细血管网最后汇集成小静脉，注入垂体周围的静脉窦（图 11-12）。

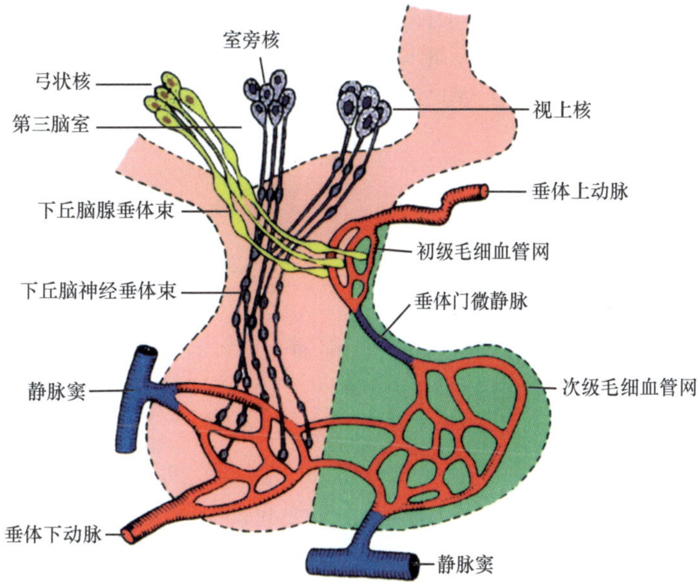

图 11-12* 垂体与下丘脑关系模式图

下丘脑神经内分泌细胞分泌两类激素，即**释放激素**（releasing hormone，RH）和**释放抑制激素**（release inhibiting hormone，RIH）。这些激素经下丘脑腺垂体束运输并释放入初级毛细血管网，再经垂体门微静脉转运至次级毛细血管网，即通过垂体门脉系统促进或抑制远侧部腺细胞的分泌活动。下丘脑和腺垂体因此成为一个功能整体，称下丘脑腺垂体系。已知的释放激素有：生长激素释放激素（growth hormone-releasing hormone，GRH）、催乳素释放素（prolactin-releasing hormone，PRH）、促甲状腺素释放激素（thyrotropin-releasing hormone，TRH）、促肾上腺皮质激素释放激素（corticotropin-releasing hormone，CRH）、促性腺激素释放激素（gonadotrophin-releasing hormone，GnRH）及黑素细胞刺激素释放激素（melanocyte stimulating releasing hormone，MSRH）等。释放抑制激素有：生长激素释放抑制激素（somatomedin，SOM）、催乳素释放抑制素（prolactin release inhibiting hormone，PIH）和黑素细胞刺激素释放抑制激素（melanocyte stimulating hormone release inhibitory hormone，MSIH）等。

腺垂体分泌的各种激素调节相应靶细胞的功能活动，靶细胞产生的效应反馈至下丘脑及腺垂体，又能影响二者的分泌活动。下丘脑-垂体-靶细胞的这种联系，使神经系统和内分泌系统相互协调，共同调节生理功能，维持机体内环境的相对稳定。

（二）神经垂体及其与下丘脑的关系

神经垂体与下丘脑直接相连，二者在结构和功能上都密切相关。

神经垂体主要由无髓神经纤维和神经胶质细胞构成，含有丰富的血窦。下丘脑视上核和室旁核的大型神经内分泌细胞的轴突组成下丘脑神经垂体束，经漏斗下行到达神经部，是神经部无髓神经纤维的主要来源。神经内分泌细胞的分泌颗粒常在轴突内聚集成团，使轴突呈串珠样膨大，光镜下为大小不等的嗜酸性团块，称**赫林体**（Herring body）（图 11-13）。轴突终末终止于毛细血管，将视上核和室旁核的神经内分泌细胞分泌的**抗利尿激素**（antidiuretic hormone，ADH）和**催产素**（oxytocin，OT）释放入血。抗利尿激素能促进肾远端小管和集合管重吸收水，使尿量减少；还可使小动脉平滑肌收缩，血压升高，故又称**加压素**（vasopressin，VP）。催产素可引起妊娠子宫平滑肌收缩，有助于分娩，还可促进乳腺分泌。神经垂体内的神经胶质细胞又称**垂体细胞**（pituicyte）（图 11-13），是星形胶质细胞的一种亚型，常分

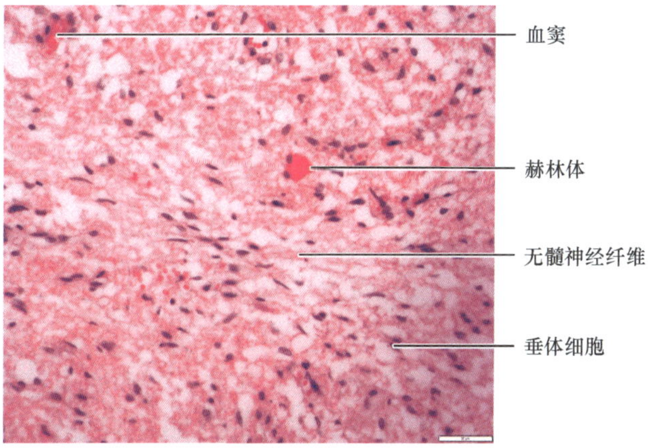

图 11-13 神经垂体（HE 染色，高倍）

布于无髓神经纤维周围，具有支持和营养神经纤维的作用。

由此可见，下丘脑与神经垂体在结构和功能上是一个整体。神经内分泌细胞的胞体位于下丘脑，是合成激素的部位，突起位于神经垂体，是运输、储存和释放激素的场所。

五、松　果　体

松果体（pineal body）又称脑上腺或松果腺，呈扁圆锥形，位于背侧丘脑后上方，以细柄与间脑相连。松果体重 0.1 ～ 0.2 g，表面有软脑膜包被，腺实质由松果体细胞、神经胶质细胞和无髓神经纤维等构成。

松果体细胞（pinealocyte）约占腺实质细胞的 90%，呈圆形或不规则形，核大而圆，胞质少，呈弱嗜碱性。银染法显示胞体伸出许多突起，一些突起末端膨大呈球状，终止于血管周围。电镜下，胞质内游离核糖体和线粒体较多，高尔基体发达，富含高电子密度的圆形分泌颗粒，内含**褪黑素**（melatonin），此激素参与调节机体昼夜生物节律、睡眠等，并抑制性腺分泌。在松果体细胞内还有一种特殊的细胞器，称突触带，多沿质膜分布，由电子致密中心及周围的小泡构成，可能与褪黑素的合成和储存有关。

在成人松果体内常见细胞分泌物钙化而成的同心圆结构，称脑砂，其功能不详。

六、弥散神经内分泌系统

除上述内分泌腺外，体内广泛存在着一些弥散的内分泌细胞。20 世纪 60 年代，英国学者 Pearse 发现上述内分泌细胞有一个共同特点，即都能摄取胺的前体物质，经脱羧后转变为胺类产物，因而又称**摄取胺前体脱羧细胞**（amine precursor uptake and decarboxylation cell，APUDC）。随着研究的不断深入，APUDC 的种类不断增加，并发现许多 APUDC 不仅产生胺类，而且还产生肽类物质，有的细胞则只产生肽类。某些神经细胞也可分泌这些物质。由于 APUDC 与这些神经细胞在形态、生理、生化等方面密切相关，于是学者们将 APUDC 和这些具有内分泌功能的神经细胞统称为**弥散神经内分泌系统**（diffuse neuroendocrine system，DNES），将神经系统和内分泌系统两大系统联系起来，构成一个整体，共同调节机体的生理活动。DNES 分为中枢和周围两部分。中枢部包括下丘脑垂体的细胞（如视旁核和室上核的神经内分泌细胞）和松果体细胞；周围部主要分布于胃肠道和胰腺内（如胃 G 细胞、胰岛 B 细胞），泌尿生殖管道、呼吸道、心血管等处也有分布。目前已知 DNES 有 50 多种细胞，而且范围还在不断扩大。

本章小结

内分泌系统主要包括甲状腺、甲状旁腺、肾上腺、脑垂体、松果体以及弥散神经内分泌系统等。内分泌腺的结构特点是：腺细胞排列成__________、__________或围成__________，无__________，细胞间有丰富的__________。腺细胞的分泌物称__________，它主要通过血液循环到达远处特定的细胞发挥作用。甲状腺主要由__________和__________构成，前者产生甲状腺激素，后者分泌降钙素。甲状旁腺主要由__________和__________构成，__________细胞分泌甲状旁腺素。肾上腺分为皮质和髓质，皮质由__________、__________、__________构成，三个带的腺细胞均具有合成分泌类固醇激素细胞的特点，分别分泌__________激素、__________激素和__________激素；髓质细胞分泌__________和__________。脑垂体由腺垂体和神经垂体构成，前

者又分为 ____________、____________ 和 ____________；后者分为 ____________ 和 ____________。腺垂体远侧部的嗜酸性细胞分泌 ____________ 和 ____________；嗜碱性细胞分泌 ____________、____________、____________ 和 ____________。垂体门脉系统由垂体门微静脉及其两端的毛细血管网共同构成。下丘脑弓状核分泌的释放激素和释放抑制激素通过垂体门脉系统调节腺垂体远侧部腺细胞的功能。神经垂体的无髓神经纤维主要由下丘脑 ____________ 核和 ____________ 核的神经内分泌细胞的轴突构成，这些纤维运输、储存并释放神经内分泌细胞合成的抗利尿激素和催产素，故下丘脑和神经垂体在结构、功能上都是一个整体。

（周 雪 冯 颖 丁 艳）

第十一章微课

甲状腺　　垂体　　肾上腺

第十二章

消化管

学习要点

①消化管壁的一般结构；②口腔黏膜、舌黏膜、牙、咽、盲肠、阑尾、直肠和肛管的结构特点；③食管、胃、小肠和结肠管壁的结构；④消化管淋巴组织和胃肠内分泌细胞的功能。

消化系统由消化管和消化腺组成，主要对食物进行物理性和化学性消化，将大分子物质分解为氨基酸、单糖、甘油酯等小分子，并将其吸收后供机体生长和代谢的需要。消化管是从口腔至肛门的一条连续性管道，依次包括口腔、咽、食管、胃、小肠和大肠。这些器官的管壁结构具有共同的分层规律，又各自具有与其功能相适应的结构特点。

一、消化管壁的一般结构

消化管壁（除口腔与咽外）自内向外均分为黏膜、黏膜下层、肌层和外膜四层（图 12-1）。

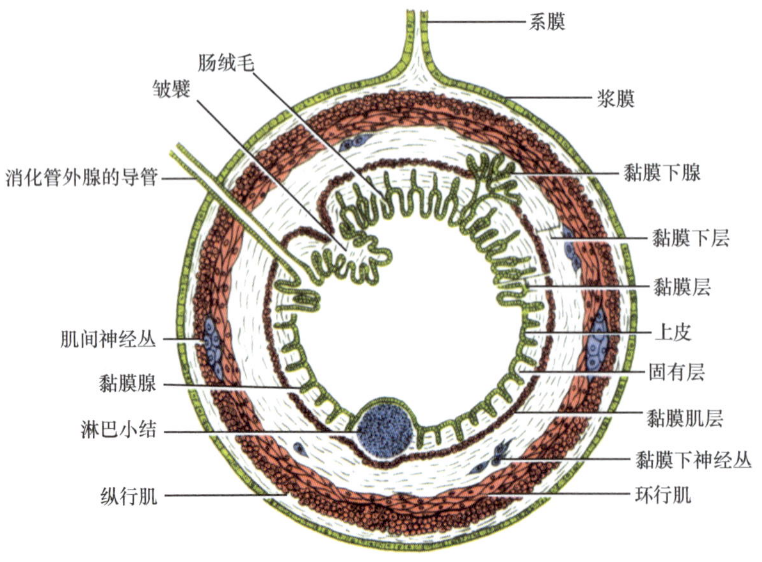

图 12-1　消化管一般结构模式图

（一）黏膜

黏膜（mucosa）由上皮、固有层和黏膜肌层组成，是消化管各段结构差异最大、功能最重要的部分。

1. 上皮　上皮的类型因消化管各部位功能不同而异。口腔、咽、食管与肛门为复层扁平上皮，适应摩擦，具有保护功能；胃肠为单层柱状上皮，以消化吸收功能为主。上皮与管壁内的腺体相连续。

2. 固有层　**固有层**（lamina propria）为疏松结缔组织，含较多的细胞成分，纤维较细密，有丰富的小血管、淋巴管及淋巴组织，胃肠固有层还富含小消化腺。

3. 黏膜肌层 **黏膜肌层**（muscularis mucosa）为薄层平滑肌，多为内环行和外纵行两层，其收缩可改变黏膜的形态，促进固有层内腺体分泌物的排出和血液运行，利于物质吸收和转运。

（二）黏膜下层

黏膜下层（submucosa）为较致密的结缔组织，内含小动脉、小静脉和淋巴管。在食管及十二指肠的黏膜下层内分别含有食管腺和十二指肠腺。黏膜下层中还有由多极神经元和无髓神经纤维构成的黏膜下神经丛（图 12-2A），可调节黏膜肌的收缩和腺体分泌。在食管、胃和小肠等部位，黏膜和黏膜下层共同向管腔内突起，形成皱襞（plica），增大了管腔的表面积。

（三）肌层

除口腔、咽、食管上段及肛门的**肌层**（muscularis）为骨骼肌外，其余均为平滑肌。肌层一般分为内环行和外纵行两层，其间有肌间神经丛（图 12-2B），结构与黏膜下神经丛相似，可调节肌层的收缩，使食物与消化液充分混合，利于消化，并将食物向下推移。

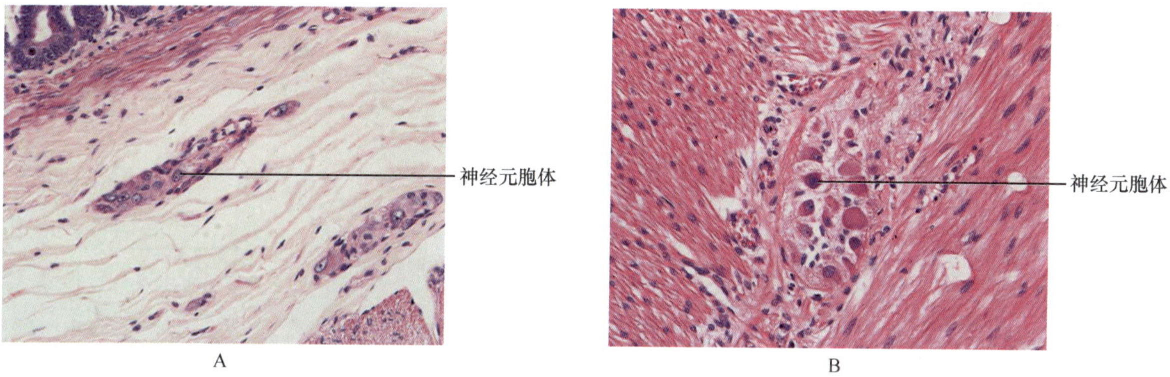

图 12-2 黏膜下神经丛（A）和肌间神经丛（B）（HE 染色，高倍）

（四）外膜

外膜（adventitia）仅由薄层结缔组织构成者称**纤维膜**（fibrosa），见于咽、食管和大肠末端，与周围组织无明显分界；由薄层结缔组织与其表面的间皮共同构成者称**浆膜**（serosa），见于腹膜内位器官，如胃、大部分小肠与部分大肠，其表面光滑，利于胃肠活动。

二、口腔与咽

（一）口腔黏膜的一般结构

口腔黏膜只有上皮和固有层，无黏膜肌层。上皮为复层扁平上皮，仅在硬腭部出现完全角化，底部的上皮菲薄，通透性高，有利于某些药物和化学物质（如治疗心绞痛的硝酸甘油）的吸收。固有层内有黏液性和浆液性的小唾液腺，可润滑口腔。固有层结缔组织突向上皮形成乳头，其内富含毛细血管，故新鲜状态下口腔黏膜呈红色。乳头及上皮内均有许多感觉神经末梢。固有层下连骨骼肌（唇、颊等处）或骨膜（硬腭）。

（二）舌

舌是肌性器官，主要由纵行、横行和垂直走行的骨骼肌纤维束交织构成，其表面覆以黏膜。舌黏膜由复层扁平上皮和固有层组成。舌根部固有层内有许多淋巴小结，构成舌扁桃体；舌底黏膜薄而光滑；舌背黏膜厚而粗糙，向表面形成许多乳头状突起，称**舌乳头**（lingual papillae），主要有三种（图 12-3）。

1. 丝状乳头　数量最多，遍布于舌背。乳头呈圆锥形，浅层上皮细胞角化，并不断脱落，呈白色小点，与食物残渣、唾液和细菌等成分共同形成舌苔。丝状乳头与舌的敏锐感觉有关。

2. 菌状乳头　数量较少，散布于舌缘与舌尖部的丝状乳头之间。乳头呈蘑菇状，上皮不角化，顶部上皮内有味蕾。固有层富含毛细血管，使乳头呈红色点状。

3. 轮廓乳头　有 10 余个，位于舌界沟前方。形体较大，顶部宽而平坦。乳头周围的黏膜凹陷形成环沟，沟两侧的上皮内有较多的味蕾。固有层内有浆液性味腺，其导管开口于沟底。味腺分泌的稀薄液体能不断冲洗味蕾表面的食物碎渣，以利味蕾不断地感受新的物质刺激。

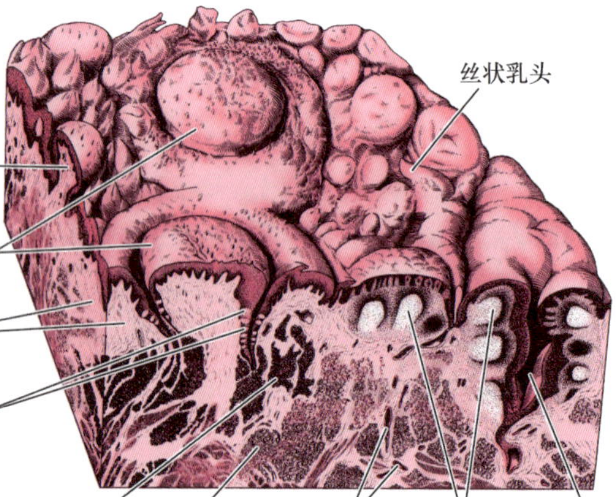

图 12-3*　舌背黏膜结构模式图示舌乳头

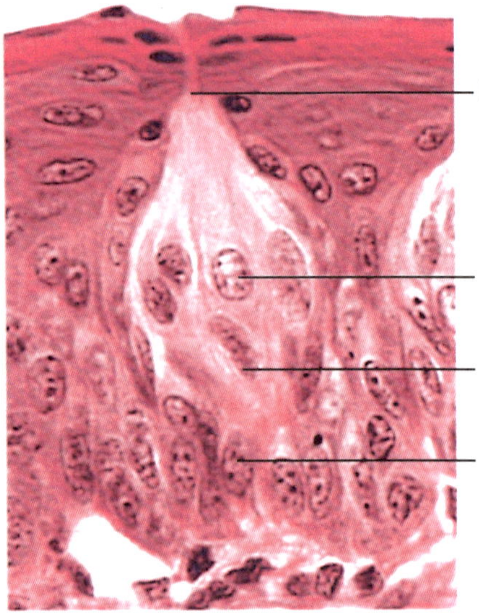

图 12-4*　味蕾（HE 染色，高倍）

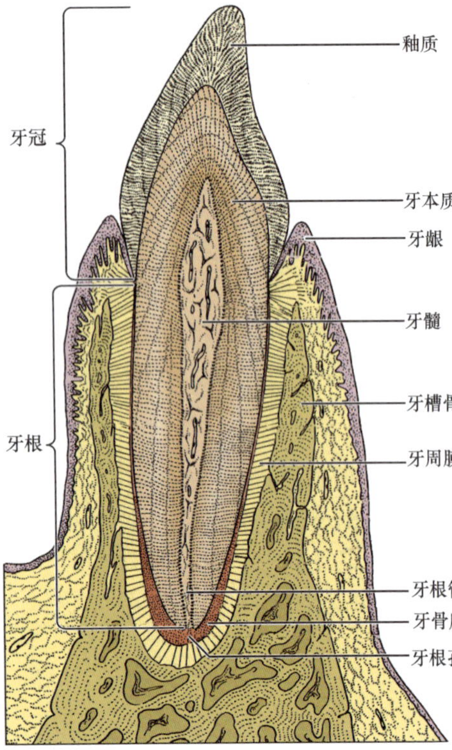

图 12-5*　牙结构模式图

味蕾（taste bud）是味觉感受器，为卵圆形小体，主要分布于菌状乳头和轮廓乳头的上皮内，少数散在于软腭、会厌及咽等上皮内，其顶端有味孔通于口腔。味蕾由三种细胞构成，即味细胞、支持细胞和基细胞（图 12-4）。味细胞可分为明细胞和暗细胞（根据染色深浅不同得名），呈长梭形，电镜下游离面都有微绒毛（味毛）伸入味孔，胞质基底部可含突触小泡样颗粒，其基底面与味觉神经末梢形成突触。支持细胞位于味细胞间，数量较多，也呈梭形。基细胞位于味蕾基底部，呈多角形，属未分化细胞，能分化为其他味蕾细胞。舌尖部的味蕾对甜与咸敏感，舌侧缘的味蕾对酸敏感，而舌背和软腭部的味蕾对苦敏感。

（三）牙

牙分为三部分，暴露在外面的为牙冠，埋在牙槽骨内的为牙根，两者交界部为牙颈。牙的中央为牙髓腔，内含牙髓，开口于牙根底部的牙根孔。牙由牙本质、釉质、牙骨质三种钙化的硬组织和牙髓软组织构成。牙根周围的牙周膜、牙槽骨骨膜及牙龈则统称为牙周组织（图 12-5）。

1. 牙本质　**牙本质**（dentin）包绕牙髓腔，构成牙的主体，主要由牙本质小管和间质构成。牙本质小管自牙髓腔面向周围呈放射状排列，愈向周边愈细，且有分支吻合。牙本质的内表面有一层成牙本质细胞（odontoblast），其突起伸入牙本质小管，称牙本质纤维。间质位于牙本质小管之间，由胶原原纤维与钙化的基质构成，其化学成分与骨质相似，但因其无机成分约占 80% 而较骨质更坚硬。有机成分由成牙本质细胞合成。牙本质对冷、酸和机械刺激极其敏感，可引起酸痛感。

2. 釉质　**釉质**（enamel）包在牙冠部的牙本质表面，是体内最坚硬的组织，其中无机物约占 96%，有机物极少。釉质由釉柱和极少量的间质构成。釉柱呈棱柱状，从牙本质交界处向牙冠表面呈放射状紧密排列，主要成分为羟基磷灰石结晶。在牙磨片上可见以牙尖为中心呈褐色的弧线，称芮氏线，是釉柱在生长过程中钙盐间歇性沉积所致。

3. 牙骨质　**牙骨质**（cementum）包在牙根部的牙本质外面，其组成及结构与骨组织相似。近牙颈部的牙骨质较薄，内无骨细胞。

4. 牙髓　**牙髓**（dental pulp）为疏松结缔组织，内含自牙根孔进入的血管、淋巴管和神经纤维，对牙本质和釉质具有营养作用。感觉神经末梢包绕成牙本质细胞，并有极少量进入牙本质小管。

5. 牙周膜　**牙周膜**（peridental membrane）是位于牙根与牙槽骨之间的致密结缔组织，含较粗的胶原纤维束，其一端埋入牙骨质，另一端伸入牙槽骨，将两者牢固连接。老年人的牙周膜常萎缩，引起牙松动或脱落。

6. 牙龈　**牙龈**（gingiva）包绕着牙颈，是由复层扁平上皮及固有层组成的黏膜。老年人的牙龈常萎缩而致牙颈外露。

（四）咽

咽分为口咽、鼻咽和喉咽三部分。咽壁由内向外分为黏膜、肌层和外膜三层。

1. 黏膜　由上皮与固有层组成。口咽与喉咽表面覆以未角化的复层扁平上皮，鼻咽上皮是假复层纤毛柱状上皮。固有层的结缔组织内有丰富的淋巴组织及黏液性腺或混合性腺，还有厚而致密的弹性纤维层。

2. 肌层　由内纵行与外斜行或环形排列的骨骼肌组成，其间可见黏液性腺。

3. 外膜　为纤维膜。

三、食　管

食管腔面有纵行皱襞，食物通过时皱襞消失。食管壁具有消化管壁典型的四层结构（图 12-6、图 12-7）。

1. 黏膜　上皮为未角化的复层扁平上皮，食管下端的上皮与胃贲门部的单层柱状上皮骤然相接，是食管癌的易发部位。固有层为细密的结缔组织。食管下段的固有层内血管渐趋丰富，当食管静脉曲张时此处易出血；近贲门部的固有层内有黏液性腺。黏膜肌层由纵行平滑肌束组成。

2. 黏膜下层　结缔组织中含黏液性食管腺，其导管穿过黏膜开口于食管腔。食管腺周围常有较密集的淋巴细胞，甚至淋巴小结。

3. 肌层　分为内环行和外纵行两层。上 1/3 段为骨骼肌，下 1/3 段为平滑肌，中 1/3 段兼有骨骼肌和平滑肌。食管两端的内环行肌稍厚，分别形成食管上、下括约肌。

4. 外膜　为纤维膜。

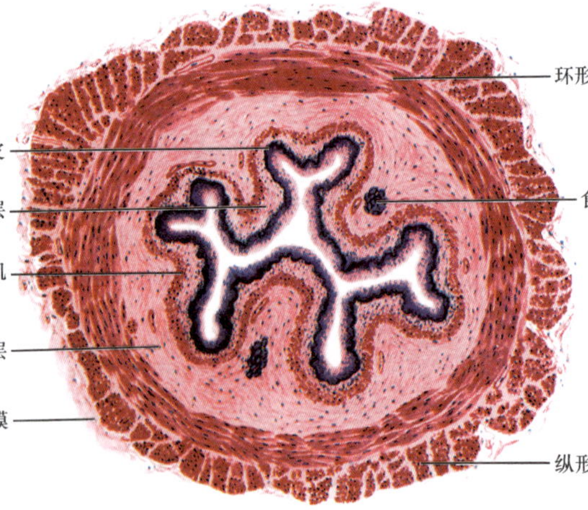

图 12-6* 食管光镜结构模式图

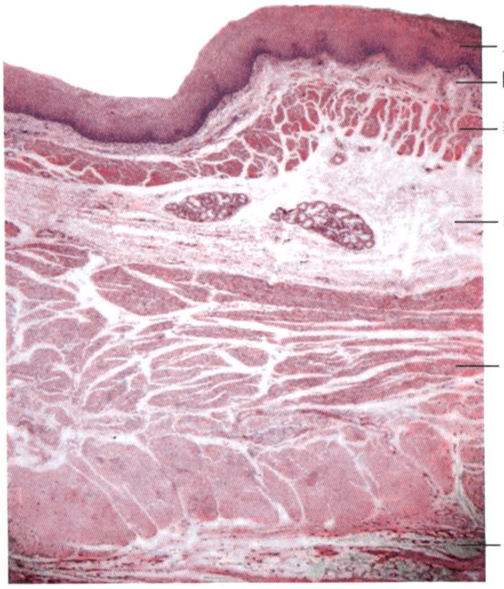

图 12-7 食管（横切面）（HE 染色，低倍）

四、胃

胃可贮存食物，将食物与胃液混合为食糜，并初步消化蛋白质，吸收部分水、无机盐和醇类。

（一）黏膜

胃空虚时腔面可见许多纵行皱襞，充盈时皱襞几乎消失。黏膜表面有许多浅沟，将黏膜分成许多直径为 2 ～ 6 mm 的胃小区。黏膜表面还遍布约 350 万个不规则的小孔，称**胃小凹**（gastric pit），由上皮向深部凹陷形成。每个胃小凹底部与 3 ～ 5 条胃腺通连（图 12-8 ～图 12-10）。

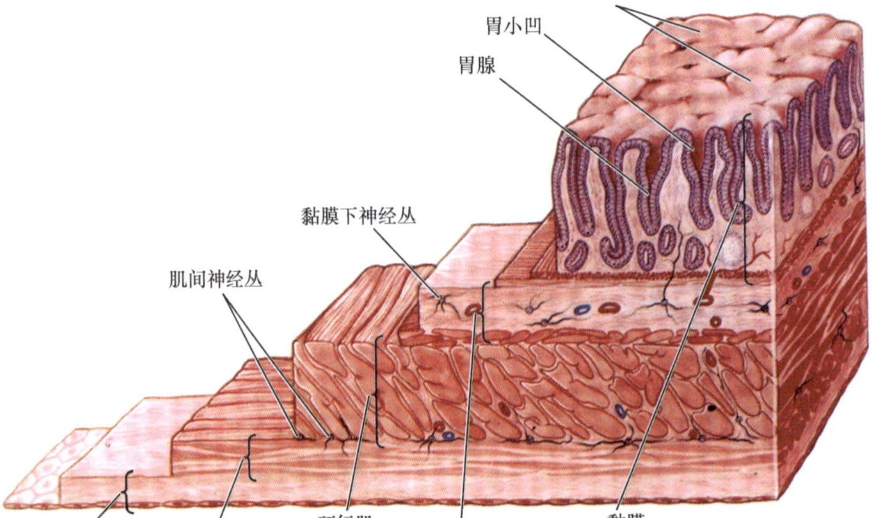

图 12-8 胃底与胃体部结构模式图

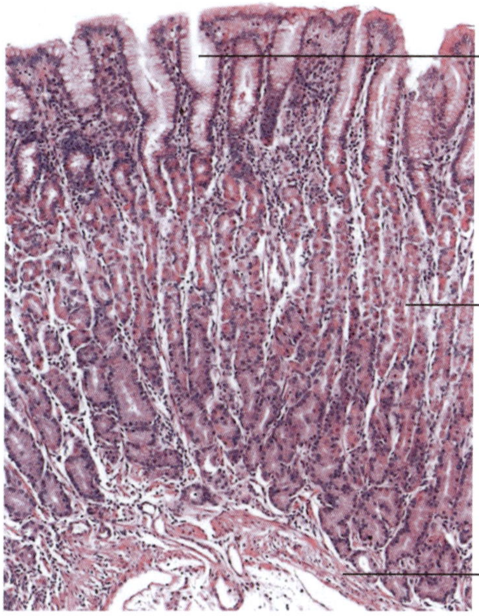

图 12-9 胃体部黏膜（HE 染色，高倍）

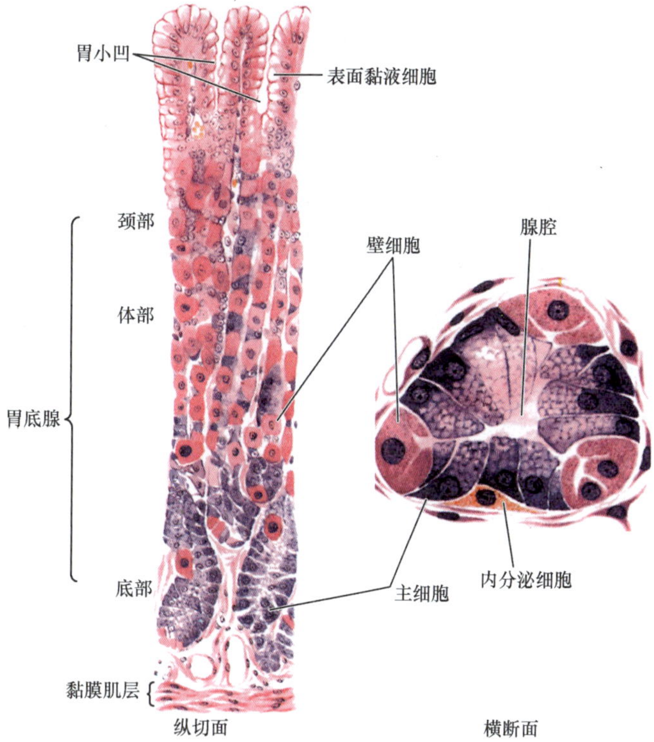

图 12-10* 胃底腺光镜结构模式图

1. 上皮 为单层柱状上皮，主要由**表面黏液细胞**（surface mucous cell）组成。该细胞呈柱状；细胞核椭圆形位于细胞基部；顶部胞质内充满黏原颗粒，PAS 反应阳性，在 HE 染色切片上，黏原颗粒着色浅淡而使细胞顶部呈透明或空泡状（图 12-10）。细胞间有紧密连接。表面黏液细胞分泌不可溶的碱性黏液覆盖于上皮表面，可以防止盐酸与胃蛋白酶对胃黏膜的消化及食物对上皮的磨损，有重要的保护作用。此细胞不断脱落，由胃小凹底部的干细胞增殖补充，表面上皮 3～5 天更新一次。正常胃上皮没有如肠道中的杯状细胞，如果出现杯状细胞，病理学称此现象为胃的肠上皮化生，为胃癌的前期表现。

2. 固有层 有大量紧密排列的胃腺，根据其所在部位与结构的不同，分为胃底腺、贲门腺和幽门腺。腺之间及胃小凹之间有少量结缔组织，除成纤维细胞外，还有较多淋巴细胞及一些浆细胞、肥大细胞与嗜酸性粒细胞，以及较丰富的毛细血管、散在的平滑肌纤维。

（1）胃底腺：**胃底腺**（fundic gland）分布于胃底和胃体部，数量最多、功能最重要。腺体呈分支管状，分为颈部、体部和底部。颈部短而细，与胃小凹衔接；体部最长；底部略膨大。胃底腺上皮由主细胞、壁细胞、颈黏液细胞、干细胞和内分泌细胞组成（图 12-9、图 12-10）。越接近贲门部的胃底腺主细胞越多，而越接近幽门部的壁细胞越多。

1）主细胞：**主细胞**（chief cell）又称**胃酶细胞**（zymogenic cell），数量最多，主要分布于腺的体部和底部。细胞呈柱状；核圆形位于基部；胞质基部呈强嗜碱性，顶部充满酶原颗粒，但在普通固定染色的标本上，颗粒多溶失，致顶部呈泡沫状。电镜下，胞质基部有大量粗面内质网，核上方有发达的高尔基体和许多圆形酶原颗粒（图 12-11）。主细胞分泌**胃蛋白酶原**（pepsinogen）。

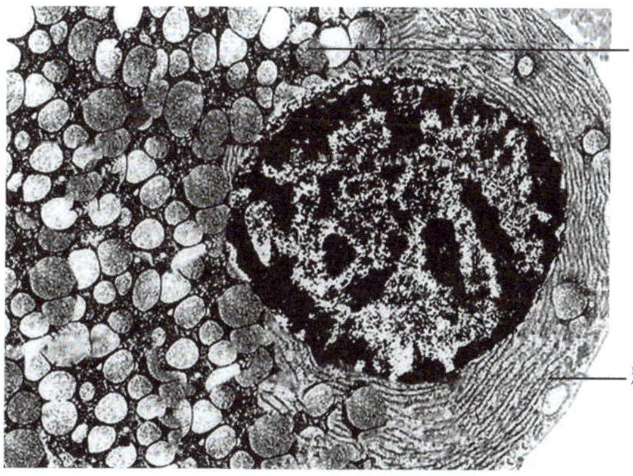

图 12-11 主细胞透射电镜图

2）壁细胞：**壁细胞**（parietal cell）又称**泌酸细胞**（oxyntic cell），在腺的颈部和体部较多。

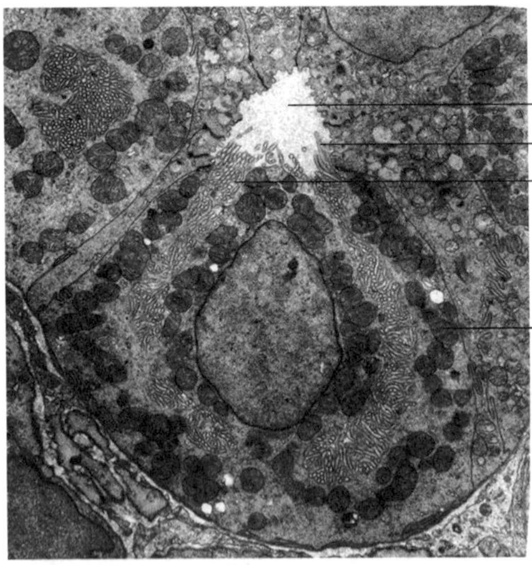

图 12-12　壁细胞透射电镜图

细胞体积较大，多呈圆锥形；核圆而深染，居中，可有双核；胞质呈强嗜酸性。电镜下，可见壁细胞顶面的质膜向胞质内凹陷，形成迂曲分支的小管，称**细胞内分泌小管**（intracellular secretory canaliculus），小管腔面有微绒毛。分泌小管周围有表面光滑的小管和小泡，称**微管泡系统**（tubulovesicular system），其膜结构与分泌小管相同。壁细胞的此种特异性结构在细胞不同的分泌时相有显著的差异。在静止时相，分泌小管多不与腺腔相通，微绒毛短而稀疏，微管泡系统却极发达；在分泌时相，分泌小管开放，微绒毛增多增长，使细胞游离面面积扩大约 5 倍，而微管泡系统的管泡数量则剧减。这表明微管泡系统实为分泌小管膜的储备形式。壁细胞还有丰富的线粒体，为细胞的分泌活动提供充足的能量（图 12-12）。

壁细胞能分泌盐酸，其过程是：细胞内分泌小管膜上有大量质子泵（H^+、K^+-ATP 酶）和 Cl^- 通道，能分别把壁细胞内形成的 H^+ 和从血液摄取的 Cl^- 输入分泌小管，两者结合成盐酸后进入腺腔。盐酸能激活胃蛋白酶原，使之转变为胃蛋白酶，并为其活性提供所需的酸性环境，以对蛋白质进行初步分解；盐酸还有杀菌作用。人的壁细胞还分泌**内因子**（intrinsic factor），在胃腔内能与食物中的维生素 B_{12} 结合成复合物，使其在肠道内不被酶分解，并能促进回肠吸收维生素 B_{12}，供红细胞生成所需。在萎缩性胃炎等疾病，由于壁细胞减少，内因子缺乏，致维生素 B_{12} 吸收障碍，可引起恶性贫血。

3）颈黏液细胞：**颈黏液细胞**（mucous neck cell）数量少，位于腺颈部，常呈楔形夹于其他细胞之间。核扁平，位于细胞基底。核上方有很多黏原颗粒，HE 染色着色浅淡。此细胞分泌含酸性黏多糖的可溶性黏液。

4）干细胞：**干细胞**（stem cell）位于从腺颈部至胃小凹底部一带，在普通标本上不易辨认。该细胞处于活跃的增殖状态，可不断分裂。分裂所产生的子细胞有的向上迁移，分化为表面黏液细胞，有的停留在局部或向下迁移，分化为胃底腺的其他细胞。

5）内分泌细胞：详见后述。

（2）贲门腺：**贲门腺**（cardiac gland）分布于近贲门处宽 1 ～ 3 cm 的狭窄区域，为管状黏液性腺。

（3）幽门腺：**幽门腺**（pyloric gland）分布于幽门部宽 4 ～ 5 cm 的区域，此区胃小凹很深。幽门腺为分支多而弯曲的管状黏液性腺，内有很多 G 细胞。

上述三种腺体的分泌物，统称为胃液。成人每日胃液的分泌量为 1.5 ～ 2.5 L，pH 为 0.9 ～ 1.5，除含有盐酸、胃蛋白酶、黏蛋白外，还有大量水、Na^+、K^+、Cl^- 等。

3. 黏膜肌层　由内环行和外纵行薄层平滑肌组成。

胃黏膜的自我保护机制：胃液中含高浓度的盐酸，腐蚀力极强，胃蛋白酶能分解蛋白质，但正常情况下胃黏膜却耐腐蚀而不受破坏，这主要是由于其表面存在**黏液-碳酸氢盐屏障**（mucous-HCO_3^- barrier）。该屏障主要由含大量 HCO_3^- 的不可溶性黏液凝胶构成，厚 0.25 ～ 0.5 mm。黏液凝胶由表面黏液细胞分泌，HCO_3^- 也主要来自表面黏液细胞。黏液凝胶层将上皮与胃蛋白酶相隔离，并减缓 H^+ 向黏膜方向弥散；HCO_3^- 可中和 H^+，形成 H_2CO_3，后者被胃上皮细胞的碳酸酐酶迅速分解为 H_2O 和 CO_2。此外，胃上皮细胞间的紧密连接也具有屏障作用，加上上皮细胞的快速更新也使胃黏膜能及时修复损伤。正常情况下，胃酸的分泌量和黏液-碳酸氢盐屏障保持平衡。乙醇、阿司匹林类药物，以及幽门螺杆菌感染等因素，可使胃酸分泌过多或黏液产生减少，屏障易受到破坏，导致胃组织的自我消化，形成胃炎或胃溃疡。

（二）黏膜下层

黏膜下层为较致密结缔组织，内含丰富的胶原纤维和较粗的血管、淋巴管和神经，还可见成群的脂肪细胞。

（三）肌层

肌层较厚，由内斜行、中环行及外纵行三层平滑肌组成。贲门部和幽门部的环行肌增厚，分别形成贲门括约肌和幽门括约肌。

（四）外膜

外膜为浆膜。

五、小　肠

小肠为消化管最长的一段，分为十二指肠、空肠和回肠，是消化和吸收的主要部位。

（一）黏膜

小肠腔面的环行皱襞从距幽门约 5 cm 处开始出现，在十二指肠末段和空肠头段极其发达，向下逐渐减少、变矮，至回肠中段以下基本消失。黏膜表面有许多细小的**小肠绒毛**（intestinal villus），是由上皮和固有层向肠腔突起而成。小肠绒毛与环行皱襞一起使小肠内表面积扩大约 30 倍，有利于物质的消化、吸收与运送。绒毛为小肠特有的结构，长 0.5 ～ 1.5 mm，以十二指肠和空肠头段最发达。小肠各段绒毛形状不一，在十二指肠为宽大的叶状，空肠如长指状，回肠则呈短的锥形。绒毛的表面为单层柱状上皮，中轴为固有层结缔组织。绒毛根部的上皮向固有层下陷形成单管状的**小肠腺**（small intestinal gland），直接开口于肠腔（图 12-13 ～图 12-15）。

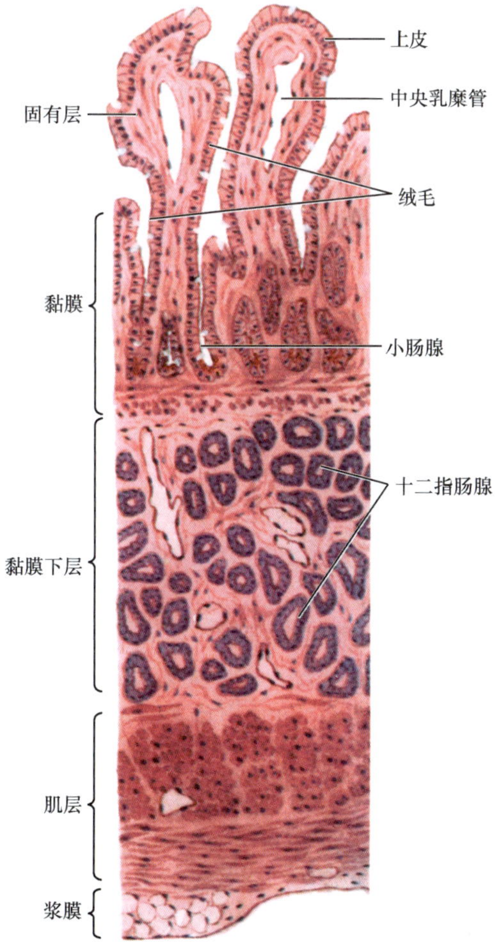

图 12-13　十二指肠光镜结构模式图

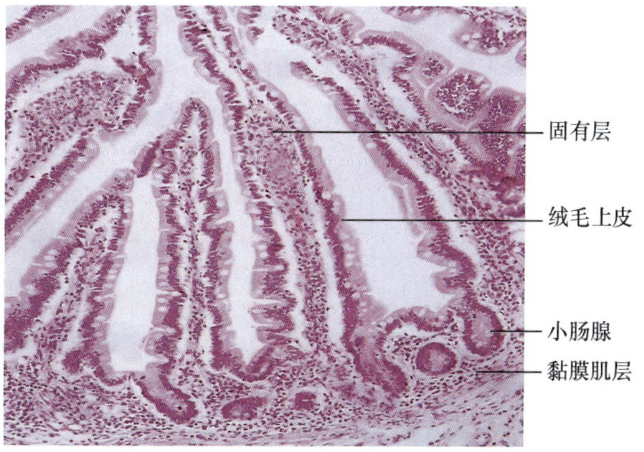

图 12-14　回肠黏膜（HE 染色，低倍）

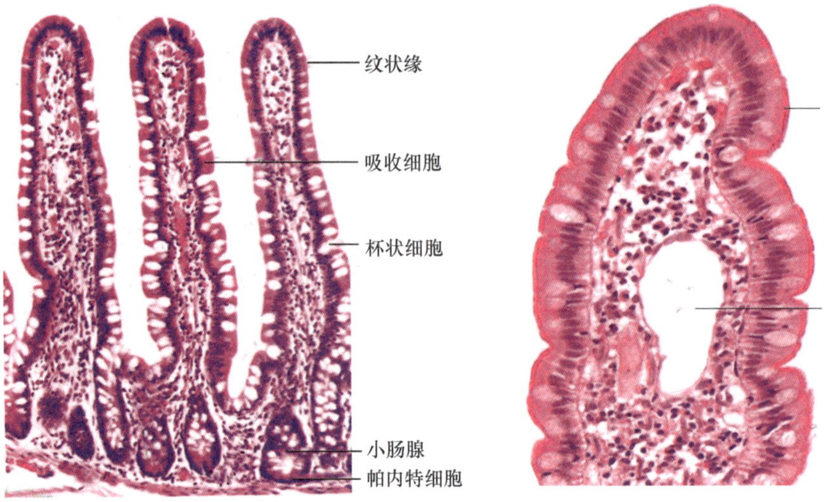

图 12-15 小肠绒毛和小肠腺（HE 染色，高倍）

1. 上皮 为单层柱状上皮。绒毛部上皮由吸收细胞、杯状细胞和少量内分泌细胞组成；小肠腺上皮除上述细胞外，还有帕内特细胞和干细胞（图 12-15）。

（1）吸收细胞：**吸收细胞**（absorptive cell）数量最多，呈高柱状，核椭圆形，位于基部。电镜下，细胞游离面有大量密集而规则排列的微绒毛，构成光镜下可见的纹状缘。每个吸收细胞有 2 000 ～ 3 000 根微绒毛，使细胞游离面的面积扩大约 20 倍。微绒毛表面有一层厚 0.1 ～ 0.5 μm 的细胞衣，由细胞膜内镶嵌蛋白的胞外部分构成，其中有参与消化糖类和蛋白质的双糖酶和肽酶，还有吸附的胰蛋白酶、胰淀粉酶等，故细胞衣是消化的重要部位。吸收细胞的胞质内有丰富的滑面内质网，内含多种酶，可将细胞吸收的一酰甘油与脂肪酸合成三酰甘油，后者与胆固醇、磷脂及载脂蛋白结合后，在高尔基体形成乳糜微粒，然后通过细胞侧面进入中央乳糜管（详见下述），这是脂肪吸收和转运的方式。相邻吸收细胞的顶部有紧密连接，可阻止肠腔内物质由细胞间隙进入组织，保证选择性吸收的进行。

吸收细胞也参与分泌性免疫球蛋白 A 的释放过程。此外，十二指肠和空肠上段的吸收细胞还向肠腔分泌**肠激酶**（enterokinase），该酶能激活胰蛋白酶原，使之转变为有活性的胰蛋白酶。

（2）杯状细胞：散布于吸收细胞之间，可分泌黏液，对肠上皮有润滑和保护作用。从十二指肠至回肠末段，杯状细胞逐渐增多。

（3）帕内特细胞：**帕内特细胞**（Paneth cell）是小肠腺的特征性细胞，常三五成群地分布于腺的底部。细胞呈锥体形，具有蛋白质分泌细胞的超微结构特点，顶部胞质内充满了粗大的嗜酸性分泌颗粒（图 12-15），其内含**防御素**（defensin）、溶菌酶，可杀灭肠道的微生物。

（4）内分泌细胞：详见后述。

（5）干细胞：位于小肠腺的下半部，细胞较小呈柱状，胞质嗜碱性。该细胞能不断增殖、分化并向上迁移，补充在绒毛顶端脱落的吸收细胞和杯状细胞，也可分化为帕内特细胞和内分泌细胞。绒毛上皮细胞的更新周期为 3 ～ 6 天。

2. 固有层 为疏松结缔组织，除有大量小肠腺外，还有丰富的淋巴细胞、浆细胞、巨噬细胞、嗜酸性粒细胞和肥大细胞。绒毛中轴的结缔组织内，有 1 ～ 2 条纵行的毛细淋巴管，称**中央乳糜管**（central lacteal），其以盲端起始于绒毛的顶部，向下穿过黏膜肌层，进入黏膜下层淋巴管丛。中央乳糜管管腔较大，内皮细胞间隙宽，无基膜，故通透性大，能运送吸收细胞释出的乳糜微粒（图 12-13、图 12-15B）。中央乳糜管的周围有丰富的有孔毛细血管，肠上皮吸收的氨基酸、单糖等水溶性物质主要经此入血。在绒毛中轴结缔组织内还有少量散在的平滑肌纤维，其收缩使绒毛变形，有利于淋巴和血液的运行。此外，固有层内尚有弥散淋巴组织和淋巴小结。在十二指肠和空肠多为孤立淋巴小结，在回肠（尤其是下段）多为由若干淋巴小结聚集而成的集合淋巴小结，可穿过黏膜肌层抵达黏膜下层。

3. 黏膜肌层 由内环行和外纵行两薄层平滑肌组成。

（二）黏膜下层

黏膜下层为较致密的结缔组织，内含丰富的弹性纤维及较多的血管和淋巴管。在十二指肠的黏膜下层内有大量的黏液性腺，称**十二指肠腺**（duodenal gland），其导管穿过黏膜肌层开口于小肠腺的底部（图12-13）。此腺分泌黏稠的碱性黏液，以保护十二指肠免受胃酸的侵蚀。

小肠上皮及腺体的分泌物统称为小肠液。成人每日分泌量为 1 ～ 3 L，pH 约为 7.6，除含上述分泌物外，还有大量水、Na^+、K^+、Cl^-、HCO_3^-等。

（三）肌层

由内环行和外纵行两层平滑肌组成。

（四）外膜

外膜除十二指肠后壁为纤维膜外，其余均为浆膜。

六、大　肠

大肠包括盲肠、阑尾、结肠、直肠和肛管，主要功能是吸收水分和电解质，并将食物残渣形成粪便。

（一）盲肠、结肠和直肠

此三部分大肠壁的组织学结构基本相同（图 12-16、图 12-17）。

1. 黏膜　表面光滑，无绒毛，有半环行皱襞。上皮为单层柱状上皮，由吸收细胞与大量的杯状细胞组成。固有层内有大量的大肠腺，呈单管状，除含吸收细胞和大量杯状细胞外，还有少量干细胞和内分泌细胞，但无帕内特细胞。杯状细胞分泌的黏液可润滑、保护黏膜。固有层内可见孤立淋巴小结。黏膜肌层与小肠相同。

2. 黏膜下层　在结缔组织内有血管和淋巴管，还有成群的脂肪细胞。

3. 肌层　由内环行和外纵行两层平滑肌组成。环行肌呈节段性增厚形成结肠袋；纵行肌也局部增厚形成三条结肠带，带

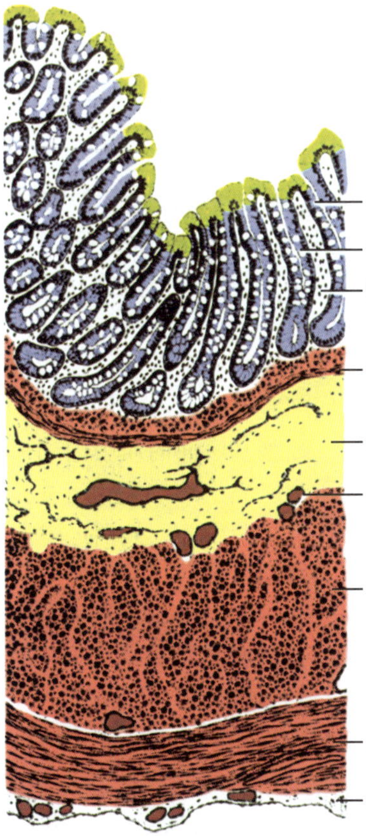

图 12-16　结肠光镜结构模式图

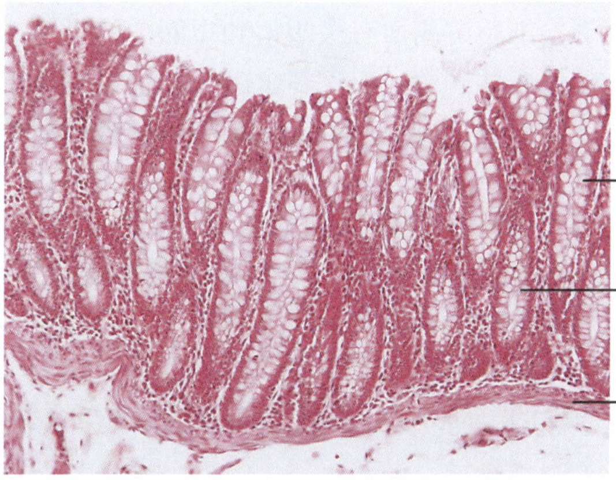

图 12-17　结肠黏膜与黏膜下层（HE 染色，高倍）

间的纵行肌很薄，甚至缺如。

4. 外膜　在盲肠、横结肠、乙状结肠为浆膜；在升结肠与降结肠的前壁为浆膜，后壁为纤维膜；在直肠上1/3段的大部分、中1/3段的前壁为浆膜，其余部分为纤维膜。外膜的结缔组织中常有脂肪细胞聚集而成的肠脂垂。

（二）阑尾

结构与上述大肠相似，但阑尾管腔小而不规则，大肠腺短而少。其最重要的特点是固有层内有极丰富的淋巴组织，由大量淋巴小结及弥散淋巴组织构成，并突入黏膜下层，致使黏膜肌层不完整。肌层很薄，外被覆浆膜（图12-18）。

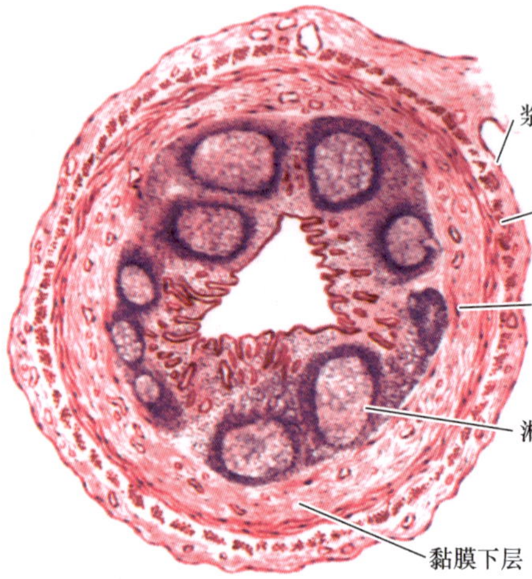

图12-18　阑尾光镜结构模式图

（三）肛管

在齿状线以上的肛管，其黏膜结构与直肠相似，但在肛管上段出现了纵行皱襞（肛柱）。在齿状线处，单层柱状上皮骤然变为轻度角化的复层扁平上皮，大肠腺和黏膜肌层消失。齿状线以下的上皮为与皮肤相同的角化复层扁平上皮，含有很多黑色素；此处的固有层内有环肛腺（大汗腺）和丰富的皮脂腺。肛管黏膜下层内有密集的静脉丛，易发生淤血、扩张而形成痔。肌层由两层平滑肌组成，其内环行肌增厚形成肛门内括约肌。近肛门处，外纵行肌周围有由环形骨骼肌形成的肛门外括约肌。

七、消化管的淋巴组织

消化管与体外环境直接相通，各种细菌、病毒、寄生虫（卵）等病原微生物可随饮食进入，其中大多能被胃酸、消化酶及帕内特细胞分泌的防御素和溶菌酶所破坏，其余的或以原形排出体外，或受到消化管的淋巴组织的免疫抵御。消化管的淋巴组织主要包括黏膜淋巴小结（尤其是咽、回肠和阑尾）、固有层中弥散分布的淋巴细胞、浆细胞、巨噬细胞、间质树突状细胞，以及上皮内的淋巴细胞，它们能接受消化管内病原微生物的抗原刺激，主要通过产生和向消化管腔分泌免疫球蛋白作为应答，与上皮共同形成机体的第一道防线。

在肠集合淋巴小结处，局部黏膜向肠腔呈圆顶状隆起，无肠绒毛和小肠腺，其上皮内有散在的**微皱褶细胞**（microfold cell，M细胞）。M细胞在光镜下难以分辨，只能根据其基底部是否包含淋巴细胞来推断。电镜下，细胞游离面有微皱褶和短而少的微绒毛，胞质内有丰富的囊泡，细胞基底面的质膜内陷形成一较大的窟窿状凹腔，内含多个淋巴细胞。M细胞能摄取肠腔内的抗原物质，以囊泡的形式转运并传递给其包含的淋巴细胞，后者进入黏膜的淋巴小结和肠系膜淋巴结内增殖分化为幼浆细胞，然后经淋巴细胞再循环途径，大部分返回消化管黏膜，并转化为浆细胞。浆细胞除产生少量IgG进入血液循环外，主要产生IgA。IgA能与吸收细胞基底面和侧面细胞膜中的分泌片（一种镶嵌糖蛋白）相结合，形成**分泌性IgA**（secretory IgA，sIgA）。sIgA被吸收细胞内吞入胞质，继而释入肠腔，特异性地与抗原结合，从而抑制或杀灭细菌、中和病毒、抑制抗原与上皮细胞的黏着和进入。上述部分幼浆细胞还可经血液进入唾液腺、呼吸道黏膜、女性生殖道黏膜和乳腺等处，产生sIgA，发挥相似的免疫应答作用，使消化管免疫成为全身免疫的一部分，这被称为共同黏膜免疫系统。

八、胃肠的内分泌细胞

在胃、小肠和大肠的上皮及腺体中散布着四十余种内分泌细胞（表 12-1），尤以胃幽门部和十二指肠上段为多，这些细胞的总量估计为 3×10^9 个，超过所有内分泌腺腺细胞的总和。因此，在某种意义上，胃肠是体内最大、最复杂的内分泌器官。其所分泌的激素统称胃肠激素，主要调节胃肠道的消化、吸收与分泌功能，也参与调节其他器官的生理活动。

表 12-1 主要的胃肠内分泌细胞

细胞名称	分布部位	分泌物	主要作用
D 细胞	胃、小肠、结肠	生长抑素	抑制其他内分泌细胞和壁细胞
EC 细胞	胃、小肠、结肠	5-HT、P 物质	扩张血管、促进胃肠运动、胃液分泌
ECL 细胞	胃底腺	组胺	促进胃酸分泌
G 细胞	胃幽门部、十二指肠	胃泌素	促进胃酸分泌、黏膜细胞增殖
I 细胞	十二指肠、空肠	胆囊收缩素-促胰酶素	促进胆囊收缩、胰酶分泌
K 细胞	空肠、回肠	抑胃肽	促进胰岛素分泌
M_0 细胞	空肠、回肠	胃动素	参与控制胃肠的收缩节律
N 细胞	回肠	神经降压素	抑制胃酸分泌和胃运动
PP 细胞	胃、小肠、结肠	胰多肽	抑制胰酶分泌、松弛胆囊
S 细胞	十二指肠、空肠	促胰液素	促进胰导管分泌水和 HCO_3^-

胃肠内分泌细胞大多散在于其他上皮细胞之间，呈不规则的锥体形，基底部附于基膜，可有基底侧突与邻近细胞相接触。细胞最显著的结构特征是基底部胞质中有大量的分泌颗粒，颗粒的大小、形状与电子密度等依细胞类型而异，可作为鉴别不同类型内分泌细胞的指征。在 HE 染色切片上，胃肠的内分泌细胞不易辨认，目前主要用免疫组织化学方法显示。绝大多数胃肠内分泌细胞具有面向管腔的游离面，称开放型，游离面有微绒毛伸向管腔，能感受管腔内食物和 pH 等化学信息，从而引起其内分泌活动的变化。少数（主要是 D 细胞）细胞顶部被相邻细胞覆盖而未露出腔面，称封闭型，主要受胃肠运动的机械刺激或其他激素的调节而改变其内分泌状态（图 12-19）。内分泌细胞的分泌颗粒内含肽和（或）胺类激素，大多数在细胞基底面释出，经血液循环运送并作用于靶细胞；少数激素释放后直接作用于邻近的细胞，以旁分泌方式调节靶细胞的生理功能。

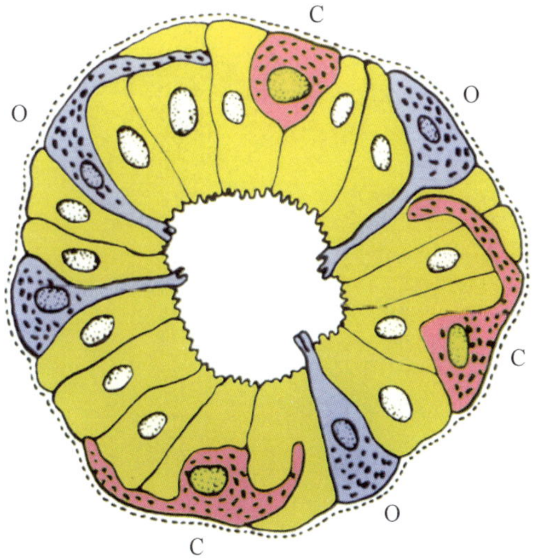

图 12-19 胃肠内分泌细胞模式图
O 开放型；C 封闭型

本章小结

消化管壁（除口腔与咽外）自内向外分为______、______、______和______。黏膜又由______、______和______组成。各段消化管壁具有与其功能相适应的结构特点。食管上皮为______；黏膜下层含______；肌层上 1/3 段为______，下 1/3 段为______，中 1/3 段为两者兼具。胃表面有______；胃的单层柱状上皮主要由______组成，分泌的黏液对胃壁有保护作用；固有层内胃底腺两种主要的细胞是 ____________、____________，能分泌 ____________ 和 ____________；肌层由三层平滑肌组成。小肠腔面有 ____________，还有由上皮和固有层向肠腔突起形成的 ____________，两者使小肠腔表面积扩大约30倍；绒毛部的单层柱状上皮细胞主要有 ____________ 和 ____________ 等，吸收细胞游离面有 ____________ 和 ____________，是消化的重要部位；绒毛中轴的固有层内有 ____________ 和 ____________，与物质的吸收与转运相关；绒毛根部的上皮向固有层下陷形成 ____________，____________ 为其特征性细胞；在十二指肠的黏膜下层内有 ____________，分泌碱性黏液。结肠固有层内有丰富的 ____________，含大量 ____________ 细胞。消化管的黏膜淋巴小结、弥散分布的淋巴细胞等组成消化管的淋巴组织，主要通过分泌免疫球蛋白行使免疫功能。胃肠的内分泌细胞总量大，分泌的激素主要调节胃肠道的功能。

（文晓红　刘　燕）

第十二章微课

胃　　消化管

第十三章

消化腺

学习要点

① 大唾液腺的一般组织结构，三对大唾液腺的组织结构特点；② 胰腺的组织结构及其功能；③ 肝脏的组织结构及其功能；④ 胆囊的组织结构特点。

消化腺分为大消化腺和小消化腺。小消化腺位于消化管壁内，如小唾液腺、食管腺、胃腺和肠腺等。大消化腺位于消化管壁之外，独立形成实质性器官，并以导管开口于消化管腔，包括大唾液腺、胰腺和肝脏。消化腺分泌的消化液中含有各种消化酶，对食物进行化学性消化。有的消化腺还有内分泌或其他重要功能。

一、大唾液腺

大唾液腺有腮腺、下颌下腺和舌下腺各一对，分泌的唾液经导管排入口腔。

（一）大唾液腺的一般结构

大唾液腺表面包以薄层结缔组织被膜，结缔组织伸入腺内将腺实质分隔成许多小叶。大唾液腺均为复管泡状腺，腺实质由腺泡和导管组成。

1. 腺泡　**腺泡**（acinus）为腺的分泌部，由单层立方或锥体形腺细胞组成。在腺细胞与基膜之间有**肌上皮细胞**（myoepithelial cell），呈扁平形、多突起，胞质内含肌动蛋白丝，其收缩有助于腺泡分泌物的排出。根据腺细胞的结构和分泌物的性质，腺泡可分为浆液性、黏液性和混合性三类（详见第二章上皮组织相关内容）。

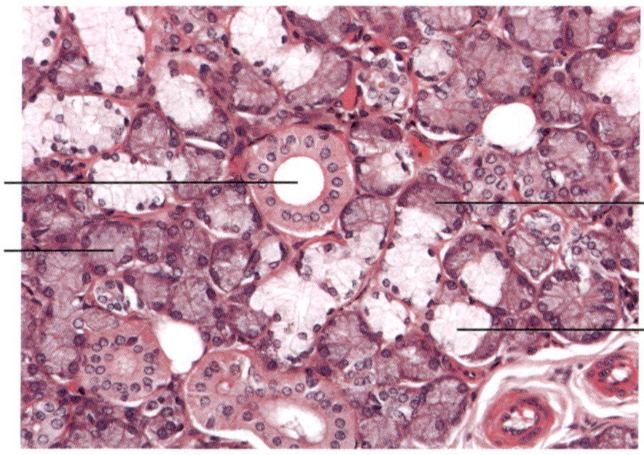

图 13-1*　下颌下腺（HE 染色，高倍）

2. 导管　导管为反复分支的上皮性管道，一端与腺泡腔相通，可分为下列几段。

（1）闰管：**闰管**（intercalated duct）为导管的起始段，直接与腺泡相连。其管径细，管壁为单层立方或单层扁平上皮。

（2）纹状管：**纹状管**（striated duct）又称**分泌管**（secretory duct），与闰管相连，位于小叶内。其管径较粗，管壁为单层高柱状上皮。上皮细胞核圆，位于细胞顶部（图 13-1）；细胞基部有明显的纵纹，电镜下为大量的质膜内褶及褶间纵行排列的线粒体。

（3）小叶间导管和总导管：小叶间导管由纹状管汇合而成，位于小叶间结缔组织内，管壁由单层柱状上皮逐渐移行为假复层柱状上皮。小叶间导管逐级汇合，最终形成一条或几条总导管开口于口腔，近开口处的管壁渐变为复层扁平上皮，与口腔上皮相延续。

（二）三对大唾液腺的组织结构特点

1. 腮腺　**腮腺**（parotid gland）是人体最大的唾液腺。为纯浆液性腺；闰管长，纹状管较短；分泌物含唾液淀粉酶。

2. 下颌下腺　**下颌下腺**（submandibular gland）为混合性腺，以浆液性腺泡为主，混合性及黏液性腺泡较少；闰管短，纹状管长；分泌物含唾液淀粉酶较少而黏液较多（图 13-1）。

3. 舌下腺　**舌下腺**（sublingual gland）为混合性腺，以黏液性和混合性腺泡为主，半月较多；无闰管，纹状管也短；分泌物以黏液为主。

唾液是由大、小唾液腺的分泌物混合而成，其 95% 以上来自三对大唾液腺。唾液中的水分（占 99%）和黏液起润滑口腔的作用，唾液淀粉酶可将食物中的淀粉分解为麦芽糖，溶菌酶和干扰素能抵抗细菌和病毒的侵入。此外，唾液腺间质中的浆细胞分泌的 IgA 与腺细胞产生的蛋白质分泌片结合，形成 sIgA，随唾液排入口腔，具有免疫功能。下颌下腺还分泌许多生物活性多肽，如神经生长因子、红细胞生成素、表皮生长因子等，对多种生理活动起着重要的调节作用，如表皮生长因子可促进口腔上皮增殖与创伤修复。

二、胰　　腺

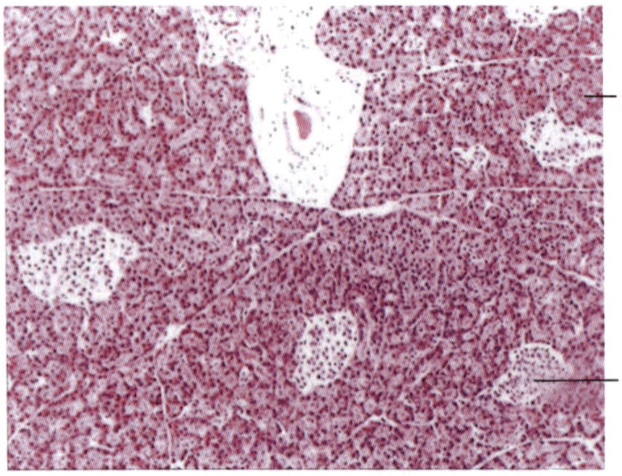

图 13-2　胰腺（HE 染色，低倍）

胰腺（pancreas）表面覆盖薄层结缔组织被膜，结缔组织伸入腺内将腺实质分隔成许多小叶，人的胰腺中结缔组织不发达，故小叶的分界不很明显。胰腺的实质由外分泌部和内分泌部两部分组成。外分泌部构成胰腺的大部分，分泌胰液，有重要的化学性消化作用。内分泌部是散在于外分泌部之间的内分泌细胞团，分泌的激素进入血液，主要参与糖代谢的调节（图 13-2）。

（一）外分泌部

外分泌部为纯浆液性复管泡状腺，由腺泡和多级导管组成。

1. 腺泡　每个腺泡含 40 ～ 50 个腺细胞，细胞附着于基膜上，二者之间无肌上皮细胞。腺泡腔面可见小的扁平或立方形细胞，称**泡心细胞**（centroacinar cell），实际上是延伸到腺泡腔内的闰管起始部上皮细胞，其胞质染色浅，核圆或卵圆形，核仁明显（图 13-3、图 13-4）。

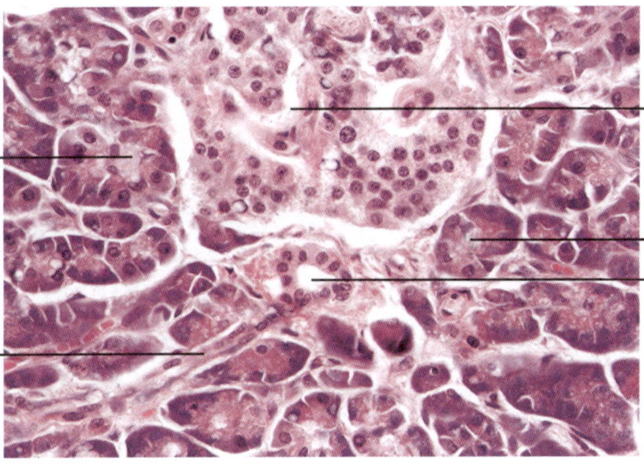

图 13-3* 胰腺（HE 染色，高倍）

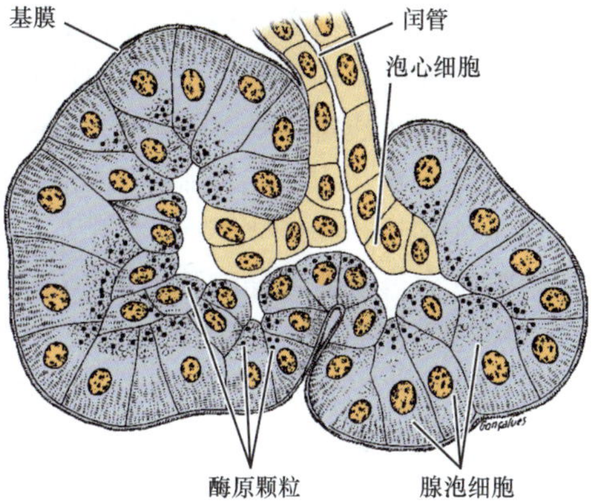

图 13-4* 胰腺腺泡模式图

胰腺腺细胞属浆液性腺细胞，细胞呈锥体形，核圆形，靠近基部；基部胞质嗜碱性，顶部胞质含嗜酸性的分泌颗粒（图 13-3）。电镜下可见基部胞质含丰富的粗面内质网和核糖体，核上区有发达的高尔基体，分泌颗粒（酶原颗粒）位于细胞顶部。颗粒的数量随细胞的功能状态而变化，饥饿时颗粒增多，进食后颗粒被释放，数量减少。腺细胞分泌胰蛋白酶原、胰糜蛋白酶原、胰淀粉酶、胰脂肪酶等多种消化酶，能消化食物中的各种营养成分。胰蛋白酶原进入小肠后，被肠激酶激活为有活性的胰蛋白酶；胰蛋白酶又可激活胰糜蛋白酶原为有活性的胰糜蛋白酶。腺细胞还分泌一种胰蛋白酶抑制因子，能防止胰蛋白酶原在胰腺内被激活。在胰腺损伤或导管阻塞等病理情况下，若这种内在机制失调，使胰蛋白酶原在胰腺内被激活，则迅速损伤胰腺组织，导致急性胰腺炎。

2. 导管 由闰管、小叶内导管、小叶间导管和主导管组成。闰管细而长，管壁为单层扁平或单层立方上皮，其远端逐渐汇合形成小叶内导管（胰腺无纹状管）（图 13-3），后者进入小叶间结缔组织汇合形成小叶间导管，继而汇合成一条贯穿胰腺全长的主导管，并在胰头部与胆总管汇合，开口于十二指肠乳头。从小叶内导管到主导管，管腔逐渐增大，管壁上皮由单层立方逐渐变为单层柱状，主导管为单层高柱状上皮，并可见杯状细胞。胰腺导管上皮细胞可分泌水和电解质，后者以碳酸氢盐为主，能中和进入十二指肠的胃酸。

胰液由胰腺腺细胞和导管上皮细胞共同产生，为碱性液体，内含多种消化酶和丰富的电解质，是最重要的消化液。人每天分泌 1 000 ～ 2 000 mL 胰液。

（二）内分泌部

内分泌部是由内分泌细胞组成的细胞团，呈岛屿状散在于腺泡之间，故又称**胰岛**（pancreas islet）（图 13-2）。人胰腺有 17 万～ 200 万个胰岛，约占胰腺体积的 1%，于胰尾较多。胰岛大小不等，直径为 75 ～ 500 μm，大的有数百个细胞，小的则只有几个细胞。胰岛细胞多排列成不规则索状，索间有丰富的有孔毛细血管。胰岛 HE 染色浅淡，不易区分其细胞类型；目前主要用免疫组织化学方法鉴别和研究各类胰岛细胞（图 13-5）。人胰岛内主要有 A、B、D、PP 和 D_1 五种细胞。

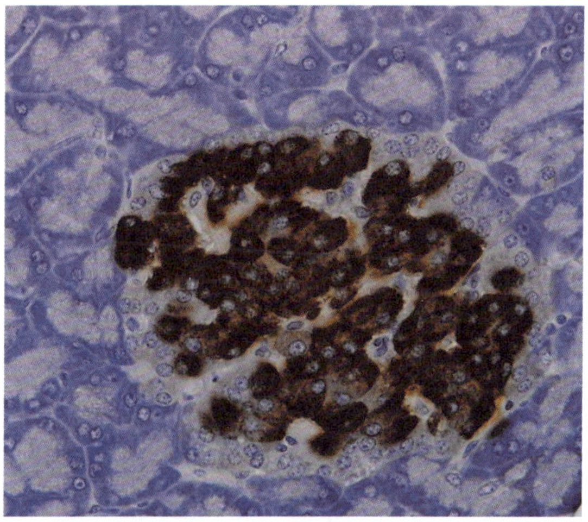

图 13-5 胰岛 B 细胞的免疫组织化学图（高倍）
胰岛 B 细胞含胰岛素，呈棕黄色

1. A 细胞 又称甲细胞、α 细胞，约占胰岛细胞总数的 20%，细胞较大，常呈多边形，多分布于胰岛的周边。电镜下，A 细胞的分泌颗粒中等大小，致密芯偏于颗粒的一侧，并与颗粒界膜之间有一新月形的帽样间隙。A 细胞分泌**高血糖素**（glucagon）。高血糖素的靶细胞主要是肝细胞和脂肪细胞，能促进糖原和脂肪分解，抑制糖原合成，使血糖升高，以满足机体活动的能量需要。高血糖素细胞瘤患者，高血糖素分泌过多，血糖升高，糖也可从尿中排出。

2. B 细胞　又称乙细胞、β 细胞，数量最多，约占胰岛细胞总数的 75%，主要位于胰岛的中央（图 13-5）。B 细胞的分泌颗粒大小不等，颗粒内有 1 至数个类晶体样致密芯，芯的形态多样，与颗粒界膜之间间隙较大。B 细胞分泌**胰岛素**（insulin）。胰岛素主要参与调节糖代谢，能促进细胞吸收血液中的葡萄糖，加速葡萄糖合成为糖原，或转变为脂肪，从而下调血糖水平。胰岛素和高血糖素的相互拮抗和协调作用使血糖水平保持相对稳定。若 B 细胞受到损伤，胰岛素分泌不足，或细胞对胰岛素抵抗（不敏感），均可致血糖升高，并从尿中排出，即为糖尿病。在 B 细胞发生肿瘤或细胞功能亢进时，胰岛素分泌过多，则导致低血糖症。

3. D 细胞　又称丁细胞、δ 细胞，约占胰岛细胞总数的 5%，分散在 A、B 细胞之间。D 细胞与 A、B 细胞紧密相贴，细胞间有缝隙连接。D 细胞的分泌颗粒较大，颗粒芯的电子密度较低，界膜紧贴核芯，无明显间隙。D 细胞分泌生长抑素，以旁分泌方式或经缝隙连接直接作用于邻近的 A 细胞、B 细胞和 PP 细胞，抑制这些细胞的分泌活动。生长抑素也可通过血液循环对其他靶细胞起调节作用。

4. PP 细胞　数量很少，主要存在于胰岛周边，在外分泌部的导管上皮内和腺细胞间也有分布。PP 细胞的分泌颗粒较小，颗粒芯一般为中等电子密度，界膜与核芯之间的间隙窄而清亮。PP 细胞分泌**胰多肽**（pancreatic polypeptide），具有抑制胃肠运动、胰液分泌及胆囊收缩的作用。

5. D_1 细胞　约占人胰岛细胞总数的 2% ～ 5%，主要分布在胰岛周边，少数分布在胰外分泌部和血管周围。D_1 细胞分泌**血管活性肠肽**（vasoactive interstinal polypeptide，VIP）。VIP 能促进胰腺腺泡细胞分泌，刺激 A、B 细胞分泌，抑制胃酶分泌。

近期研究表明，胰岛与胰腺泡之间有血管吻合，构成**胰岛腺泡门脉系统**（insuloacinar portal system），此种血供方式使胰岛能对腺泡的功能起调控作用。

三、肝

肝（liver）是人体最大的腺体，成人肝约占体重的 2%。肝产生的胆汁参与脂类物质的消化，故将肝列为消化腺，但肝还具有合成蛋白质、解毒等多种重要的生理功能，被称为机体的化工厂。肝表面覆以致密结缔组织被膜，大部分为浆膜。肝门处的结缔组织随门静脉、肝动脉和肝管的分支伸入肝实质，将实质分隔成许多肝小叶。相邻肝小叶之间的结缔组织区称为门管区，内有门静脉、肝动脉和肝管的分支。猪等少数动物肝小叶之间的结缔组织较多而分界明显，人等多数动物肝小叶之间的结缔组织很少，相邻肝小叶常连成一片，分界不清。

（一）肝小叶

肝小叶（hepatic lobule）是肝的基本结构和功能单位，呈不规则的棱柱体，高约 2 mm，宽约 1 mm，成人肝有 50 万～ 100 万个肝小叶（图 13-6）。肝小叶中央有一条沿其长轴走行的中央静脉，**肝板**（hepatic plate）以中央静脉为中心呈放射状排列。肝板是由单层肝细胞排列形成的凹凸不平的板状结构，相邻肝板的分支互相吻合并连成网状。在切片上，肝板的断面呈索状，故称**肝索**（hepatic cord）。肝板之间为肝血窦。肝血窦壁与肝板之间还有一狭窄的间隙，称窦周隙。相邻肝细胞的质膜局部凹陷，形成胆小管（图 13-7 ～图 13-9）。

1. 中央静脉　**中央静脉**（central vein）位于肝小叶的中央，管壁薄，仅由内皮和少量结缔组织组成；管壁不完整，有肝血窦的开口，其开口处的内皮细胞具有收缩功能，以控制血窦内血液的汇入。中央静脉汇入小叶下静脉。

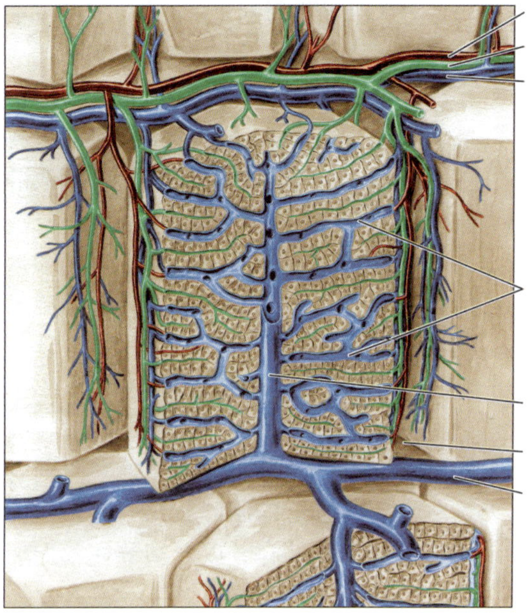

图 13-6 肝小叶立体模式图

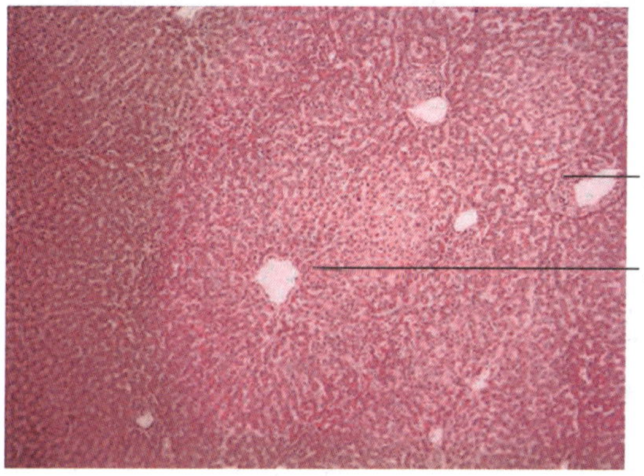

图 13-7 肝小叶和门管区（HE 染色，低倍）

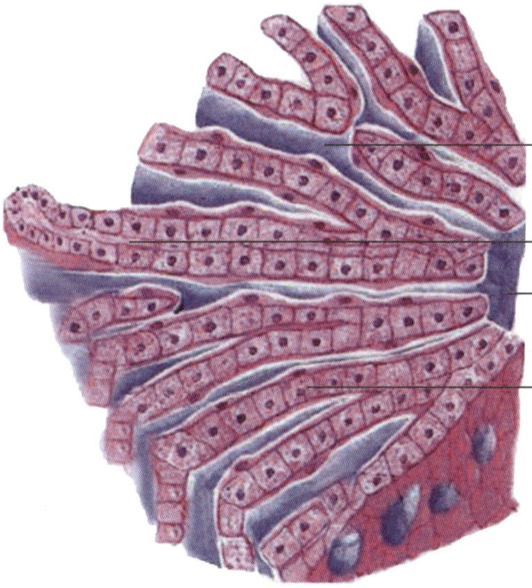

图 13-8 肝板、肝血窦和胆小管模式图

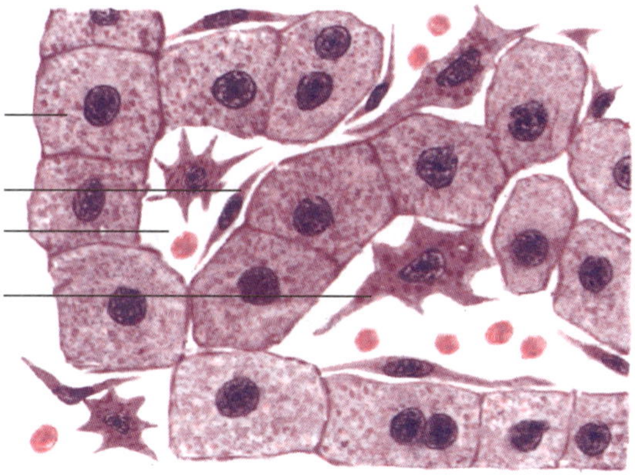

图 13-9 肝索与肝血窦光镜结构模式图

2. *肝细胞* **肝细胞**（hepatocyte）是肝内数量最多的细胞，体积较大，直径 13 ～ 30 μm，呈多面体形。肝细胞有三种不同的功能面，即血窦面、胆小管面和肝细胞连接面。血窦面和胆小管面有发达的微绒毛，增大了细胞的表面积，有利于物质交换和胆汁分泌。在相邻肝细胞之间的连接面上有紧密连接、桥粒和缝隙连接等结构（图 13-10）。

肝细胞核大而圆，居中，异染色质少而着色浅，有 1 至数个核仁，双核肝细胞较多。此外，多倍体核的肝细胞数量多，以 4 倍体核为主。这可能与肝细胞功能活跃和强大的再生能力有关。肝细胞的胞质呈嗜酸性，可有散在的嗜碱性团块。电镜下，胞质内有丰富而发达的各种细胞器，在肝细胞的功能活动中发挥重要的作用（图 13-9、图 13-10）。

（1）粗面内质网（rough endoplasmic reticulum，RER）：呈层状排列成群，形成胞质中嗜碱性的团块。能合成多种重要的血浆蛋白，如白蛋白、大部分凝血蛋白、纤维蛋白原、脂蛋白、补体等，还合成更新肝细胞内膜结构所需的蛋白质。

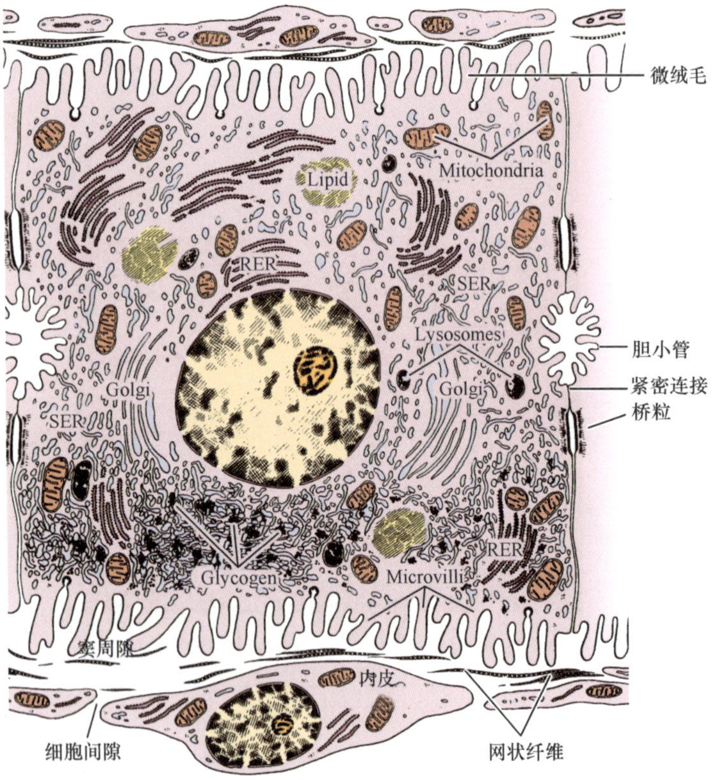

图 13-10* 肝细胞电镜结构模式图

（2）滑面内质网（smooth endoplasmic reticulum，SER）：呈不规则的管、泡状，数量多，散在分布。其膜上有多种酶系规律地分布，如氧化还原酶、水解酶、合成酶和转移酶等。肝细胞摄取的有机物在滑面内质网进行连续的合成、分解、结合、转化等反应，主要功能包括合成胆汁、脂类代谢、糖代谢和激素代谢，以及对从肠道吸收的有机异物（药物、腐败产物等）的生物转化。

（3）高尔基体：每个肝细胞约有50个，近胆小管处的高尔基体特别发达。它与肝细胞的胆汁分泌，蛋白质的加工、浓缩和储存，以及溶酶体的形成有关。

（4）线粒体：遍布于胞质内，每个肝细胞内有 1 000 ～ 2 000 个，为肝细胞的功能活动提供能量。

（5）溶酶体：数量和大小不一，功能活跃。进入肝细胞的异物、退化的细胞器等与溶酶体融合并被其内的水解酶消化分解，故溶酶体在肝细胞结构更新及正常功能的维持中起着重要的作用。溶酶体还参与胆色素的代谢转运和铁的贮存，在溶血性疾病时，溶酶体内含铁血黄素增多。

（6）过氧化物酶体（微体）：数量较多，体积较大，多为圆形小体，主要含过氧化氢酶和过氧化物酶。过氧化氢酶可将过氧化氢还原成氧和水，以消除其对细胞的毒性作用。

此外，肝细胞内还含糖原、脂滴和色素等，其数量因机体的生理和病理状态而异。糖原在进食后增多，饥饿时减少。正常时脂滴少，肝病时脂滴可增多。脂褐素随年龄增长而增多。

3. 肝血窦　**肝血窦**（hepatic sinusoid）位于肝板之间，经肝板上的孔互相连通成网。肝血窦腔大而不规则，腔内可见肝巨噬细胞和大颗粒淋巴细胞，窦壁主要由内皮细胞构成（图 13-8、图 13-9）。

肝血窦的内皮细胞扁而薄，有许多窗孔，孔上无隔膜，窗孔大小不等，可随肝生理和病理状态而发生改变。内皮细胞胞质内有大量的吞饮小泡，说明它有很强的物质摄取和转运能力。细胞间连接松散，常有 0.1 ～ 0.5 μm 的间隙，有的可达 1 μm。内皮外无基膜，仅有少量的网状纤维（图 13-10）。因此，肝血窦的通透性很大，除血细胞和乳糜微粒外，血浆的各种成分均可自由出入，有利于肝细胞与血液间的物质交换。

肝巨噬细胞又称**库普弗细胞**（Kupffer cell），是定居肝内的巨噬细胞，来自血液单核细胞。肝巨噬细胞形态不规则，常以许多板状和丝状伪足附着在内皮上，或穿过内皮窗孔和细胞间隙伸入窦周隙内（图 13-9）。其胞质内有发达的溶酶体，并常见吞噬体和吞饮泡。肝巨噬细胞有很强的吞噬功能，可吞噬、清除从肠道经门静脉入肝的细菌及各种异物，还能吞噬和清除衰老或损伤的血细胞。肝巨噬细胞具有识别、抑制和杀伤肿瘤细胞（如肝癌细胞）的功能。此外，肝巨噬细胞能分泌多种物质，影响和调节肝细胞或其本身的代谢和功能。

肝内的 NK 细胞称**大颗粒淋巴细胞**（large granular lymphocyte，LGL），附着在内皮细胞或肝巨噬细胞上。其细胞核偏位，有齿状凹陷；胞质中有较多的致密颗粒。大颗粒淋巴细胞在抗肝癌和抗肝内转移性肿瘤方面有重要作用，此外，该细胞还能抵御病毒感染。

4. 窦周隙　**窦周隙**（perisinusoidal space）又称 Disse 间隙，是肝血窦内皮细胞与肝细胞之间的狭窄间隙，宽约 0.4 μm，光镜观察难以辨认。由于肝血窦通透性大，故窦周隙内充满来自血窦的血浆，肝细胞血窦面的微绒毛浸于其中（图 13-10）。窦周隙是肝细胞和血液进行物质交换的场所。

窦周隙内有散在的**贮脂细胞**（fat-storing cell）和网状纤维。贮脂细胞形态不规则，有突起附于内皮细胞外表面及肝细胞表面，或伸入肝细胞之间。贮脂细胞内含有许多大脂滴，是细胞储存和代谢维生素 A 的结构，人体摄取的维生素 A 70% ～ 85% 储存在贮脂细胞内。贮脂细胞的另一功能是产生细胞外基质，窦周隙内的网状纤维即由它产生。在慢性肝病时，活化的贮脂细胞增殖活跃，产生细胞外基质功能增强，肝内纤维增多，可导致肝硬化。在 HE 染色切片中，贮脂细胞不易鉴别，用氯化金或硝酸银浸染法或免疫组织化学法可清楚显示。

5. 胆小管　**胆小管**（bile canaliculus）是相邻肝细胞间局部质膜凹陷并相互对接形成的微细管道，直径 0.5 ～ 1 μm，在肝板内相互连接成网，用银浸染法、ATP 酶或碱性磷酸酶组化染色法均可清楚显示。肝细胞在胆小管面形成的微绒毛突入管腔。构成胆小管的相邻肝细胞膜之间有由紧密连接、桥粒等组成的连接复合体，可封闭胆小管周围的细胞间隙，防止胆汁溢入窦周隙内（图 13-10、图 13-11）。当肝细胞发生变性、坏死或胆道堵塞致内压增高时，胆小管的正常结构遭到破坏，胆汁则溢入窦周隙，再进入肝血窦（血液），造成黄疸。

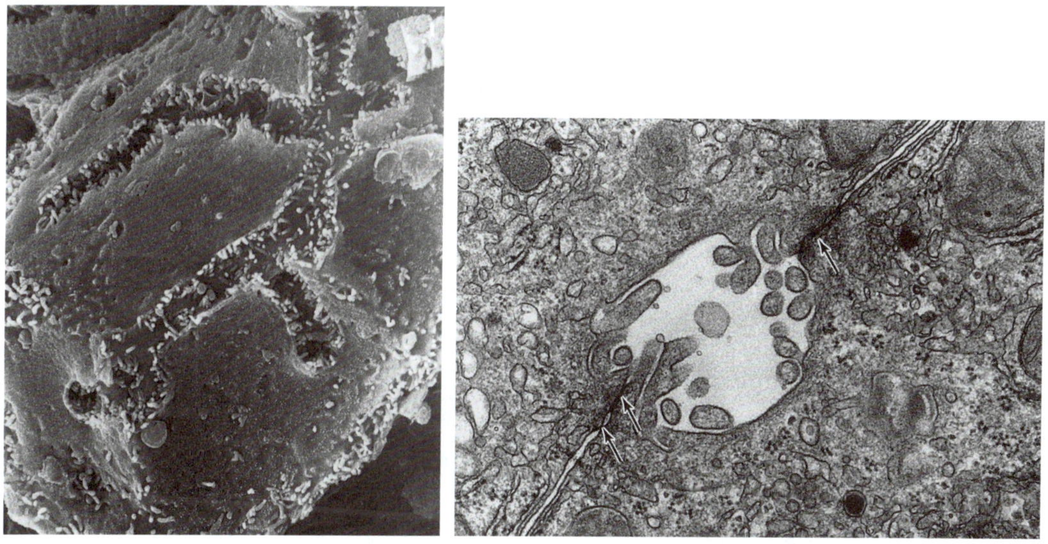

图 13-11*　胆小管电镜图
A. 扫描电镜图；B. 透射电镜图

（二）门管区

相邻肝小叶之间呈三角形或不规则形的结缔组织小区，称**门管区**（portal area）（图 13-7），每个肝小叶周围有 3 ～ 4 个门管区。其中可见 3 种伴行的管道，即小叶间静脉、小叶间动脉和小叶间胆管。

小叶间静脉是门静脉的分支，管腔大而不规则，管壁薄；小叶间动脉是肝动脉的分支，管腔小，管壁相对较厚；小叶间胆管管腔小，管壁由单层立方或低柱状上皮构成（图 13-12）。

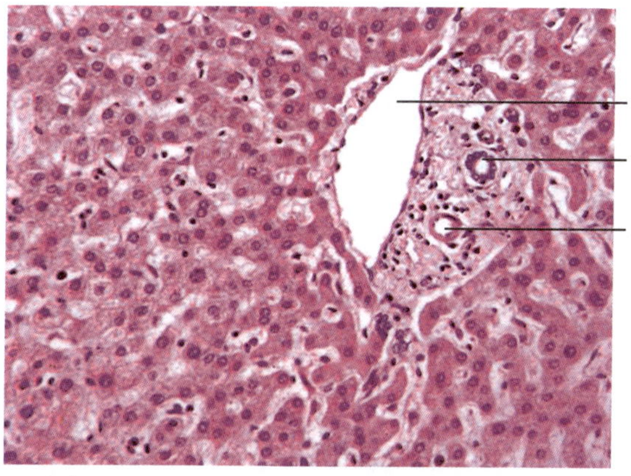

图 13-12　肝门管区（HE 染色，高倍）

（三）肝的血液循环

肝由门静脉和肝动脉双重供血。门静脉是肝的功能血管，将胃肠道吸收的营养和有毒物质输入肝内进行代谢和转化。门静脉在肝门入肝后逐级分支，形成小叶间静脉，其终末分支称终末门微静脉，行于相邻两个肝小叶之间。终末门微静脉再分支与肝血窦相通，并将门静脉血输入其内。肝动脉血含氧量高，是肝的营养血管。肝动脉入肝后与门静脉伴行分支，形成小叶间动脉。小叶间动脉最终也分支形成终末肝微动脉，并通入肝血窦。因此，肝血窦内含有来自门静脉和肝动脉的混合血液。肝血窦的血液从小叶周边流向中央，汇入中央静脉。若干中央静脉汇合成小叶下静脉，单独走行于小叶间结缔组织内。小叶下静脉再汇集成 2 ～ 3 支肝静脉，后者出肝后汇入下腔静脉。

（四）肝内胆汁排出途径

肝细胞分泌的胆汁经胆小管从肝小叶中央流向周边，汇入小叶边缘处若干短小的闰管，或称 Hering 管，其上皮细胞可能具有干细胞的性质，在肝再生过程中能增殖分化为肝细胞。闰管汇入小叶间胆管，再汇合成左右肝管，后者于肝门处出肝。

四、胆　　囊

胆囊分颈、体和底三部分，颈与胆囊管相连。胆囊壁由黏膜、肌层和外膜三层组成。黏膜形成许多高而分支的皱襞突入腔内，胆囊收缩时皱襞更加高大明显，充盈时皱襞大部分消失。黏膜由上皮和固有层构成。上皮为单层柱状上皮，皱襞之间的上皮常向固有层内凹陷形成隐窝，称黏膜窦，窦内容易存留细菌或异物，引起炎症。固有层为薄层结缔组织，含有较丰富的血管，但无腺体。肌层的平滑肌厚薄不一，底部的肌层较厚，颈部次之，体部最薄；肌纤维排列不规则，肌束间弹性纤维较多。外膜较厚，大部分为浆膜（图 13-13）。

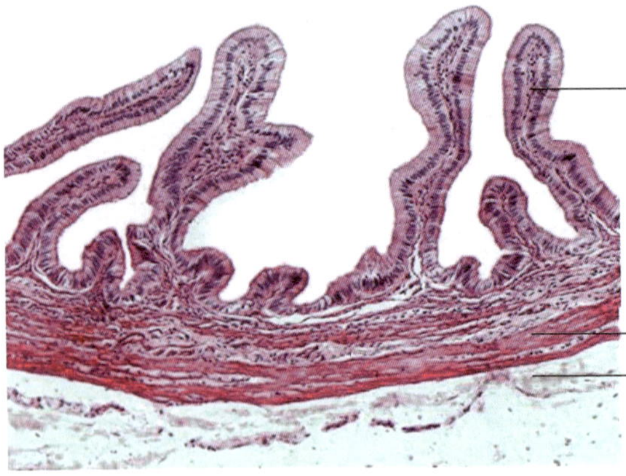

图 13-13　胆囊（HE 染色，低倍）

胆囊的功能是储存和浓缩胆汁，其容量为 40 ～ 60 mL。胆囊上皮细胞能主动吸收胆汁中的水和无机盐，使胆汁浓缩 4 ～ 10 倍。进食后，尤其是进高脂肪食物后，在小肠内分泌细胞分泌的胆囊收缩素作用下，胆囊持续收缩 30 ～ 60 min，将胆汁排入肠腔，参与脂肪的消化过程。

本章小结

消化腺分为大消化腺和小消化腺，小消化腺位于消化管壁内，大消化腺包括大唾液腺、胰腺和肝脏。大唾液腺均为复管泡状腺，由＿＿＿＿＿和＿＿＿＿＿组成。胰腺由＿＿＿＿＿和＿＿＿＿＿组成；外分泌部为＿＿＿＿＿，由腺泡和多级导管组成，分泌＿＿＿＿＿，有重要的化学性消化作用；内分泌部又称＿＿＿＿＿，是内分泌细胞组成的细胞团，主要有 A、B、D、PP 和 D_1 五种细胞，A 细胞分泌＿＿＿＿＿，使＿＿＿＿＿，B 细胞分泌＿＿＿＿＿，有＿＿＿＿＿的作用。

__________是肝的基本结构和功能单位，呈不规则的棱柱体；肝小叶中央有__________，肝细胞排列形成的__________以中央静脉为中心呈放射状排列，肝板之间为__________，肝血窦壁与肝板之间有狭窄的__________，相邻肝细胞的质膜局部凹陷形成__________；肝细胞有三种不同的功能面，即__________、__________和__________，胞质内有丰富的细胞器；相邻肝小叶之间的结缔组织为__________，内有__________、__________及__________三种伴行的管道，在肝的血液循环和肝内胆汁排出中发挥作用。

（文晓红　刘　燕）

第十三章微课

胰腺

第十四章

呼吸系统

学习要点

① 鼻黏膜及喉的结构和功能；② 气管、主支气管管壁的结构；③ 肺的导气部的组成及管壁结构变化，肺的呼吸部的组成及各部的结构特点，肺泡及肺泡隔的结构和功能；④ 肺的非呼吸功能。

呼吸系统由鼻、咽、喉、气管、主支气管和肺等器官组成。从鼻腔到肺内的肺泡是连续分支的管道系统，这些管道可分为导气部和呼吸部。从鼻腔到肺内的终末细支气管为导气部，是气体出入的通道，无气体交换功能，但有净化吸入空气的作用；从肺内的呼吸性细支气管至肺泡为呼吸部，是气体交换的部位。呼吸系统除有呼吸功能外，鼻还有嗅觉功能，鼻和喉与发音有关，肺还具有内分泌功能和物质代谢功能。

一、鼻腔和喉

鼻腔分为前下部的鼻前庭和后上部的固有鼻腔。鼻腔黏膜由上皮和固有层构成，黏膜下方与软骨、骨或骨骼肌相连。

（一）鼻前庭

鼻前庭是邻近外鼻孔的部分。近外鼻孔处上皮为角化复层扁平上皮，与皮肤表皮相移行，此处有粗而长的鼻毛，有滤过和净化空气的作用。其后部没有鼻毛，上皮为未角化复层扁平上皮。固有层为细密结缔组织，含有毛囊、皮脂腺和汗腺。

（二）固有鼻腔

根据固有鼻腔表面黏膜的结构和功能不同，将固有鼻腔黏膜分为呼吸部和嗅部。

1. 呼吸部　**呼吸部**（respiratory region）是位于上鼻甲以下部分的鼻黏膜，占固有鼻腔黏膜的大部分。活体观察时，黏膜因富含血管而呈粉红色。黏膜上皮为假复层纤毛柱状上皮，杯状细胞较多。柱状细胞顶部的纤毛向咽部定向摆动，将黏附有细菌、灰尘等异物的黏液向咽部推动。固有层为疏松结缔组织，内含黏液腺、浆液腺、混合腺，以及丰富的静脉丛。腺体分泌物与上皮杯状细胞分泌物共同形成黏液层覆盖于上皮表面，雾化湿润空气，保持鼻道湿润及纤毛运动。丰富的血流对吸入的空气有加温和加湿的作用。

2. 嗅部 **嗅部**（olfactory region）为位于上鼻甲及其对应的鼻中隔，以及鼻腔顶部的黏膜。活体观察黏膜呈棕黄色。黏膜由上皮和固有层组成，其上皮为假复层柱状上皮，含嗅细胞、支持细胞和基细胞，称嗅上皮（图 14-1）。

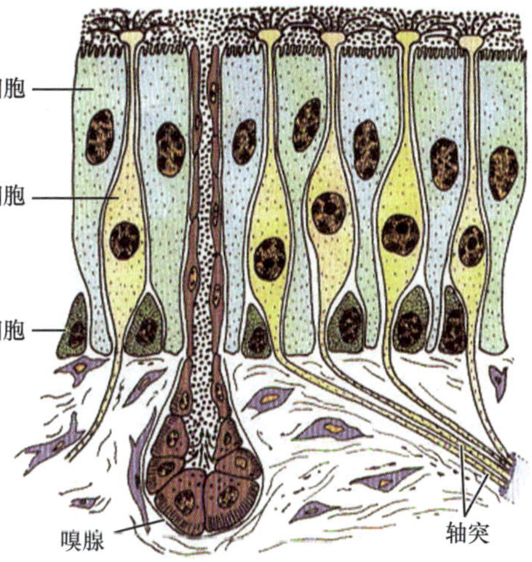

图 14-1* 嗅黏膜结构模式图

（1）嗅细胞：**嗅细胞**（olfactory cell）为双极神经元，细胞呈长梭形，夹在支持细胞之间。其核位于细胞中部，圆形，核仁较明显。树突伸至上皮表面，终端膨大成球状称嗅泡。从嗅泡发出 10 ～ 30 根较长的嗅毛，嗅毛是特殊结构的纤毛，因呈单微管且缺乏动力臂，故不能摆动，而是倒伏于上皮表面的浆液层中，感受化学物质的刺激。嗅细胞的轴突细长，穿过上皮基膜进入固有层，在进入固有层时被称为嗅鞘细胞的神经胶质细胞所包裹，形成无髓神经纤维，后聚集成束（嗅神经），穿筛孔连于嗅球。

（2）支持细胞：**支持细胞**（supporting cell）呈高柱状，位于嗅细胞之间。细胞核椭圆形，染色较浅，位于细胞上部。细胞顶部宽大，基部细小，游离面有较多微绒毛，侧面有许多细小突起包围嗅细胞。细胞质内可见黄色色素颗粒。支持细胞有支持、保护和分隔嗅细胞的作用。

（3）基细胞：**基细胞**（basal cell）位于上皮基底部，细胞呈锥形，胞体较小，可增殖分化为嗅细胞或支持细胞。

嗅黏膜固有层较薄，主要含有嗅神经和嗅腺。嗅腺是浆液腺，其分泌物通过导管排至上皮表面，可清洗上皮，并能溶解空气中的化学物质，刺激嗅毛，产生嗅觉。

（三）喉

喉以软骨为支架，借关节、韧带和肌肉相连构成。喉腔腔面覆盖黏膜，由上皮和固有层构成。其上皮在会厌、喉前庭、声襞等处为复层扁平上皮，其余部分为假复层纤毛柱状上皮。固有层结缔组织有丰富的弹性纤维和混合腺。声襞处的固有层较厚，浅层为疏松结缔组织，炎症时易发生水肿；深层为致密结缔组织，由大量平行排列的弹性纤维构成声韧带。声韧带深面的骨骼肌是声带肌。声襞、声韧带、声带肌共同构成声带，是发音的主要结构。

二、气管和主支气管

气管是由 16 ～ 20 个“C”形透明软骨环构成支架的管道，在胸骨角平面分为左、右主支气管，主支气管经肺门入肺，分支为叶支气管。气管和主支气管管壁结构十分相似，由内向外依次为黏膜、黏膜下层和外膜（图 14-2）。

（一）黏膜

黏膜由上皮和固有层构成。

1. 上皮 为假复层纤毛柱状上皮，由纤毛细胞、杯状细胞、刷细胞、基细胞、小颗粒细胞等构成。上皮下方基膜明显。

（1）纤毛细胞：**纤毛细胞**（ciliated cell）数量最多。细胞呈柱状，游离面有密集排列的纤毛，每个细胞约有 300 根纤毛，纤毛向咽部有规律的定向摆动，有利于管腔面黏液及其黏附的细菌和异物的排出。

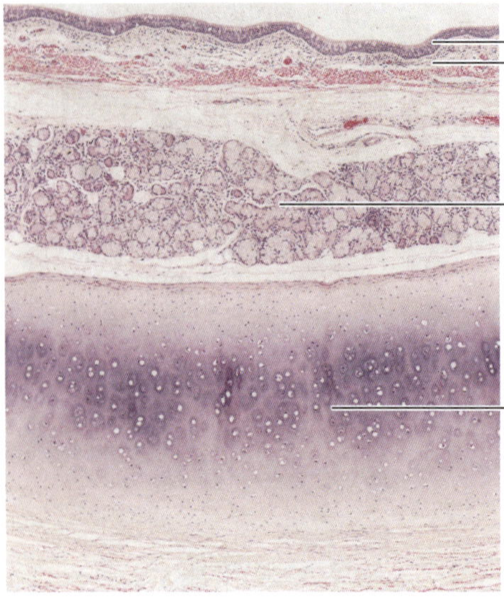

图 14-2 气管（HE 染色，低倍）

纤毛运动的减弱、纤毛的减少和消失，都将影响其净化空气的功能，从而导致疾病发生。

（2）杯状细胞：**杯状细胞**（goblet cell）数量较纤毛细胞少。细胞顶部含大量黏原颗粒，以胞吐的方式分泌黏蛋白，黏蛋白与黏膜下层混合腺的分泌物在上皮表面共同形成黏液层，黏附吸入空气中的尘粒、细菌等颗粒状物质。慢性支气管炎患者，由于杯状细胞和黏膜下层腺细胞分泌增多，加之纤毛运动能力减弱，导致黏痰潴留于管腔，易造成气道阻塞。

（3）刷细胞：**刷细胞**（brush cell）数量较少，散在分布。细胞呈柱状，其游离面有排列整齐而密集的微绒毛，形如毛刷。目前刷细胞的功能尚不清楚。有学者认为该细胞有吞饮功能，与黏液的清除有关；也有学者认为这是一种未成熟的纤毛细胞；还有学者认为，该细胞可能有感受刺激的作用。

（4）基细胞：数量较多，位于上皮基部。细胞呈锥体形，较小，是一种未分化的细胞，可增殖分化为上皮中其他各种细胞。

（5）小颗粒细胞：**小颗粒细胞**（small granule cell）属于**神经内分泌细胞**（neuroendocrine cell），数量少，散在分布于呼吸道上皮细胞之间。细胞呈锥体形，胞质内含有大量分泌颗粒。此种细胞能分泌 5-HT 等物质，可调节呼吸道平滑肌的舒缩和腺体的分泌。

2. 固有层　为细密结缔组织，含有较多弹性纤维、淋巴细胞、浆细胞和肥大细胞等。浆细胞能合成和分泌 IgA，当 IgA 通过黏膜上皮时，与上皮细胞产生的分泌片结合成为 sIgA，释放至上皮表面的糖衣内，能破坏或抑制吸入的细菌、病毒等抗原性物质。sIgA 分泌量因人而异，如缺少 sIgA 则易发生呼吸道感染。

（二）黏膜下层

与固有层之间无明显界限。由疏松结缔组织构成，内含血管、淋巴管、神经和较多混合腺，还有淋巴组织和浆细胞等。

（三）外膜

由透明软骨和疏松结缔组织构成。透明软骨呈“C”形环，缺口处为气管和主支气管的后壁，由结缔组织和平滑肌束填充；环之间以弹性纤维组成的环间韧带相连。这些结构共同构成气管与支气管管壁的支架，以保持气道通畅并使其有一定弹性。咳嗽反射时平滑肌收缩，管腔缩小，有助清除痰液。

三、肺

肺表面被覆光滑的浆膜，即胸膜的脏层，分泌少量浆液，以减少肺呼吸时的摩擦。肺组织可分为实质和间质两部分。实质是指支气管在肺内的各级分支及其终末端的肺泡，间质是指充填于实质之间的结缔组织、血管、神经和淋巴管等。主支气管从肺门入肺后呈树枝状反复分支，称支气管树，逐级分为叶支气管、段支气管、小支气管、**细支气管**（bronchiole）（管径约 1 mm）、**终末细支气管**（terminal bronchiole）（管径约 0.5 mm）、呼吸性细支气管、肺泡管、肺泡囊和肺泡。从叶支气管至终末细支气管因为只有气体通导，没有气体交换的功能，故称为肺的导气部；从呼吸性细支气管至肺泡因有气体交换的功能，故称为肺的呼吸部。每一细支气管连同其分支和肺泡构成一个**肺小叶**（pulmonary lobule），是肺的结构单位。肺小叶呈锥形，尖指向肺门，底朝向肺表面，各小叶间有结缔组织相间隔，肺表面可见肺小叶底的轮廓，直径 1 ～ 2.5 cm。临床上将累及若干肺小叶的炎症称为小叶性肺炎。

（一）肺的导气部

肺的导气部包括叶支气管、段支气管、小支气管、细支气管（图 14-3）和终末细支气管（图 14-4）。各级支气管管壁仍具有气管、主支气管管壁的三层结构，但随着支气管不断分支，管径逐渐变细，管壁也逐渐变薄，三层结构分界不清，结构渐趋简单。

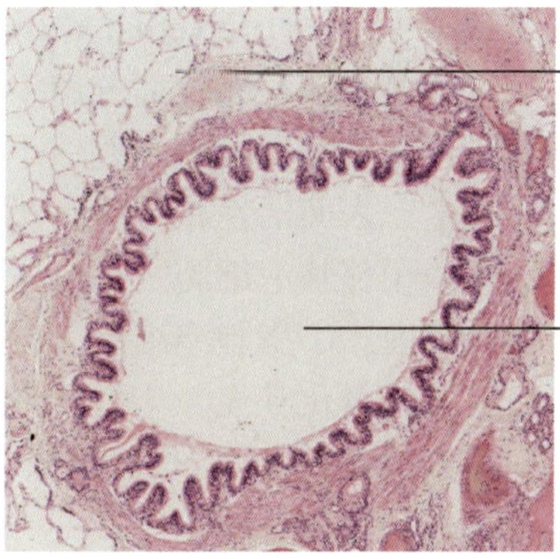

图 14-3 肺（HE 染色，低倍）

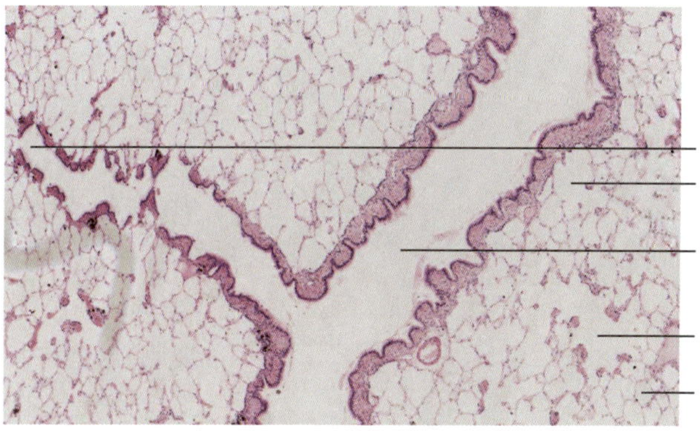

图 14-4 肺（HE 染色，低倍）

1. 黏膜 导气部起始端的黏膜上皮为假复层纤毛柱状上皮，随着支气管的分支，管径变细，上皮由高逐渐变低，杯状细胞逐渐减少，至终末细支气管时，上皮变为单层柱状（纤毛）上皮，杯状细胞消失。电镜下，细支气管和终末细支气管的黏膜上皮有纤毛细胞和无纤毛细胞两种，后者除少量的刷细胞、基细胞和小颗粒细胞外，多数是**克拉拉细胞**（Clara cell）。克拉拉细胞呈高柱状，游离面略高于纤毛细胞，呈圆顶状突向管腔，顶部胞质内有丰富的滑面内质网和许多分泌颗粒。克拉拉细胞有三种功能：① 分泌物参与构成黏液层，因其分泌物内含有蛋白水解酶，能降低黏液黏度，便于排出，以保持气道通畅；② 克拉拉细胞内含较多氧化酶，可对吸入的毒物或某些药物进行转化和解毒；③ 当细支气管上皮受损时，克拉拉细胞能增殖分化为纤毛细胞。

固有层逐渐变薄。

2. 黏膜下层 为疏松结缔组织，含有黏液腺、浆液腺、混合腺等。随着分支向下，黏膜下层逐渐变薄，腺体逐渐减少。到终末细支气管，腺体全部消失。

3. 外膜 外膜由透明软骨、结缔组织和平滑肌构成。入肺后软骨环变为不规则的软骨片，随着分支向下，软骨逐渐减少，平滑肌逐渐增多。至终末细支气管，软骨完全消失，平滑肌成为环形，使黏膜形成明显皱襞突向管腔。细支气管和终末细支气管的平滑肌收缩或舒张，能调节进出肺小叶的气流量。若平滑肌痉挛性收缩，使管腔变细，气流量减少，引起呼吸困难。

（二）肺的呼吸部

肺的呼吸部包括呼吸性细支气管、肺泡管、肺泡囊和肺泡（图 14-4），因各段都有肺泡，能完成换气功能，故称为呼吸部。

1. 呼吸性细支气管 **呼吸性细支气管**（respiratory bronchiole）是终末细支气管的分支，管壁不完整，可见散在的肺泡开口（图 14-4）。黏膜上皮由单层柱状上皮渐变为单层立方上皮，有克拉拉细胞和少许纤毛细胞。肺泡开口处，上皮移形为单层扁平上皮。上皮外面有少量平滑肌及弹性纤维。

2. 肺泡管 **肺泡管**（alveolar duct）是呼吸性细支气管的分支，管壁上有大量肺泡的开口，管壁自身的组织结构很少，仅存于相邻肺泡开口之间，表面被覆单层立方或单层扁平上皮，上皮下有平滑肌环绕于肺泡开口处，故在光镜下，可见相邻肺泡间隔的末端呈明显的结节状膨大（图 14-4）。

3. 肺泡囊　**肺泡囊**（alveolar sac）是肺泡管的分支，是由数个肺泡共同开口围成的囊腔，相邻肺泡开口之间无环形平滑肌，故光镜下相邻肺泡间隔的末端无结节状膨大（图 14-4）。

4. 肺泡　**肺泡**（pulmonary alveolus）是支气管树的终末端，呈多面囊泡状，开口于呼吸性细支气管、肺泡管或肺泡囊，是肺进行气体交换的场所。肺泡直径约 0.2 mm，成人每侧肺有肺泡 3 亿～ 4 亿个，总面积可达 70 ～ 80 m^2。肺泡壁薄，表面衬有单层肺泡上皮。相邻肺泡之间的薄层结缔组织称肺泡隔。相邻肺泡之间的小孔称肺泡孔。

（1）肺泡上皮：肺泡上皮为单层上皮，由Ⅰ型肺泡细胞和Ⅱ型肺泡细胞组成（图 14-5）。

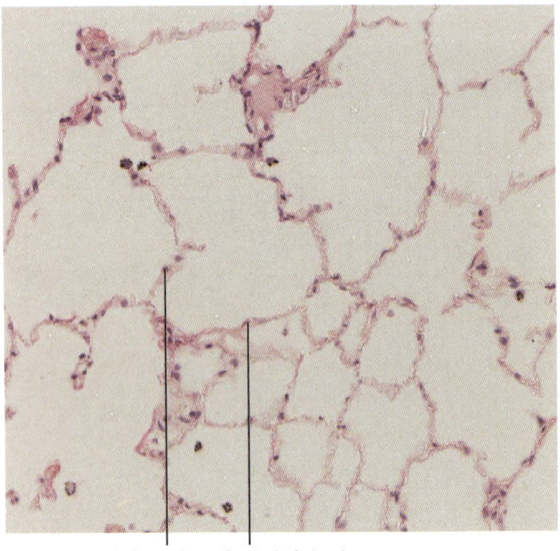

图 14-5　肺（HE 染色，高倍）

Ⅰ型肺泡细胞：**Ⅰ型肺泡细胞**（type Ⅰ alveolar cell）形态扁平，含核部分略厚，突向肺泡腔面；无核部分扁平菲薄，厚约 0.2 μm。电镜下，胞质内细胞器较少，吞饮小泡较多。小泡内有细胞吞入的粉尘、表面活性物质等，小泡能将这些物质转运到肺泡间质。相邻肺泡细胞之间有紧密连接，以防止组织液渗入肺泡腔内。Ⅰ型肺泡细胞无分裂能力，损伤后由Ⅱ型肺泡细胞增殖分化补充。Ⅰ型肺泡细胞数量虽少，但表面积大，覆盖肺泡约 97% 的表面积，是气体交换的部位。

Ⅱ型肺泡细胞：**Ⅱ型肺泡细胞**（type Ⅱ alveolar cell）数量较Ⅰ型肺泡细胞多，嵌于Ⅰ型肺泡细胞之间。细胞呈圆形或立方形，核圆形，胞质着色较淡，呈泡沫状。电镜下，细胞游离面有少量微绒毛，胞质内有丰富的线粒体、溶酶体，有发达的粗面内质网和高尔基体，核上方有许多大小不等的高电子密度分泌颗粒，颗粒内有平行排列或同心圆状排列的板层状结构，故颗粒又称**嗜锇板层小体**（osmiophilic multilamellar body），小体内含磷脂（主要为二棕榈酰卵磷脂）（图 14-6）。细胞以胞吐方式将颗粒内容物释放至肺泡表面并铺展成薄膜，称**肺泡表面活性物质**（pulmonary surfactant，PS），有降低肺泡表面张力，稳定肺泡大小的作用。呼气时肺泡缩小，表面活性物质密度增高，肺泡表面张力减小，避免肺泡塌陷；吸气时肺泡扩大，表面活性物质密度降低，肺泡表面张力增大，避免肺泡过度膨胀。由于早产儿Ⅱ型肺泡细胞发育不全，出生后易发生新生儿呼吸窘迫综合征，因毛细血管通透性增大，血浆蛋白漏出，在肺泡表面形成一层透明膜，故又称新生儿透明膜病。肺泡表面活性物质由Ⅱ型肺泡细胞产生，Ⅰ型肺泡细胞吞饮转运，不断更新。Ⅱ型肺泡细胞还具有自我更新和分化为Ⅰ型肺泡细胞的能力。某些疾病引起肺泡表面活性物质分泌减少或被破坏变性，均可导致肺泡萎陷而发生呼吸困难。表面活性物质也存在于小气道内，可保持小气道在呼气末处于开放状态。

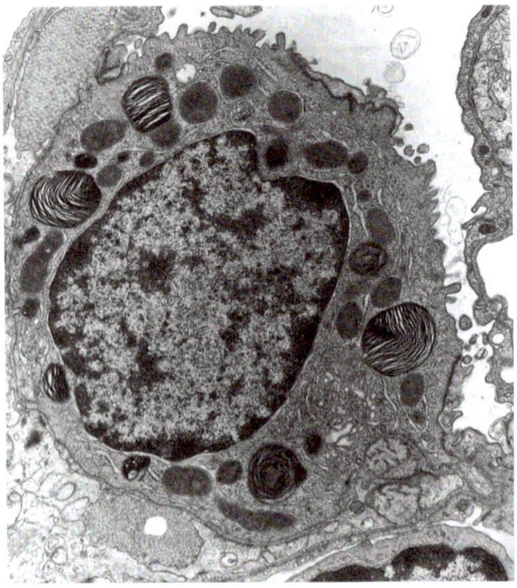
图 14-6*　Ⅱ型肺泡细胞透射电镜图

（2）肺泡隔：**肺泡隔**（alveolar septum）是相邻肺泡之间的薄层结缔组织，含有丰富的弹性纤维、密集的连续毛细血管网、大量的巨噬细胞，还有成纤维细胞、浆细胞、肥大细胞等。

弹性纤维使肺泡具有弹性。吸气末，弹性纤维的回缩，有助于肺泡缩小，肺泡内气体排出。如果弹性纤维退化变性或受损，肺泡回缩能力减弱，影响肺泡呼气功能，最终可导致肺泡过度扩张形成肺气肿。

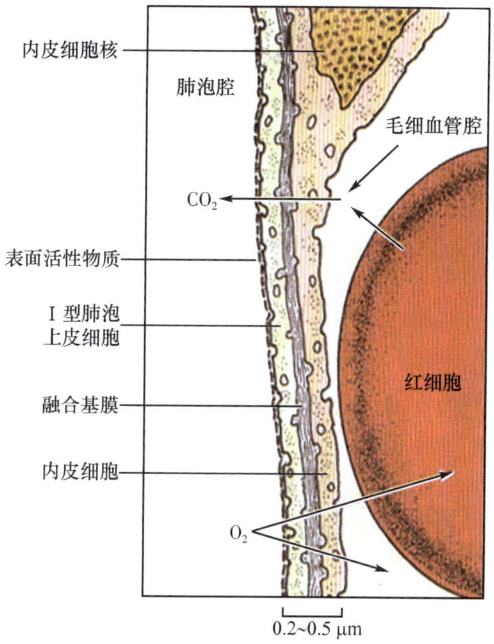

图 14-7　气－血屏障结构示意图

连续毛细血管网包绕在肺泡周围，与Ⅰ型肺泡细胞共同形成气-血屏障，完成气体交换。

肺巨噬细胞（pulmonary macrophage，PM）由单核细胞演化而来，广泛分布于肺间质，肺泡隔内最多，有少量可进入肺泡腔。肺巨噬细胞体积较大，具有活跃的吞噬、参与免疫和分泌等功能。吞噬灰尘、异物后的巨噬细胞称尘细胞（dust cell），光镜下可见其胞质内有棕黑色颗粒。尘细胞可经呼吸道随黏液排出，也可沉积在肺间质内或进入淋巴管。

（3）肺泡孔：**肺泡孔**（alveolar pore）是连通相邻肺泡的小孔，能平衡相邻肺泡间气体压力。当某一终末细支气管或呼吸性细支气管阻塞时，可经肺泡孔建立侧支通气，防止阻塞部位以下的肺泡萎陷；但在肺感染时，病菌也可经肺泡孔蔓延。

（4）气-血屏障：**气-血屏障**（blood-air barrier，BAB）也称**呼吸膜**（respiratory membrane），是肺泡与血液之间进行气体交换所必须通过的结构。由肺泡表面液体层、Ⅰ型肺泡细胞与基膜、薄层结缔组织、连续毛细血管基膜与内皮构成。有的部位两层基膜间无薄层结缔组织，两层基膜融合（图 14-7）。气-血屏障很薄，总厚度 0.2 ～ 0.5 μm，有利于气体交换。

（三）肺的血管

肺有两套血管，一套是功能性血管，一套是营养性血管。

1. 肺动脉和肺静脉　是肺的功能性血管。肺动脉管径较大，为弹性动脉，携带静脉血入肺后沿支气管树不断分支，在肺泡隔内形成连续毛细血管网，在此通过气-血屏障完成气体交换，把静脉血变成动脉血，毛细血管网汇集成小静脉，最后汇合成肺静脉，经肺门出肺。

2. 支气管动脉和支气管静脉　是肺的营养性血管。支气管动脉起自主动脉和肋间动脉，管径很细，为肌性动脉，每侧有 1 ～ 4 支，随支气管入肺，沿支气管树不断分支并在管壁黏膜下层和外膜形成毛细血管，营养支气管和肺组织。毛细血管大部分汇集成支气管静脉，与支气管伴行，经肺门出肺。支气管动脉还分支供应肺淋巴结和胸膜等器官。

知识拓展

急性呼吸窘迫综合征

急性呼吸窘迫综合征（ARDS）是由肺内、外原因引起的顽固性低氧血症临床综合征，主要临床表现包括呼吸急促、发绀，且采用常规氧疗无法缓解呼吸困难。目前认为 ARDS 的发生与Ⅱ型肺泡上皮细胞有密切的关系。Ⅱ型肺泡上皮细胞主要作用包括：合成和分泌肺泡表面活性物质，降低肺泡表面张力；参与肺泡细胞更新和修复，被认为是肺泡上皮的祖细胞；逆转渗漏入肺泡中的血浆蛋白；还具有肺水转运（肺泡液的吸收和分泌）功能；分泌多种抗菌成分参与对病原微生物的识别。当 ARDS 发生时，Ⅱ型肺泡上皮细胞广泛受损，肺泡表面活性物质分泌减少，导致肺泡塌陷，出现严重肺水肿，从而表现出呼吸困难，严重低氧血症。目前临床用外源性表面活性物质治疗 ARDS，在儿童效果比较显著，而成人疗效仍然欠佳。如何降低Ⅱ型肺泡上皮细胞的凋亡，增强其活性，是 ARDS 治疗的关键环节，但目前仍是临床难点。

本章小结

呼吸系统由鼻、咽、喉、气管、主支气管和肺等器官组成。气管与支气管管壁结构相似，由内向外由________、________、________构成。黏膜由________和________组成，上皮为________上皮，有________、________、________和________细胞。黏膜下层为疏松结缔组织，含有较多________。外膜含有________。肺由实质和间质构成。肺实质是指支气管各级分支及肺泡，分为________和________两部分；间质是指填充于实质之间的结缔组织。一条细支气管连同其分支和肺泡构成________，是肺的结构单位。肺的导气部包括叶支气管、段支气管、小支气管、细支气管和终末细支气管。随着支气管不断分支，管径逐渐________，管壁也逐渐________，至________，上皮变为单层柱状或立方状上皮，杯状细胞消失；黏膜下层腺体消失；外膜透明软骨消失，平滑肌呈环形。肺的呼吸部包括________、________、________和________。肺泡上皮为单层上皮，由Ⅰ型肺泡上皮细胞和Ⅱ型肺泡上皮细胞组成。________细胞数量较多，立方或圆形，分泌表面活性物质，降低肺泡表面张力，防止肺泡塌陷；________细胞数量少，扁平，构成肺泡表面积的97%，是气体交换的部位。肺泡隔内含丰富的________、________、________等。气-血屏障（呼吸膜）是肺泡与血液之间完成气体交换所必须通过的结构。由________、________、________、________及________构成。

（杨代耘　谢璐霜）

第十四章微课

气管

肺

第十五章

泌尿系统

学习要点

① 肾单位的组成、分布、结构和功能；② 球旁复合体的位置、结构和功能；③ 肾血液循环的特点；④ 输尿管和膀胱的结构特点。

泌尿系统（urinary system）由肾、输尿管、膀胱和尿道组成。肾是主要的排泄器官，以形成尿液的方式排出体内的代谢产物，同时参与调节水盐代谢和电解质平衡，维持机体内环境稳定。此外，肾还能分泌多种生物活性物质，如肾素、促红细胞生成素、前列腺素等，对机体的生理功能具有重要的调节作用。输尿管、膀胱和尿道为排尿器官。

一、肾

肾（kidney）呈豆形，其外侧缘隆凸，内侧缘中部凹陷处称**肾门**（renal hilum），肾血管、淋巴管、神经和输尿管由此出入。肾表面有致密结缔组织构成的被膜，称肾纤维膜。肾实质分为周边浅层的皮质和中央的髓质两部分。髓质由10～18个**肾锥体**（renal pyramid）组成，肾锥体尖端钝圆，突入肾小盏内，称肾乳头，乳头顶端有多个乳头孔，尿液由此排至肾小盏内。肾锥体底部朝向周边皮质，底部呈放射状伸入皮质的条纹称**髓放线**（medullary ray），髓放线之间的皮质称**皮质迷路**（cortical labyrinth），肾锥体之间的皮质称**肾柱**（renal column）。髓放线、皮质迷路与肾柱构成肾皮质。每条髓放线及其周围的皮质迷路构成一个**肾小叶**（renal lobule），每个肾锥体及其周围的皮质构成一个**肾叶**（renal lobe）（图15-1）。

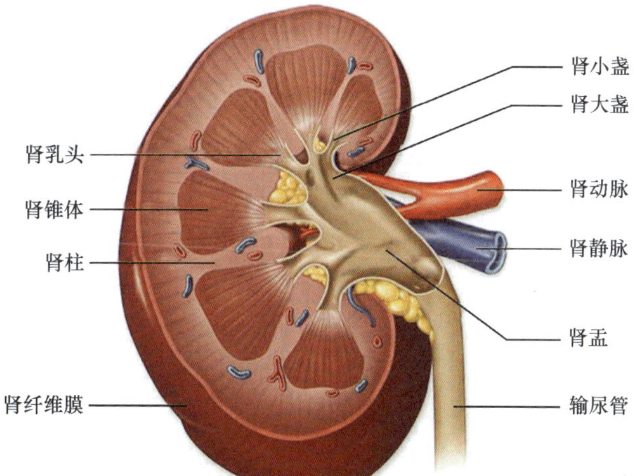

图15-1　肾冠状切面模式图

肾实质含大量肾单位和集合管，分布于其间的少量结缔组织、血管和神经等构成肾间质。每个肾单位包括一个肾小体及与其相连的肾小管，肾小管末端与集合管系管道相接，它们均为单层上皮性管道，统称泌尿小管。肾单位和集合管在肾实质内的分布和走向具有一定规律性，肾小体及肾小管的曲行部分位于皮质迷路与肾柱内，肾小管的直行部分与集合管则位于髓放线和肾锥体内（图 15-2、图 15-3）。

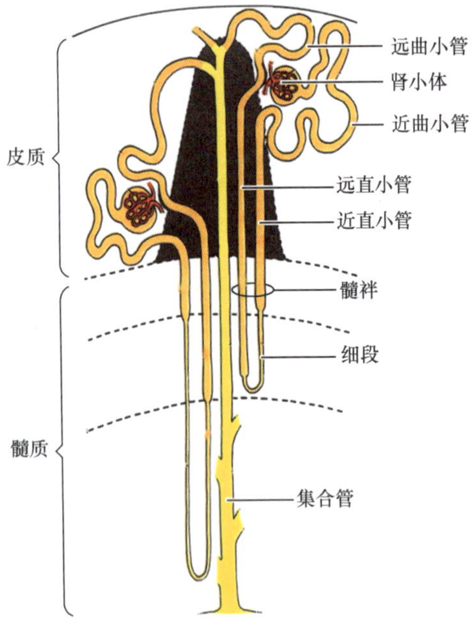

图 15-2　肾单位和集合管模式图

- 泌尿小管
  - 肾单位
    - 肾小体
      - 血管球（皮质迷路、肾柱）
      - 肾小囊
    - 肾小管
      - 近端小管
        - 近曲小管（皮质迷路、肾柱）
        - 近直小管 } 髓袢（髓放线、肾锥体）
      - 细段 } 髓袢
      - 远端小管
        - 远直小管 } 髓袢
        - 远曲小管（皮质迷路、肾柱）
  - 集合管
    - 弓形集合管（皮质迷路）
    - 直集合管（髓放线、肾锥体）
    - 乳头管（肾乳头）

图 15-3　肾单位和集合管的组成及各段在肾内的分布

（一）肾单位

肾单位（nephron）是形成尿液的结构和功能单位，由肾小体和肾小管组成（图 15-2），每侧肾有 100 万～140 万个肾单位。肾小体一端与肾小管相连，肾小管的起始段盘曲走行于肾小体附近称近端小管曲部或近曲小管；继而进入髓放线向下直行称近端小管直部或近直小管；随后至髓质内管径变细称细段；细段反折上行，管径又增粗，在髓质和（或）髓放线内直行上升，称远端小管直部或远直小管。近直小管、细段和远直小管构成“U”形的**髓袢**（medullary loop），又称**亨勒袢**（loop of Henle）。髓袢中皮质向髓质方向下行的一段称降支，由髓质向皮质方向上行的一段称升支。远直小管上升到原肾小体附近时，离开髓放线进入皮质迷路，盘曲走行于原肾小体附近，称远端小管曲部或远曲小管，其末端汇入髓放线内的集合管（图 15-2）。

根据肾小体在皮质中的深浅位置不同，可将肾单位分为浅表肾单位和髓旁肾单位两种。浅表肾单位的肾小体位于皮质浅层和中层，体积较小，髓袢较短，数量多，约占肾单位总数的 85%，发生较晚，在尿液形成中起重要作用。髓旁肾单位的肾小体位于皮质深层，体积较大，髓袢较长，数量少，约占肾单位总数的 15%，发生较早，对尿液的浓缩有重要意义。

1. 肾小体　**肾小体**（renal corpuscle）呈球形，亦称肾小球，其直径约为 200 μm，由血管球和肾小囊组成。肾小体有两个极，微动脉出入的一端称血管极，相对的一端与近曲小管相连，称为尿极（图 15-4、图 15-5）。

（1）血管球：**血管球**（glomerulus）包裹在肾小囊中，为入球微动脉从血管极进入肾小囊内反复分支形成的毛细血管袢，每个血管袢之间有血管系膜支持。袢状的毛细血管汇合成出球微动脉，从血管极离开肾小球（图 15-5）。由于入球微动脉管径较出球微动脉粗，使毛细血管内压力较高，当血液流经血管球时，利于大量水和小分子物质滤出管壁进入肾小囊内。血管球毛细血管为有孔型，内皮细胞窗孔无隔膜封闭，孔径 50～100 nm，有利于血液中小分子物质滤过（图 15-6）。内皮细胞表面和内皮窗孔周围覆盖着一层带负电荷的唾液酸糖蛋白，对大分子物质的通透有选择性作用。

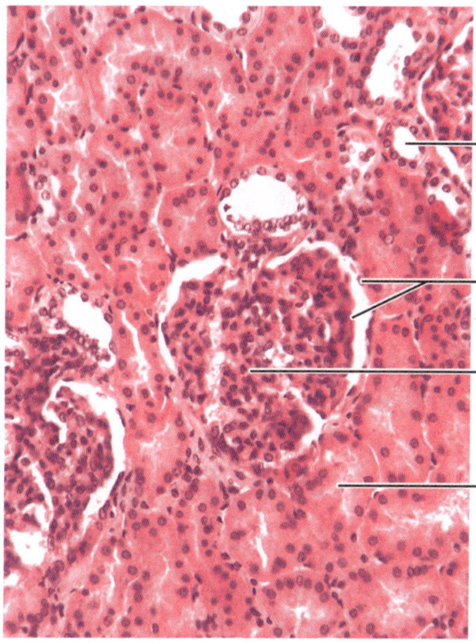

图 15-4　肾皮质迷路（HE 染色，高倍）

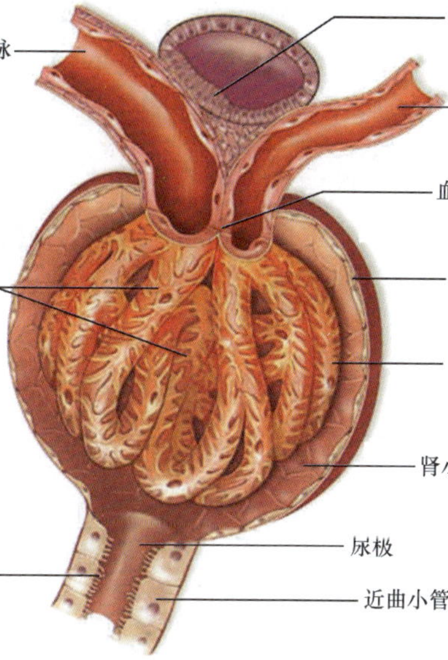

图 15-5　肾小体结构模式图

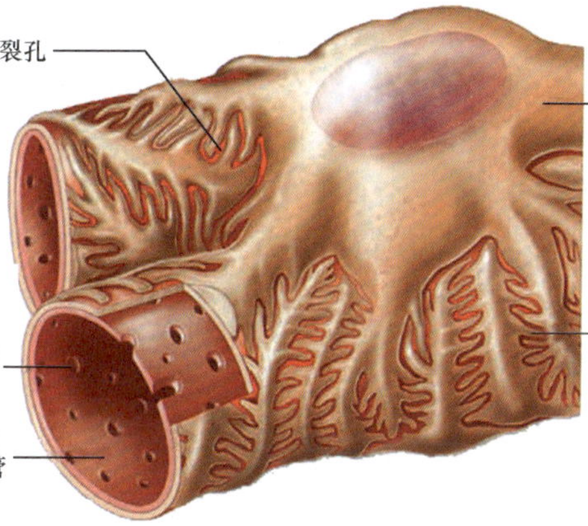

图 15-6　血管球毛细血管及足细胞模式图

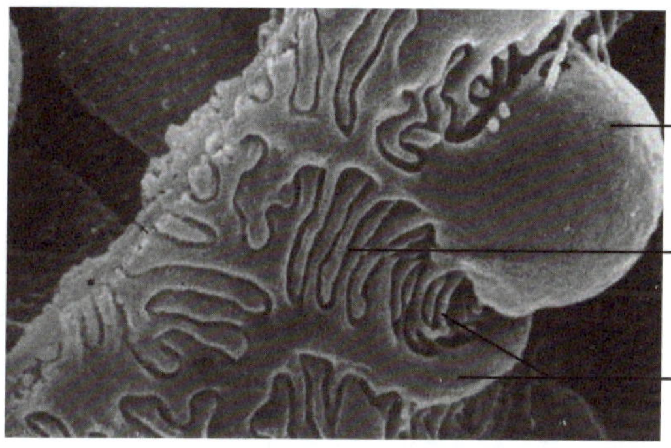

图 15-7　足细胞扫描电镜图

血管系膜（mesangium）又称球内系膜，位于血管球毛细血管之间，主要由球内系膜细胞和系膜基质组成。球内系膜细胞形态不规则，光镜下与内皮细胞不易区分，电镜下细胞突起可伸至内皮与基膜之间，或经内皮细胞之间伸入毛细血管腔内。系膜细胞有多种功能：可合成和分泌基膜和系膜基质的成分；吞噬和降解沉积在基膜上的免疫复合物，维持基膜的通透性；合成多种酶和生物活性物质，如肾素、中性蛋白酶、纤溶酶原激活因子Ⅰ和尿酸氧化酶（尿激酶）等。系膜细胞的收缩可调节毛细血管的管径，影响血管球的血流量。系膜基质填充在系膜细胞之间，富含Ⅳ型胶原蛋白和蛋白多糖，对血管球毛细血管起支持作用。血管系膜内还可见少量巨噬细胞。

（2）肾小囊：**肾小囊**（renal capsule）又称**鲍曼囊**（Bowman's capsule），是肾小管起始部膨大凹陷形成的杯状双层囊，内有血管球（图 15-4、图 15-5）。肾小囊外层（或称壁层）为单层扁平上皮，在肾小体的尿极处与近曲小管上皮相连续，在血管极处上皮返折为肾小囊内层（或称脏层），两层上皮之间的腔隙称肾小囊腔，与近曲小管腔相通。脏层细胞也称**足细胞**（podocyte）。足细胞体积较大，胞体凸向肾小囊腔，核染色较浅，胞质内含丰富的粗面内质网、游离核糖体、高尔基体、溶酶体及内吞小泡。足细胞是多突起的细胞，胞体较大，从胞体伸出几个较粗的初级突起，初级突起再分支形成许多指状的次级突起，相邻足细胞的次级突起互相穿插嵌合成栅栏状，紧贴在毛细血管基膜外面，突起之间有宽约 25 nm 的裂隙，称**裂孔**（slit pore），裂孔上覆盖着一层厚 4 ～ 6 nm 的裂孔膜（图 15-6 ～图 15-8）。足细胞突起内含较多微丝，其收缩可调节裂孔的大小。

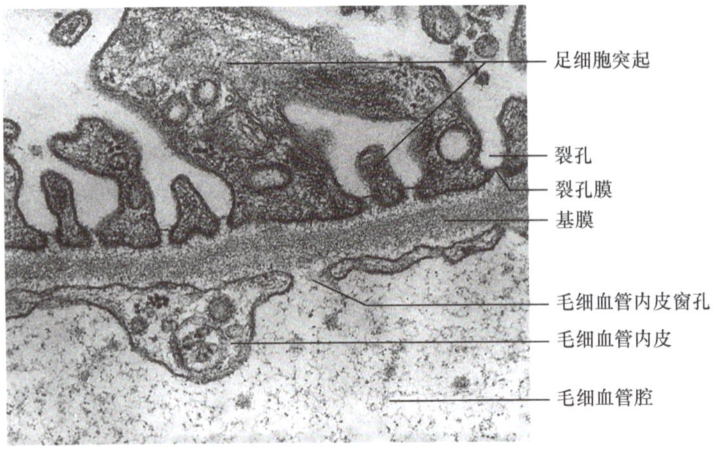

图 15-8 滤过屏障透射电镜图

（3）滤过屏障：肾小体像一个“滤过器”，当血液流经血管球毛细血管时，由于血管内压力较高，血浆内部分物质经内皮细胞窗孔、基膜和足细胞裂孔膜滤入肾小囊腔，这三层结构组成**滤过屏障**（filtration barrier）或**滤过膜**（filtration membrane）（图 15-8）。滤入肾小囊腔的液体称原尿，除不含大分子蛋白质外，成分与血浆相似。滤过屏障具有分子大小和电荷的双重选择性通透作用。生理情况下，分子质量在 70 kDa 以下，直径 4 nm 以下的物质可通过滤过屏障，其中又以带正电荷的物质易于通过，如葡萄糖、多肽、尿素、电解质和水等，而大分子物质则不能通过或被选择性通透。足细胞次级突起和裂孔膜表面均有一层唾液酸糖蛋白，这些带有负电荷的成分使血浆内携负电荷的蛋白质因同电相斥而不易滤过。成人每 24 h 两肾可形成原尿约为 180 L。病理情况下，如滤过屏障受损害，大分子蛋白质甚至血细胞也可滤出，则形成蛋白尿或血尿。

2. 肾小管 **肾小管**（renal tubule）是单层上皮细胞围成的管道，具有重吸收、分泌和排泄等作用（图 15-2）。

（1）近端小管：**近端小管**（proximal tubule）是肾小管中最长最粗的一段，管径为 50 ～ 60 μm，长约 14 mm，约占肾小管总长的一半。近端小管分曲部（近曲小管）和直部（近直小管）两段。

近曲小管（proximal convoluted tubule）与肾小体尿极相连，管壁上皮细胞为立方形或锥体形，胞体较大，细胞界限不清，胞质嗜酸性，胞核呈球形，位于近基底部。细胞游离面有**刷状缘**（brush border），基部有基底纵纹。电镜下可见腔面有密集排列的微绒毛，即光镜下的刷状缘，微绒毛使细胞游离面的表面积明显扩大，有利于重吸收（图 15-4、图 15-9、图 15-10）。上皮细胞侧面有许多侧突，相邻细胞的侧突相互嵌合，故光镜下细胞分界不清。细胞基部的胞膜内陷，形成质膜内褶，内褶之间有纵向排列的杆状线粒体，二者形成光镜下所见的嗜酸性基底纵纹（图 15-10）。侧突和质膜内褶使细胞侧面及基底面与间

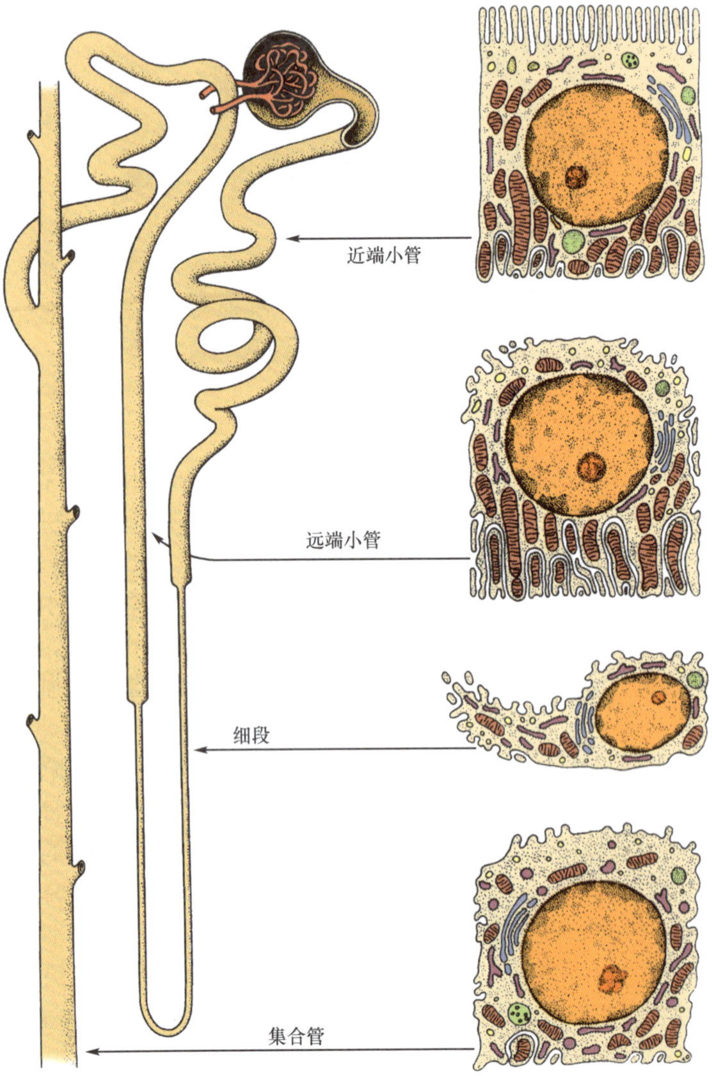

图 15-9 泌尿小管各段结构模式图

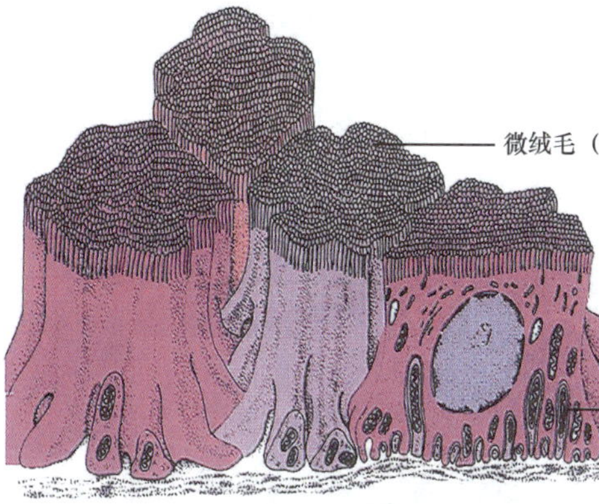

图 15-10 近曲小管上皮细胞超微结构模式图

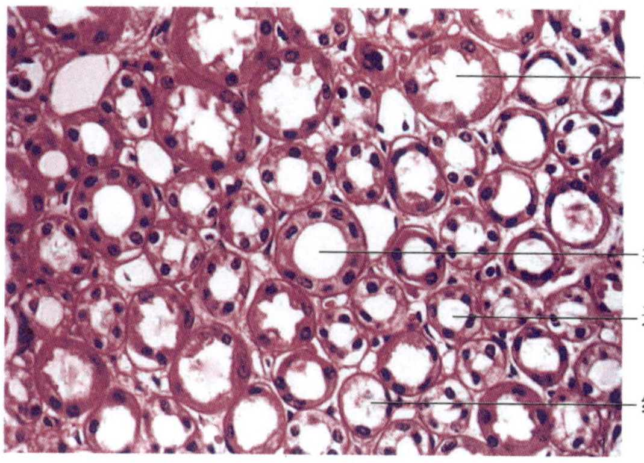

图 15-11 肾髓质（HE 染色，低倍）

质之间的物质交换面积增大。细胞基底部的质膜上含有丰富的 Na^+-K^+-ATP 酶（钠钾泵），可将细胞内钠离子泵入间质。

近直小管（proximal straight tubule）结构与近曲小管基本相似，但上皮细胞较矮，微绒毛、侧突和质膜内褶等不如近曲小管发达（图 15-11）。

近端小管是原尿重吸收的主要场所。原尿中几乎所有的葡萄糖、氨基酸、多肽和小分子蛋白质，85% 以上的 Na^+ 和水分，部分碳酸氢盐、尿素及维生素等均在此重吸收。同时，近端小管还向管腔内分泌或排泄 H^+、NH_3、肌酐、肌酸和马尿酸等代谢产物，还能转运和排出血液中的酚红、青霉素等药物。

（2）细段：**细段**（thin segment）位于肾锥体内。浅表肾单位的细段较短，主要位于髓袢降支；髓旁肾单位的细段长，由降支再折返上行，参与构成升支。细段管径较细，直径 10 ～ 15 μm，管壁为单层扁平上皮，含胞核的部分突向管腔，胞质着色较浅，无刷状缘，有短而稀疏的微绒毛（图 15-9、图 15-11）。细段上皮薄，水和电解质易透过管壁而进入间质。

（3）远端小管：**远端小管**（distal tubule）由远直小管和远曲小管构成。远端小管较近端小管细，但管腔相对较大而规则，管壁的上皮细胞较小，呈立方形，着色浅，细胞界线较清晰，胞核位于胞体中央；游离面微绒毛短而小，无刷状缘；基底部质膜内褶发达，长的内褶可伸达细胞顶部，故基底纵纹明显（图 15-4、图 15-9、图 15-11）。

远直小管：**远直小管**（distal straight tubule）直径约 30 μm，与细段连接，经肾锥体和髓放线上行至皮质，属髓袢升支（图 15-9、图 15-11）。基底部质膜上的 Na^+-K^+-ATP 酶丰富，该酶能主动向间质转运 Na^+，而对水不通透，使小管液呈低渗状态，间质呈高渗状态，有利于集合管系对水的重吸收。

远曲小管：**远曲小管**（distal convoluted tubule）长 4.6 ～ 5.2 mm，直径 35 ～ 45 μm，较直部稍粗。其结构与直部相似，但质膜内褶和线粒体没有直部发达（图 15-4、图 15-9）。远曲小管是离子交换的重要部位，管壁上皮细胞能重吸收水、Na^+，排出 K^+、H^+ 和 NH_3，对维持体液的酸碱平衡发挥重要作用。醛固酮可促进该段重吸收 Na^+ 和排出 K^+，抗利尿激素能促进该段对水的重吸收，使尿液浓缩，尿量减少。

（二）集合管系

集合管系（collecting duct system）全长 20 ～ 38 mm，分为弓形集合管、直集合管和乳头管三段，直集合管汇合为乳头管（图 15-2、图 15-11、图 15-12）。弓形集合管位于皮质迷路内，直集合管沿髓放线直行，直达肾锥体乳头处，在肾乳头处改称乳头管，开口于肾小盏。从皮质到肾乳头，集合管系的管径逐渐变粗，管壁的上皮细胞由单层立方逐渐增高为单层柱状，至乳头管处呈高柱状。集合管上皮细胞内细胞器少，胞质染色浅淡；核圆形，位于细胞中央；游离面有少量短小的微绒毛，质膜内褶和侧突均不发达，细胞分界清晰（图 15-12）。集合管能进一步重吸收水和 Na^+，并排出 K^+；分泌 H^+ 和 NH_3，重吸收 HCO_3^-，参与尿液浓缩和机体酸碱平衡的调节，其功能也受醛固酮和抗利尿激素的调节。

肾小体形成的原尿，流经肾小管各段和集合管系后，绝大部分水、营养物质和无机盐等被重吸收入血，部分离子也在此进行交换；同时，小管上皮细胞还排泌机体部分代谢产物，最终形成的浓缩液体称终尿，经乳头管排入肾小盏。终尿量仅为原尿的 1%，每天排出 1 ～ 2 L。因此，肾在泌尿过程中不仅排出了代谢产物，也维持了机体的水盐平衡和内环境的稳定。

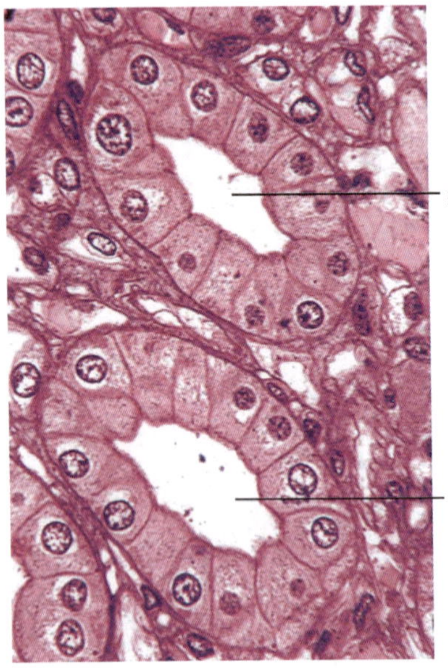

图 15-12 集合管（HE 染色，高倍）

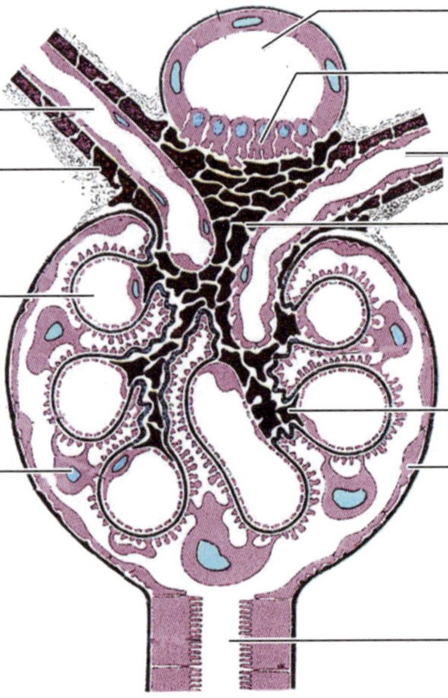

图 15-13 球旁复合体模式图

（三）球旁复合体

球旁复合体（juxtaglomerular complex）又称**肾小球旁器**（juxtaglomerular apparatus），位于肾小体血管极处的三角形区域，由球旁细胞、致密斑和球外系膜细胞组成。致密斑构成三角形的底，入球微动脉和出球微动脉分别为三角形的两条侧边，球外系膜细胞位于三角区中心（图 15-13）。

1. 球旁细胞 入球微动脉靠近肾小体血管极处，管壁中的平滑肌细胞转化为上皮样细胞，称**球旁细胞**（juxtaglomerular cell）（图 15-13）。细胞胞体较大，呈立方形，核大而圆，胞质呈弱嗜碱性，粗面内质网和核糖体丰富，高尔基体发达。胞质内还含有丰富的 PAS 反应阳性的分泌颗粒，内含**肾素**（renin）。肾素是一种蛋白水解酶，能使血浆中的血管紧张素原变成血管紧张素 Ⅰ，后者在血管内皮细胞分泌的转换酶作用下转变为血管紧张素 Ⅱ。血管紧张素 Ⅱ 可使血管平滑肌收缩，使血压升高，增强滤过作用，还可刺激肾上腺皮质分泌醛固酮，促进肾远曲小管和集合管吸收 Na^+ 和水而排出 K^+，扩大血容量，升高血压。

2. 致密斑 **致密斑**（macula densa）是肾远端小管靠近血管极一侧的管壁上皮细胞特化而成的椭圆形斑块。该处细胞增高变窄呈高柱状，排列紧密，胞质色浅，核椭圆形，靠近细胞顶部（图 15-5、图 15-13）。致密斑处的基膜常不完整，细胞基部有细小而分支的突起，并可与邻近细胞的突起镶嵌连接。致密斑是一种离子感受器，能感受远端小管腔内液 Na^+ 浓度变化，并把信息传递给球旁细胞，促使其分泌肾素，调节水盐代谢。

3. 球外系膜细胞 **球外系膜细胞**（extraglomerular mesangial cell）又称**极垫细胞**（polar cushion cell），是位于肾小体血管极三角区内的细胞群，细胞的形态结构与球内系膜细胞相似，并与球内系膜细胞相延续（图 15-13）。球外系膜细胞与球旁细胞、球内系膜细胞之间有缝隙连接，因此认为它在球旁复合体功能活动中可能承担信息传递作用。

（四）肾间质

肾间质是指分布于泌尿小管间的少量结缔组织、血管和神经等，从皮质到肾乳头，间质逐渐增多。

肾间质细胞有多种，具有不同的形态和功能，包括成纤维细胞、骨髓源性细胞、载脂间质细胞和周细胞。载脂间质细胞是髓质间质内的主要细胞成分，细胞呈不规则形或星形，有多条长突起，胞质内含特征性的嗜锇性脂滴，该细胞具有分泌促红细胞生成素和前列腺素、合成分泌间质内纤维和基质的功能。

（五）肾的血液循环

肾动脉经肾门入肾后分为数支叶间动脉，后者在肾锥体之间上行至皮质与髓质交界处，随后横向分支为弓形动脉，弓形动脉又分支成若干小叶间动脉。小叶间动脉呈放射状走形于皮质迷路内，沿途分支发出入球微动脉进入肾小体，形成血管球，继而汇合成出球微动脉。出球微动脉离开肾小体后再次分支形成球后毛细血管网，分布于肾小管周围。毛细血管网汇成小叶间静脉，再依次汇入弓形静脉和叶间静脉，最后由肾静脉经肾门出肾（图 15-14）。髓旁肾单位的出球微动脉不仅形成球后毛细血管网，还发出若干直小动脉直行进入髓质，然后返折上升为直小静脉，形成“U”形血管袢与髓袢伴行，构成尿液浓缩的结构基础。直小静脉汇入弓形静脉。

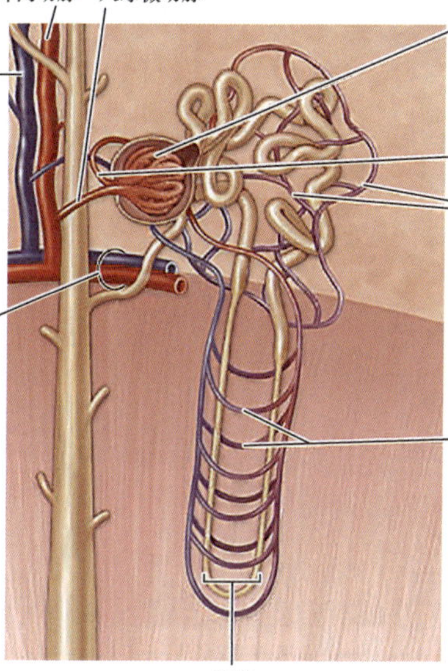

图 15-14 肾血液循环模式图

肾的血液循环与尿液的形成和浓缩有密切关系，有以下特点：① 肾动脉直接起自腹主动脉，血流量大且流速快，每 4 ～ 5 min 流经双肾的血量等于人体的全部血量；② 肾小体入球微动脉管径较出球微动脉粗，使血管球内压力较高，有利于滤过；③ 在肾内血管通路中两次形成毛细血管网，即血管球毛细血管和球后毛细血管网，由于血液流经血管球时大量水分被滤出，因此球后毛细血管内血液的胶体渗透压高，有利于肾小管上皮细胞重吸收的物质转运入血液；④ 髓质内直小血管袢与髓袢伴行，有利于肾小管和集合小管的重吸收和尿液浓缩；⑤ 肾皮质血流量大，流速快，肾总血流量约 90% 流经肾皮质，肾髓质血流量小，流速慢。

二、排 尿 管 道

肾产生的终尿经肾盏、肾盂、输尿管、膀胱及尿道构成的排尿管道排至体外。排尿管道各部分的组织结构相似（尿道除外），管壁由内至外均由黏膜、肌层和外膜构成。黏膜由变移上皮和固有层结缔组织组成；肌层为平滑肌；外膜除膀胱顶部有浆膜覆盖外，其余均为纤维膜。

（一）输尿管

输尿管（ureter）黏膜形成许多纵行皱襞，管腔呈星形（图 15-15）。黏膜层变移上皮较厚，由 4 ～ 5 层细胞构成，扩张时可变为 2 ～ 3 层。输尿管上 2/3 段的肌层为内纵行、外环形两层平滑肌，下 1/3 段肌层增厚为内纵行、中环形和外纵行三层。

（二）膀胱

膀胱（urinary bladder）为储存尿液的器官，其结构与输尿管相似。膀胱黏膜形成许多皱襞，皱襞在膀胱充盈时减少或消失。膀胱黏膜上皮细胞的层次和形态随膀胱的功能状态而发生变化。当膀胱空虚时，变移上皮较厚，有 8 ～ 10 层细胞，表层细胞大；膀胱充盈时上皮变薄，仅有 3 ～ 4 层细胞，细胞变扁。固有层含较多胶原纤维、弹性纤维和丰富的血管。膀胱肌层厚，由内纵行、中环形和外纵行三层平滑肌组成，各层肌细胞相互交错，分界不清。中层环形肌在尿道内口处增厚为括约肌（图 15-16）。

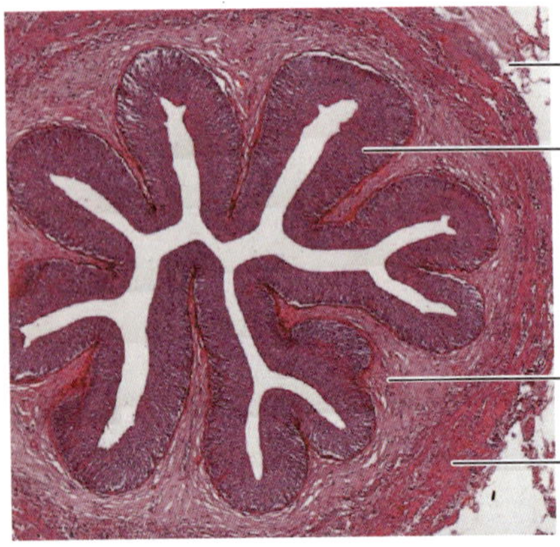

图 15-15 输尿管（HE 染色，低倍）

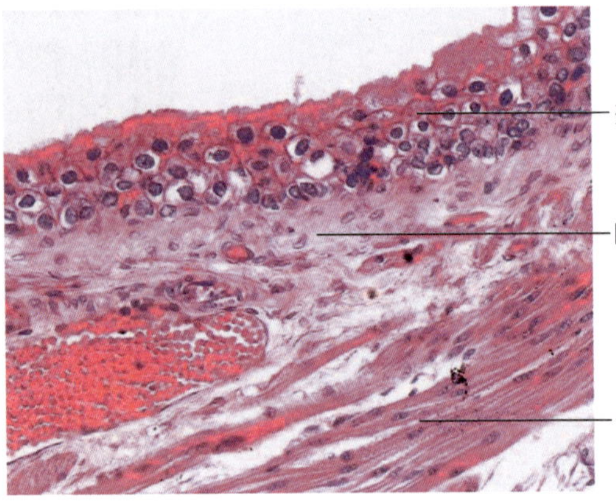

图 15-16 膀胱（HE 染色，高倍）

知识拓展

糖尿病蛋白尿

正常成人 24 h 尿蛋白总量小于 150 mg，当 24 h 尿中蛋白总量超过 300 mg 而被检出时，即称蛋白尿。蛋白尿是糖尿病肾病的常见临床表现，是由于长期高血糖对肾小动脉造成损伤，使其分泌、调节功能发生紊乱，引发缺血缺氧，进而损伤肾小球毛细血管内皮细胞和基膜，肾小球滤过屏障通透性增加，肾小球滤液中的蛋白增多，超出肾小管重吸收能力，出现以白蛋白为主的蛋白尿。

本章小结

泌尿系统由双侧肾、双侧输尿管、膀胱及尿道组成。肾为机体最主要的排泄器官，以过滤血浆的方式形成尿液，排除体内的代谢产物，调节机体水盐代谢和酸碱平衡，维持机体内环境稳定，并可分泌多种生物活性物质。肾实质由浅层的________和深层的________组成，肾实质内含有大量________和________。肾单位是肾的结构和功能单位，每个肾单位由________和________组成。________和________均为单层上皮性管道，统称泌尿小管。肾小体由________和________构成，前者的毛细血管为________；后者的脏层由________构成。血液流经肾小体血管球时经滤过屏障形成原尿（除不含大分子蛋白质外，成分与血浆相似），滤过屏障由__________、__________和__________三层结构组成。原尿流经肾小管各段及集合管后绝大部分水分、无机盐和几乎全部营养物质被重吸收入血液，最终形成的浓缩液体称终尿。重吸收原尿的主要节段是__________，电镜下，其上皮细胞游离面有大量__________，侧面形成__________，基底面有发达的__________和__________。位于肾小体血管极处的三角形区域内存在球旁复合体，由__________、__________和__________组成，其中__________可分泌肾素，激活血管紧张素，进而刺激肾上腺皮质分泌__________，从而促进重吸收 Na^+ 和水而排出 K^+，经乳头管排入肾小盏，再经肾盂、输尿管排入膀胱暂时储存，经尿道排出体外。输尿管和膀胱属排尿器官，其管壁结构基本相似，均由__________、__________和__________构成。

（杨　姝）

第十五章微课

肾小体

第十六章

皮　肤

学习要点

① 皮肤的基本结构和功能；② 表皮的角化过程；③ 非角质形成细胞的分布、形态结构和功能；④ 毛的基本结构和毛的生长；⑤ 皮脂腺、汗腺的结构和功能。

皮肤（skin）覆盖体表，是人体面积最大的器官，约占体重的 16%。皮肤由表皮和真皮构成，借皮下组织与深层组织相连（图 16-1、图 16-2）。皮肤的厚度为 0.5 ～ 4 mm，随身体部位和个体年龄而有所差异。皮肤有毛发、皮脂腺、汗腺和指（趾）甲等附属器，它们都是由表皮衍生而来。皮肤直接与外界环境接触，能阻挡异物和病原体侵入，防止体液丢失，对人体有重要的屏障保护作用。皮肤内有丰富的感觉神经末梢，能感受外界多种刺激。此外，皮肤还具有分泌、排泄、吸收和调节体温等功能。

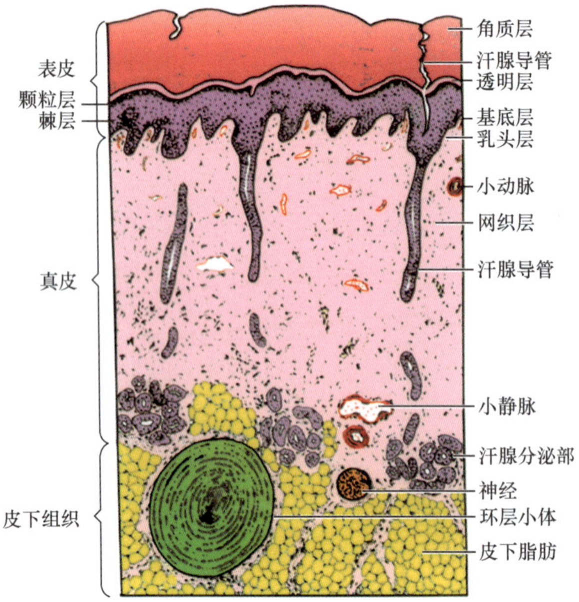

图 16-1　手掌皮肤结构模式图

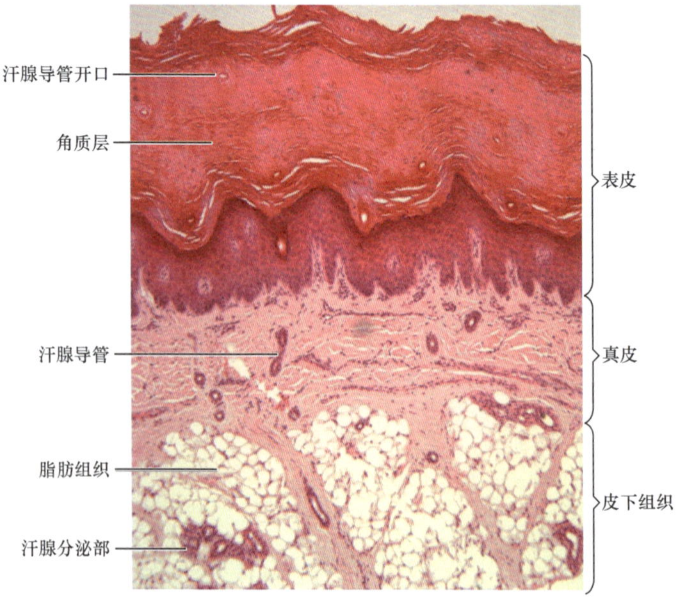

图 16-2　手指皮肤（HE 染色，低倍）

一、表 皮

表皮（epidermis）是皮肤的浅层，由角化的复层扁平上皮构成（图16-2）。根据表皮的厚度，分为厚皮和薄皮。厚皮仅位于手掌和足底，其他部位为薄皮。表皮细胞分为两大类，一类是**角质形成细胞**（keratinocyte），占表皮细胞的绝大多数（图16-3），主要功能是形成角蛋白，参与表皮角化；另一类是**非角质形成细胞**（nonkeratinocyte），数量少，分散在角质形成细胞之间，包括黑素细胞、朗格汉斯细胞和梅克尔细胞，它们各有特定的功能。

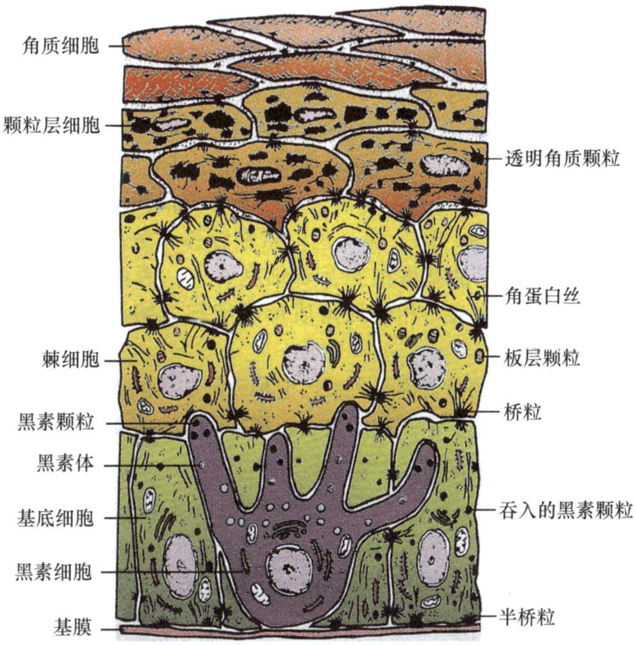

图16-3* 角化的复层扁平上皮超微结构模式图

（一）表皮的分层和角化

手掌和足底的表皮，从基底面到游离面可分为基底层、棘层、颗粒层、透明层和角质层五层（图16-4）。薄皮的表皮结构中，颗粒层和透明层不明显，角质层较薄。

1. *基底层* **基底层**（stratum basale）附着于基膜上，为一层低柱状或立方形细胞（图16-3、图16-4），称**基底细胞**（basal cell）。细胞核圆形或椭圆形，相对较大，染色较浅，胞质呈强嗜碱性。电镜下，胞质内含丰富的游离核糖体，散在或成束的**角蛋白丝**（keratin filament）。角蛋白丝属中间丝，具有很强的张力，又称**张力丝**（tonofilament）。基底细胞的相邻面以桥粒相连，基底面与基膜以半桥粒相连（图16-3）。基底细胞是表皮的干细胞，可不断的分裂增殖并向浅表推移，分化为棘细胞。在皮肤的创伤愈合中，基底细胞具有重要的再生修复作用。

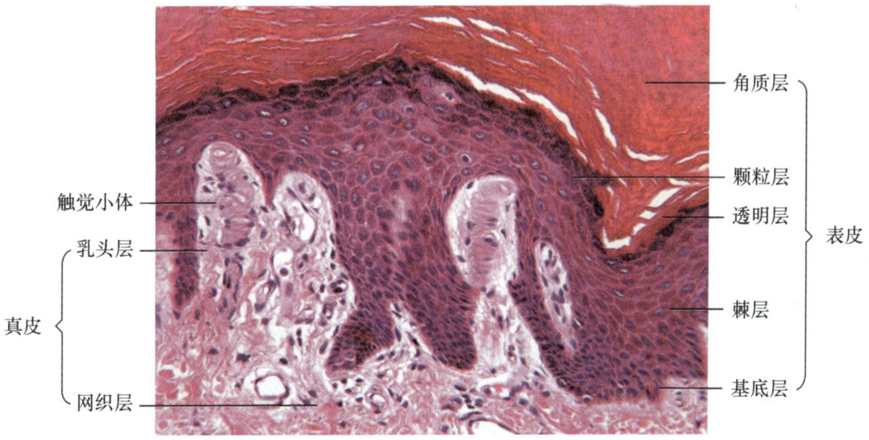

图16-4 手指皮肤（HE染色，高倍）

2. *棘层* **棘层**（stratum spinosum）位于基底层上方，由4～10层多边形、细胞表面伸出许多棘状突起的**棘细胞**（spinous cell）构成（图16-3、图16-4）。棘细胞体积较大，核圆形，胞质丰富，呈弱嗜碱性。电镜下，相邻棘细胞的突起以桥粒相连，胞质内含许多游离核糖体，成束的角蛋白丝从核周呈放射状延伸附着于桥粒上。胞质中还可见许多卵圆形、含糖脂的膜被颗粒，在电镜下呈明暗相间的板层状，称**板层颗粒**（lamellar granule）（图 16-3），分布在细胞周边以胞吐方式将糖脂排放到细胞间隙，形成膜状物，阻止外界物质侵入，同时防止组织液外渗。

3. 颗粒层　**颗粒层**（stratum granulosum）位于棘层上方，由 3 ～ 5 层梭形细胞组成（图 16-3、图 16-4）。颗粒层细胞由棘细胞分化而成，胞核和细胞器渐趋退化。胞质内含有许多大小不一、形态不规则、强嗜碱性的**透明角质颗粒**（keratohyalin granule）（图 16-3）。电镜下，透明角质颗粒无膜包裹，呈致密均质状，角蛋白丝包绕在透明角质颗粒周围或穿入其中。该层细胞内板层颗粒增多，主要分布于细胞周边，并以胞吐方式将内容物排入细胞间隙，有助于上皮细胞间的粘连，构成阻止物质透过的重要屏障。

4. 透明层　**透明层**（stratum lucidum）位于颗粒层浅层，由 2 ～ 3 层扁平细胞组成（图 16-4）。细胞界限不清，胞核和细胞器均消失。HE 染色切片上，此层强嗜酸性，折光性强。细胞的超微结构与角质层相似。

5. 角质层　**角质层**（stratum corneum）为表皮的表层，由多层扁平的**角质细胞**（horny cell）构成（图 16-3、图 16-4）。细胞干硬，是完全角化的死细胞，无核和细胞器，胞质内充满角蛋白。在 HE 染色切片上，该层呈嗜酸性均质状（图 16-4）。电镜下，细胞内充满密集、粗大的角蛋白丝，浸埋在均质状的物质中，该物质主要为透明角质颗粒所含的富有组氨酸的蛋白质，它与角蛋白丝结合的复合体称**角蛋白或角质**（keratin）。细胞膜内面因附有不溶性蛋白质而坚固。细胞间隙充满由糖脂构成的膜状物。近表层细胞间的桥粒消失，细胞连接松散，脱落后成为皮屑。

基底细胞向表面迁移形成角质细胞的过程称为**角化**（keratinization），这个过程反映了角质形成细胞的增殖、分化、向表面逐层推移直至脱落的一个新陈代谢过程，同时也是细胞逐渐生成角蛋白和角化的过程。表皮细胞更新周期 3 ～ 4 周。干硬坚固的角质细胞使得表皮对多种物理和化学性刺激有很强的耐受力。

（二）非角质形成细胞

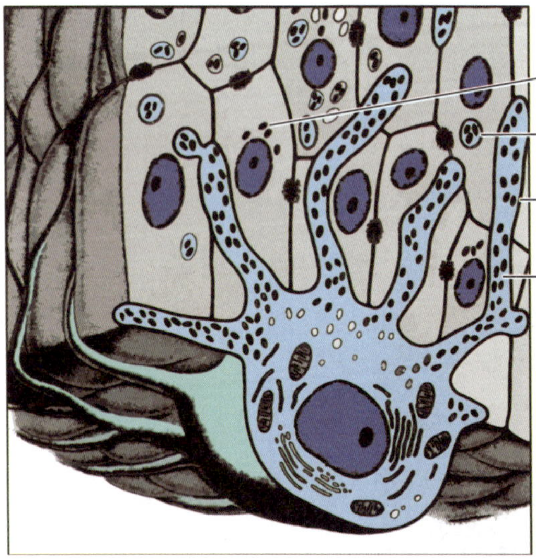

图 16-5　黑素细胞超微结构模式图

1. 黑素细胞　**黑素细胞**（melanocyte）是生成黑色素的细胞，多分布于基底细胞之间，胞体较大，有许多突起伸入基底细胞和棘细胞之间（图 16-3、图 16-5），HE 染色切片中不易分辨。电镜下，胞质内有丰富的核糖体和粗面内质网，及发达的高尔基体。主要特点是胞质中有多个圆形或卵圆形的小体，有膜包被，称**黑素体**（melanosome），内含酪氨酸酶，能将酪氨酸转化成黑色素。黑素体充满黑色素后成为**黑素颗粒**（melanin granule），光镜下呈黄褐色。黑素颗粒迁移、聚集于细胞末端，以胞吐的方式释放，被邻近的角质细胞吞入。人种间黑素细胞数量无明显差异，但黑素颗粒的大小、数量及在皮肤的分布部位，可决定不同种族或同一个体不同部位皮肤颜色的差异。黑色素还能吸收和散射紫外线，保护表皮深层的组织不受辐射损伤。紫外线可使酪氨酸酶活性增强，增加黑色素的合成。

2. 朗格汉斯细胞　**朗格汉斯细胞**（Langerhans cell）来源于胚胎期的骨髓，迁移到皮肤内，散在于棘细胞之间。在 HE 染色切片上不易辨认。用 ATP 酶组织化学染色，可显示其多个树突状突起穿插在棘细胞之间。电镜下可见细胞核呈弯曲形或分叶，胞质内有形状特殊的**伯贝克颗粒**（Birbeck granule），有膜包

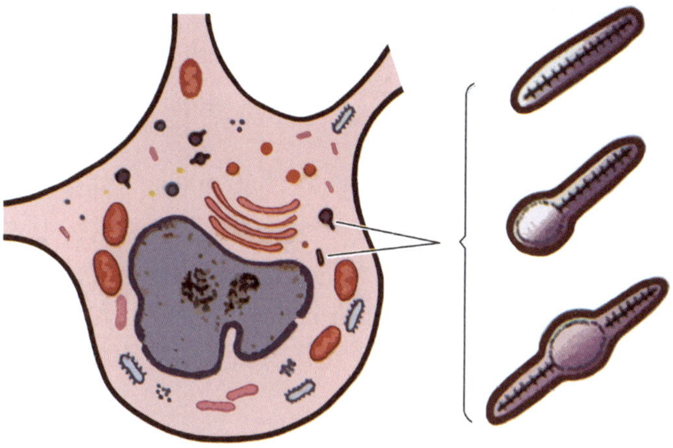

图 16-6　朗格汉斯细胞超微结构模式图

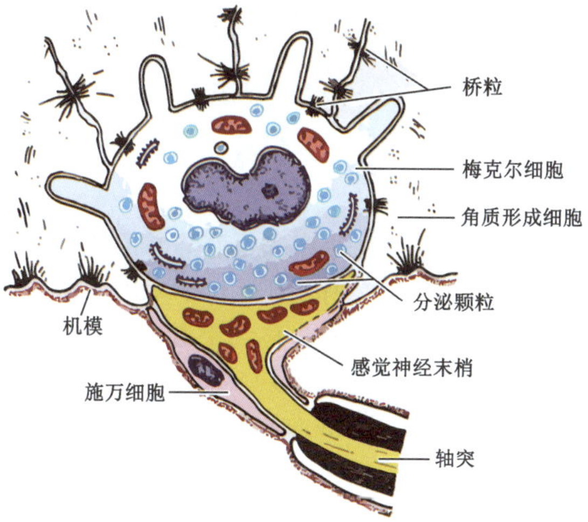

图 16-7　梅克尔细胞超微结构模式图

裹，呈盘状或扁囊形，长 15 ～ 30 nm，宽 4 nm，一端或两端常有小泡，颗粒的切面为杆状或球拍形，内有纵向的致密线（图 16-6）。伯贝克颗粒参与处理抗原。朗格汉斯细胞是皮肤的抗原呈递细胞，能参与免疫应答，并在免疫监视中起重要作用。

3. *梅克尔细胞*　**梅克尔细胞**（Merkel’s cell）有短指状突起，数目很少，大多位于表皮基底细胞之间。在 HE 染色切片上不易辨认。电镜下可见细胞的核较小，呈不规则形，基底部胞质内含许多膜包被、电子密度高的分泌颗粒。。常见有些梅克尔细胞的基底面与感觉神经末梢形成突触结构。梅克尔细胞数量很少，但于指尖、口腔和生殖道黏膜上皮中较多，为感受触觉和机械刺激的感觉上皮细胞（图 16-7）。

二、真　　皮

真皮（dermis）是位于表皮下方的结缔组织，与表皮牢固相连。真皮深部与皮下组织连接，两者之间没有明显的界线。身体各部真皮的厚度不等，一般为 1 ～ 2 mm。真皮可分为乳头层和网织层（图 16-4）。

1. *乳头层*　**乳头层**（papillary layer）是与表皮相连的薄层疏松结缔组织，向表皮突出形成许多乳头状的**真皮乳头**（dermal papillae），使表皮与真皮的连接面积增大，有利于两者间的牢固连接，便于表皮从真皮中获得营养。乳头层含丰富的毛细血管和游离神经末梢，手指掌侧的真皮乳头内可见触觉小体（图 16-4）。

2. *网织层*　**网织层**（reticular layer）位于乳头层下方较厚的不规则致密结缔组织，为真皮的主要部分，与乳头层无明显的分界（图 16-4）。网织层含粗大、交织成网的胶原纤维和许多弹性纤维，使得皮肤有较大的韧性和弹性。此层内有许多血管、淋巴管和神经束，毛囊、皮脂腺和汗腺也多存在于此层内，深部可见环层小体（图 16-1）。

真皮的下方为**皮下组织**（hypodermis），即解剖学所称的浅筋膜，由疏松结缔组织和脂肪组织组成（图 16-2），一般认为它不是皮肤的组成部分。皮下组织将皮肤与深部的组织相连，并使皮肤有一定的活动性。此外，还具有缓冲、保温、贮存能量等作用。皮下组织的厚薄随个体、年龄、性别和部位而有所差异。

三、皮肤的附属器

（一）毛

人体皮肤除了手掌和足底等部位外，均有**毛**（hair）（图 16-8）。毛分为毛干、毛根和毛球三部分。露在皮肤外面的部分称**毛干**（hair shaft），埋在皮肤内的部分称**毛根**（hair root），包绕在毛根周围的由上皮和结缔组织构成的鞘，称为**毛囊**（hair follicle）。毛根和毛干由呈同心圆排列的角化上皮细胞构成，细胞内充满角蛋白并含黑色素。毛根和毛囊下端合为一体，形成膨大的**毛球**（hair bulb）。富有血管和神经的结缔组织突入毛球底面称**毛乳头**（hair papilla）。毛球是毛和毛囊的生长点，毛乳头对毛的生长起诱导和营养作用。

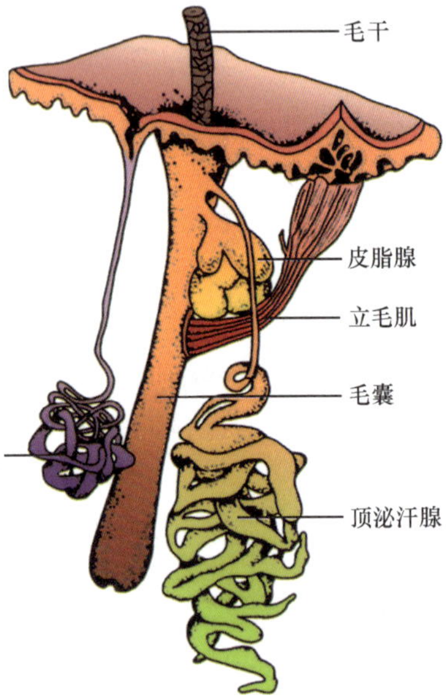

图 16-8* 皮肤附属器示意图

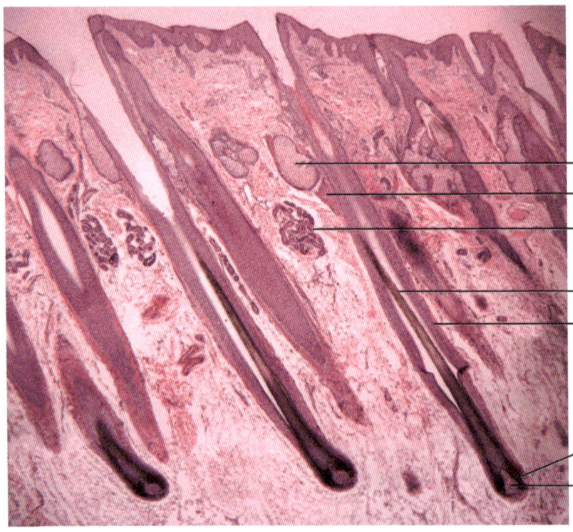

图 16-9 人头皮（HE 染色，低倍）

毛囊分内外两层：内层为上皮性鞘，包裹毛根，与表皮相连续，其结构也与表皮相似；外层为结缔组织性鞘，与真皮相连续，由薄层致密结缔组织构成（图 16-9）。毛根和上皮性鞘与毛球的细胞相连，毛球的上皮细胞称毛母质细胞，为幼稚细胞，它们不断增殖和分化为毛根和上皮性鞘的细胞。毛的色素由分布在毛母质细胞间的黑素细胞生成，然后将色素输入新生的毛根上皮细胞中。

毛有生长周期，身体各部位毛的生长周期长短不等。生长期的毛球膨大，毛乳头血流丰富，毛母质细胞增殖旺盛。转入衰退期即是换毛的开始，此时毛球和毛乳头变小萎缩，毛母质细胞停止分裂，毛根与毛球、毛囊连接不牢，毛易脱落。在下一个生长周期开始时，在毛囊底端形成新的毛球和毛乳头，开始生长新毛。新毛长入原有的毛囊内，将旧毛推出。

毛根和毛囊斜长在皮肤内，在它们与皮肤表面呈钝角的一侧，有一束平滑肌连接毛囊和真皮，称**立毛肌**（arrector pili muscle）。立毛肌受交感神经支配，寒冷或惊恐刺激可使立毛肌收缩，毛竖立，皮肤呈现"鸡皮疙瘩"，同时有助于皮脂排出（图 16-8、图 16-9）。

（二）皮脂腺

皮脂腺（sebaceous gland）位于毛囊和立毛肌之间（图 16-9），为泡状腺。导管为复层扁平上皮，大多开口于毛囊上段，也可直接开口于皮肤表面。腺泡周边细胞较小，有很强的增殖能力，中心细胞较大，呈多边形，核固缩，胞质内充满脂滴（图 16-10）。分泌时，整个腺细胞解体，连同脂滴一起排出即为皮

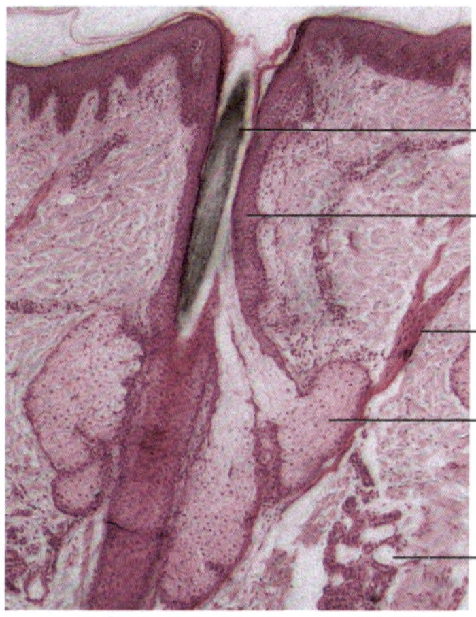

图 16-10 人头皮皮脂腺（HE 染色，高倍）

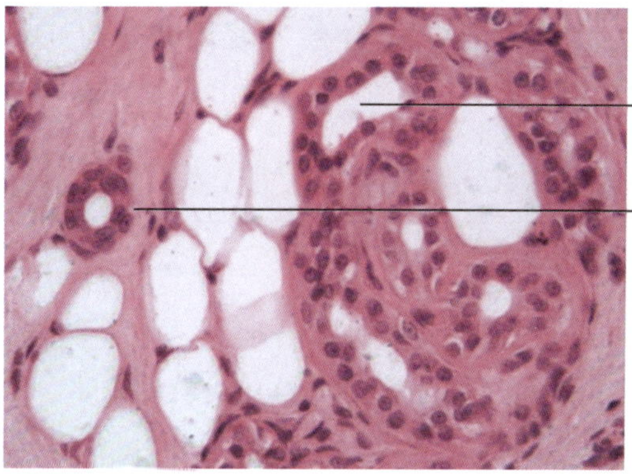

图 16-11 人外泌汗腺（HE 染色，高倍）

脂，具有滋润皮肤和杀菌作用。皮脂腺的发育和分泌受性激素的调节，青春期分泌活跃。皮脂分泌过多，腺导管阻塞易形成粉刺；皮脂分泌过少，皮肤与毛发干枯，失去光泽。

（三）汗腺

汗腺（sweat gland）为单曲管状腺，可分为外泌汗腺和顶泌汗腺两种。

1. 外泌汗腺 **外泌汗腺**（exocrine sweat gland）又称局泌汗腺，即通常所说的小汗腺。遍布全身的皮肤，不同部位皮肤内的汗腺数目有显著差别，以手掌和足底最多。汗腺由分泌部和导管组成。分泌部盘曲成团，位于真皮深层和皮下组织（图 16-2），腺上皮由单层淡染的立方形或锥形细胞组成，在腺细胞与基膜之间有肌上皮细胞，其收缩有助于分泌物排出。导管的腔较细而直，管壁由两层较小的染色较深的立方上皮细胞围成（图 16-11），开口于皮肤表面（图 16-2）。汗腺分泌的汗液除含大量水分外，还含钠、钾、氯、乳酸盐和尿素。汗液分泌（出汗）是身体散热的主要方式，对调节体温、湿润皮肤、排泄机体代谢产物和离子等有重要作用。

2. 顶泌汗腺 **顶泌汗腺**（apocrine sweat gland）又称大汗腺，主要分布于腋窝、乳晕、肛门和会阴等处。其分泌部管径粗，管腔大，盘曲成团，腺细胞呈嗜酸性，分泌时顶部胞质连同分泌颗粒一起脱落进入腺腔。导管开口于毛囊上端。顶泌汗腺的分泌物为黏稠的乳状液，含蛋白质、碳水化合物和脂类等，被细菌分解后产生特别的气味。分泌过盛而致气味过浓时，则称狐臭。腺体的分泌活动受性激素影响，青春期分泌旺盛，老年时退化。

（四）指（趾）甲

指（趾）甲（nail）由甲体及其周围和下方的几部分组织组成。**甲体**（nail body）是长在指（趾）末

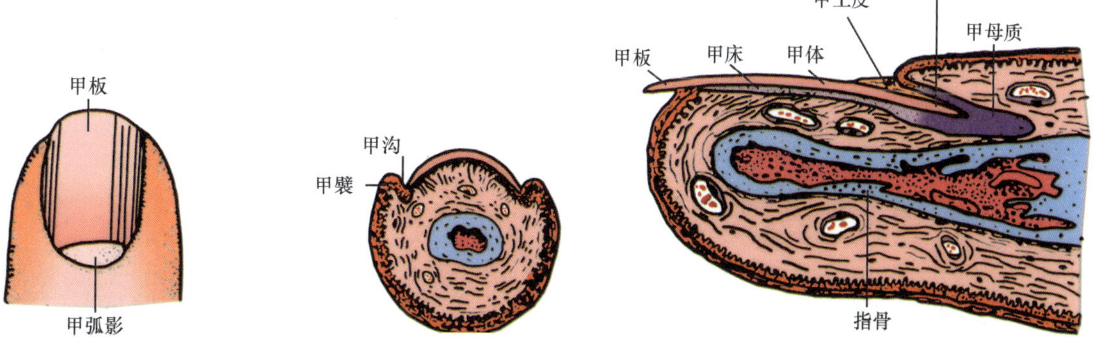

图 16-12* 指甲正面（左）、纵切面（右）和横切面（中）模式图

节背面的外露部分，由多层连接牢固的角质细胞构成。甲体下面的组织称**甲床**（nail bed），由非角化的复层扁平上皮和真皮组成。甲体周缘的皮肤称甲襞。甲体与甲襞之间的沟为甲沟。甲体的近端称**甲根**（nail root），埋在皮肤所成的深凹内。甲根附着处的甲床上皮的基底层细胞称**甲母质**（nail matrix），是甲体的生长区（图 16-12）。指（趾）甲受损或拔除后，只要甲母质保留，甲仍能再生。

知识拓展

皮肤鳞状细胞癌

皮肤鳞状细胞癌（skin squamous cell carcinoma，SCC）是起源于表皮或附属器角质形成细胞的一种恶性肿瘤，主要发生于老年人，好发于头皮、面部、手背等光暴露部位，具有病因复杂、临床误诊率和恶性度高等特点。皮肤鳞状细胞癌早期是红色硬结，以后发展成疣状损害、浸润，常有溃疡、脓性分泌物、臭味。确诊该病需要取病变处组织做病理学检查。显微镜下可见增生的上皮突破基膜向深层浸润形成不规则条索形癌巢。根据癌细胞的分化程度分为高、中、低分化。高分化的鳞状细胞癌恶性程度低，而低分化的鳞状细胞癌恶性程度高。治疗以手术切除为主，癌症早期根治性切除即可，中晚期以手术、放疗和化疗综合治疗为好。

本章小结

皮肤由 ______ 和 ______ 构成，借 ______ 与深层组织相连。表皮由 ______ 上皮构成。表皮细胞分为两大类，一类是 ______ 细胞，占表皮细胞的绝大多数，主要功能是形成角蛋白，参与表皮角化；另一类是 ______ 细胞，数量少，分散在角质形成细胞之间，包括 ______ 细胞、______ 细胞和 ______ 细胞，它们与表皮角化无直接关系。手掌和足底的表皮属厚皮，从基底面到游离面可分为 ______、______、______、______ 和 ______ 五层。表皮由基底层到角质层的结构变化，反映了角质形成细胞增殖、分化、迁移和脱落的新陈代谢变化过程。真皮分为 ______ 和 ______。皮肤有 ______、______、______ 和 ______ 等附属器，它们都由皮肤的表皮衍生而来。毛分为 ______、______ 和 ______ 三部分。______ 是毛和毛囊的生长点，______ 对毛的生长起诱导和营养作用。______ 腺为泡状腺，分泌皮脂，具有滋润皮肤和杀菌作用。______ 腺是单曲管状腺，分泌汗液，对调节体温起重要作用。

（李　坪）

第十六章微课

表皮的分层与角化

第十七章

眼和耳

学习要点

① 角膜、视网膜、眼球壁其余各层及眼球内容物的结构与功能；② 眼睑的结构；③ 内耳迷路、螺旋器、位觉斑和壶腹嵴的结构与功能。

一、眼

眼是由眼球及其附属器组成的视觉器官，具有自动调焦、屈光成像和感光等功能。眼球近似球体，由眼球壁和眼球内容物组成（图 17-1）。眼球壁由外向内依次分为纤维膜、血管膜和视网膜三层。眼球内容物有晶状体、玻璃体和房水，与角膜共同组成眼球的屈光系统。

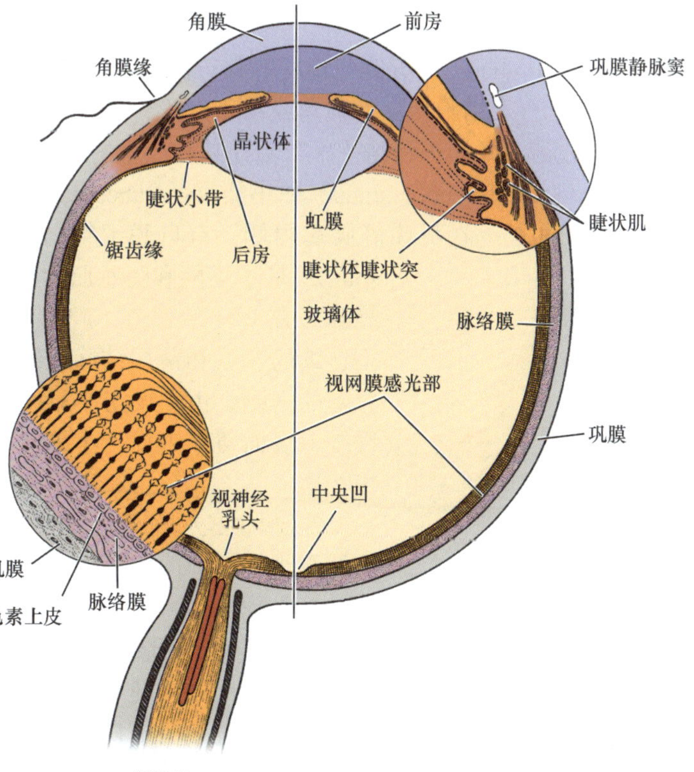

图 17-1　眼球结构模式图

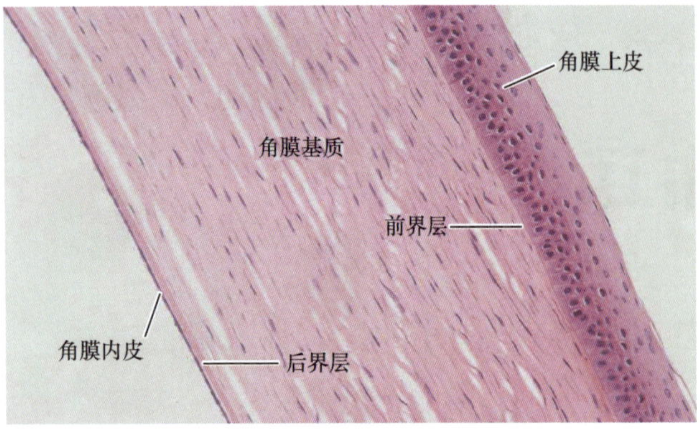

图 17-2 角膜（HE 染色，高倍）

（一）眼球壁

1. 纤维膜 纤维膜主要由致密结缔组织构成，前 1/6 为角膜，后 5/6 为巩膜，两者交界的区域为角膜缘。

（1）角膜：**角膜**（cornea）位于眼球的前方，呈透明圆盘状。角膜内无血管和淋巴管，营养主要由房水和角膜缘的毛细血管渗透供给。角膜的组织结构从前至后可分为五层（图 17-2）：角膜上皮、前界层、角膜基质、后界层与角膜内皮。

1）角膜上皮：**角膜上皮**（corneal epithelium）为未角化的复层扁平上皮，由 5 ～ 6 层排列整齐的细胞组成。上皮基部平坦，基底细胞为矮柱状，具有分裂增殖能力，故角膜上皮再生能力强。中间层为多边形细胞，表面为扁平细胞。上皮内有丰富的游离神经末梢，因此角膜感觉十分敏锐。

2）前界层：**前界层**（anterior limiting lamina）是一层透明的均质膜，含有胶原原纤维和基质。此层损伤后不能再生。正常的前界层无细胞，一旦出现细胞，即为病变的早期现象。

3）角膜基质：**角膜基质**（corneal stroma）约占角膜全厚的 90%，主要由多层与表面平行的胶原板层构成，内含大量平行排列的胶原原纤维，相邻板层的纤维排列方向互相垂直。胶原板层间散在分布扁平多突起的成纤维细胞，可产生纤维和基质，参与角膜损伤的修复。此外，角膜基质内含适量水分、无血管、胶原原纤维规则排列，是角膜透明主要的原因。

4）后界层：**后界层**（posterior limiting lamina）结构似前界层，但更薄。

5）角膜内皮：**角膜内皮**（corneal endothelium）为单层扁平上皮，参与后界层的形成。

（2）巩膜：**巩膜**（sclera）呈瓷白色，质地坚韧，主要由大量粗大的胶原纤维交织而成，是眼球壁的重要保护层。

（3）角膜缘：**角膜缘**（corneal limbus）为巩膜与角膜的移行区域，通常是眼球前部手术的入路之处。角膜缘上皮较厚，其基底层细胞具有干细胞特征，称角膜缘干细胞，可通过分裂增殖向角膜中央方向迁移，补充角膜基底细胞。故临床上通过角膜缘移植手术，治疗某些严重的眼球表面疾病。

角膜缘内侧有**巩膜静脉窦**（scleral venous sinus）和**小梁网**（trabecular meshwork），是房水循环的重要结构，与眼内压的稳定密切相关。在巩膜静脉窦内侧，有巩膜组织向前突出，称**巩膜距**（scleral spur），是小梁网和睫状肌附着的部位（图 17-3）。巩膜静脉窦是一环形管道，腔内充满房水，其管壁由内皮、不连续的基膜和薄层结缔组织构成。小梁网位于巩膜静脉窦的内侧，由小梁与小梁间隙组成。小梁内部为胶原纤维，表面覆以内皮，小梁间隙充满房水，与巩膜静脉窦相通。

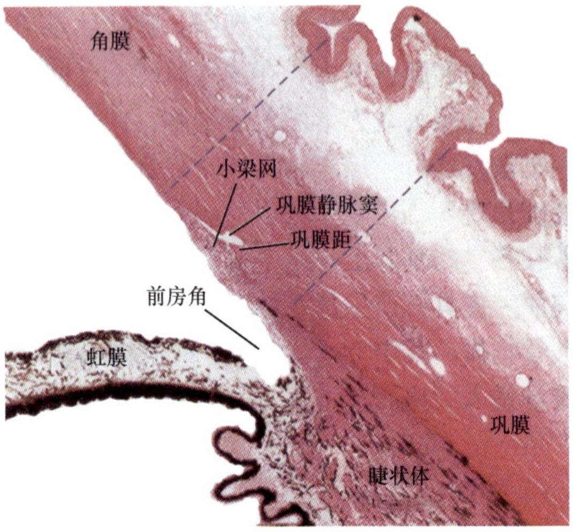

图 17-3* 巩膜静脉窦与小梁网（HE 染色，高倍）

2. 血管膜 血管膜是富含血管和色素细胞的疏松结缔组织，从前向后分为虹膜、睫状体和脉络膜三部分（图 17-1）。

（1）虹膜：**虹膜**（iris）是位于角膜与晶状体之间的环状薄膜，周边连睫状体，中央为圆形的瞳孔（pupil）。虹膜将眼房分隔为前房和后房，前、后房内的房水借瞳孔相通。虹膜由前向后分为前缘层、虹膜基质和虹膜上皮（图 17-4）。

1）前缘层：**前缘层**（anterior border layer）为一层不连续的成纤维细胞和色素细胞。

2）虹膜基质：**虹膜基质**（iris stroma）为富含血管和色素细胞的疏松结缔组织。色素细胞中含大量的色素颗粒。

3）虹膜上皮：**虹膜上皮**（iris epithelia）属视网膜盲部，由前后两层上皮细胞组成。前层细胞特化为肌上皮细胞，靠近瞳孔缘的细胞环绕瞳孔排列，称瞳孔括约肌，受副交感神经支配，收缩时使瞳孔缩小；瞳孔括约肌外侧的细胞则呈放射状分布，称瞳孔开大肌，受交感神经支配，收缩时使瞳孔开大。后层细胞呈立方形，胞质内充满色素颗粒。

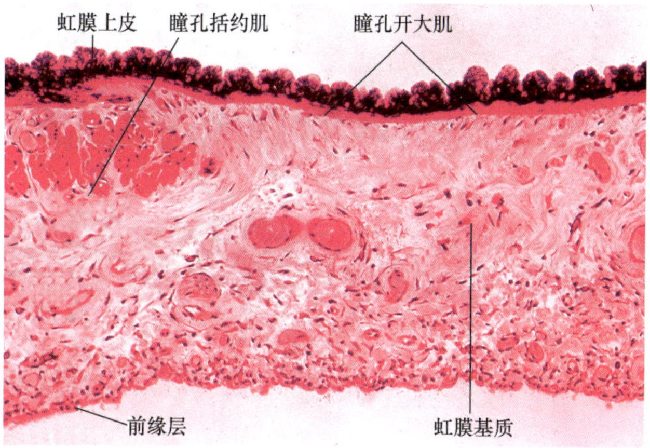

图 17-4*　虹膜（HE 染色，高倍）

（2）睫状体：**睫状体**（ciliary body）位于虹膜与脉络膜之间，在眼球矢状切面上大致呈三角形。前部向内侧增厚形成许多放射状突起，称**睫状突**（ciliary process），后部逐渐平坦变薄，与脉络膜连接形成锯齿缘。睫状体由睫状肌、基质与睫状体上皮组成（图 17-1、图 17-3）。

1）睫状肌：**睫状肌**（ciliary muscle）为平滑肌，密集分布于睫状体的外 2/3 区域，按肌纤维走行方向可分为环形、放射状和纵行三种。环形的睫状肌分布于睫状体前部，放射状和纵行的睫状肌的起点为巩膜距，分别终止于睫状体内侧份和后端的脉络膜。

2）基质：为富含血管和色素细胞的结缔组织。

3）睫状体上皮：属视网膜盲部，由两层细胞组成。外层为立方形的色素上皮细胞；内层为矮柱状的非色素上皮细胞，可分泌房水，参与玻璃体和睫状小带的形成。

睫状突与晶状体之间通过**睫状小带**（ciliary zonule）相连（图 17-1）。睫状小带一端连于睫状体，一端插入晶状体囊内，具有悬挂固定晶状体的作用。视近物时，睫状肌收缩，睫状体突向前方内侧，睫状小带松弛，晶状体变凸；眼处于休息状态或视远物时，睫状肌松弛，睫状小带拉紧，晶状体被拉平。借此改变晶状体的位置和屈度，从而对视力进行调节。

（3）脉络膜：**脉络膜**（choroid）为血管膜的后 2/3 部分，位于巩膜与视网膜之间，由富含血管和色素细胞的疏松结缔组织构成。与视网膜相贴的最内层为一均质透明薄膜称玻璃膜。

3. 视网膜　**视网膜**（retina）位于血管膜的内面，根据有无感光功能，分为盲部和视部。盲部包括虹膜上皮与睫状体上皮，视部位于脉络膜内侧。视网膜视部是高度特化的神经组织，由外向内依次是色素上皮层、视细胞层、双极细胞层和节细胞层（图 17-5）。

（1）色素上皮层：由**色素上皮细胞**（pigment epithelial cell）构成的单层立方上皮，基底面紧贴玻璃膜（图 17-5、图 17-6）。细胞顶部与视细胞相接触，并有大量突起伸入视细胞的外节之间。胞质内含有大量黑素颗粒和吞噬体，前者可防止强光对视细胞的损伤，吞噬体内通常为视细胞脱落的膜盘，可参与视细胞外节的更新。色素上皮细胞还可贮存维生素 A，

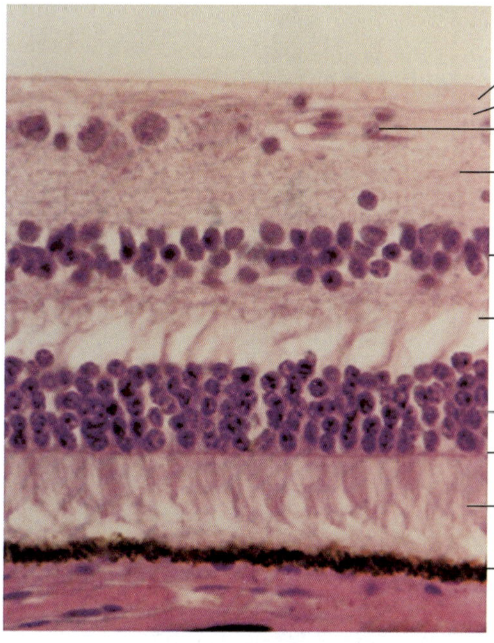

图 17-5　视网膜（HE 染色，高倍）

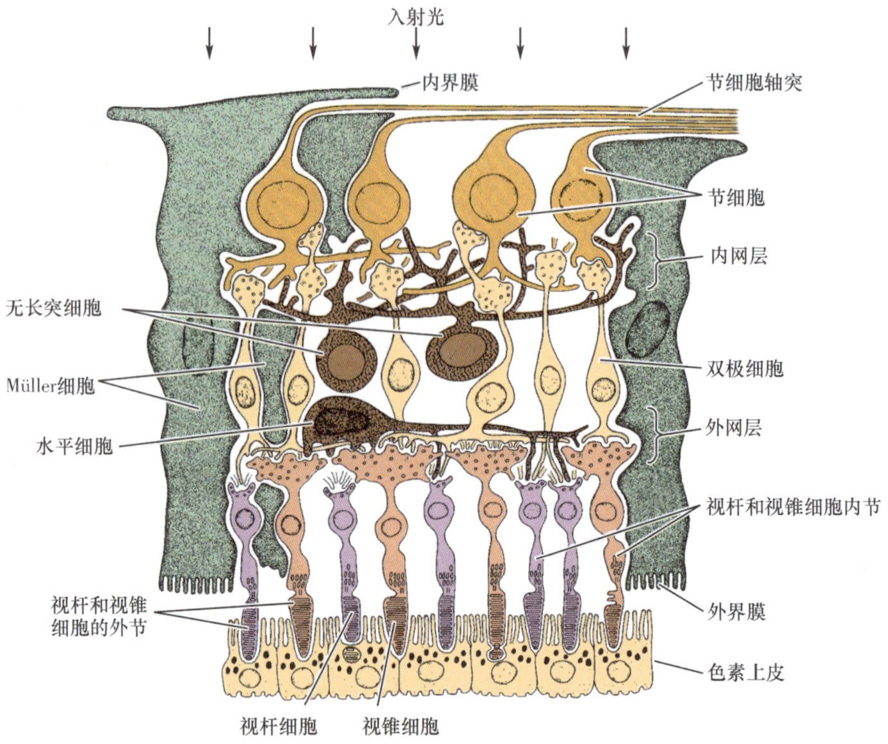

图 17-6　视网膜结构示意图

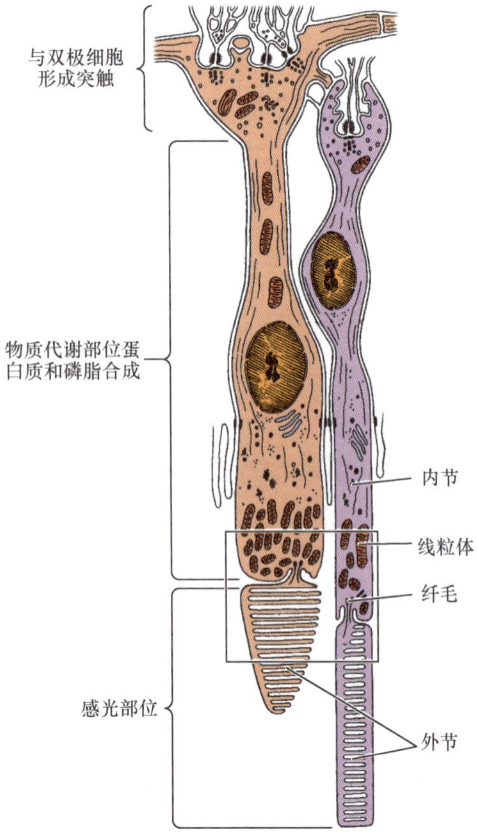

图 17-7*　视杆细胞（右侧）和视锥细胞（左侧）的超微结构

参与视紫红质的合成。

（2）视细胞层：**视细胞**（visual cell）又称**感光细胞**（photoreceptor cell），是感受光线的感觉神经元。细胞分为胞体、外突（树突）和内突（轴突）三部分。胞体是细胞核所在的部位。外突分内节与外节两段，两节的相连处缩窄，其内部为纤毛样结构，称连接纤毛。**内节**（inner segment）紧邻胞体，含丰富的线粒体、粗面内质网和高尔基体，是合成感光蛋白的部位；**外节**（outer segment）为感光部位，含大量平行排列的**扁平状膜盘**（membranous disc），膜盘是由外节基部一侧的胞膜向胞质内陷、折叠形成，膜中镶嵌有感光物质。内突末端主要与双极细胞形成突触联系。根据外突形状和感光性质不同，视细胞分为视杆细胞和视锥细胞两种（图 17-6、图 17-7）。

1）视杆细胞：**视杆细胞**（rod cell）数量多，主要分布在视网膜黄斑以外的周围部，感受弱光。视杆细胞较细长，核较小，染色较深。外突呈杆状，称视杆；内突末端膨大呈小球状（图 17-7）。膜盘大多与胞膜分离形成独立的膜盘。膜盘不断更新，由外节基部向顶端推移，顶部的膜盘则不断老化脱落，被色素上皮细胞吞噬消化。膜盘上镶嵌的感光蛋白称**视紫红质**（rhodopsin），由 11- 顺视黄醛和视蛋白组成。维生素 A 是合成 11- 顺视黄醛的原料。当人体维生素 A 不足时，视紫红质缺乏，导致弱光视力减退，即夜盲症。

2）视锥细胞：**视锥细胞**（cone cell）数量少，多集中于视网膜黄斑中部，感受强光和颜色。视锥细胞粗大，核较大，染色较浅。外突呈圆锥形，称视锥；内突末端膨大呈足状（图 17-7）。膜盘大多与胞膜不分离，顶端膜盘也不脱落。其感光物质称视色素，也由 11- 顺视黄醛和视蛋白组成，但视蛋白的结构与视紫红质的不同。视锥细胞有三种功能类型，分别含红敏色素、蓝敏色素和绿敏色素。如缺少感红光（绿光）的视锥细胞，则不能分辨红（或绿）色，为红（或绿）色盲。

（3）双极细胞层：**双极细胞**（bipolar cell）是连接视细胞和节细胞的纵向中间神经元，其树突与视细胞内突形成突触，轴突与节细胞的树突形成突触（图 17-6）。大多数双极细胞可与多个视细胞和节细胞形成突触；只有少数细胞与一个视细胞和一个节细胞联系，称侏儒双极细胞，它们位于视网膜中央凹边缘。

（4）节细胞层：**节细胞**（ganglion cell）是有长轴突的多极神经元，常为单行排列，其树突主要与双极细胞形成突触，轴突向眼球后极汇集，形成视神经穿出眼球（图 17-6）。节细胞有两种：弥散节细胞可与多个双极细胞形成突触；侏儒节细胞通过侏儒双极细胞与视锥细胞形成一对一的视觉通路。

视网膜中还有多种其他中间神经元，如水平细胞、无长突细胞和网间细胞等，这三种细胞都位于双极细胞层，构成局部环路，与视觉信号的传导和调控有关（图 17-6）。

视网膜中也有各种神经胶质细胞，其特有的放射状胶质细胞，又称**米勒细胞**（Müller cell），细胞狭长，几乎贯穿除色素上皮外的视网膜全层，突起为叶片状，具有营养、支持、绝缘和保护作用（图 17-6）。

4. 黄斑和视神经乳头　在视网膜后极上有一浅黄色区域，正对视轴处，称**黄斑**（macula lutea），直径约 3 mm，其中央有一浅凹称**中央凹**（central fovea）。中央凹的视网膜最薄，只有视锥细胞和色素上皮（图 17-8）。此处的视锥细胞与侏儒双极细胞和侏儒节细胞之间形成一对一的联系，能精确的传递信号。近中央凹的双极细胞和节细胞均向外周倾斜，从而形成局部凹陷，光线可直接落在视锥细胞上，故中央凹是视觉最敏感区域。

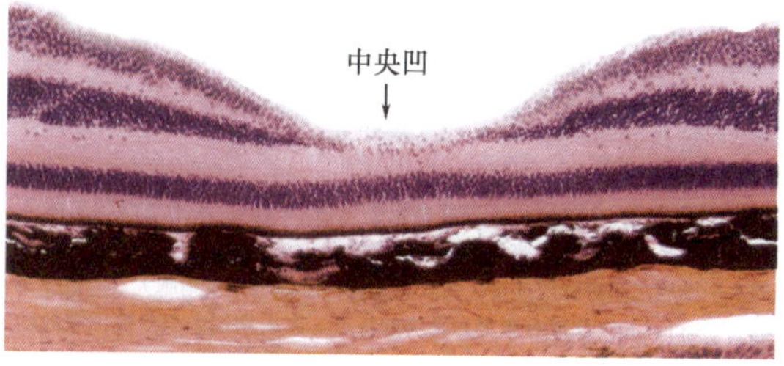

图 17-8* 视网膜黄斑和中央凹（HE 染色，高倍）

在黄斑鼻侧有一圆形隆起，称**视神经乳头**（papilla of optic nerve）或**视盘**（optic disc），所有节细胞的轴突在此汇集，穿出眼球壁形成视神经。视网膜中央动脉和中央静脉也在此穿过（图 17-1）。此处无感光细胞，为生理盲点。

（二）眼球内容物

1. 晶状体　**晶状体**（lens）为具有弹性的双凸透明体，前面略平，后面较凸，前后面交界处为赤道部。晶状体由晶状体囊和晶状体实质组成。晶状体囊是包在晶状体外面的薄膜，主要由基膜和胶原原纤维等构成。实质分为外周的皮质和中央的晶状体核，皮质前表面为一层立方形细胞构成的晶状体上皮，在赤道部，细胞渐变为长柱状，称**晶状体纤维**（lens fiber）。新形成的纤维构成皮质，老的纤维被推向中心，细胞核消失，含水量减少，构成晶状体核。晶状体内无神经和血管，营养由房水供给。老年人晶状体弹性减退，透明度降低，甚至混浊形成老年性白内障。

2. 玻璃体　**玻璃体**（vitreous body）位于晶状体、睫状体和视网膜之间，是无色透明的胶状体，含水量达 99%，其余为透明质酸、玻璃蛋白及胶原原纤维等。

3. 房水　**房水**（aqueous humor）充满于眼房内的无色透明液体，由睫状体毛细血管内的血液渗出和非色素上皮细胞分泌共同产生。房水从后房经瞳孔至前房，然后沿前房角经小梁网进入巩膜静脉窦，最终经睫状前静脉导入血循环。房水具有屈光作用，并可营养晶状体和角膜，以及维持眼压。房水的产生和排出保持动态平衡，维持正常眼内压。如果房水产生过多或排出途径受阻，眼球内压增高，导致青光眼。

（三）眼附属器

包括眼睑、泪腺和眼外肌等，对眼球起运动和保护等作用。

眼睑（eyelid）覆盖于眼球前方，由前向后分为五层：皮肤、皮下组织、肌层、睑板和睑结膜。

（1）皮肤：薄而柔软。睑缘有 2 ～ 3 列睫毛，睫毛根部的皮脂腺称睑缘腺，又称 Zeis 腺。睫毛附近有一种螺旋状的汗腺称睫腺，又称 Moll 腺。两种腺体炎症时可形成睑腺炎。

（2）皮下组织：为疏松结缔组织，易水肿和淤血。

（3）肌层：主要为骨骼肌。

（4）睑板：由致密结缔组织构成，质硬如软骨，构成眼睑的支架。睑板内有皮脂腺，称睑板腺，导管开口于睑缘，分泌的皮脂有润滑睑缘和保护角膜的作用，若导管阻塞形成囊肿，称睑板腺囊肿。

（5）睑结膜：为薄层黏膜。由复层柱状上皮和固有层的结缔组织构成。

二、耳

耳由外耳、中耳和内耳三部分组成。外耳和中耳传导声波，内耳是听觉感受器和位觉感受器所在部位。

（一）外耳

外耳由耳郭、外耳道和鼓膜组成。耳郭以弹性软骨为支架，外包薄层皮肤。外耳道的皮肤内有大汗腺，称耵聍腺，可分泌耵聍。鼓膜为椭圆形的半透明膜，分隔外耳道和中耳。鼓膜由外向内分三层：外层为复层扁平上皮，中层主要是胶原纤维束，内层为黏膜层，由单层扁平上皮和疏松结缔组织构成。鼓膜的功能是将外界声波的振动传递至中耳。

（二）中耳

中耳包括鼓室和咽鼓管（图 17-9）。鼓室内有三块听小骨，鼓室内表面和听小骨表面均覆盖有薄层黏膜。听小骨彼此形成关节连接，关节面为透明软骨。咽鼓管为鼓室与咽的交通管道，近鼓室段的黏膜上皮为单层柱状，近鼻咽段的上皮为假复层纤毛柱状，固有层内分布有混合性腺。

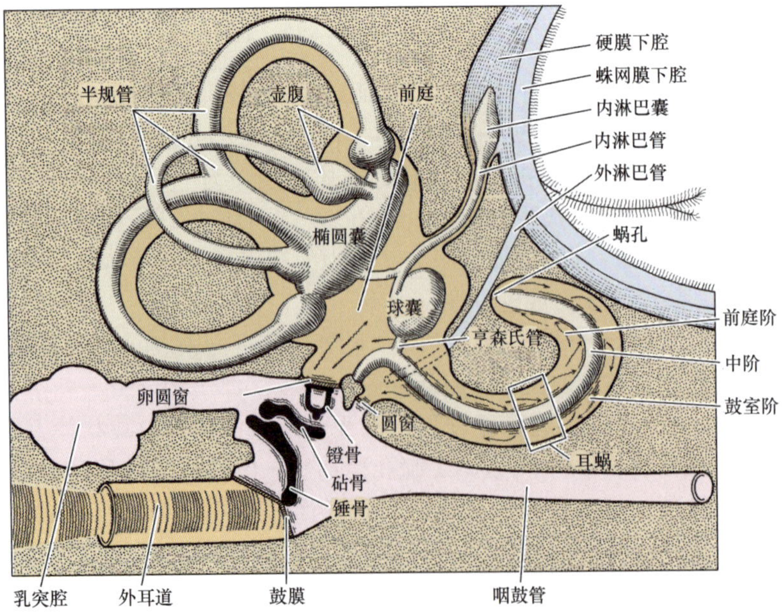

图 17-9* 中耳与内耳模式图

（三）内耳

内耳位于颞骨岩部内，形状不规则，结构复杂，故称迷路。内耳由**骨迷路**（osseous labyrinth）和**膜迷路**（membranous labyrinth）组成。骨迷路从前至后分为耳蜗、前庭和半规管。膜迷路悬系在骨迷路内，基本形态与骨迷路相似，也相应分为膜蜗管、膜前庭（椭圆囊和球囊）和膜半规管三部分（图 17-9）。膜迷路内壁衬以单层上皮，一些部位的骨膜与上皮增厚，特化形成感受器，即螺旋器、椭圆囊斑、球囊斑和壶腹嵴等特殊结构。

膜迷路腔内充满内淋巴，膜迷路与骨迷路之间的腔隙内充满外淋巴。内淋巴由膜蜗管的血管纹产生，外淋巴可能来自蛛网膜下腔内的脑脊液和骨膜毛细血管渗出产生。内、外淋巴互不交通，有营养内耳和传递声波的作用。

1. 耳蜗、膜蜗管及螺旋器

（1）耳蜗：**耳蜗**（cochlea）外形如蜗牛壳，由骨蜗管螺旋盘绕蜗轴两周半形成。蜗轴由松质骨组成，内有耳蜗神经节。骨蜗管被其内的膜蜗管分隔为上下两部分，上部为**前庭阶**（scala vestibuli），下部为**鼓室阶**（scala tympani），二者均含外淋巴，在蜗顶以蜗孔相通（图 17-10）。

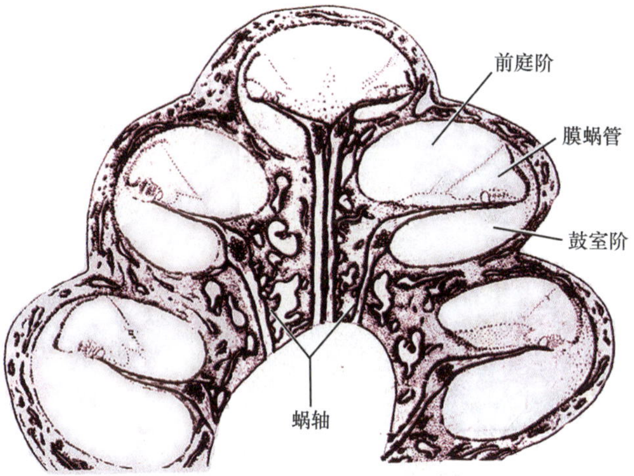

图 17-10* 耳蜗垂直切面模式图

（2）膜蜗管：是套嵌于骨蜗管内的盲管，含内淋巴。横切面呈三角形（图 17-10、图 17-11），上壁为前庭膜，由两层单层扁平上皮中间夹基板组成。外侧壁的上皮是特殊的含有毛细血管的复层上皮，称**血管纹**（stria vascularis），可分泌内淋巴。血管纹下方为增厚的骨膜，称**螺旋韧**

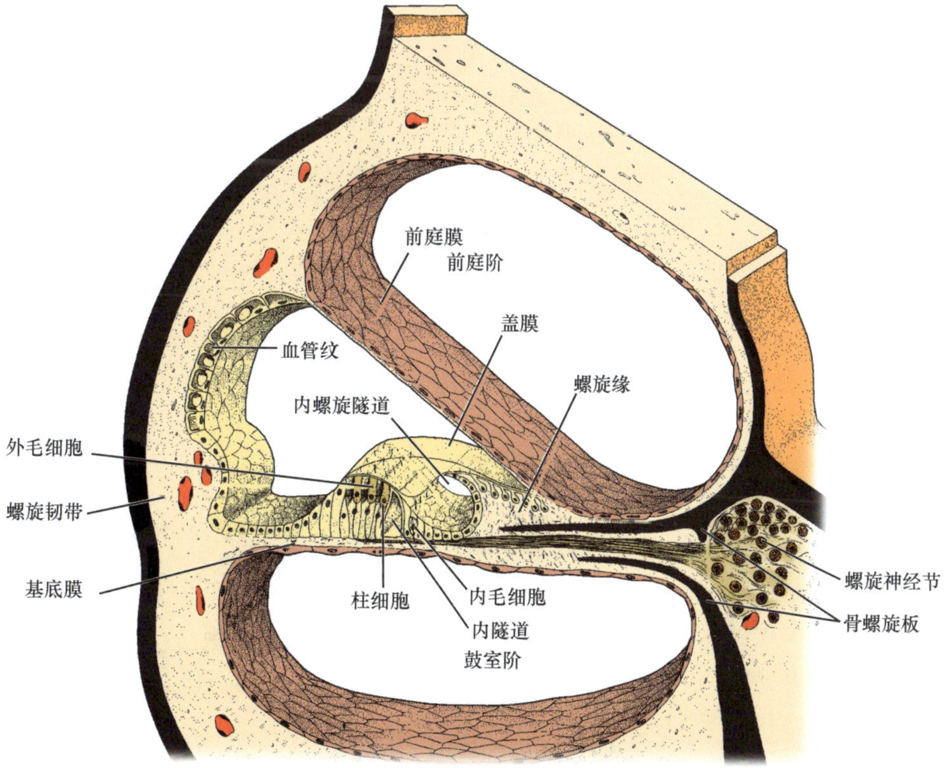

图 17-11* 膜蜗管和螺旋器模式图

带（spiral ligament）。下壁由内侧的骨螺旋板和外侧的基底膜（也称膜螺旋板）组成。**骨螺旋板**（osseous spiral lamina）是蜗轴的骨组织向外延伸形成的薄骨片，其起始处的骨膜增厚，突入膜蜗管形成**螺旋缘**（spiral limbus）。基底膜连于骨螺旋板和螺旋韧带之间，由两层上皮夹一层基膜组成。基底膜鼓室阶面为单层扁平上皮，膜蜗管面上皮局部隆起形成**螺旋器**（spiral organ），其上方覆盖着**胶质性盖膜**（tectorial membrane），由螺旋缘表面上皮分泌形成（图 17-11、图 17-13）。

（3）螺旋器：又称科蒂器（Corti 器），位于基底膜上，由支持细胞和毛细胞组成（图 17-11 ～图 17-13）。

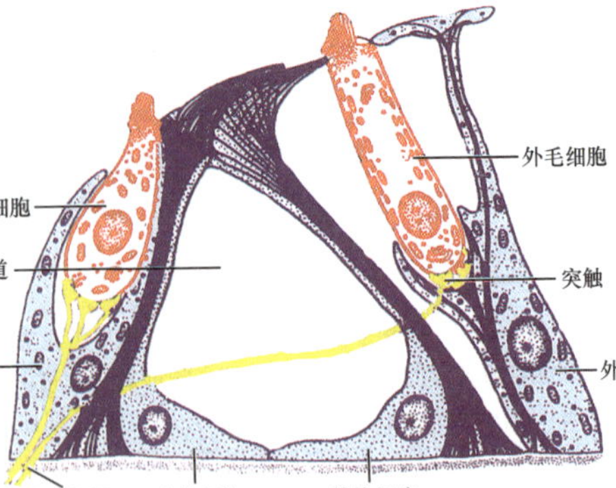

图 17-12* 螺旋器超微结构模式图

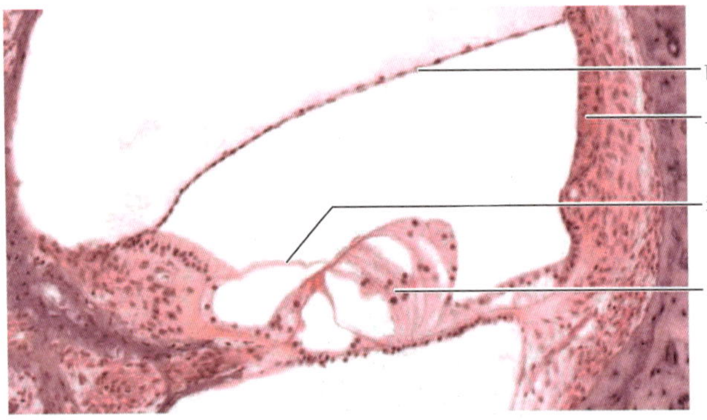

图 17-13 螺旋器（HE 染色，高倍）

1）支持细胞：分柱细胞和指细胞两种。**柱细胞**（pillar cell）中部细长，基部较宽大，排列为内、外两行，分别称内柱细胞和外柱细胞，二者在基底部和顶部彼此连接，中部分离，围成一个三角形的**内隧道**（inner tunnel）（图 17-12、图 17-13）。**指细胞**（phalangeal cell）也分内指细胞和外指细胞。内指细胞位于内柱细胞的内侧，只有 1 列，外指细胞位于外柱细胞的外侧，有 3 ～ 4 列。指细胞呈杯状，顶部凹陷内托着一个毛细胞，一侧伸出一个指状突起抵达螺旋器的游离面。支持细胞对稳定螺旋器的结构，固定毛细胞的位置具有支持作用。

2）毛细胞：**毛细胞**（hair cell）是感受听觉的细胞，分内毛细胞和外毛细胞，分别坐落在内、外指细胞顶部的凹陷内。内毛细胞呈烧瓶形，排成 1 列；外毛细胞呈高柱状，排成 3 ～ 4 列。细胞游离面有很多静纤毛，呈弧形或“V”形排列，外毛细胞中较长的静纤毛插入盖膜的胶质中。毛细胞底部与来自耳蜗神经节的双极神经元树突末端形成突触（图 17-12、图 17-14）。

基底膜中除有神经和血管外，还含有大量的胶原样细丝束，称**听弦**（auditory string）。从蜗底至蜗顶，基底膜由窄变宽，听弦由短变长，蜗底的基底膜与高频声波共振，蜗顶的基底膜与低频声波共振。因此，蜗底受损导致高音感受障碍，蜗顶受损导致低音感受障碍。

螺旋器是听觉感受器。由外耳道传入的声波使鼓膜

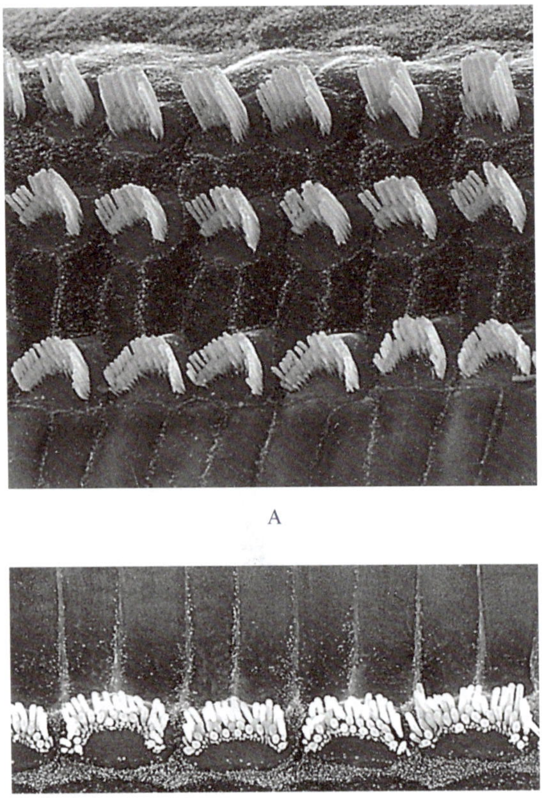

A

B

图 17-14 螺旋器顶部扫描电镜图，三组外毛细胞（A），一组内毛细胞（B）

振动，经听小骨传至卵圆窗，引起前庭阶外淋巴振动，使膜蜗管的内淋巴也发生振动，引起基底膜振动。同时前庭阶外淋巴的振动也经蜗孔传至鼓室阶，使基底膜发生共振。基底膜振动使毛细胞静纤毛与盖膜的位置发生变化而弯曲，引起毛细胞兴奋，神经兴奋沿耳蜗神经传入中枢，产生听觉。

2. 前庭、膜前庭及位觉斑　前庭位于骨半规管和耳蜗之间，为不规则的卵圆形腔（图 17-9）。膜前庭由椭圆囊和球囊组成，前者与膜半规管相通，后者与膜蜗管相连。椭圆囊外侧壁和球囊前壁的黏膜局部增厚，呈斑块状，分别称**椭圆囊斑**（macula utriculi）和**球囊斑**（macula sacculi），两者合称位觉斑（maculae acustica），为位觉感受器。两斑的长轴互相垂直。

位觉斑较平坦，上皮为高柱状，由支持细胞和毛细胞组成。支持细胞分泌糖蛋白在位觉斑表面形成胶质膜，称**位砂膜**（otolithic membrane），内有细小的碳酸钙结晶，即位砂（图 17-15）。毛细胞位于支持细胞之间，细胞顶部有数十根静纤毛和一根动纤毛，均插入位砂膜。毛细胞基底部与前庭神经末梢形成突触联系。

位觉斑感受身体的直线变速运动和静止状态。由于两个斑的位置互成直角，位砂的比重大于内淋巴，故无论头处于何位置，位砂膜都可受地心引力的作用而刺激毛细胞，毛细胞产生的兴奋经突触传递传入中枢。

3. 半规管、膜半规管及壶腹嵴　半规管为三个互相垂直的半环形骨管，每个半规管与前庭连接处膨大形成壶腹（图 17-9）。相应的膜半规管及其壶腹套嵌其内，膜性壶腹部的黏膜局部增厚，形成横行的嵴状隆起，称**壶腹嵴**（crista ampullaris）。

壶腹嵴的上皮也由支持细胞和毛细胞组成（图 17-16）。支持细胞分泌的糖蛋白形成圆锥形的胶质膜，覆盖在壶腹嵴上皮表面，称**壶腹帽**（cupula）。毛细胞的静纤毛和动纤毛均插入壶腹帽基部。前庭神经的纤维末梢分布于毛细胞的基部并形成突触联系。壶腹嵴也是位觉感受器，感受身体或头部旋转变速运动。由于 3 个半规管互相垂直排列，当身体或头部作任何方向的旋转，都会使半规管内淋巴位移，发生壶腹帽的倾斜，从而刺激毛细胞，兴奋通过前庭神经传入中枢。

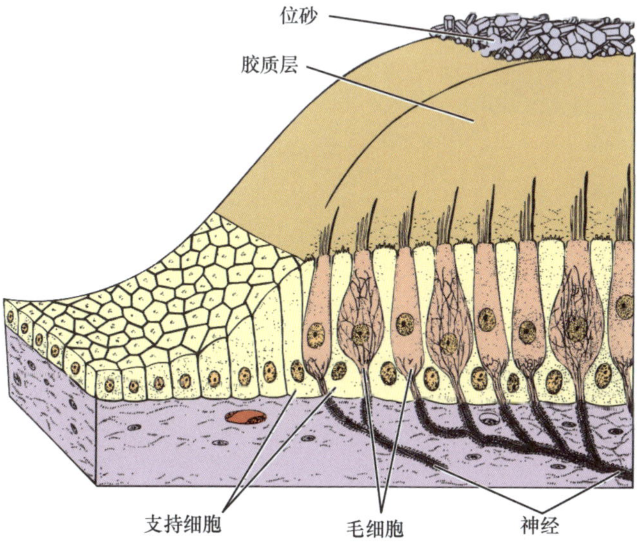

图 17-15　位觉斑结构模式图

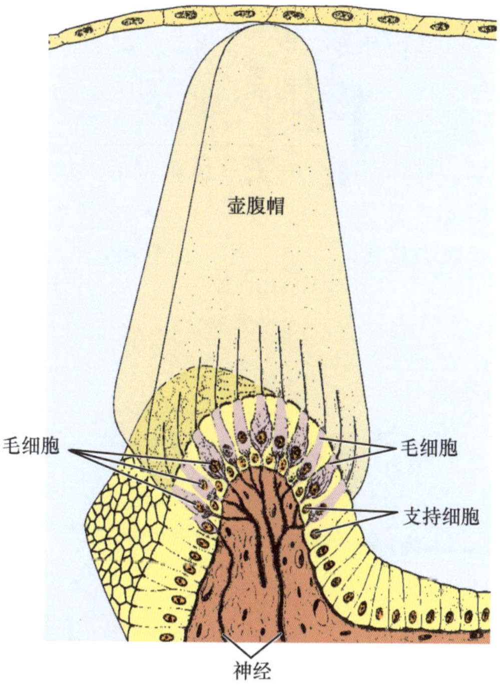

图 17-16*　壶腹嵴结构模式图

知识拓展

耳朵和眼睛哪个接收信息的速度更快？

不同的感觉器官反应时间是不同的，听觉是 120 ～ 180 ms、视觉是 150 ～ 225 ms。为什么听觉的反应时间会短于视觉的反应时间？目前认为，光直接射到视网膜上，但视网膜上的感光细胞不能由光刺激直接引起兴奋，要经过光化学反应的中介过程，而这个过程需要较长的时间，因而视觉对光的反应时间长于听觉对声音的反应时间。电生理学的方法研究也证明了这一点。例如，用声音刺激猫耳，在听觉神经中测得 1 ～ 2 ms 的潜伏期，而发出声音到猫把耳朵竖起来只要 8 ～ 9 ms，这说明听觉反应时间很少消耗在接受刺激并传递到大脑皮层的通路上。而测得光射入眼，则需要 20 ～ 24 ms 神经冲动才能到达视觉皮层区。如果绕过视网膜，用电流直接刺激视神经到达皮层的潜伏期为 2 ～ 5 ms。因此，视觉反应时间与听觉反应时间相比，视觉在神经通路上消耗的时间比较长，这是造成视觉与听觉反应时间不同的原因之一。

本章小结

眼球包括眼球壁和眼球内容物。眼球壁由外向内分为 ________、________ 和 ________ 三层。纤维膜前 1/6 为透明的 ________，后 5/6 为不透明的 ________。血管膜为富含血管和色素细胞的疏松结缔组织，分为 ________、________ 和 ________。视网膜分为盲部和视部，视网膜视部是高度特化的神经组织，由外向内由 ________、________、________ 和 ________ 四层构成。________ 可防止强光对视细胞的损害，视细胞是接受光刺激的感觉神经元，视杆细胞感受 ________ 光，视锥细胞感受 ________ 光和色觉。视网膜黄斑上的 ________ 是视觉最敏感区域。眼球内容物有晶状体、玻璃体和房水。

耳由外耳、中耳和内耳三部分组成。外耳、中耳收集和传导声波，内耳是听觉和位觉感受器所在部位。内耳由骨迷路和膜迷路组成。骨迷路分为 ________、________ 和 ________。膜迷路相应分为 ________、________ 和 ________。膜迷路腔面一些部位的黏膜特化形成感受器，即螺旋器、椭圆囊斑、球囊斑和壶腹嵴。螺旋器是 ________ 感受器，由支持细胞和毛细胞组成，毛细胞是感受听觉的细胞，支持细胞有支持和营养毛细胞的作用。椭圆囊斑和球囊斑感受 ________ 的位觉。壶腹嵴感受 ________ 的刺激。

（韩　艺）

第十七章微课

视杆细胞和视锥细胞

第十八章

男性生殖系统

学习要点

① 睾丸的一般结构、生精小管的结构及精子发生的过程、睾丸间质细胞的结构与功能；② 附睾和前列腺的光镜结构和功能；③ 输精管、精囊、尿道球腺和阴茎的光镜结构。

男性生殖系统（male reproductive system）包括睾丸、生殖管道、附属腺及外生殖器。睾丸是男性生殖腺，能产生精子和分泌雄激素；生殖管道（genital ducts）包括附睾、输精管、射精管和尿道，是精子成熟、贮存及运输的通道；附属腺包括前列腺、精囊和尿道球腺。附属腺和生殖管道的分泌物与精子一起构成精液。

一、睾　丸

睾丸（testis）位于阴囊内，表面覆以浆膜（鞘膜脏层），浆膜下为致密结缔组织构成的**白膜**（tunica albuginea），白膜在睾丸后缘局部增厚形成**睾丸纵隔**（mediastinum testis），纵隔的结缔组织发出很多小隔伸入睾丸实质，将睾丸实质分隔成约250个锥体形小叶，每个小叶内含1～4条细长弯曲的**生精小管**（seminiferous tubules）。生精小管汇集成短而直的**直精小管**（straight tubules）进入睾丸纵隔，并相互吻合形成**睾丸网**（retetestis）。生精小管之间的疏松结缔组织为睾丸间质（图18-1）。

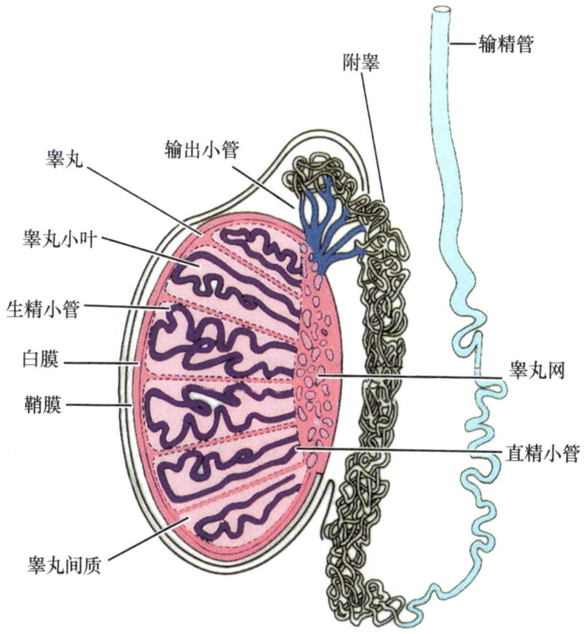

图18-1　睾丸和附睾模式图

（一）生精小管

成人的生精小管长30～70 cm，直径150～250 μm，管壁上皮由支持细胞和5～8层生精细胞组成，为特殊的**生精上皮**（spermatogenic epithelium）。生精上皮外有明显的薄层基膜，基膜外侧有胶原纤维和一些梭形的肌样细胞（myoid

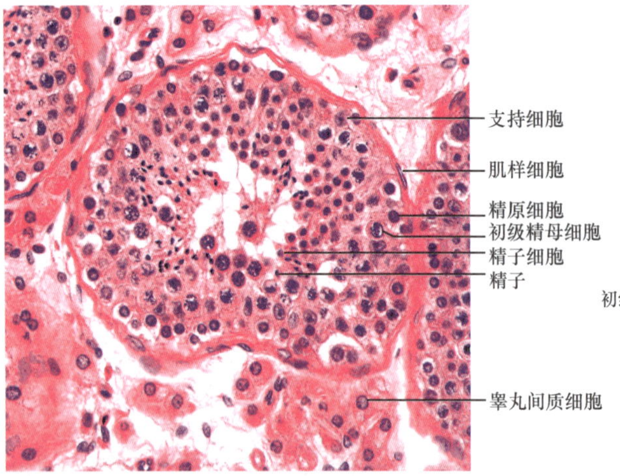

图 18-2 生精小管与睾丸间质（HE 染色，高倍）

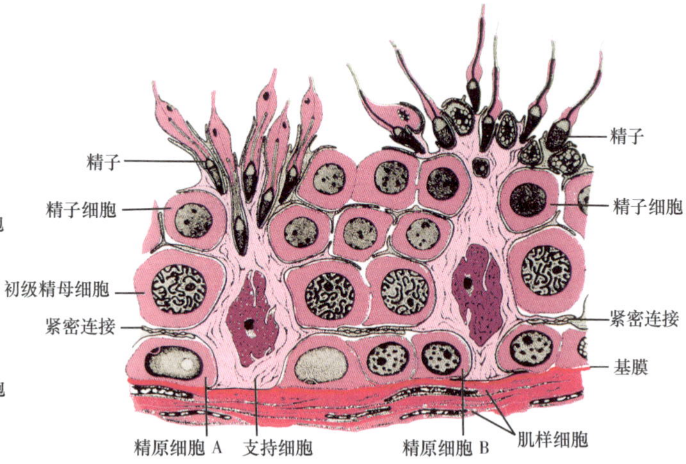

图 18-3 生精细胞与支持细胞关系模式图

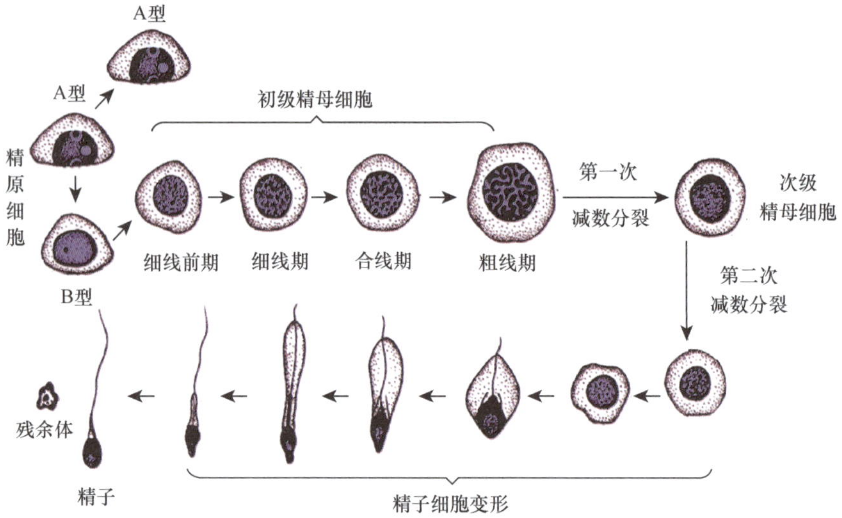

图 18-4 精子发生示意图

cell），肌样细胞收缩有助于排出生精小管内的分泌物和精子（图 18-2、图 18-3）。

1. 生精细胞 **生精细胞**（spermatogenic cell）包括精原细胞、初级精母细胞、次级精母细胞、精子细胞和精子，从基底面向腔面依次紧密排列。从精原细胞到形成精子的连续增殖分化发育过程称**精子发生**（spermatogenesis），经历了精原细胞的增殖、精母细胞的减数分裂和精子形成 3 个阶段，人类这个过程约需（64 ± 4.5）天（图 18-4）。青春期前，生精小管中只有支持细胞和精原细胞，精子发生在青春期开始启动。

（1）精原细胞：**精原细胞**（spermatogonium）紧贴生精上皮基膜，圆形或椭圆形，直径约 12 μm，分为 A、B 两型。A 型精原细胞的核呈圆形或椭圆形，染色质深染。A 型精原细胞是干细胞，在自我复制的同时一部分继续作为干细胞，另一部分分化为 B 型精原细胞。B 型精原细胞核呈圆形，染色质颗粒较粗大，常沿核膜分布，可进一步分化发育为初级精母细胞。

（2）初级精母细胞：**初级精母细胞**（primary spermatocyte）位于精原细胞近腔侧，细胞呈圆形，体积较大，直径约 18 μm，核大而圆，含染色质丝，核型为 46，XY。细胞经 DNA 复制后（4n DNA）进行第一次成熟分裂，形成 2 个次级精母细胞。第一次成熟分裂的分裂前期历时较长，可长达 22 天，所以在生精小管的切面中可见到处于分裂前期的初级精母细胞。

（3）次级精母细胞：**次级精母细胞**（secondary spermatocyte）位于近腔面，直径约 12 μm，核较小，呈圆形，染色较深，核型为 23，X 或 23，Y（2n DNA）。次级精母细胞不进行 DNA 复制，迅速进行第二次成熟分裂，形成两个精子细胞，核型为23，X或23，Y（1n DNA）。由于第二次成熟分裂历时6～8个小时，故次级精母细胞在切片中不易见到。成熟分裂又称**减数分裂**（meiosis），仅见于生殖细胞的发育过程。经过两次成熟分裂，染色体数目减少一半。

（4）精子细胞：**精子细胞**（spermatid）位于近腔面，直径约8 μm，核圆，染色质细密。精子细胞不再分裂，经过复杂的形态变化，圆形的精子细胞逐渐转变为蝌蚪形的精子，这个过程称**精子形成**（spermiogenesis）。精子形成的主要变化是：① 核染色质高度浓缩，核变长成为扁椭圆形并移向细胞的一侧，构成精子的头部；② 高尔基体逐渐增大并凹陷，呈双层帽状覆盖核的头端2/3，形成**顶体**（acrosome）；③ 中心粒迁移到细胞核的尾侧（顶体对侧），其中一个中心粒的微管延长，形成轴丝。随着轴丝逐渐增长，精子细胞变长，形成尾部（或称鞭毛）；④ 线粒体聚集，盘绕在轴丝近核段的周围，形成螺旋形的线粒体鞘，提供尾部运动所需能量；⑤ 多余的胞质汇集于尾侧，形成残余体，最后脱落，被支持细胞吞噬（图18-5）。

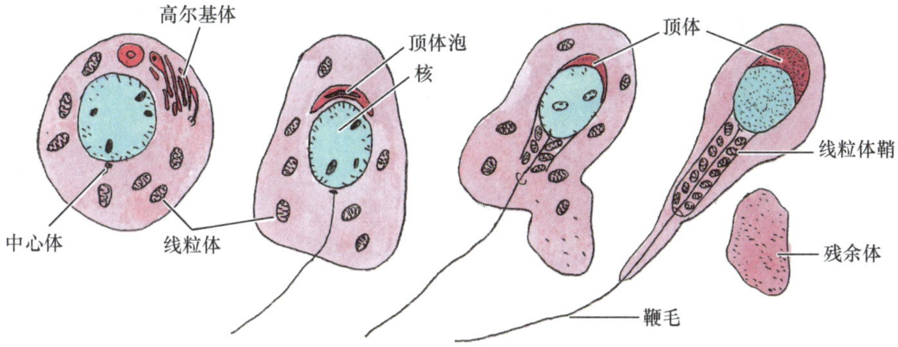

图18-5　精子形成示意图

（5）精子：**精子**（spermatozoon）形似蝌蚪，全长约60 μm，分头、尾两部分（图18-6）。头部主要为一个高度浓缩的细胞核，其顶端2/3的区域有帽形的顶体覆盖。顶体内含多种水解酶，如顶体素、透明质酸酶、磷酸脂酶等。受精开始时这些水解酶释放出来，分解卵周围的放射冠和透明带，有助于精子进入卵子内。尾部是精子的运动装置，分为颈段、中段、主段和末段四部分。颈段短，其内主要是中心粒，由中心粒发出的轴丝贯穿整个尾部的轴心，由9+2排列的微管组成，是尾部运动的结构基础。在中段，轴丝外有9根纵行的外周致密纤维，外包线粒体鞘，为鞭毛运动提供能量。主段最长，外周致密纤维外是纤维鞘，这两种结构可辅助精子运动。末段短，仅有轴丝。

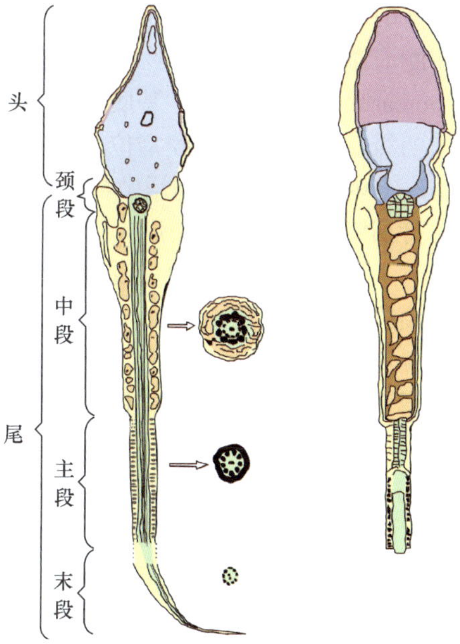

图18-6　精子超微结构模式图

精子发生过程中，后面的多次细胞分裂其胞质并未完全分开。由同一个精原细胞增殖分化产生的各级生精细胞之间有**胞质桥**（cytoplasmic bridge）相连，形成一个同步发育的同源细胞群（图18-7）。精子细胞变形后，胞质桥断裂，细胞群释放于管中成为游离精子。在生精小管的不同节段及同一节段的不同侧面上，精子的发生是不同步的，故在一条生精小管不同节段的切面上可见到处于不同发育阶段的生精细胞组合。

2. 支持细胞　**支持细胞**（sustentacular cell）又称Sertoli细胞，细胞呈不规则长锥形，基部附于基膜，顶部伸达管腔，侧面和腔面镶嵌着各级生精细胞，故光镜下细胞轮廓不清。成人睾丸内支持细胞与生精细胞的数量之比为1∶8～1∶12，每个生精小管的横切面上有8～11个支持细胞。支持细胞核多靠近基底面，常呈三角形或不规则形，染色浅，核仁明显（图18-2、图18-3）。电镜下，支持细胞胞质内有

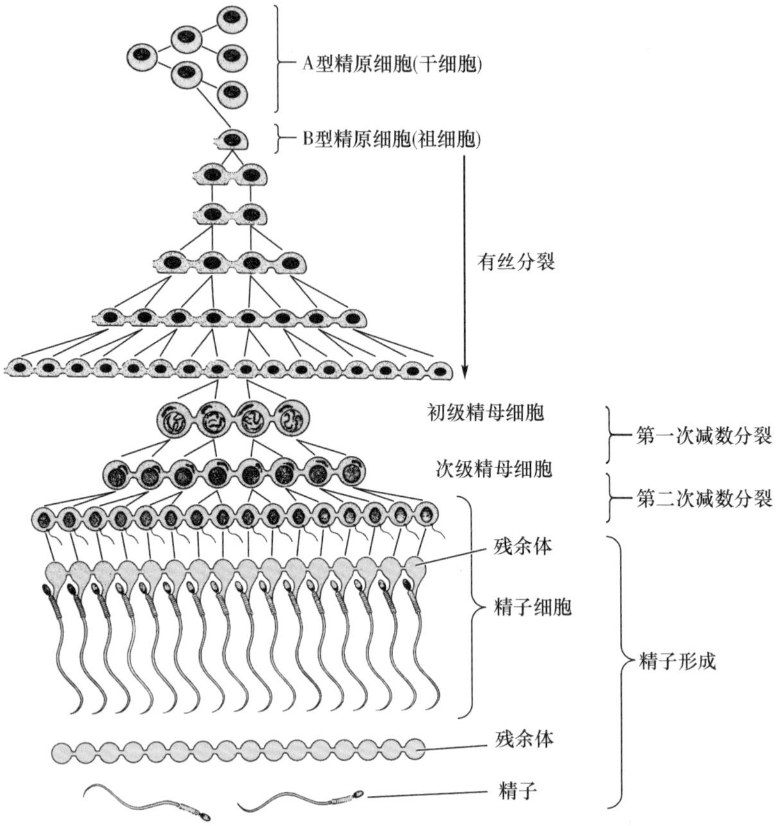

图 18-7　精子发生过程中的同源细胞群现象

丰富的高尔基体、滑面内质网、粗面内质网、线粒体、溶酶体、糖原、微丝和微管。相邻支持细胞之间在侧面靠近基部的胞膜形成紧密连接，将生精上皮分成**基底室**（basal compartment）和**近腔室**（abluminal compartment）两部分。基底室位于生精上皮基膜和支持细胞紧密连接之间，内有精原细胞和少量最早期的初级精母细胞；近腔室位于紧密连接上方，与生精小管管腔相通，内有精母细胞、精子细胞和精子。基底室内的由精原细胞增殖分化形成的精母细胞经相邻支持细胞间（紧密连接暂时开放）进入近腔室后，支持细胞的细胞膜间又形成新的紧密连接。在生精小管与血液之间存在着重要的**血-睾屏障**（blood-testis barrier），由毛细血管内皮及其基膜、结缔组织、生精上皮基膜和支持细胞间的紧密连接构成，其中紧密连接的屏障作用最重要。

支持细胞有多种功能。它对生精细胞起支持、营养和保护作用，可吞噬和消化精子形成过程中脱落下来的残余体，其微丝和微管的收缩可使不断成熟的生精细胞向腔面移动，促使精子释放入管腔。支持细胞具有旺盛的分泌功能，在卵泡刺激素和雄激素作用下，合成并分泌**雄激素结合蛋白**（androgen binding protein，ABP），后者可与雄激素结合，使生精小管内始终保持较高的雄激素水平，以促进精子发生。支持细胞还能分泌**抑制素**（inhibin）并释放入血，可反馈抑制垂体卵泡刺激素的分泌。支持细胞还分泌少量液体到生精小管内参与组成睾丸液，有助于精子的输送。支持细胞紧密连接参与构成的血-睾屏障，可阻止周围的大分子进入生精上皮，使生精细胞免受有害物质的影响，有利于维持精子发生的微环境；同时，还能防止精子抗原逸出而发生自身免疫反应。

（二）睾丸间质

睾丸间质位于生精小管之间，为富含血管和淋巴管的疏松结缔组织，其中有单个或三五成群分布的**间质细胞**（interstitial cell），又称 Leydig 细胞（图 18-2）。间质细胞较大，圆形或多边形，细胞核呈圆形或椭圆形、居中，胞质强嗜酸性，具有分泌类固醇激素细胞的超微结构特点。从青春期开始，间质细胞在 LH 刺激下合成并分泌**雄激素**（androgen），其中主要是**睾酮**（testosterone）。雄激素具有启动并维持精子发生，促进男性生殖器官发育，以及维持男性第二性征和性功能，促进骨骼肌生长等功能。

（三）直精小管和睾丸网

生精小管在靠近睾丸纵隔处变直、变细、变薄，成为直精小管，其管壁上皮为单层立方或矮柱状，上皮内无生精细胞。直精小管在睾丸纵隔内分支吻合成睾丸网，其管壁由单层立方上皮组成，管腔大而不规则（图 18-8）。精子经直精小管和睾丸网出睾丸，故二者又称为睾丸内生殖管道。

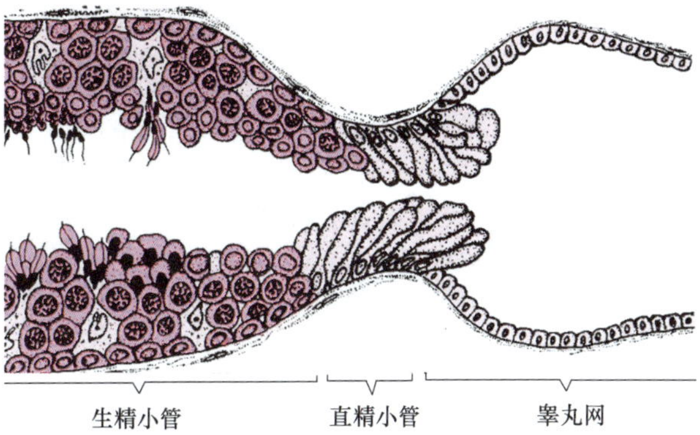

图 18-8 直精小管、睾丸网模式图

知识拓展

男性不育常见病因

世界卫生组织（WHO）将夫妻同居有正常的性生活，且期间未采取任何避孕措施而女方未孕者（排除女方原因），定义为男性不育。调查显示，男性不育的发生率在不断提高，其常见病因包括以下几方面：① 睾丸功能不全，即原发性生精障碍；② 染色体异常；③ 由于双侧精道梗阻而导致的梗阻性无精子症（obstncctive azoospermia，OA），其精液及射精后尿液中没有精子和生精细胞；④ 隐睾，患者 1 岁以后生殖细胞即退化明显，10% ～ 45% 患者生殖细胞完全缺失；⑤ 其他，如性腺功能减退和雄激素不敏感、男性附属性腺或生殖道感染、精索静脉曲张、生殖细胞恶性肿瘤、睾丸扭转或创伤和抗精子抗体等。

二、生 殖 管 道

（一）附睾

附睾（epididymis）紧贴睾丸的上端和后缘，分头、体、尾三部分，头部主要由输出小管组成，体部和尾部由附睾管组成（图 18-1）。

输出小管（efferent duct）是与睾丸网连接的 10 ～ 20 根弯曲小管，其远端汇合至附睾管。输出小管管壁上皮由高柱状细胞及低柱状细胞相间排列构成，故腔面高低不平。高柱状细胞游离面有大量纤毛，有助于精子向附睾管移动。低柱状细胞含大量溶酶体及吞饮小泡，有消化和吸收腔内物质的作用（图 18-9）。

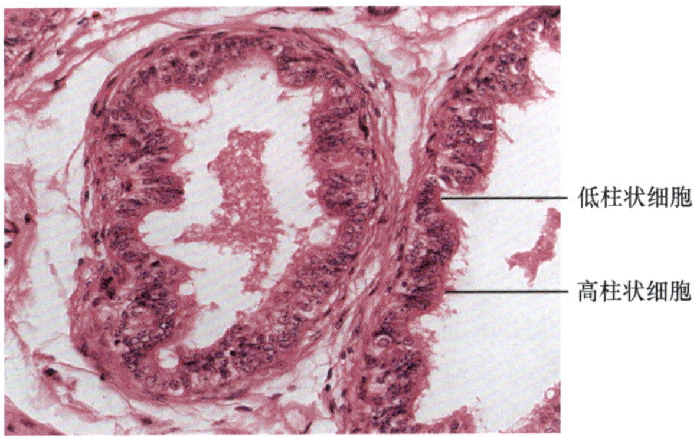

图 18-9 输出小管（HE 染色，低倍）

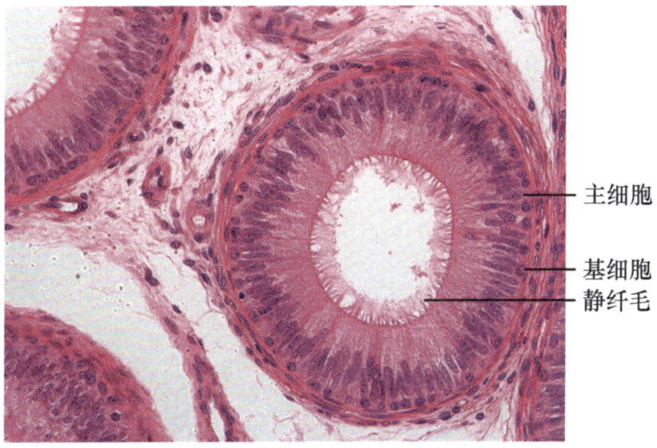

图 18-10 附睾管（HE 染色，低倍）

附睾管（epididymal duct）是输出小管与输精管之间的一条高度盘曲的管道，长 4 ～ 6 m，其管腔规则，腔内充满精子和分泌物。附睾管的管壁为假复层柱状上皮，由主细胞和基细胞等组成。主细胞在附睾管起始段为高柱状，至末段逐渐移行为立方形，细胞游离面有许多粗而长的微绒毛，又称**静纤毛**（stereocilium），该细胞有分泌和吸收功能。基细胞矮小，呈圆形或锥形，位于上皮深层，是上皮中的干细胞。上皮基膜外侧有薄层平滑肌围绕，其收缩有助于管腔内的精子向输精管方向缓慢移动（图 18-10）。

精子在附睾内运行 8 ～ 17 天，在附睾上皮细胞分泌的卡尼汀、甘油磷酸胆碱和唾液酸等的作用下，精子得以进一步成熟，获得主动运动能力，达到功能上的成熟。血-附睾屏障位于主细胞近腔面的紧密连接处，能保护成熟中的精子不受外界干扰，并将精子与免疫系统隔离。

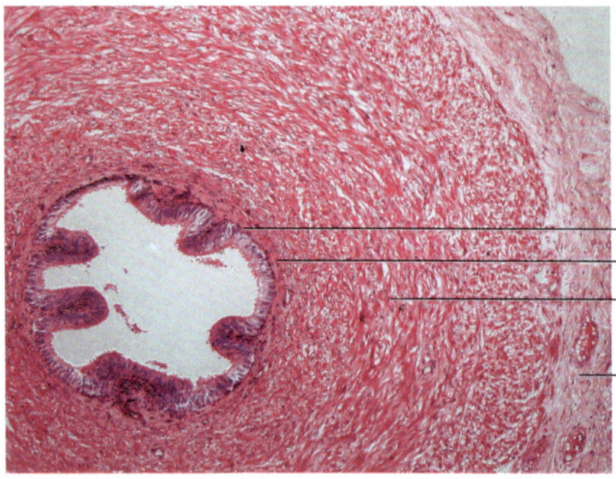

图 18-11 输精管（HE 染色，低倍）

（二）输精管

输精管（ductus or vas deferens）为壁厚、腔小的肌性管道，其管壁由黏膜、肌层和外膜构成。黏膜表面为假复层柱状上皮，固有层结缔组织中富含弹性纤维。肌层厚，由内纵、中环和外纵三层平滑肌组成（图 18-11）。射精时，肌层强力收缩，可将精子快速排出。输精管末段延续为射精管，穿过前列腺实质，开口于尿道前列腺部。

三、附 属 腺

附属腺和生殖管道的分泌物及精子共同组成**精液**（semen）。正常成年男性每次射精量为 2 ～ 6 mL，每毫升精液含 0.2 亿～ 2 亿个精子。若精液量少于 1 mL，或每毫升精液内的精子数低于 400 万个，常可导致不育。

（一）前列腺

前列腺（prostate）呈栗形，环绕尿道起始段。腺的被膜与支架组织均由富含弹性纤维和平滑肌的结缔组织组成。腺实质主要由 30 ～ 50 个复管泡状腺构成，其导管开口于尿道精阜的两侧。腺实质由内向外分三个带：尿道周带又称黏膜腺，最窄，围绕尿道；内带又称黏膜下腺；外带又称主腺，构成前列腺的主要部分。腺的分泌部由单层立方、单层柱状及假复层柱状上皮交错构成。腺腔很不规则，部分腺腔内可见分泌物浓缩形成的圆形嗜酸性板层状小体，称**前列腺凝固体**（prostatic concretion），随年龄的增长而增多，甚至钙化形成前列腺结石。腺泡间的结缔组织称间质，富含成纤维细胞和平滑肌细胞（图 18-12）。

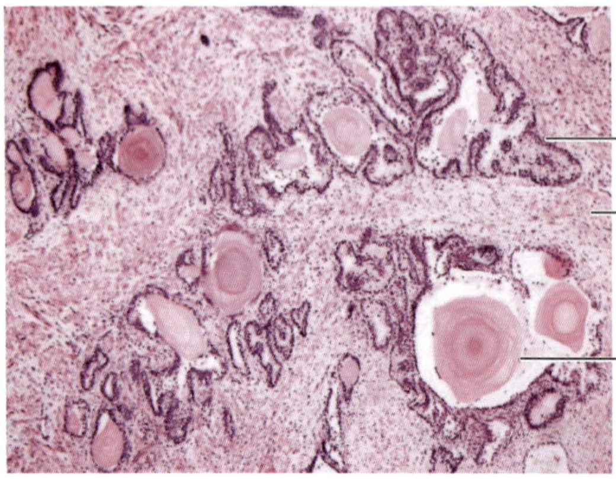

图 18-12 前列腺（HE 染色，低倍）

前列腺的活动受雄激素调节，从青春期开始，前列腺在雄激素的刺激下分泌稀薄的乳白色液体，富含蛋白酶（酸性磷酸酶、纤维蛋白溶酶）和柠檬酸等，有维持精子活力、液化精液等功能。在青壮年时期，前列腺易发生的疾病主要为急性或慢性前列腺炎。老年人常见前列腺增生肥大，主要是黏膜腺和黏膜下腺的增生，易压迫尿道而造成排尿困难。另一种老年常见病为前列腺癌，主要发生在腺的外带。

（二）精囊

精囊（seminal vesicle）是一对长椭圆形囊状器官，主要由一条高度盘曲的管状腺构成，开口于输精管壶腹。精囊的管壁由黏膜、肌层和外膜三层构成。黏膜向腔内突起形成高大的皱襞，其表面为假复层柱状上皮，上皮细胞胞质内含许多分泌颗粒和黄色的脂色素。精囊分泌弱碱性的淡黄色黏稠液体，参与精液的组成，内含果糖、前列腺素等成分。果糖为精子运动提供能量。

（三）尿道球腺

尿道球腺（bulbourethral gland）是一对黄褐色豌豆状的复管泡状腺，位于尿生殖膈内，导管开口于尿道球部。腺泡上皮为单层立方或单层柱状，腺体分泌的黏液于射精前排出，以润滑尿道。

知识拓展

吸烟对精液质与量的影响

众所周知，人类的精子数量和质量正在不断下降之中，不孕不育的发生率也在不断提高。研究表明，长期、大量、过度吸烟可通过以下几方面影响精液质与量。

① 香烟烟雾中的尼古丁不仅可以直接杀伤精子细胞，还可以抑制性激素分泌，从而导致男性精液质量的下降；② 香烟烟雾可降低精液中精浆果糖浓度，降低精子获能，使精子运动能力降低；③ 过度吸烟可使得尾部及头部畸形的精子数目明显增多，还可造成精子密度下降从而降低精子数量和精液量，吸烟者较不吸烟者精子密度下降 13% ～ 17%；④ 吸烟会导致精子质膜完整性下降和功能障碍，引起精子的活力降低。

四、阴　　茎

阴茎（penis）主要由两条阴茎海绵体和一条尿道海绵体构成，外被皮肤，尿道海绵体内有尿道通行（图 18-13）。海绵体主要由勃起组织构成，外被致密结缔组织构成的白膜。勃起组织为含大量血窦的海绵

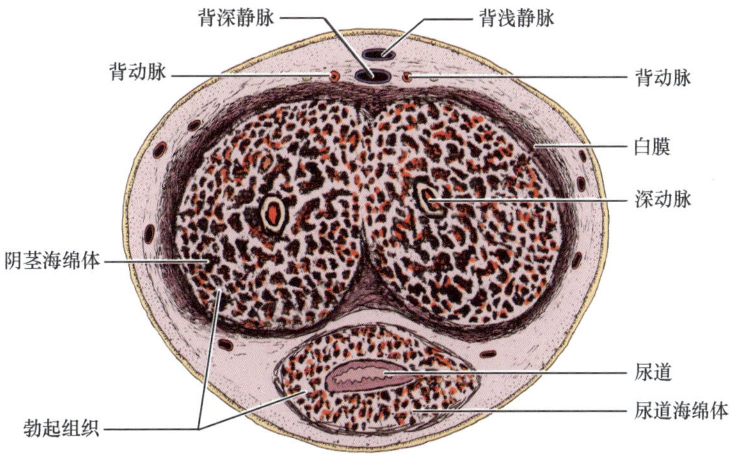

图 18-13　阴茎横断面模式图

状组织，血窦间为富含平滑肌细胞的结缔组织小梁，感觉神经末梢丰富。阴茎深动脉的分支螺旋动脉穿行于小梁中，与血窦通连。静脉多位于海绵体周边部白膜下方。白膜质地坚韧，具有限制海绵体及其内的血窦过分扩张的作用。一般情况下，流入血窦的血液很少，海绵体柔软。性兴奋时，大量血液流入血窦，白膜下的静脉受压，血液回流受阻，海绵体变硬，阴茎勃起。

本章小结

男性生殖系统由生殖腺、生殖管道、附属腺和外生殖器组成。男性生殖腺即 ______，是产生 ______ 和分泌 ______ 的器官。位于睾丸小叶内细长弯曲的管道为 ______，是产生精子的结构，管壁为特殊的 ______ 上皮，由 ______ 细胞和 ______ 细胞组成；生精细胞自生精小管基底部至腔面依次有 ______、______、______、______ 和 ______。从精原细胞形成精子的过程称 ______。精原细胞分为A、B两型，A型精原细胞是生精细胞中的干细胞，能自我复制和分化为B型精原细胞，B型精原细胞可进一步分化为 ______ 细胞，其经过2次成熟分裂，依次形成2个 ______ 和4个 ______。圆形的精子细胞经过复杂的变态，转变为蝌蚪形的精子，这一过程称为 ______；支持细胞对生精细胞起支持和营养作用，其侧面的紧密连接、生精上皮基膜、结缔组织、毛细血管基膜及内皮构成生精小管与血液之间的 ______ 屏障。睾丸内分泌雄激素的结构是睾丸间质中的 ______。生精小管产生的生精细胞经睾丸纵隔处的 ______ 和 ______ 出睾丸。生殖管道包括 ______、______、______ 和 ______，具有促进精子成熟，营养、贮存和运输精子的作用。附属腺包括 ______、______ 和 ______，它们和生殖管道的分泌物及精子共同组成精液。

（彭　彬）

第十八章微课

精子形成和发生

第十九章

女性生殖系统

学习要点

① 卵巢的结构与功能；② 子宫壁的组织结构、子宫内膜的周期性变化及与卵巢的关系；③ 输卵管的结构；④ 子宫颈、阴道、乳腺的结构。

女性生殖系统（female reproductive system）由卵巢、输卵管、子宫、阴道和外生殖器组成。卵巢产生卵细胞、分泌性激素；输卵管输送生殖细胞，并且是受精的部位；子宫产生月经和孕育胎儿；乳腺产生乳汁和哺育婴儿，故也列入本章叙述。女性生殖器官有明显的年龄性变化。10 岁前生殖器官生长迟缓，保持婴幼儿状态，至青春期（11 ～ 15 岁）生殖器官迅速发育，第二性征出现，月经来潮，一般在 45 ～ 55 岁进入更年期，卵巢功能逐渐减退，月经渐停，生殖器官逐渐萎缩，进入绝经期。

一、卵　　巢

卵巢（ovary）覆有单层扁平或立方形的表面上皮，上皮下是致密结缔组织构成的白膜，白膜下为卵巢实质。卵巢实质分为周围的皮质和中央的髓质。皮质主要含不同发育阶段的卵泡和黄体，其间含有较多低分化的梭形**基质细胞**（stroma cell）、网状纤维和散在的平滑肌纤维等。髓质与皮质无明显界限，为富含血管、淋巴管、神经的疏松结缔组织（图 19-1）。在近卵巢门处的结缔组织中含有结构和功能类似于睾丸间质细胞的**门细胞**（hilus cell），可分泌雄激素。

（一）卵泡的发育和成熟

卵泡（ovarian follicle）呈球形，由一个**卵母细胞**（oocyte）和包围在其周围的许多卵泡细胞（follicular cell）构成。卵泡的发育可分为原始卵泡、初级卵泡、次级卵泡和成熟卵泡四个阶段，处于静止状态的卵泡称原始卵泡。卵泡的数量随年龄增长逐渐减少。出生时双侧卵巢有卵泡 70 万～ 200 万个，至青春期时尚存 40 万个左右。自青春期开始至绝经期前，在垂体分泌的卵泡刺激素（folicle stimulating hormone,

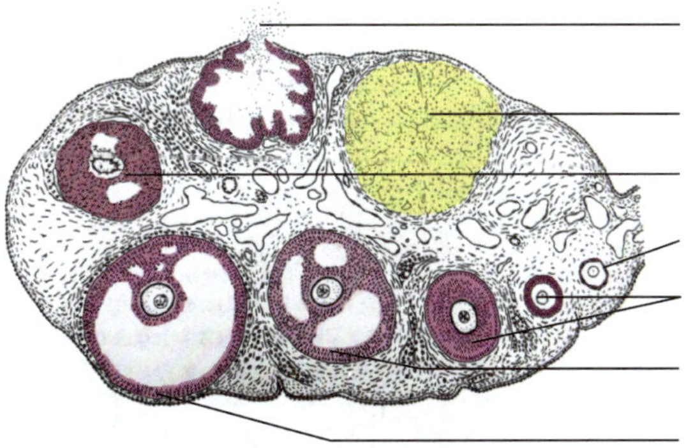

图 19-1　卵巢结构模式图

FSH）的作用下，每个月经周期中有 15 ～ 20 个原始卵泡生长发育，通常只有一个优势卵泡发育成熟并排卵，其余卵泡均在不同阶段退化成闭锁卵泡。通常两侧卵巢交替排卵，在女性性成熟期内共排卵 400 ～ 500 个，更年期卵巢逐渐萎缩，不再排卵。

1. *原始卵泡* **原始卵泡**（primordial follicle）位于皮质浅层，数量多，体积小。卵母细胞位于卵泡中央，为**初级卵母细胞**（primary oocyte），它在胚胎期由**卵原细胞**（oogonium）分裂分化而成，并开始进行第一次减数分裂，但一直停留于第一次减数分裂前期，直至排卵前才完成第一次减数分裂。初级卵母细胞较大呈球形，直径约 40 μm，核大而圆，核仁明显，胞质嗜酸性，含有丰富的细胞器。原始卵泡的卵泡细胞呈单层扁平状，位于卵母细胞周围（图 19-2），卵泡细胞与结缔组织之间有基膜。

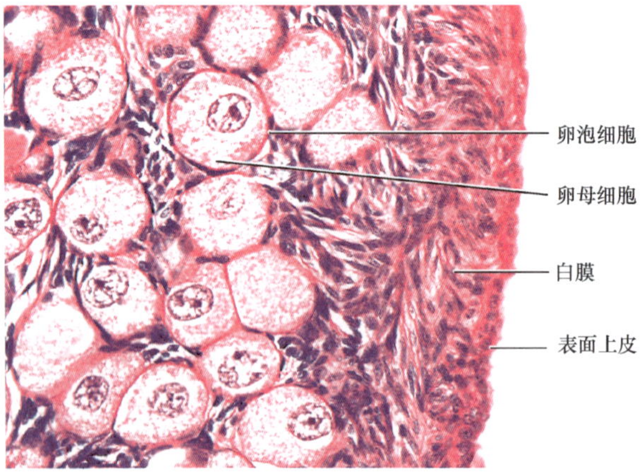

图 19-2 原始卵泡（HE 染色，高倍）

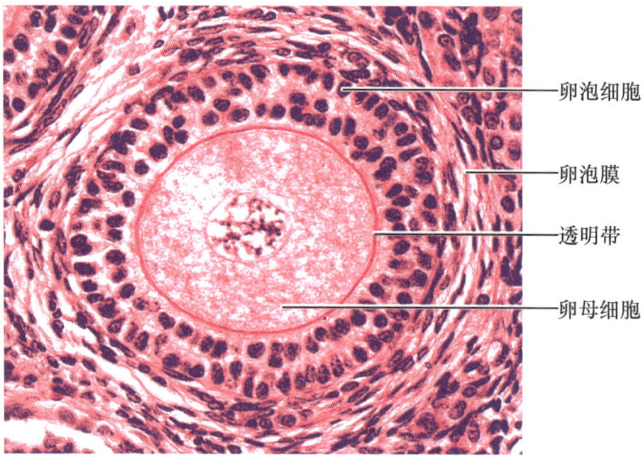

图 19-3 初级卵泡（HE 染色，高倍）

2. *初级卵泡* **初级卵泡**（primary follicle）由原始卵泡在垂体分泌的 FSH 作用下发育而来。初级卵泡的初级卵母细胞体积增大，胞质内细胞器增多，近质膜的胞质中出现了溶酶体，称**皮质颗粒**（cortical granule），其内含的酶类将在受精过程中发挥作用。卵泡细胞由单层扁平变为单层立方，并迅速增殖为多层。

在初级卵母细胞与卵泡细胞之间出现一层富含糖蛋白的均质状、折光性强的嗜酸性膜，称为**透明带**（zona pellucida）(图 19-3)，内含的**透明带蛋白**（zona protein，ZP）分为 ZP1、ZP2、ZP3 和 ZP4 四种，是由初级卵母细胞和卵泡细胞共同分泌形成，其中 ZP3 为精子受体，在受精过程中对卵细胞与精子的相互识别和特异性结合具有重要意义。电镜下，可见初级卵母细胞的微绒毛和卵泡细胞的突起伸入透明带内，并形成缝隙连接（图 19-4），有利于将营养物质输送给卵母细胞，以及细胞间离子、激素和小分子物质的交换，从而沟通信息、协调功能。

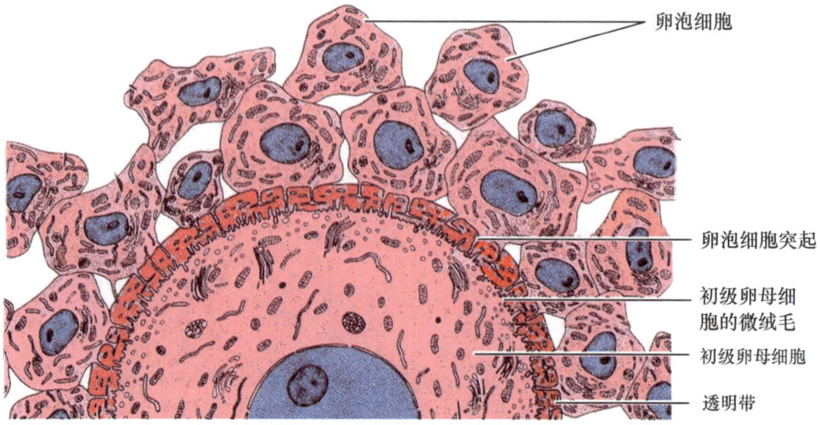

图 19-4 卵母细胞、透明带与卵泡细胞关系超微结构模式图

3. 次级卵泡　初级卵泡在 FSH 的作用下继续发育形成**次级卵泡**（secondary follicle）。其初级卵母细胞进一步长大，细胞器和皮质颗粒增多。卵泡细胞继续分裂、增殖，层数增多，卵泡细胞之间出现一些含液体的小腔隙并逐渐融合为一个大腔，称**卵泡腔**（follicular antrum），腔内充满卵泡液，此时的卵泡又称**囊状卵泡**（antral follicle）。卵泡液含有营养成分、雌激素和多种生物活性物质。随着卵泡液的增多，卵泡腔扩大，使初级卵母细胞与其周围的卵泡细胞突入卵泡腔内形成丘状隆起，称**卵丘**（cumulus oophorus）。此时，紧贴透明带周围的一层卵泡细胞呈柱状，放射状排列，称**放射冠**（corona radiata）。卵泡腔周围的卵泡细胞构成卵泡壁，称**颗粒层**（stratum granulosum），颗粒层的卵泡细胞又称**颗粒细胞**（granulosa cell）（图 19-5）。

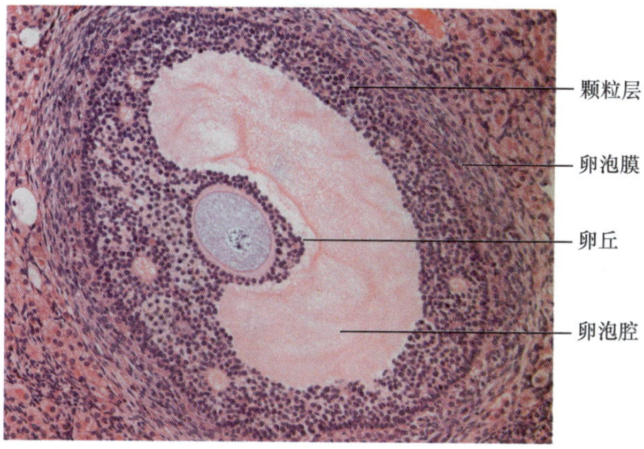

图 19-5　次级卵泡（HE 染色，高倍）

初级卵泡和次级卵泡合称**生长卵泡**（growing follicle）。随着卵泡的生长发育，卵泡周围的结缔组织向卵泡聚集，形成**卵泡膜**（follicular theca），它与卵泡细胞之间基膜明显。卵泡膜分为两层，内层富含血管和由基质细胞分化形成的多边形或梭形的**膜细胞**（theca cell），后者具有类固醇激素分泌细胞的特征；外层富含纤维和少量平滑肌纤维（图 19-3、图 19-5）。膜细胞能合成雄激素，雄激素透过基膜进入颗粒细胞，并在其内转化为雌激素，故雌激素是由膜细胞和颗粒细胞协同合成的。少量的雌激素进入卵泡液，大部分进入血液循环，作用于子宫等靶器官。

4. 成熟卵泡　在 FSH 和 LH 的协同作用下，次级卵泡发育为**成熟卵泡**（mature follicle），其中的卵母细胞进一步增大，直径可达 125 ～ 150 μm。成熟卵泡由于卵泡液急剧增多而体积明显增大，直径可达 1.5 ～ 2 cm，并突向卵巢表面（图 19-1）。因卵泡细胞停止分裂，故卵泡壁越来越薄，颗粒层细胞仅有 2 ～ 3 层。在排卵前 36 ～ 48 h，初级卵母细胞完成第一次减数分裂，形成一个大的**次级卵母细胞**（secondary oocyte）和一个很小的**第一极体**（first polar body），后者位于次级卵母细胞和透明带之间的卵周隙内。次级卵母细胞迅速进入第二次减数分裂，并停滞于分裂中期。

（二）排卵

在 LH 和 FSH，尤其是 LH 分泌高峰的作用下，成熟卵泡破裂，次级卵母细胞连同透明带、放射冠和卵泡液一起排出卵巢的过程称**排卵**（ovualtion）。排卵一般发生在下次月经来潮之前的第 14 天。排卵前，成熟卵泡突出卵巢表面，致使局部卵泡壁、卵泡膜、白膜变薄缺血，形成半透明的卵泡小斑，同时，卵丘与颗粒层分离并悬浮于卵泡液中。排卵时，卵泡小斑处的组织被蛋白水解酶和胶原蛋白酶分解而破裂，卵泡膜外层的平滑肌纤维收缩，排卵发生（图 19-1、图 19-6）。排出的次级卵母细胞若 24 h 内未受精，即退化消失；若受精，则继续完成第二次减数分裂，形成单倍体的**卵细胞**（ovun）和一个**第二极体**（secondary polar body）。

（三）黄体形成和演变

排卵后残留的卵泡壁塌陷，卵泡膜的结缔组织、毛细血管等伸入到颗粒层，在 LH 的作用下，卵泡壁的颗粒细胞和卵泡膜内层的膜细胞增殖、分化形成体积较大、富含血管的内分泌细胞团，新鲜时显黄色，称**黄体**（corpus luteum）（图 19-7）。颗粒细胞分化成**颗粒黄体细胞**（granular lutein cell），膜细胞分化为**膜黄体细胞**（theca lutein cell）。两种黄体细胞均具有类固醇激素分泌细胞的结构特征。颗粒黄体细胞数量多、胞体大、染色浅，常位于黄体中央，分泌孕激素；膜黄体细胞数量少、体积小，胞质和核染色较深，主要分布于黄体周边，与颗粒黄体细胞协同作用分泌雌激素（图 19-8）。

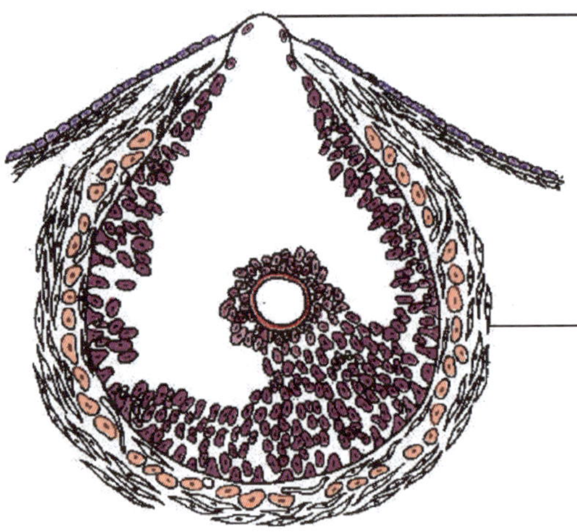

图 19-6 排卵示意图

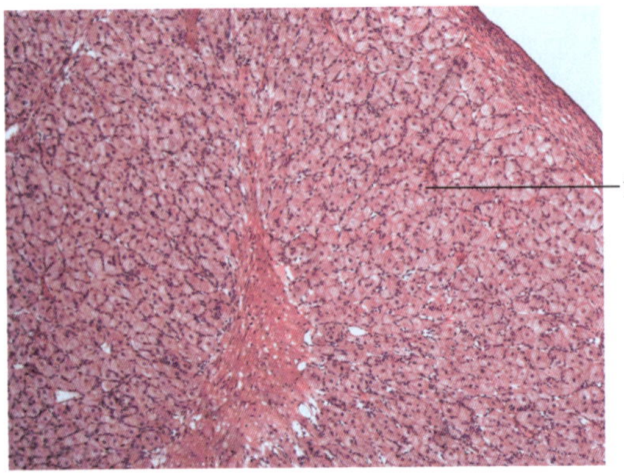

图 19-7 黄体（HE 染色，低倍）

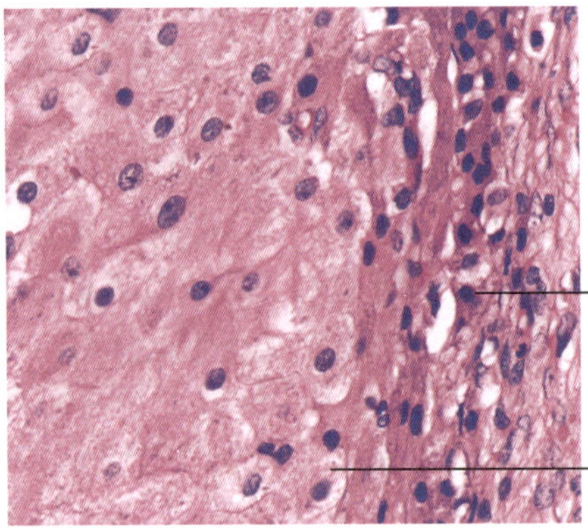

图 19-8 黄体（HE 染色，高倍）

黄体的形成和维持时间取决于排出的卵是否受精。若未受精，黄体维持 2 周左右后退化，称**月经黄体**（corpus luteum of menstruation）；若受精，在胎盘分泌的绒毛膜促性腺激素的作用下黄体继续发育，可保留到 6 个月后再退化，称**妊娠黄体**（corpus luteum of pregnancy）。妊娠黄体除分泌大量的孕激素和雌激素外，还可分泌肽类的松弛素，使子宫平滑肌松弛，维持妊娠。月经黄体和妊娠黄体退化后，均由结缔组织代替，形成**瘢痕样的白体**（corpus albicans）。

（四）闭锁卵泡

在女性的一生中，绝大多数卵泡不能发育成熟，均在不同的发育阶段停止生长并退化，形成**闭锁卵泡**（atretic follicle）（图 19-9）。卵泡闭锁是一种细胞凋亡过程。原始卵泡和初级卵泡退化时，卵母细胞先发生形态变化，随后卵泡细胞也变小分散，最后两种细胞均自溶消失；次级卵泡和成熟卵泡闭锁时，卵母细胞死亡消失，透明带塌陷为不规则的嗜酸性环状物，膜细胞一度肥大，呈多边形，形似黄体细胞，被结缔组织和血管分隔成分散的细胞团、索，称**间质腺**（interstitial gland）（图 19-9），能分泌雌激素。人类的间质腺很少，猫和啮齿类动物的间质腺较发达。

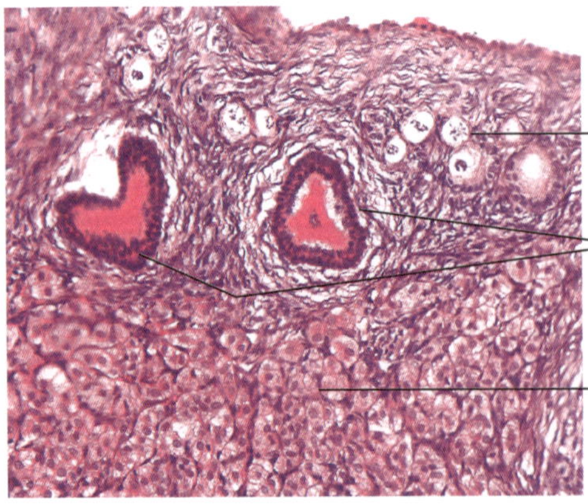

图 19-9 闭锁卵泡与间质腺（HE 染色，高倍）

二、输 卵 管

输卵管（oviduct）管壁由内向外依次分为黏膜、肌层和浆膜（图 19-10）。

黏膜由单层柱状上皮和固有层构成。黏膜向管腔突起形成纵行有分支的皱襞，故管腔很不规则。壶腹部的皱襞最发达，高而分支多，此处为受精发生的部位。上皮由分泌细胞和纤毛细胞构成，前者的分泌物构成输卵管液，后者的纤毛向子宫方向摆动，可将卵子或者受精卵推向子宫，并阻止细菌进入腹膜腔。精子进入输卵管后，因纤毛摆动造成的阻力，致使少数运动能力强的精子才能到达壶腹部与卵细胞会合。在卵巢激素的作用下，输卵管上皮出现周期性的变化，在卵巢排卵前后纤毛细胞变高，纤毛增多，分泌细胞分泌功能旺盛。固有层为薄层结缔组织，富含毛细血管和散在的平滑肌。肌层由内环、外纵两层平滑肌构成，浆膜由富含血管的结缔组织和间皮组成。

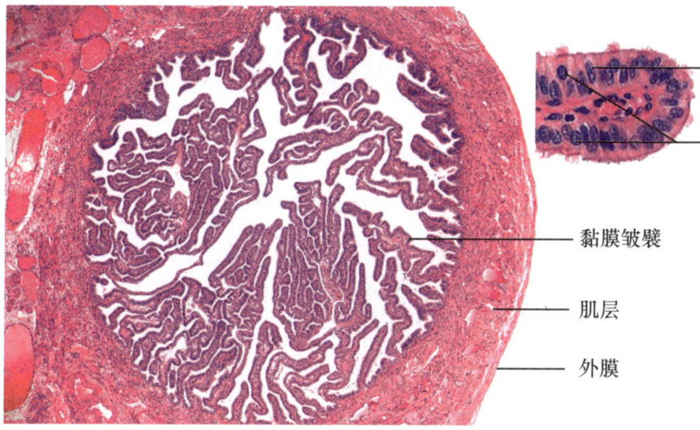

图 19-10 输卵管壶腹部（HE 染色，低倍）
右上方为放大后的黏膜皱襞

三、子 宫

（一）子宫壁的组织结构

子宫（uterus）为腔小壁厚的肌性器官，由外向内分为外膜、肌层和内膜（又称黏膜）。

1. 外膜 除子宫颈为纤维膜外，大部分为浆膜。

2. 肌层 很厚的平滑肌。由内向外可分为黏膜下层、中间层和浆膜下层，三层分界不明显，各层间肌纤维相互交织。黏膜下层和浆膜下层较薄，为纵行平滑肌束；中间层较厚，为内环行和外斜行平滑肌，肌束间血管丰富。正常子宫平滑肌纤维长约 50 μm，妊娠期在卵巢激素的作用下，平滑肌增生、肥大，可增长至 500 μm，数量显著增多；同时，结缔组织中未分化的间充质细胞也增殖分化为平滑肌纤维，使肌层显著增厚。分娩后部分肌纤维凋亡，增大的子宫逐渐恢复到正常大小。肌肉的收缩有助于经血的排出、胎儿的娩出和帮助精子向输卵管运行。子宫平滑肌的舒缩受松弛素、孕激素和前列腺素的影响。

3. 内膜 子宫内膜由单层柱状上皮和固有层构成。上皮由分泌细胞和散在的纤毛细胞组成。固有层的结缔组织较厚，含大量低分化的梭形或星形的基质细胞、血管、网状纤维和上皮向下凹陷形成的**子宫腺**（uterine gland）。子宫腺为单管状腺，腺上皮以分泌细胞为主，纤毛细胞少。子宫腺在近肌层处可有分支（图 19-11）。

子宫内膜在功能上可分为表浅的**功能层**（functional layer）和深部的**基底层**（basal layer）。功能层较

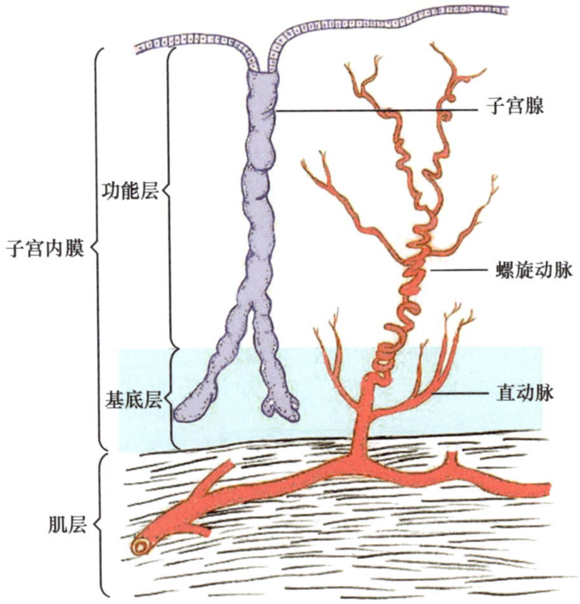

图 19-11 子宫内膜结构模式图
示子宫腺和螺旋动脉

厚，约占内膜厚度的 4/5。自青春期开始，在卵巢激素的作用下，子宫体和底部的功能层发生周期性的剥脱出血，形成月经；功能层也是胚泡植入发育的部位。基底层较薄而致密，约占内膜厚度的 1/5，该层不脱落，不参与月经形成，但在月经期后具有增生修复功能层的作用。

子宫动脉的分支经子宫外膜进入子宫肌层的中间层后，发出许多与子宫腔面垂直的放射状小动脉，在肌层与内膜交界处分为两支：短而直的分支进入内膜基底层，不受雌、孕激素的影响，称基底动脉或直动脉；其主支称**螺旋动脉**（coiled artery）（图 19-11），在功能层呈螺旋状走行，至功能层浅层形成毛细血管网和血窦。螺旋动脉对雌、孕激素敏感，可随月经周期而变化。

（二）子宫内膜的周期性变化

自青春期开始，在卵巢分泌的性激素作用下，每隔约 28 天子宫底部和体部的内膜功能层会发生周期性的剥脱、修复和增生的改变，称**月经周期**（menstrual cycle）。每个月经周期是从月经的第一天起至下次月经来潮的前一天止，依次分为月经期、增生期和分泌期。在典型的 28 天的周期中，月经期为第 1 ～ 4 天，增生期为第 5 ～ 14 天，分泌期为第 15 ～ 28 天。

1. 月经期 **月经期**（menstrual phase）一般持续 3 ～ 5 天。若排出的卵未受精，黄体于月经周期的第 26 ～ 28 天退化，因血循环中雌、孕激素水平骤然下降，使螺旋动脉发生痉挛性收缩，从而使子宫内膜功能层组织缺血坏死，随后螺旋动脉又短暂扩张，使毛细血管充血，进而破裂，血液涌入已坏死的内膜功能层，最终血液连同坏死的内膜流入子宫腔，从阴道排出，月经来潮（每次排出的月经量约 35 mL）。由于功能层的剥脱，内膜只剩下基底层，厚约 1 mm，内膜中子宫腺也残缺不全。在月经停止前，残存的内膜基底层的组织开始增生、修复，内膜进入增生期（图 19-12）。

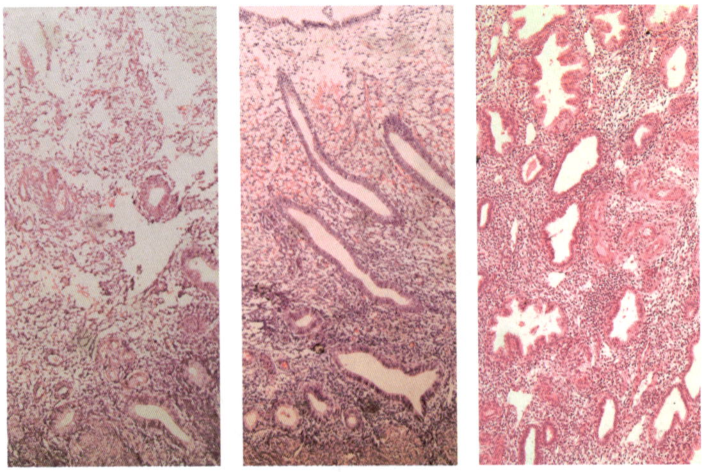

图 19-12 子宫内膜周期性变化（HE 染色，低倍）

2. 增生期 **增生期**（proliferative phase）卵巢内有一批卵泡正在生长发育，故增生期又称卵泡期。随着卵泡的生长发育，雌激素的分泌逐渐增加，促进子宫内膜基底层上皮增殖分裂、修复内膜上皮；同时，残存的基质细胞也不断增殖分裂、合成纤维和基质，使内膜增厚至 2 ～ 4 mm。至增生晚期，子宫腺增多增长，腺腔增大，腺上皮细胞呈柱状，胞质内出现糖原；螺旋动脉也增长、弯曲；雌激素使毛细血管通透性增加，致内膜轻度水肿。至月经周期第 14 天，卵巢内的成熟卵泡排卵，内膜进入分泌期（图 19-12）。

3. 分泌期　**分泌期**（secretory phase）卵巢内正是排卵后黄体形成的时期，故分泌期又称黄体期。在黄体分泌的雌激素和孕激素作用下，子宫内膜进一步增厚到 5 ～ 7 mm；子宫腺腺细胞合成大量糖原，腺腔增大、极度弯曲，腔内充满分泌物；螺旋动脉继续增长、更加弯曲；毛细血管通透性进一步增加，组织液大量增加，内膜水肿；基质细胞继续分裂增殖、肥大，胞质内充满糖原、脂滴，称前蜕膜细胞（图 19-12）。若排出的卵受精，胚胎将进入内膜生长、发育，内膜将继续增厚，发育为蜕膜，前蜕膜细胞改称蜕膜细胞；若卵未受精，卵巢内的黄体退化，内膜在第 28 天左右脱落，进入下一个月经期。

（三）子宫内膜周期性变化的神经内分泌调节

月经周期主要受下丘脑、垂体和卵巢分泌的激素的调节，即受控于**下丘脑-垂体-卵巢轴**（hypothalamo-pituitary-ovarian axis）（图 19-13）。下丘脑弓状核神经内分泌细胞分泌的 GnRH 使腺垂体促性腺激素细胞分泌 FSH 和 LH。

月经来潮时，血中低浓度的雌、孕激素导致其对下丘脑和腺垂体的反馈抑制作用减弱，使 GnRH 和 FSH 分泌增加，在 FSH 的作用下，卵泡发育和成熟，并分泌雌激素，使子宫内膜由月经期转入增生期。约在排卵前 3 天，血液内雌激素达到峰值，高水平的雌激素和 GnRH 协同作用，促使垂体分泌大量 LH，出现 LH 峰；与此同时，FSH 也增高，但峰值低于 LH。在 FSH 和 LH 的协同作用下，卵巢排卵，并形成黄体。排卵常发生于 LH 峰后 24h 左右。在黄体分泌的孕激素和雌激素作用下，子宫内膜进入分泌期。血液中高浓度的雌、孕激素又对下丘脑和腺垂体形成反馈抑制，使 FSH 和 LH 的分泌降低，致黄体退化，继而雌、孕激素水平下降，使子宫内膜剥脱出血，进入月经期。此过程循环往复。

目前广泛使用的口服避孕药，多为雌激素和孕激素类的衍生物，通过改变体内激素水平，阻止卵巢排卵和胚胎植入，达到避孕的目的。

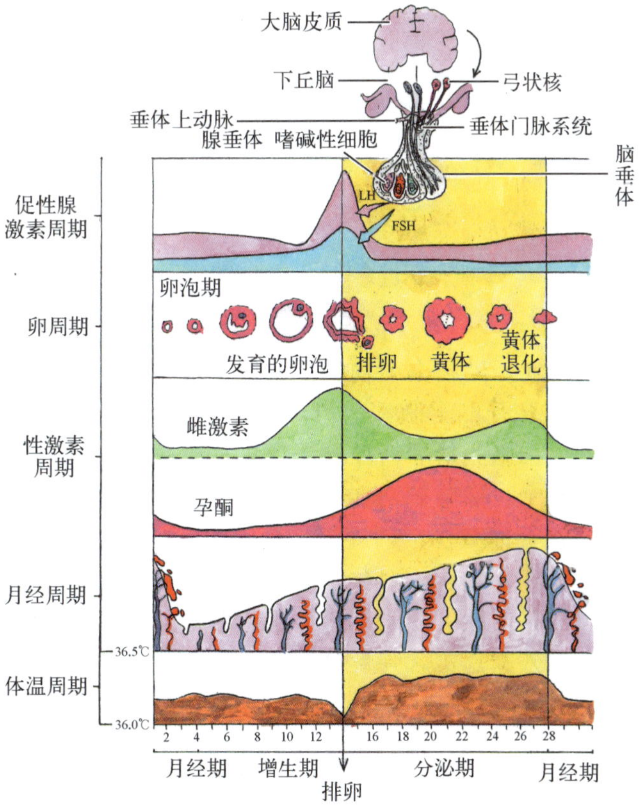

图 19-13　月经周期中垂体、卵巢分泌激素变化模式图（引自王晓冬，2018）

知识拓展

痛 经

随着女性进入青春期，每月一次的月经是女性特有的生理现象，可谓是女性的“老朋友”了。在女性一生约400个月经周期中，按每次月经期持续4天计算，女性一生约有1 600天（四年多）有月经伴随。然而，据不完全统计，在有周期性月经的妇女中，30%以上的女性在月经期伴随有痛经。那么，什么是痛经呢？痛经就是指女性在月经期或月经前后出现的腹痛不止的情况。最主要的症状就是腹痛难忍，伴有坐卧不宁、面色苍白、四肢厥冷等症状，严重者不能进行正常的工作和学习，需要卧床休息。痛经是妇科常见病和多发病，病因多，病机复杂，反复性大，治疗棘手。引起痛经的常见原因主要有：① 子宫颈管狭窄、位置异常致经血外流受阻，引起痛经。② 子宫发育使子宫血液供应异常，造成子宫缺血、缺氧而引起痛经。③ 子宫内膜及月经血中前列腺素（prostaglandin，PG）含量升高，前列腺素E2（prostaglandin E2，PGE2）使子宫平滑肌收缩引起痛经。④ 子宫平滑肌过度收缩或不正常收缩导致子宫平滑肌缺血，缺血又可引起子宫平滑肌的痉挛性收缩，从而产生疼痛而出现痛经。⑤ 妇科病如子宫内膜异位症、盆腔炎、子宫腺肌病、子宫肌瘤等也易引起痛经。

（四）子宫颈

子宫颈由黏膜、肌层和外膜构成。外膜是纤维膜。肌层由平滑肌和含丰富弹性纤维的结缔组织构成。黏膜由上皮和固有层构成，无周期性剥脱，但上皮的结构和功能也随雌、孕激素的周期性变化而变化。上皮为单层柱状，由分泌细胞、纤毛细胞和储备细胞组成。分泌细胞最多，核大深染，胞质透明，内含许多黏原颗粒。雌激素促进该细胞分泌清亮透明的碱性黏液，有利于精子通过；在孕激素作用下，细胞分泌量减少，分泌物黏稠呈凝胶状，成为阻止精子和微生物进入子宫的屏障。纤毛细胞较少，单个或成群分散于分泌细胞之间，纤毛向阴道方向摆动，有利于分泌物的排出。储备细胞为干细胞，较小，可更新和修复上皮。在宫颈外口处单层柱状上皮移行为复层扁平上皮，分界清晰，是宫颈癌的好发部位。固有层结缔组织中腺体少，无螺旋动脉。肌层由平滑肌和含丰富弹性纤维的结缔组织构成。外膜是纤维膜。

四、阴　道

阴道由黏膜、肌层和外膜构成。黏膜由上皮和固有层构成，黏膜突起形成许多环行皱襞。上皮为未角化的复层扁平上皮，上皮细胞受卵巢激素的影响而有周期性变化。排卵前后，在雌激素作用下，上皮细胞中出现许多糖原，浅层细胞脱落后糖原被阴道内的乳酸杆菌分解为乳酸，使阴道液呈酸性而有较强的抑菌作用，是阴道的一个自然防御功能，故乳酸杆菌有阴道的“健康卫士”之称。绝经后雌激素水平下降，阴道上皮变薄，糖原减少，阴道液pH上升变为碱性，易导致老年性阴道炎。黏膜固有层由较厚的致密结缔组织组成，无腺体，但含丰富的静脉丛和弹性纤维。肌层较薄，平滑肌束呈左旋和右旋的螺旋状，相互交织成格子状，使阴道壁易于扩张；肌束间弹性纤维丰富。阴道外口为环行骨骼肌形成的尿道阴道括约肌。外膜是富含弹性纤维的致密结缔组织，含有丰富的静脉丛、淋巴管和神经。

五、乳　腺

乳腺（mammary gland）结构随年龄和生理状况而变化。从出生到青春期之前乳腺基本不发育，于青春期开始，在卵巢分泌的雌、孕激素作用下，女性乳腺开始发育。处于未分泌状态的乳腺称静止期乳腺；而妊娠期与哺乳期的乳腺称活动期乳腺。

（一）乳腺的结构

乳腺实质被结缔组织分隔为以乳头为中心呈放射状排列的 15 ～ 25 叶，每叶又分为若干小叶，每个小叶有一个复管泡状腺。腺泡上皮为单层立方或柱状上皮，有肌上皮细胞。导管包括小叶内导管、小叶间导管和总导管。总导管又称输乳管，开口于乳头。

（二）静止期乳腺

静止期乳腺组织以疏松结缔组织和脂肪组织为主，腺体不发达，少量腺泡和导管孤立或成簇地分散于结缔组织中（图 19-14）。

（三）活动期乳腺

妊娠期在雌激素和孕激素的作用下，乳腺腺体迅速增生，腺泡增多、增大，结缔组织和脂肪组织相对减少（图 19-15）。妊娠后期，在催乳素的刺激下，腺泡开始分泌，其分泌物称为初乳。初乳内含有丰富的乳蛋白和抗体（IgA 为主），还含有吞噬了脂肪的巨噬细胞，称初乳小体。哺乳期乳腺的结构基本与妊娠后期乳腺相似，只是导管和腺泡更发达。断乳后，催乳素水平下降，腺泡塌陷、退化，疏松结缔组织和脂肪组织明显增多，乳腺恢复静止期结构。绝经期后，卵巢激素水平下降，腺组织萎缩退化，结缔组织也减少，脂肪组织几乎完全取代腺组织。

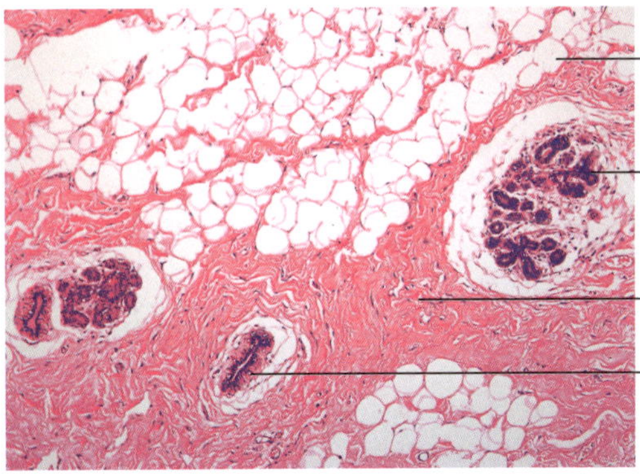

图 19-14　静止期乳腺（HE 染色，低倍）

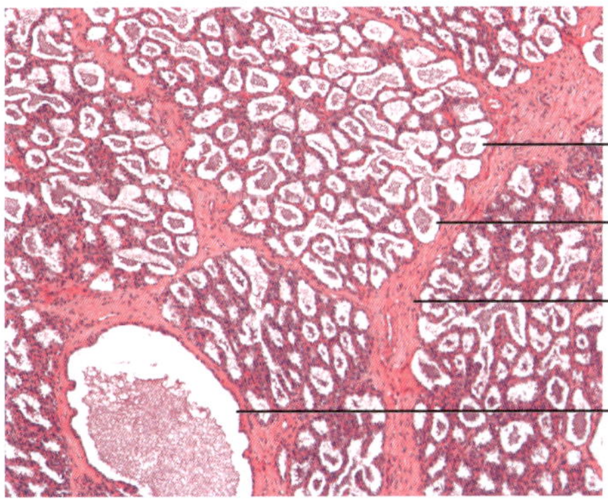

图 19-15　活动期乳腺（HE 染色，低倍）

本章小结

卵巢实质分皮质和髓质。皮质主要含不同发育阶段的卵泡和黄体。髓质为疏松结缔组织。卵泡由____________和____________组成。卵泡的发育分四个阶段，各级卵泡的主要特点是：原始卵泡的卵泡细胞呈____________；初级卵泡的卵泡细胞呈____________，____________或多层，在卵母细胞和卵泡细胞间出现了嗜酸性的____________；次级卵泡的卵泡细胞之间出现腔隙，逐渐融合为____________，并出现颗粒层和卵丘，卵泡膜更明显，内层细胞称____________，与卵泡细胞协同分泌____________。

________卵泡类似于晚期次级卵泡，但体积大、突向卵巢表面。在LH和FSH的作用下，成熟卵泡发生排卵。排卵后卵巢内的颗粒细胞和膜细胞发育为黄体，由________和________组成，可分泌________和________；排出的卵未受精时形成的黄体称________，排出的卵受精时形成的黄体称________，最终均退化为________。卵泡发育过程中退化的卵泡称________，次级卵泡闭锁过程中膜细胞可形成________。子宫壁由内向外分为内膜、肌层和外膜。内膜由单层柱状上皮和固有层构成。固有层中含基质细胞________、________。内膜在功能上可分为表浅的________和深部的________。肌层为很厚的平滑肌。自青春期开始，子宫内膜要发生周期性改变，称________，分为________、________和________。各期内膜在厚度、子宫腺、螺旋动脉、基质细胞、组织液等方面均发生变化。子宫内膜的周期性变化受下丘脑垂体卵巢轴的调节。

（余　鸿）

第十九章微课

卵泡的发育与成熟

下　篇

胚胎学

第二十章

人体胚胎学绪论

学习要点

① 胚胎学的研究内容与研究方法；② 学习人体胚胎学的意义与方法。

人体发生起源于由男性的精子与女性的卵子结合形成的受精卵，受精卵是由父体的遗传信息与母体的遗传信息相互融合形成的二倍体单个细胞。受精卵通过增殖分化、器官构建、演化转位和功能建立等复杂的生物学过程发育为成熟的胎儿。人体的发生过程称为**个体发生**（ontogenesis）。研究出生前与出生后人体生命全过程的科学称**人体发育学**（development of human）。

一、胚胎学的研究内容

人体胚胎学（human embryology）是研究人体发生来源、发育过程及其发育规律的科学。人体胚胎发生始于精子和卵细胞结合形成的受精卵，终止于胎儿出生，历时 266 天。人体胚胎发生分为两个主要阶段：① **胚期**（embryonic period）：从受精卵形成至胚胎发育的第 8 周末。此期是胚胎发育变化最明显、最复杂和最迅速的时期，历经受精卵的卵裂，胚泡形成与植入，胚层形成与分化，胚胎各器官与系统形成，到 8 周末人体外形和体内各种组织器官雏形已初步形成。此阶段也是胚胎对外界因子最敏感，最易发生流产和畸形的时期。胚期是胚胎学研究和学习的重点。② **胎期**（fetal period）：从胚胎发育的第 9 周至胎儿娩出，大约 210 天。此期主要变化是各种组织和器官继续发育和分化，多种器官出现不同程度的功能活动，胎儿体积和重量迅速增加。临床上把妊娠第 28 周至胎儿出生后 1 周的时期称为**围生期**（perinatal period）。研究围生期母体、胎儿和新生儿保健的医学称为**围生医学**（perinatology）。

二、胚胎学的相关分支与研究方法

（一）胚胎学的分支学科

1. 描述胚胎学　**描述胚胎学**（descripitive embryology）应用解剖学与组织学（光镜与电镜技术）的研究方法，重点观察胚胎发生过程中的形态演变及其规律。包括胚胎外形演变、各器官演变和系统形成，也研究细胞的增殖与分化、迁移与凋亡等。它是胚胎学的基础内容。

2. 比较胚胎学 **比较胚胎学**（comparative embryology）通过比较不同种系动物（包括人类）的胚胎发生差异，寻找生物体进化过程及其内在的相互联系，有助于深刻理解人体胚胎发育的过程与机理。

3. 实验胚胎学 **实验胚胎学**（experimental embryology）对胚胎或体外培养的胚胎细胞给予化学、物理、生物等因素干预，或采用胚胎切割、细胞移植和示踪标记等方法，研究其对胚胎发育的影响，阐释胚胎发育机制和规律。也可应用化学和生物化学方法，研究胚胎发生中化学物质的质与量的变化及其代谢过程。

4. 畸形学 **畸形学**（teratology）在胚胎发育过程中受到遗传因素和/或环境有害因素的影响，容易导致胚胎发生异常，从而引起先天性畸形。畸形学是研究致畸因子对先天性畸形发生的影响和机制及其预防措施的学科。

5. 胚胎干细胞 **胚胎干细胞**（embryonic stem cell）胚胎干细胞是从胚泡内细胞群和 5 ～ 9 周胚胎的生殖腺嵴或后肠背系膜中分离纯化而来的未分化二倍体多能干细胞，它具有自我更新、多向分化和无限的增殖能力。实验证明，胚胎干细胞可被诱导分化为神经元、心肌细胞、血细胞和骨组织细胞等 200 多种机体细胞，也可以用胚胎干细胞作为组织工程的种子细胞构建组织或器官等。这为临床细胞与器官移植治疗相关疾病提供了新手段。

6. 生殖工程 **生殖工程**（reproductive engineering）利用胚胎学理论和技术去改善人类自然生殖过程。如采用人工授精、体外受精-胚胎移植、单精子卵浆内注射、胚胎移植前遗传学诊断、生殖细胞与胚胎冷冻等辅助生育技术，帮助不孕不育患者实现生育的梦想。

（二）胚胎学常用的研究方法

1. 早期鸡胚实验方法 鸡胚为研究胚胎发育及其相关形态演变提供了很好的模式系统。鸡胚有利于在显微镜下观察其内部结构，还可以在形态发生过程中对胚胎进行显微操作。目前已经获得大量描述早期鸡胚正常和异常发育的资料，鸡胚也成为科学家研究基因功能的工具。

2. 胚胎连续组织切片的形态学研究 利用光镜和电镜的组织切片技术，可以将胚胎标本制作成连续切片，将每张切片观察的结果进行叠加，可以获得胚胎的立体结构图像。采用数码成像和图像分析软件结合，使得胚胎标本的立体成像更为便捷可靠。利用组织化学或免疫组织化学技术，可以对胚胎发生过程中特定物质进行定性、定位和定量分析，进而可以阐释胚胎发育的相关机制。

3. 活体胚胎观察方法 用肉眼或体视显微镜对活体胚胎进行直接观察，可以观察胚胎整体发育情况，还可以观察到活体胚胎的动态活动状况。目前可以利用微电影摄像技术和整体胚胎体外培养技术对胚胎发育过程进行长时程的连续动态观察。

4. 转基因动物的制作技术 将构建的目的基因或基因序列用显微注射方法注入实验动物的受精卵，再将其受精卵移植入受体动物的子宫内，使转基因的受精卵发育成转基因动物。利用此方法研究基因功能、遗传疾病、建立疾病动物模型和改良家畜品种等。

5. 胚胎显微操作技术 在研究胚胎组织之间的相互诱导作用时，可以利用显微手术进行组织移植或组织切割，可进行胚胎自体组织移植或同种异体组织移植，也可以进行异种组织移植。在试管婴儿的培育过程中采用该方法分离切割早期卵裂球，以便进行移植前遗传学检查。也可以用该方法进行子宫内先天性畸形治疗。

三、学习人体胚胎学的意义与方法

人体胚胎学是一门重要的医学基础课，也是医学生的必修课程。只有学习好胚胎学才能让医学生掌握人类的生殖过程和胚胎发生过程，才能更好理解人体是如何诞生的，这对学习产科和辅助生育学的基本理论十分重要；只有学习好胚胎学才能让医学生掌握人体组织与器官的胚胎发生和演变过程，才能更好理解人体器官的形态、位置与毗邻关系和形态与功能的关系，这对学习其他医学基础课程，如解剖学、组织学、生理学和病理学等十分重要；只有学习好胚胎学才能让医学生掌握胚胎发育异常所导致的先天性畸形及其机制，这对正确诊断儿童先天畸形、预防和治疗先天性疾病十分重要。此外，学习胚胎学还可以帮助我们树立唯物主义的世界观，用唯物主义观点去认识人体和诊治疾病。

胚胎学属于形态学范畴，但它与解剖学、组织学等其他形态学科有所不同，在学习过程中要特别注意学习方法。

（1）认真观察不同时期的胚胎标本、模型、切片和图谱等，启动形象思维，才能理解胚胎学的理论。

（2）胚胎的形态结构随时间不断发生变化，在学习过程中要把握胚胎的形态结构、位置方位演变规律，树立三维形态和时间的动态变化概念。

（3）胚胎发育过程极其复杂，受到内外因素的干预，容易出现异常发育，导致先天畸形。学习先天畸形时要对照正常发育过程去阐释异常发育，这样才能理解先天畸形的形成原因。

（4）学习胚胎学还应结合临床应用，才能体现胚胎学的实用价值。

本章小结

人体胚胎学是研究人体发生来源、发育过程及其发育规律的科学。人体胚胎发生分为__________和__________两个主要阶段，第一阶段是从受精卵形成到胚胎发育的第__________周末，第二阶段是从胚胎发育的第__________周至分娩。临床上把妊娠第__________周至胎儿出生后__________周的时期称为围生期。胚胎学还有许多分支学科，研究先天性畸形成和机制的学科是__________。常用的胚胎学研究方法有早期鸡胚实验方法，胚胎组织连续切片的形态学研究，活体胚胎观察方法，转基因动物的制作技术和__________等。人体胚胎学是一门重要的__________课，也是医学生的__________课程。胚胎学属于形态学范畴，但它与解剖学、组织学等其他形态学科有所不同，在学习过程中要特别注意学习方法。

（王亚平）

第二十一章

人体胚胎学总论

学习要点

①配子发生与受精，胚泡形成和植入，胚层的形成与分化；②胎膜与胎盘的形成、结构与功能；③胚胎龄与预产期的推算，胚胎各期外形特征；④双胎、多胎和联体双胎。

一、生殖细胞和受精

（一）精子的发生

精子发生于睾丸的生精小管。精原细胞经过有丝分裂，部分细胞演变为初级精母细胞，后者经过先后两次减数分裂，产生四个染色体核型为单倍体（23，X或23，Y）的精子细胞。精子细胞不再分裂，经过复杂的形态变化形成蝌蚪状的精子（图21-1、图21-2）。精子储存在附睾中，并逐渐发育成熟获得运动能力。精子进入女性生殖道，在经过子宫与输卵管时，被覆在精子头部外的，来源于精液中的糖蛋白被逐步降解，最后成为具有受精能力的男性生殖细胞，这一过程称精子获能（capacitation）。

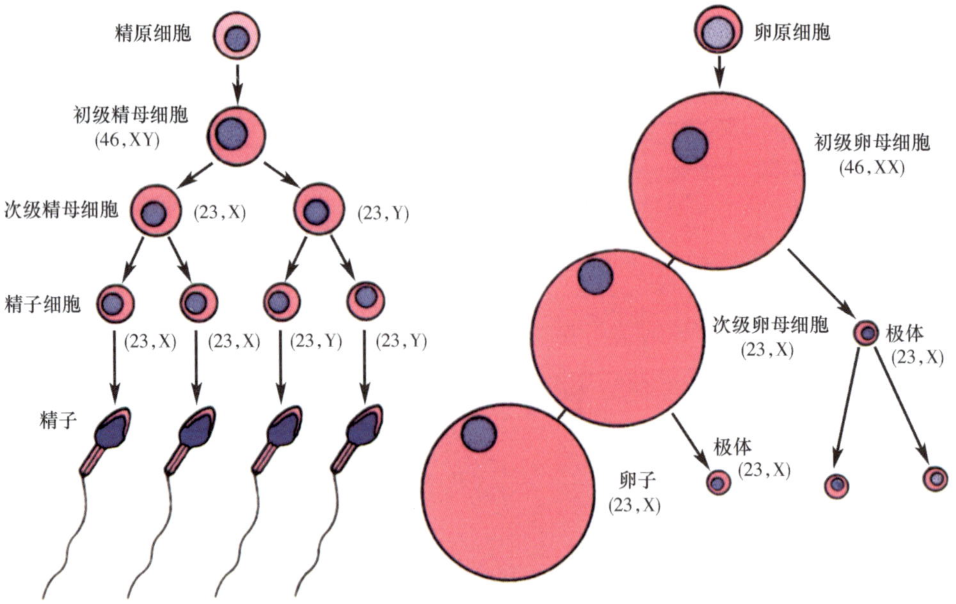

图21-1　精子与卵子的发生过程示意图

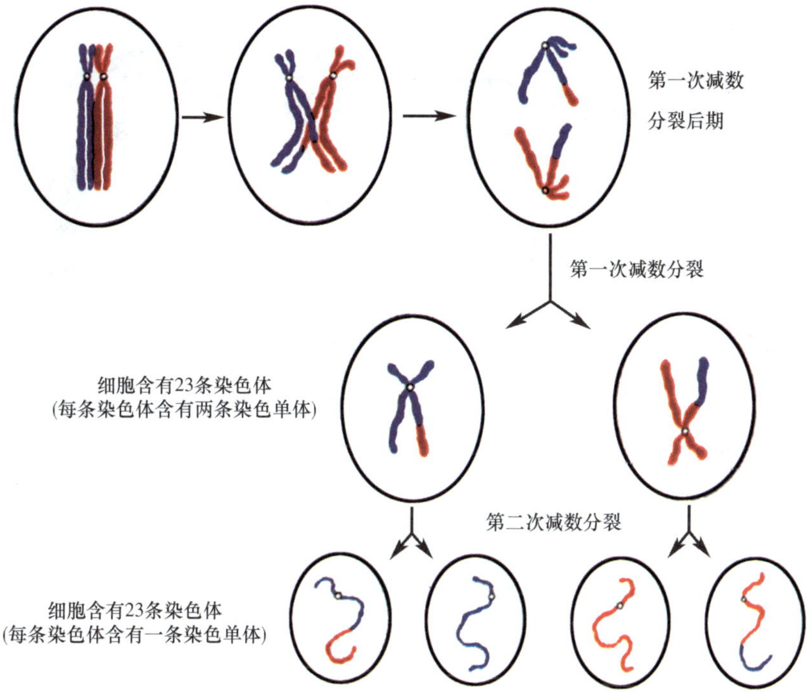

图 21-2*　生殖细胞减数分裂示意图

（二）卵细胞的发生

卵细胞在卵巢内发育。胚胎期卵原细胞经过多次分裂增殖，在出生后全部分化为初级卵母细胞，并长期停留在第一次减数分裂前期。自青春期开始，卵泡开始生长发育，在排卵前初级卵母细胞完成第一次减数分裂，产生一个次级卵母细胞和第一极体，次级卵母细胞很快进行第二次减数分裂，并休止在分裂中期。排卵后如果精子和卵细胞相遇受精，次级卵母细胞继续完成第二次减数分裂，形成一个单倍体（23，X）的成熟卵细胞和第二极体（图 21-1、图 21-2）。

（三）受精

受精（fertilization）是精子与卵子相互融合形成受精卵的过程。受精一般在输卵管壶腹部进行。受精时间多发生在排卵后 12 小时内，精子的受精能力可维持 1 天。

1. 受精过程　受精是两性生殖细胞相互激活和双亲遗传物质相互融合形成新个体的过程。受精涉及精卵识别、黏附、融合及卵细胞激活等一系列复杂的生物学过程。

从卵巢排出的次级卵母细胞，外包绕着透明带和放射冠，经腹膜腔进入输卵管内。正常情况下仅有 300 ～ 500 个精子能够通过子宫和输卵管到达受精部位。获能的精子其头部表面细胞膜与顶体膜融合，形成许多小孔，从小孔中释放顶体酶溶蚀卵母细胞外的透明带和放射冠，此过程称**顶体反应**（acrosome reaction）。精子与卵母细胞透明带上的 ZP3 受体（zona protein3）结合，并穿越透明带与卵母细胞膜相遇并融合。此时，精子的胞核与胞质很快进入卵母细胞内，同时卵母细胞浅层胞质中的皮质颗粒溶解，溶解产物进入透明带，使透明带 ZP3 变性，从而阻止其他精子的穿越，该过程称**透明带反应**（zona reaction），透明带反应确保了正常人卵的单精受精（图 21-3）。

精子进入卵母细胞后激发次级卵母细胞完成第二次减数分裂，形成一个成熟的卵细胞和第二极体。此时，卵子的胞核称**雌原核**（female pronucleus），精子的胞核膨大形成**雄原核**（male pronucleus）。随后，两原核互相接近，核膜消失，染色体互相配对，融合形成二倍体的受精卵（图 21-4）。

2. 受精的意义和条件

（1）受精的意义：① 恢复二倍体核型。受精卵染色体数目恢复成二倍体细胞核型，即 23 对染色

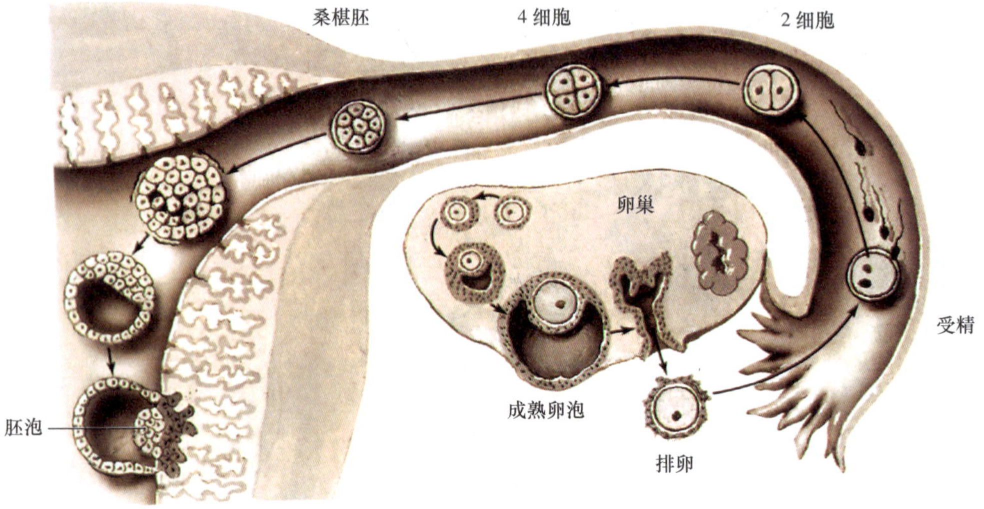

图 21-3* 排卵、受精、卵裂与植入过程

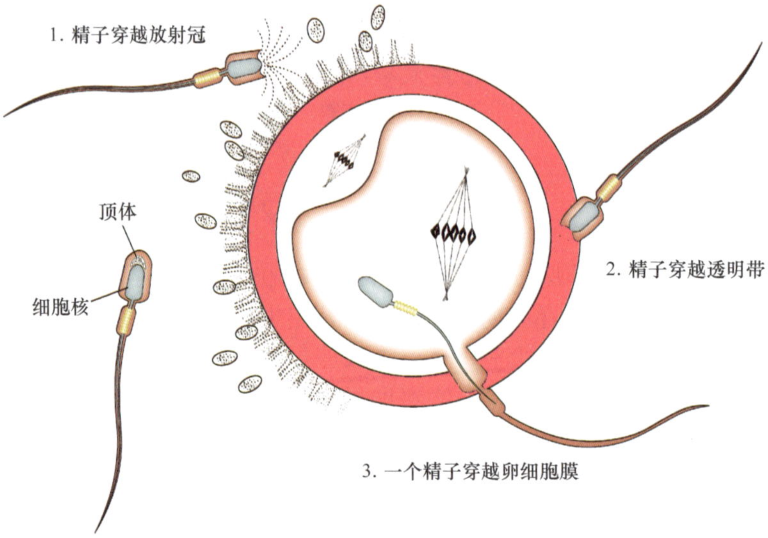

图 21-4 精子穿入卵细胞的示意图

体，其中一半来自父系，另一半来自母系，具有双亲的遗传物质；② 标志新生命开始。受精卵酶活性增强，需氧量增高，合成代谢加快，它不断分裂和分化形成新个体；③ 新个体具有不同于亲代的特异性。生殖细胞在减数分裂中染色体发生联会与交换，来自双亲的遗传物质在受精卵中得到重新组合；④ 受精决定胚胎性别。Y 精子与卵子结合，发育为男性（46，XY）；X 精子与卵子结合，发育为女性（46，XX）。

（2）受精的条件：① 两性生殖细胞的正常发育是受精的基本条件。精子数目与活动能力在受精中起着重要作用，如果每毫升精液中的精子数目少于 400 万个，或者小头、双头、双尾等畸形精子数超过 20%，或者精子活动能力太弱均可影响受精。卵泡发育不良或不排卵都不能完成受精过程。② 成熟获能的精子与卵子在限定时间相遇是确保受精的重要条件。排卵发生在月经周期的 14 天左右，此时若精子不能按时间进入女性生殖道，精子和卵子不能相遇，受精就不能实现。如果采用安全期避孕法，在性生活时间避开排卵期可达到避孕目的。③ 生殖管道畅通是精子与卵子相遇的必要条件。如果生殖管道因炎症等造成堵塞将不能受精，采用输卵管与输精管结扎、避孕工具如避孕套、子宫帽等均可达到避孕目的。

二、人胚早期发生

从受精卵形成到第 8 周末的胚胎发育称胚胎早期发育，包括卵裂、胚泡形成和植入，三胚层形成及其分化等过程。

（一）卵裂、胚泡形成和植入

1. 卵裂、胚泡形成　受精卵形成后便启动连续的细胞有丝分裂，称**卵裂**（cleavage），卵裂产生的细胞称**卵裂球**（blastomere）。由于卵裂在透明带内进行，随着卵裂次数增加，卵裂球的数目增多，但每个卵裂球体积越来越小，同时卵裂球也会发生分化。受精后 30 小时，受精卵完成第一次卵裂进入 2 细胞期；受精后 40 小时，进入 4 细胞期；受精后 72 小时，卵裂球达到 12 ～ 16 个细胞，细胞排列紧密外形似桑椹，称**桑椹胚**（morula）。第 4 ～ 5 日，桑椹胚进入子宫腔，细胞继续分裂，卵裂球数量增加至 100 个左右，细胞间出现若干小间隙，后逐渐融合成一个充满液体的大腔，此时的胚呈囊泡状，称**胚泡**（blastocyst）。胚泡周围为一层扁平细胞，称**滋养层**（trophoblast）。胚泡中央有一个含液体的腔，称**胚泡腔**（blastocoele）。胚泡腔内侧有一群细胞，称**内细胞群**（inner cell mass），这群细胞是全能干细胞，它将形成胚胎的各种组织结构与器官系统（图 21-3、图 21-5）。

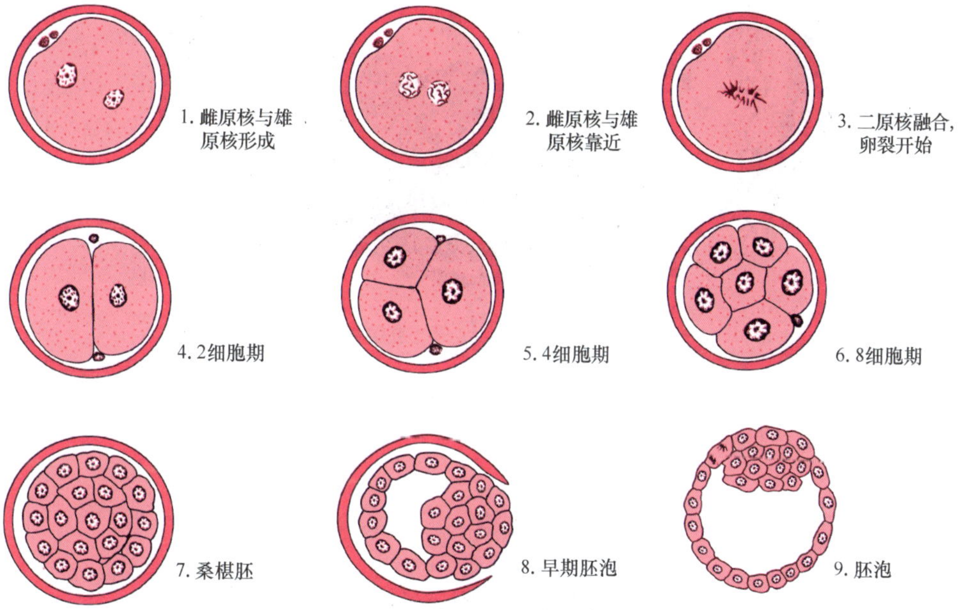

图 21-5　卵裂与胚泡的形成

2. 植入　胚泡侵入子宫内膜的过程称**植入**（implantation）或**着床**（imbed）。植入开始于受精后第 5 ～ 6 天，第 11 ～ 12 天完成。受精后第 4 ～ 5 天，包绕胚泡的透明带逐渐解体，覆盖内细胞群的胚端滋养层细胞直接与子宫内膜上皮接触，滋养层细胞分泌蛋白酶消化子宫内膜上皮，形成一个缺口，胚泡从缺口处逐渐埋入子宫内膜。胚泡植入后子宫内膜改称**蜕膜**（decidua）。蜕膜中的基质细胞变得大而不规则，胞质内含大量糖原和脂质，蛋白质合成增加，称**蜕膜细胞**（decidua cell）。根据蜕膜和胚泡的位置关系可分为：① **包蜕膜**（decidua capsularis）：覆盖在胚泡表面的蜕膜。② **基蜕膜**（decidua basalis）：也称底蜕膜，位于胚泡深面的蜕膜，是将来形成胎盘的部分。③ **壁蜕膜**（decidua parietalis）：胚泡植入部位以外的蜕膜（图 21-3、图 21-6、图 21-7）。

胚泡植入后滋养层细胞迅速增殖分化形成内层的**细胞滋养层**（cytotrophoblast）和外层的**合体滋养层**（syncytiotrophoblast）。细胞滋养层细胞仍保留明显的细胞界限，有较强增殖能力，可不断产生新细胞加入合体滋养层。合体滋养层细胞互相融合，细胞之间界限消失，成为合胞体。

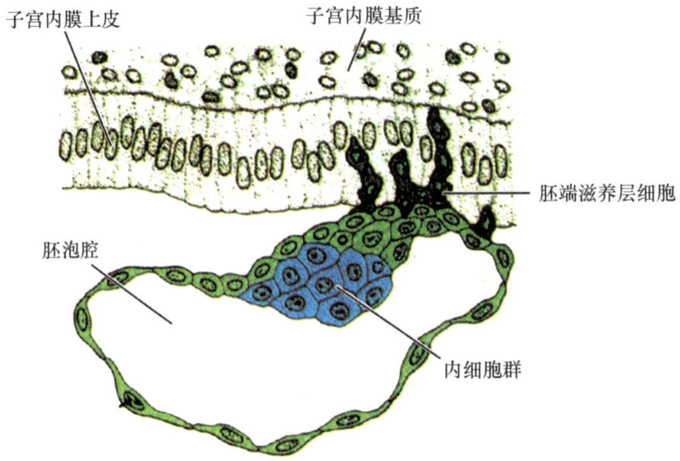
子宫内膜上皮
子宫内膜基质
胚端滋养层细胞
胚泡腔
内细胞群

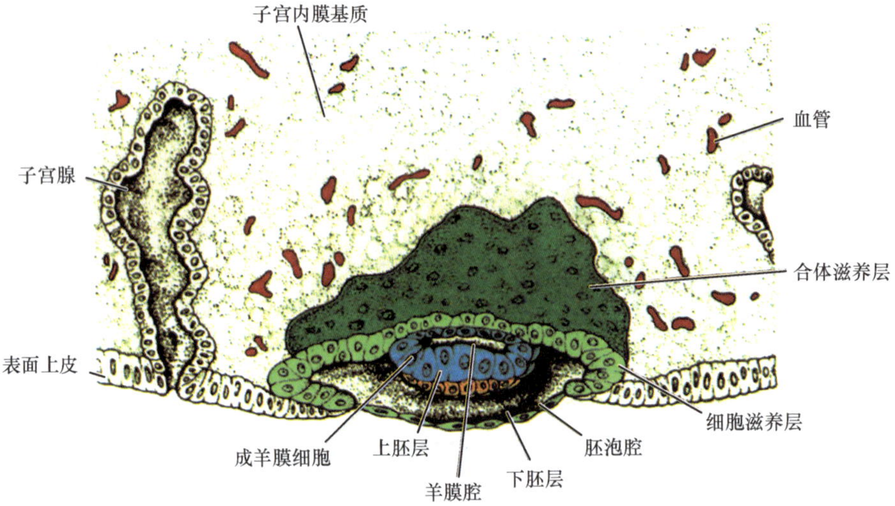
子宫内膜基质
血管
子宫腺
合体滋养层
表面上皮
细胞滋养层
成羊膜细胞
上胚层
胚泡腔
羊膜腔
下胚层

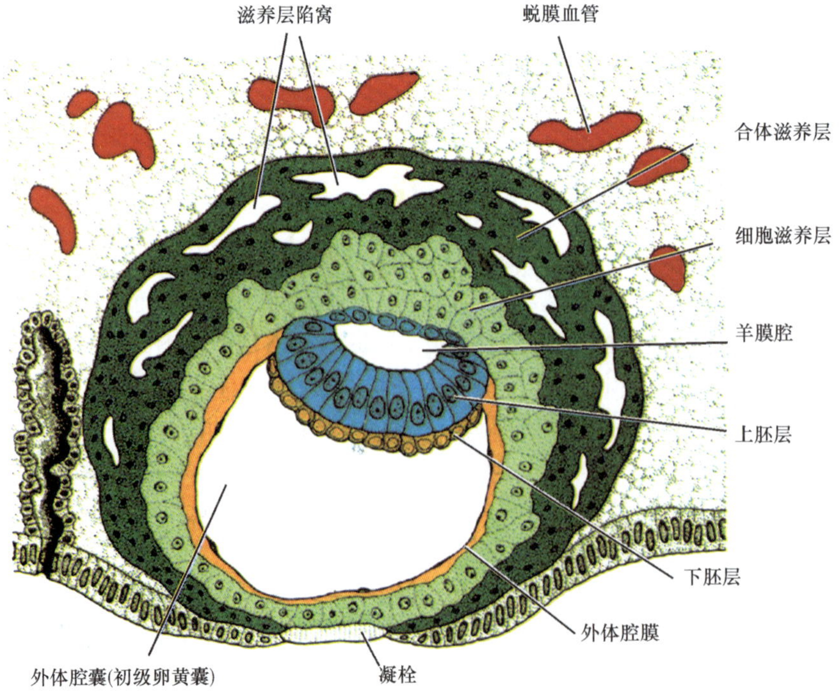
滋养层陷窝
蜕膜血管
合体滋养层
细胞滋养层
羊膜腔
上胚层
下胚层
外体腔膜
外体腔囊(初级卵黄囊)
凝栓

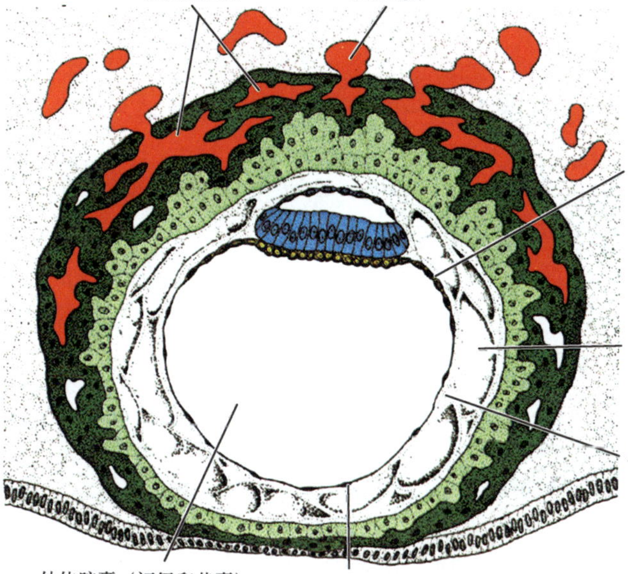

图 21-6 植入过程示意图

植入是胚泡和子宫内膜相互识别、相互黏附和相互容纳的过程。植入必备条件是：① 胚泡发育必须与子宫内膜的改变同步；② 胚泡从输卵管准确运行到达子宫腔；③ 透明带适时消失，子宫内膜需处于分泌期；④ 正常的蜕膜反应和胚泡本身所处的发育阶段一致。植入是在雌激素、孕激素和多种细胞因子精细调节下进行的，如果母体内分泌失调，子宫内膜受药物干扰，子宫内膜周期性变化与胚泡发育不同步，子宫内膜有炎症或受避孕环干扰时植入不能正常完成。

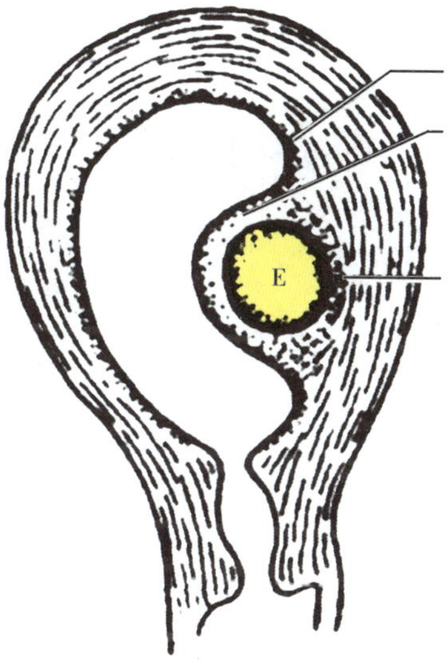

图 21-7* 胚胎与子宫蜕膜关系模式图

胚泡植入部位通常在子宫体和底部，后壁多于前壁。在内分泌失调，输卵管炎症、粘连、狭窄等因素影响下，使胚泡不能及时进入子宫，而在子宫以外的部位植入，称异位妊娠或**宫外孕**（ectopic pregnancy）。宫外孕最常发生在输卵管，偶见于卵巢表面、子宫阔韧带、肠系膜及腹膜腔等处。这些部位均不适宜胚泡生长，最终将造成胚胎退化死亡和植入处组织内血管的破裂出血。如植入发生在子宫颈管内口处将形成**前置胎盘**（placenta previa），分娩时由于子宫下段扩张，可导致胎盘过早剥离而引起大出血。

知识拓展

人类辅助生殖技术

辅助生殖技术是采用医疗辅助手段使不育夫妇妊娠的技术，主要包括人工授精和体外受精-胚胎移植。人工授精是将精子进行优选和诱导获能处理后，置入女性生殖道内，使精子与卵子自然结合，实现受孕的方法。体外受精-胚胎移植是将卵子和精子分别取出体外，通过人工手段使精子和卵子在体外受精，当受精卵发育为早期胚胎后再移植回母体子宫内，经妊娠后分娩婴儿，这种方法诞生的婴儿又称试管婴儿。1978 年，世界首例试管婴儿在英国诞生，负责这项工作的 Edwards 获得 2010 年诺贝尔生理学与医学奖。1988 年，中国第一例试管婴儿在北京医科大学第三医院出生。目前，辅助生育衍生出许多新技术，包括控制性超排卵、配子 / 胚胎冷冻与复苏、卵细胞质内单精子注射、胚胎植入前遗传学诊断等技术，使妊娠率提高。

（二）胚层的形成

1. 二胚层胚盘的形成

（1）内细胞群分化：第 2 周初，具有全能分化潜力的内细胞群细胞不断分裂增殖，内细胞群靠近胚泡腔面，首先分化出一层立方形细胞，称**下胚层**（hypoblast）；贴近滋养层侧的细胞演化成一层柱状细胞，称**上胚层**（epiblast）。上、下胚层紧贴，中间隔有基膜，形成椭圆形盘状的**二胚层胚盘**（bilaminar germ disc），它是人体发生的原基。

（2）羊膜囊和卵黄囊的形成：随着上胚层细胞的增生，在上胚层细胞之间出现一个腔隙，称**羊膜囊**（amnion），上胚层构成羊膜囊的底，贴近细胞滋养层内面的一层上胚层细胞演化为成羊膜细胞，羊膜囊内充满羊水。下胚层周缘的细胞增生并向腹侧生长延伸，形成由单层扁平上皮细胞围成的囊，称**卵黄囊**（yolk sac），下胚层构成卵黄囊的顶。

（3）胚外中胚层与胚外体腔的形成：细胞滋养层的细胞向胚泡腔内增生，分化成星状细胞和细胞外基质，它充填在胚泡腔内，称**胚外中胚层**（extraembryonic mesoderm）。随后，在胚外中胚层细胞间出现较多小的腔隙，小腔隙逐渐融合成一个大腔，称**胚外体腔**（extraembryonic coelom）。胚外体腔逐渐扩大，把胚外中胚层分成两部分：衬在滋养层内面和羊膜囊外周的部分，称**胚外体壁中胚层**；覆盖在卵黄囊表面的部分，称**胚外脏壁中胚层**；部分胚外中胚层细胞连于胚盘尾端与滋养层之间，称**体蒂**（body stalk），体蒂是脐带的原基（图 21-8）。

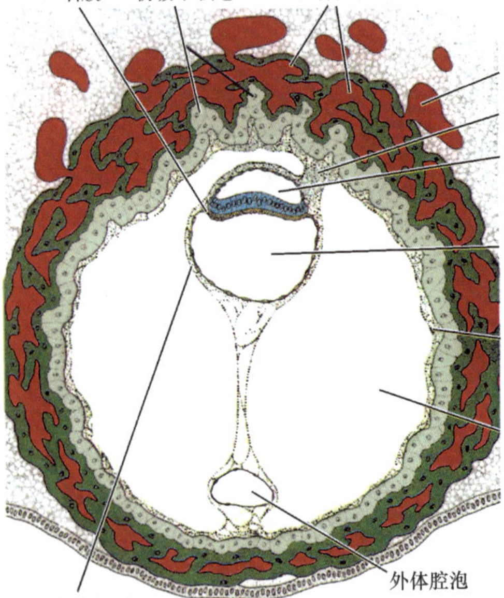

图 21-8*　胚外中胚层与胚外体腔形成

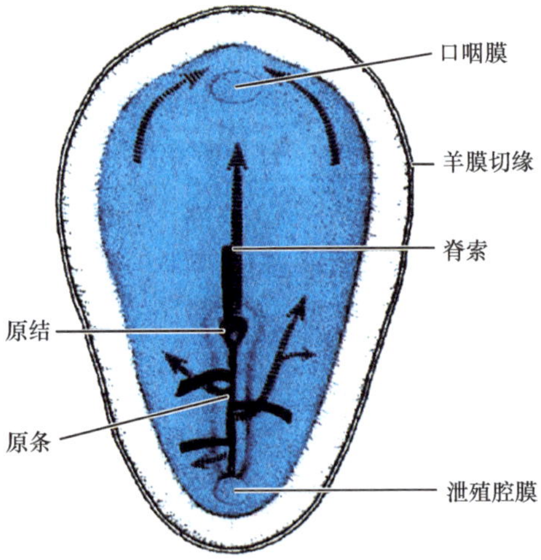

图 21-9　原条细胞迁移形成中胚层过程（背面观）

2. 三胚层胚盘的形成

（1）三胚层胚盘形成：第 2 周末，上胚层细胞迅速分裂增生，并向胚盘尾端的中轴线迁移，形成一条纵行细胞柱，称**原条**（primitive streak）。原条头端的细胞增生形成膨大结节，称**原结**（primitive node）。原条的出现决定了胚盘的头尾方向，原条出现的一端，即为胚体的尾端。原条细胞不断增生并向腹侧深面下陷，下陷的细胞在上胚层与下胚层之间，向两侧及头尾端伸展形成一新的细胞层，称**胚内中胚层**（mesoderm）（图 21-9、图 21-10）。部分原条细胞进入下胚层，并逐渐全部置换了下胚层细胞，形成一层新的细胞，称**内胚层**。随着胚内中胚层和内胚层的出现，上胚层改称外胚层，此时的胚盘称为**三胚层胚盘**（trilaminar germ disc）。胚内中胚层在向头尾两端扩展时，在头尾部各留下一内胚层与外胚层紧贴且其间无中胚层的圆形小区域，头端称**口咽膜**（buccopharyngeal membrane），尾端称**泄殖腔膜**（cloacal membrane）（图 21-9）。

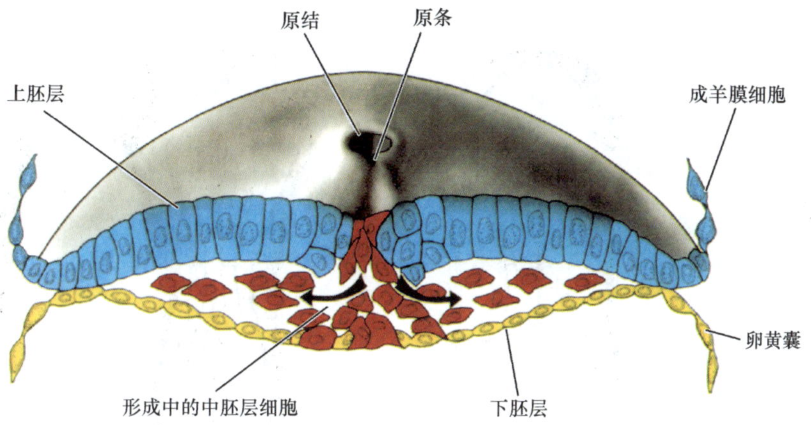

图 21-10*　细胞迁移形成三胚层胚盘过程（冠状面观）

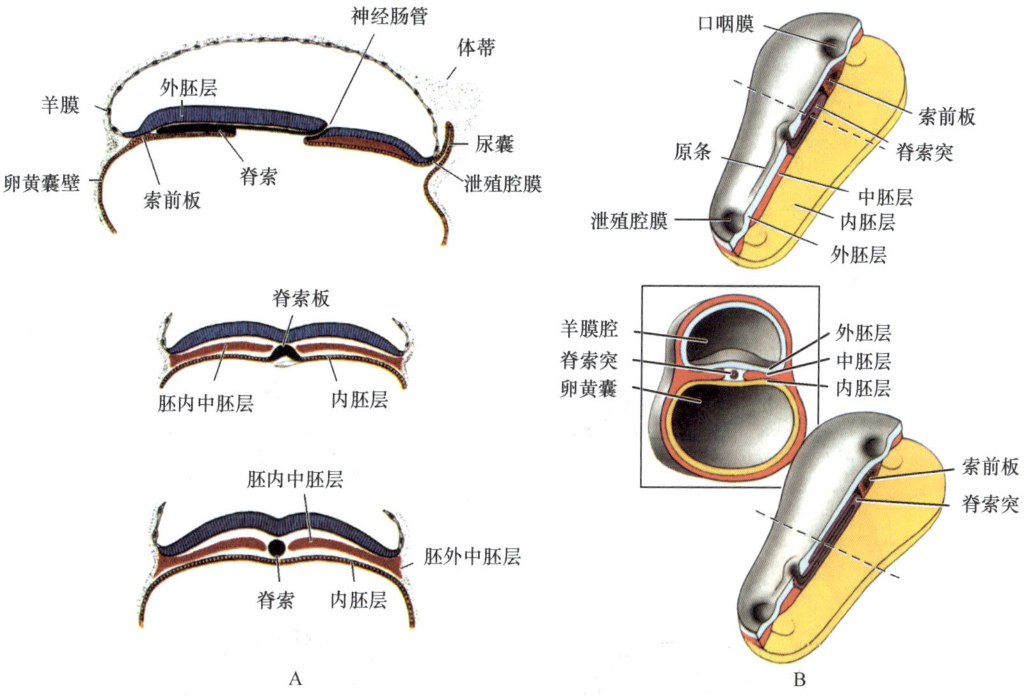

图 21-11　脊索的形成

（2）脊索的形成：原结中央下凹，称**原凹**（primitive pit），原结细胞增生并经原凹内陷，在上胚层与下胚层之间的中轴线上向头端延伸，逐渐形成一管状结构，以后发育成为**脊索**（notochord）（图 21-11）。脊索是暂时性中轴结构，成人脊柱椎间盘中央的髓核就是脊索留下的遗迹。脊索出现对神经管、体节等中轴结构的发生有重要作用。

（三）三胚层的分化和胚体外形的建立

1. 外胚层的分化　第 3 周末，在脊索诱导下其背侧中线的外胚层细胞增生，由单层变为复层，逐渐增厚形成头端宽，尾端窄的细胞板，称**神经板**（neural plate）。第 20 ～ 21 天，神经板两侧隆起形成**神经褶**（neural fold），中央凹陷形成**神经沟**（neural groove）。人胚第 22 天，神经管开始从中段向头、尾两端闭合，最后形成**神经管**（neural tube）。此时，神经管头端和尾端仍暂时留有未闭合的**孔即前神经孔**（anterior neuropore）和**后神经孔**（posterior neuropore）。胚胎发育至第 25 天左右，前神经孔闭合，第 27 天左右，后神经孔闭合，最后形成一条完全封闭的神经上皮管，称**神经管**（neural tube）。神经管是中枢神经系统的原基，其头段分化为脑，尾段将分化成脊髓（图 21-12）。如果前、后神经孔未愈合，将分别

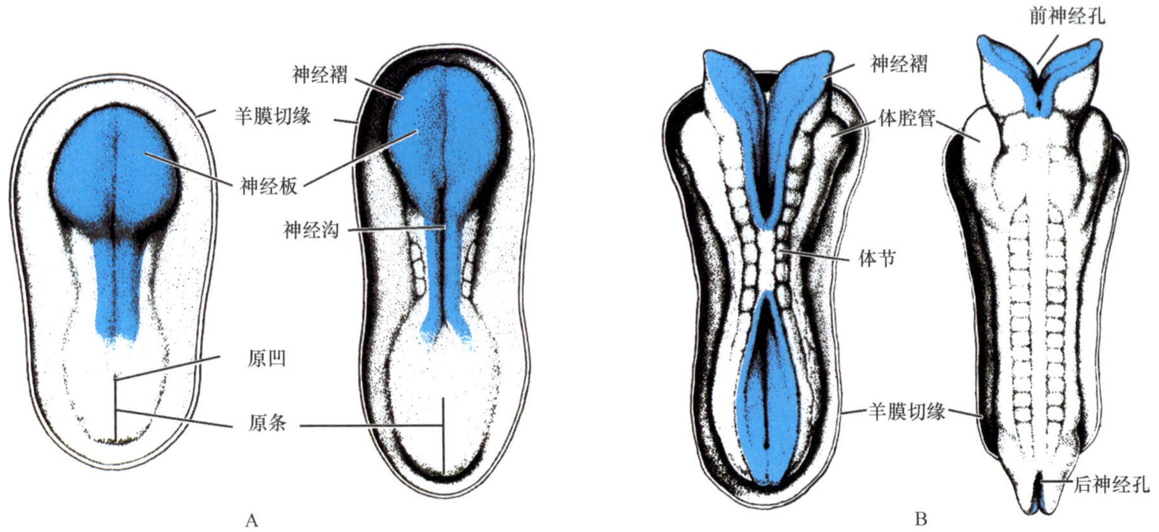

图 21-12 神经板与神经管形成

形成无脑儿和脊髓裂。

在神经管形成的同时，神经褶的一些细胞移到神经管的背外侧形成两条纵行的细胞索，称**神经嵴**（neural crest）。神经嵴是周围神经系统的原基，它向腹侧迁移并分节，形成脑神经节、脊神经节、交感神经节、副交感神经节和外周神经等的原基（图 21-13）。此外，神经嵴细胞还远距离迁移分化为肾上腺髓质的嗜铬细胞、表皮的黑色素细胞和甲状腺滤泡旁细胞等。

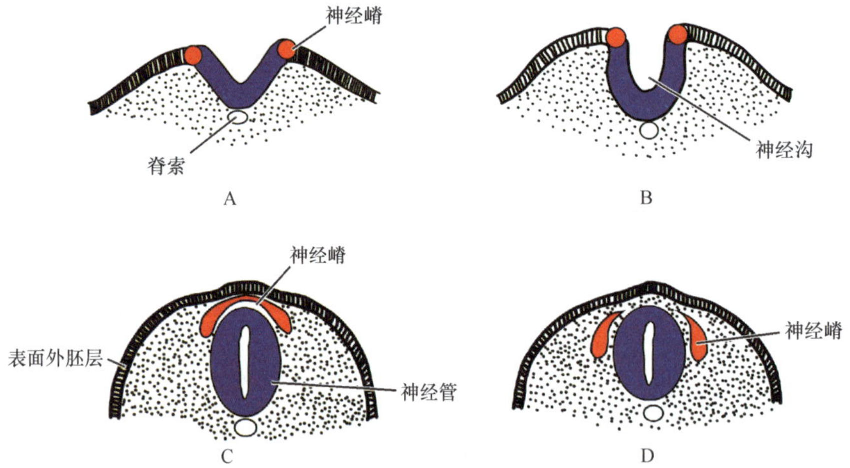

图 21-13 神经嵴形成

神经沟闭合后，神经管和神经嵴脱离外胚层，并被表面外胚层覆盖。表面外胚层将演变为皮肤的表皮及衍生物，如毛发、皮脂腺、汗腺、乳腺，还分化为眼、耳、鼻的感觉上皮，腺垂体，牙釉质，口腔和肛门部的上皮等。

2. 中胚层的分化 受精第 16 天左右，在脊索两旁的中胚层细胞增生，形成左、右各一条增厚的中胚层组织带，称**轴旁中胚层**（paraxial mesoderm）。胚盘两侧边缘的中胚层仍较薄，称**侧中胚层**（lateral mesoderm）。侧中胚层与轴旁中胚层之间的中胚层组织，称**间介中胚层**（intermediate mesoderm）（图 21-14）。

（1）轴旁中胚层的分化：受精第 17 天，轴旁中胚层细胞局部增殖，逐渐分化成左右对称的块状结构，称**体节**（somite），体节是四肢和体壁骨骼肌、真皮和中轴骨骼的原基。第 1 对体节于受精后第 20 天开始在颈部出现，之后以每天 3 对的速度逐渐向尾端依次形成，至第 5 周末，共形成 42 ～ 44 对体节，可见体节也是推测胎龄的重要标志之一（图 21-14）。

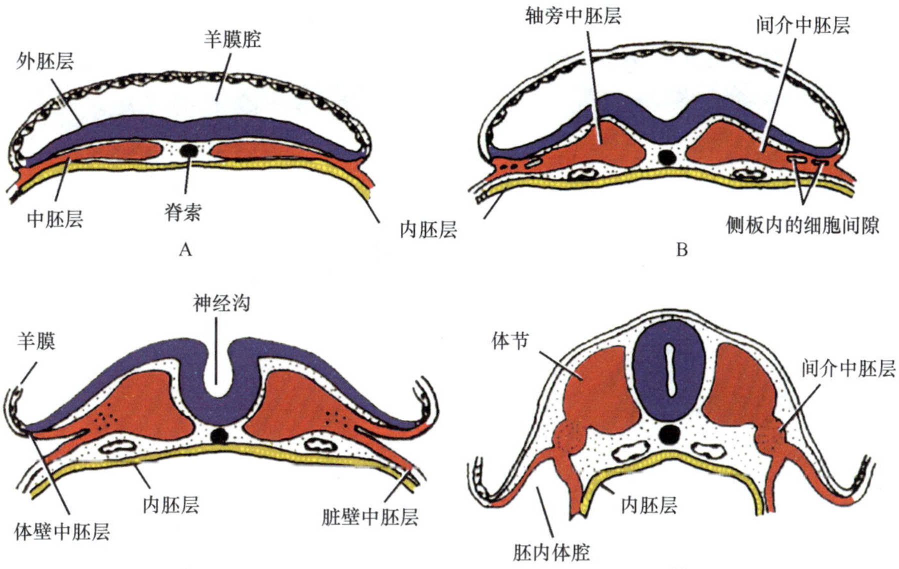

图 21-14*　中胚层的早期分化（胚胎横切面）

（2）间介中胚层的分化：间介中胚层将演化为泌尿系统与生殖系统的主要器官。间介中胚层头侧部分呈节段性增生，称**生肾节**（nephrotome），后分化为前肾；尾侧部分不分节，称**生肾索**（nephrogenic cord），后分化为中肾。生肾索外侧的间介中胚层，称**生后肾组织**（metanephrogenic tissue），它与输尿管芽共同形成后肾。生肾索内侧的间介中胚层增生，形成纵向排列的细胞索，称**生殖腺嵴**（gonadal ridge），后分化为生殖腺。

（3）侧中胚层的分化：侧中胚层内逐渐出现许多小腔隙，然后合并为一个大腔，即**胚内体腔**（intraembryonic coelom）。胚内体腔将侧中胚层分为两层：**体壁中胚层**（somatic mesoderm）是紧贴外胚层的部分，它与羊膜囊外面的胚外体壁中胚层相延续，是成体腹壁和外侧体壁肌肉、结缔组织及腹膜、胸膜和心包膜壁层的原基。**脏壁中胚层**（splanchnic mesoderm）是与内胚层相贴的部分，它与卵黄囊壁上的胚外脏壁中胚层相延续，是消化管与呼吸道管壁平滑肌和结缔组织、腹膜、胸膜和心包膜脏层的原基。胚内体腔将演化为腹膜腔、胸膜腔和心包膜腔。

其余部分的中胚层组织称间充质，可分化为结缔组织、软骨、骨、肌肉、心脏、血管和淋巴管等。

3. 内胚层分化　受精后第 3 周末或第 4 周初，由于羊膜囊生长速度远大于卵黄囊，胚胎中轴器官的生长速度快于周边，此时胚胎发生**头褶**（cephalic fold）、**尾褶**（caudal fold）和**侧褶**（lateral fold）。随着胚体由盘状逐渐卷褶形成圆柱状，内胚层被卷入胚体内形成一条内胚层管，称**原始消化管**（primitive digestive duct）。根据它与卵黄囊的位置关系，可以将原始消化管分为胚胎头端的前肠，尾端的后肠和与卵黄囊相连的中肠，后者借卵黄蒂与卵黄囊相通，随胚胎进一步发育，卵黄囊逐渐退化并与原始消化管分开（图 21-15）。

原始消化管将分化为消化管、消化腺、呼吸道和肺的上皮组织，以及中耳、甲状腺、甲状旁腺、胸腺、膀胱等器官的上皮组织。

4. 胚体外形的建立　第 3 周初，胚胎呈椭圆形盘状，其上方有羊膜囊，下方有卵黄囊，由体蒂将其连接在绒毛膜内面，并悬吊在胚外体腔中。由于胚胎三胚层的形成和分化及中轴器官的建立，胚胎外形也不断演变。

第 20 天的胚胎已经开始向腹面卷折，形成头褶、尾褶和侧褶，神经沟形成，体节开始出现。第 23 天的胚胎神经褶明显，胚盘卷折加大，胚体略呈球形，神经沟已经部分融合，体节达 12 对左右，第 1 和第 2 对鳃弓形成，心隆起出现。第 25 天的胚胎已卷折成柱状，前神经孔闭合，后神经孔仍存在，体节达 18 对，视泡形成，嗅板出现，心隆起更加明显。第 27 天的胚胎出现 3 对鳃弓，体节达到 24 对，后神经孔关闭，上肢芽出现。第 30 天的胚胎出现第 4 对鳃弓，体节达 33 对，嗅泡和晶状体板形成，下肢芽出

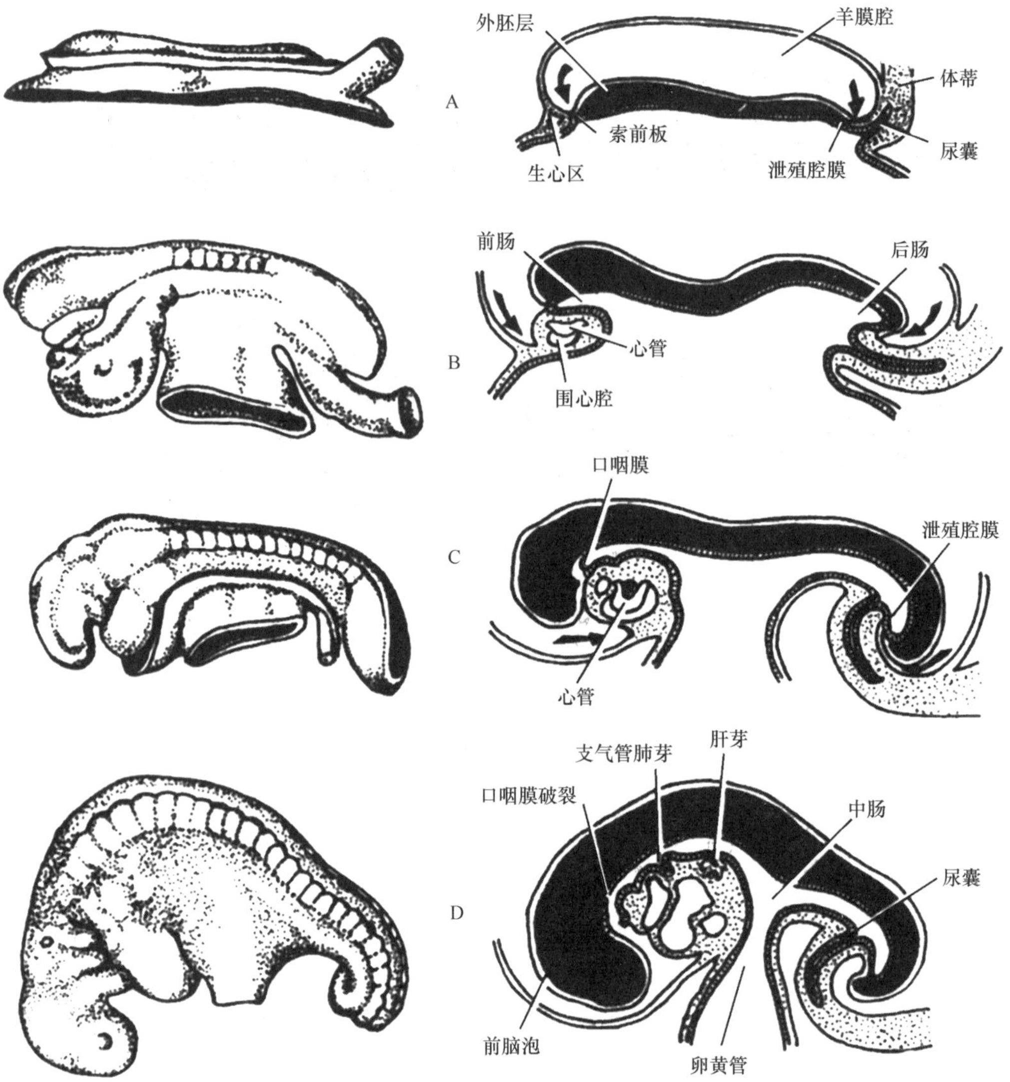

图 21-15* 胚体内部分化与胚体外部形态的形成

现。第 35 天的胚胎已经卷折呈“C”字形，上肢呈桨状，鼻窝清晰可见。第 42 天的胚胎手板和足板出现指（趾）放线，神经管头端膨大形成脑泡，耳丘逐步形成耳郭。第 56 天的胚胎已达 31 mm 左右，胚胎已经初具人形。胚胎头部与躯干比例较大，四肢长，面部五官俱全，眼睑未闭，肛膜破裂，脐疝存在。

三、胎膜和胎盘

（一）胎膜

胎膜（fetal membrane）是胚胎发育中不可缺少的辅助结构，但不参与形成胎儿身体的组织和器官。

1. 绒毛膜　**绒毛膜**（chorion）由滋养层和胚外中胚层构成。胚胎发育第 2 周，合体滋养层和细胞滋养层向子宫蜕膜内生长，形成绒毛样突起，称**初级绒毛**（primary villus）。第 3 周初，胚外中胚层伸入初级绒毛的中轴内，形成**次级绒毛**（secondary villus）。第 3 周末，次级绒毛中轴的间充质分化为结缔组织和血管，并与胚体内的血管相连，称为**三级绒毛**（tertiary villus）。绒毛末端的细胞滋养层细胞穿过合体滋养层，长入并固定在基蜕膜上，称固定绒毛。穿出合体细滋养层的细胞滋养层细胞形成细胞滋养层柱，后者继续增殖形成一层分隔合体滋养层与基蜕膜的细胞，称**细胞滋养层壳**。绒毛通过细胞滋养层柱和细胞滋养层壳固定在基蜕膜上。绒毛生长并发出许多分支绒毛，游离于绒毛间隙的母体血中，称**游离绒毛**。胚胎发育早期，绒毛膜表面的绒毛分布均衡。随着胚胎长大，与基蜕膜相接触的绒毛因营养丰富而生长茂盛，称**丛密绒毛膜**（chorion frondosum），它将组成胎盘的胎儿部分。与子宫包蜕膜相接触的绒毛因营养供应不足而逐渐退化消失，称为**平滑绒毛膜**（chorion laeve）。第 3 个月时，羊膜与绒毛膜相靠近并融合，平滑绒毛膜和包蜕膜逐渐与壁蜕膜融合，胚外体腔与子宫腔消失，子宫内仅存一羊膜腔（图 21-16，图 21-17）。

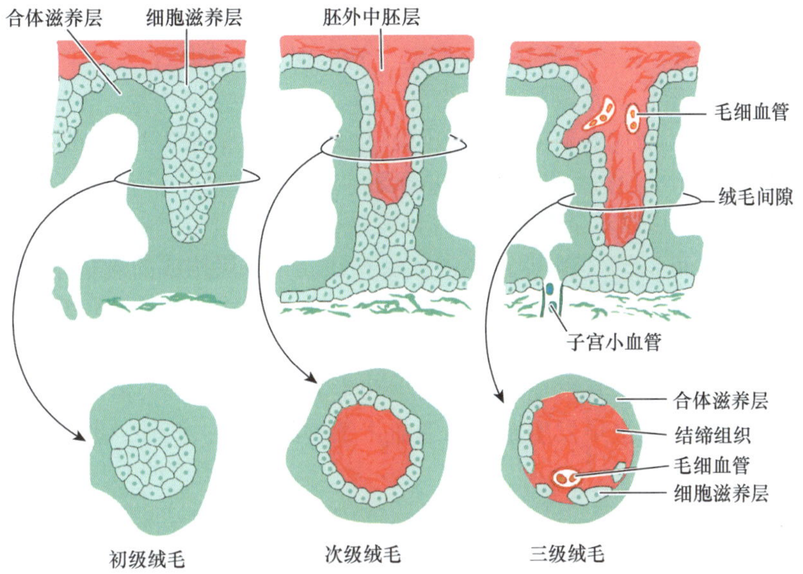

图 21-16　绒毛的分化发育

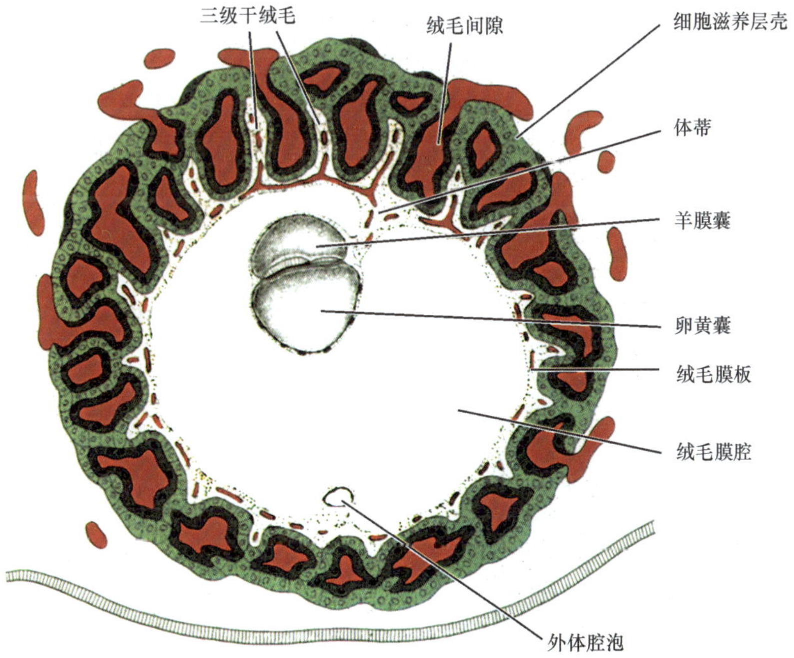

图 21-17*　绒毛膜（第 3 周末胚胎）

若绒毛滋养层细胞过度增生，中轴结缔组织变性水肿，血管消失，绒毛呈水泡状或葡萄状结构，称**葡萄胎**或**水泡状胎块**（hydatidiform mole），如果滋养层细胞发生癌变即为**绒毛膜上皮癌**。

2. 羊膜囊　**羊膜囊**（amnion）是由羊膜上皮和胚外中胚层围绕羊膜腔形成的囊状结构。早期的羊膜囊位于胚盘背侧，胚盘的上胚层是羊膜囊的底，随着胚盘向腹侧包卷和羊膜囊的快速生长，胚胎逐步被包卷入羊膜囊中，整个胚体游离于羊水中。

羊膜囊内充满**羊水**（amniotic fluid）。早期羊水由羊膜上皮细胞分泌和羊膜转运而产生，它透明，略带黄色，微碱性，较黏稠，含有水、蛋白质及无机盐等。后期羊水主要来自胎儿的尿液和部分胚胎排泄物，羊水逐渐变浑浊，其中含有胎儿皮肤脱落的上皮细胞、胎毛、胎脂和胎尿等胎儿的代谢产物。羊水处于不断更新的动态平衡状态，妊娠早期羊水由羊膜不断分泌和吸收，妊娠后期通过胎儿吞咽羊水被消化道吸收。足月妊娠的羊水为 1 000 ～ 1 500 mL，超过 2 000 mL 则称羊水过多，羊水少于 500 mL 则称羊水过少。羊水过多或过少常提示胎儿可能伴有畸形，如无脑儿、脊柱裂以及消化道闭锁等常有羊水过多，胎儿肾发育不全或尿道闭锁时，尿液不能排入羊膜囊，常出现羊水过少。

羊水可给胎儿提供自由生长和活动的适宜发育环境，可缓冲外来力量，使胎儿免受振荡和冲击力；可防止羊膜与胎儿发生粘连，对胎儿具有保护作用。在分娩时，羊水可扩张子宫口，冲洗并润滑产道，故对母体也有保护作用。临床上通过采集羊水，进行细胞染色体检查，细胞 DNA 检查或通过生物化学技术检测羊水各成分的质与量，可以对某些先天发育异常进行诊断。

3. 卵黄囊　**卵黄囊**（yolk sac）是由卵黄囊内胚层和胚外中胚层构成的囊状结构。卵黄囊顶部的内胚层卷入胚体内形成原始消化道，其余部分被卷入脐带中。第 5 周时，卵黄囊已缩小，以卵黄蒂与中肠相连，之后卵黄囊逐渐退化与原始消化管断离。

人胚胎的卵黄囊内没有卵黄，其出现是种系发生和生物进化的重演。但卵黄囊壁上的胚外中胚层中出现的血岛，是胚胎发育过程中最早发生血管和造血干细胞的部位；此外，卵黄囊尾侧壁的内胚层是原始生殖细胞的发生部位。

胎儿出生时如果卵黄囊残端仍未退化闭锁，肠管的内容物可以通过此管从脐部溢出体外，这种畸形称**脐粪瘘**（umbilical fistula）。如果卵黄囊远端闭锁，但与回肠相连的根部未闭锁，将留有一个盲囊，称**麦克尔憩室**（Meckels diverticulum）。

4. 尿囊　**尿囊**（allantois）是卵黄囊尾侧向体蒂内伸出的内胚层盲囊，人胚尿囊的出现是生物进化过程的重演。但尿囊壁上由胚外中胚层形成的一对尿囊动脉和一对尿囊静脉将演变为一对脐动脉和一条脐静脉。尿囊大部分退化，仅有其根部参与膀胱顶部的形成。尿囊先退化为一条细管，称**脐尿管**（urachus），后闭锁为**脐中韧带**。

如果脐尿管在出生时仍未闭锁，尿液将通过此管从脐部溢出到体外，称**脐尿瘘**（urachal fistula），如果连于膀胱根部的尿囊未闭锁，将形成一个从膀胱突出的囊袋，称**脐尿憩室**（urachal diverticulum）。

5. 脐带　**脐带**（umbilical cord）是连于胚胎脐部与胎盘胎儿面的圆柱状结构，是胎儿与母体沟通的唯一通路。脐带是随着羊膜腔的扩大，胚胎向腹面卷折，羊膜把体蒂、尿囊、卵黄囊、两条脐动脉、一条脐静脉及胚外中胚层包绕而形成的圆柱状结构。足月胎儿脐带长 40 ～ 60 cm，直径 1.5 ～ 2 cm。若脐带长度超过 80 cm，称脐带过长，易发生脐带绕颈，打结、缠绕肢体等，可影响胎儿发育，甚至引起胎儿窒息；若脐带长度不足 35 cm，称**脐带过短**，易造成胎盘早期剥离和出血。

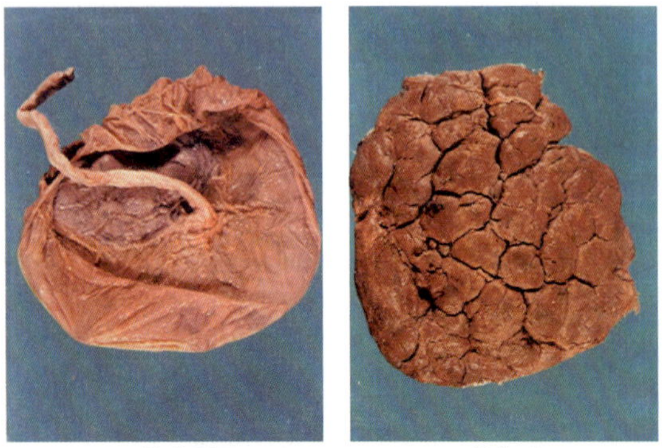

胎儿面　　母体面

图 21-18　足月胎盘

（二）胎盘

1. 胎盘的形态结构　足月妊娠的胎盘呈圆形或椭圆形，直径 15 ～ 20 cm，厚 2 ～ 3 cm，平均重约 500 g。中央略厚、边缘稍薄。胎盘有两个面，母体面粗糙不平，由不规则的浅沟将其分隔为 15 ～ 30 个小区，称**胎盘小叶**（cotyledon）；胎儿面光滑，覆有羊膜，近中央处附有脐带，透过羊膜可以看到脐血管的分支呈放射状走行（图 21-18）。

胎盘（placenta）是由胎儿的丛密绒毛膜和母体的基蜕膜紧密结合而构成的圆盘状结构。胎盘的丛密绒毛膜部分有60个左右绒毛干，其主干末端附着于基蜕膜上称固定绒毛。2～4个绒毛主干及其所属绒毛分支构成一个胎盘小叶。脐血管的分支经绒毛干到达游离绒毛内形成毛细血管。胎盘的基蜕膜受绒毛表面滋养层的侵蚀，在绒毛周围形成绒毛间隙，内充满来自母体的血液，各绒毛干之间存留的基蜕膜部分形成不完全的胎盘隔（图21-29）。

2. 胎盘的血液循环　胎盘内并存有母体和胎儿两套独立的血液循环通路。胎儿血循环通路起自脐动脉，其分支进入绒毛中轴形成毛细血管，经过胎盘屏障与母体血液进行物质交换后成为营养丰富和含氧量高的血液，经绒毛内毛细血管汇集成脐静脉再回流入胎儿体内。母体血循环通路起自子宫动脉的分支，经基蜕膜螺旋动脉注入绒毛间隙内，通过胎盘屏障与胎儿血液进行物质交换后直接回流入子宫内膜的静脉（图21-19）。绒毛中轴毛细血管内的胎儿血与绒毛间隙内的母体血在结构上并不相通，两者之间隔有一薄层结构，即**胎盘膜**（placental membrane），它是胎儿血与母体血之间进行物质交换的选择性屏障，因此又称**胎盘屏障**（placental barrier）。早期胎盘屏障由合体滋养层、细胞滋养层及其基膜、薄层结缔组织、毛细血管基膜和内皮细胞组成。妊娠后期，由于细胞滋养层在许多部位消失，以及合体滋养层在一些部位变薄，很多毛细血管内皮的基膜与合体滋养层的基膜相贴，更有利于物质交换。

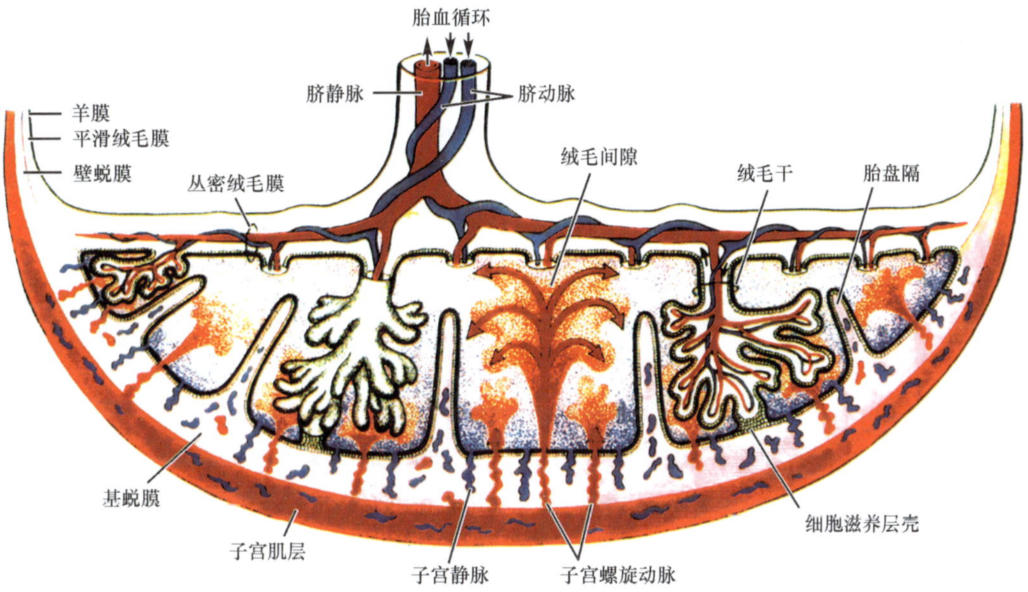

图21-19　胎盘的结构和血液循环

3. 胎盘的功能

（1）物质交换：胎盘是维持胎儿生长发育的重要器官，胎盘具有相当于成人的肺、小肠、肾和肝的功能。胎儿通过胎盘屏障从母血中获得营养物质、氧气和激素等，同时排出代谢产物和CO_2。一般认为气体、水和电解质的交换通过简单扩散，葡萄糖通过易化扩散，氨基酸通过主动运输，蛋白质通过胞饮和胞吐运输，脂肪酸可以自由通过胎盘屏障。胎盘对大多数病原体具有防御功能，但难以阻止病毒通过。具有致畸作用的病毒，如风疹、麻疹、流感病毒，药物和化学物质等通过胎盘屏障进入发育中的胚胎，易导致胚胎发生先天畸形。

（2）分泌激素：胎盘能分泌多种激素，对正常妊娠和胎儿的发育有重要作用。

1）人绒毛膜促性腺激素：**人绒毛膜促性腺激素**（human chorionic gonadotropin，hCG）是合体滋养层细胞合成和分泌的糖蛋白激素，该激素在受精后第2周末出现在母血中，第9～11周达到高峰，之后逐渐下降，第20周降至最低点。孕妇尿中hCG浓度与血液中浓度相平行，第17～20天在孕妇尿中出现hCG，在45天左右达最高峰，然后下降，产后数天血液和尿中hCG彻底消失。hCG生理功能是保持卵巢内黄体的持续存在以维持妊娠，相当于垂体嗜碱性细胞分泌的黄体生成素样作用。临床以生物学和免疫学方法检测孕妇血或尿中的 hCG 作为诊断早期妊娠的指标。

2）人胎盘催乳素：**人胎盘催乳素**（human placental lactogen，hPL）是合体滋养层细胞合成和分泌的一种蛋白类激素。其分泌量与胎盘重量增长和胎儿生长相平行，妊娠初期就可出现在母体血中，之后持续升高，妊娠末期达到高峰。hPL 有促进母体乳腺发育和胎儿生长的作用。

3）人胎盘孕激素与人胎盘雌激素：**人胎盘孕激素**（human placental progesterone）与**人胎盘雌激素**（human placental estrogen）是合体滋养层细胞合成和分泌的类固醇激素，妊娠第 4 个月开始出现，在妊娠中期和晚期逐渐增多并逐渐替代卵巢妊娠黄体的功能，两种激素对维持正常妊娠有重要作用。

（3）胎盘的免疫学特性：对母体而言，胎儿及胎膜相当于同种异体移植物。为什么胎儿能在母亲子宫内存活和发育，而不被排斥？这是长期以来引起人们极大兴趣的复杂问题。研究提示，胎盘是一个重要的免疫器官，妊娠期可产生多种细胞因子和激素，如雌激素、孕激素、绒毛膜促性腺激素、白细胞介素、干扰素等，可能参与抑制母体的免疫排斥反应。但对胎盘免疫特性的研究还有待进一步深入，这对阐释分娩启动、器官移植、肿瘤发生和自体免疫疾病的机制有重大理论和临床意义。

四、胚胎龄的推算和胚胎各期外形特征

（一）胚胎龄的计算与预产期的推算

1. 胚胎龄的推算方法

（1）胚胎的月经龄：从孕妇怀孕前最后一次月经的第一天作为胚胎龄计算的起始日，胎儿分娩出生日为胚胎龄的最后一天，共 280 天左右，以 28 天为一妊娠月，则为 10 个月，月经龄不是胚胎的真实年龄，但通常可作为临床上妊娠时间计算。

（2）胚胎的受精龄：以受精之日作为胚胎龄计算的起始日，胎儿分娩出生日作为胚胎龄的最后一天，即胚胎的月经龄减去 14 天，约 266 天，受精龄常用于胚胎学的科学研究。

2. 预产期的推算　根据胚胎的受精龄和胚胎的发育时间，推导临床计算预产期的公式为：孕妇末次月经的月份 +9 或 –3（年份 +1），日 +7。如某孕妇末次月经的时间为 2005 年 8 月 1 日，其预产期的时间为 2006 年 5 月 8 日，但此数字并非绝对准确，提前或超过两周生产均属正常。

（二）人体胚胎各期主要形态特征与胚胎的测定方法

1. 不同发育阶段胚胎的测定方法　在发育生物学研究和法医办案中，常需要对早产、流产和意外伤害中的胚胎进行胚胎龄的测量，不同年龄的胚胎其形态学差异很大，因而测量方法也不同。

（1）人胚第 1 ～ 3 周胚龄测定：因胚体小，可用组织学制片方法，观察卵裂、胚泡及胚层发生的形态，以此测定早期胚龄。

（2）人胚第 20 ～ 30 日胚龄测定：此时可通过计算体节数量来测定胚龄。

（3）第 2 个月后的胚龄测定：通过测量胚胎的坐高和立高，结合外形特征测定胚龄。**最长值**（greatest length，GL），又称全长，适用于 4 周前的人胚测量。**顶臀长**（crown-rump length，CRL），又称坐高，适用于 4 ～ 8 周的人胚测量，即从头部最高点至尾部最低点之间的长度。**顶跟长**（crownheal length，CHL），又称立高，用于 8 周以后的胎儿测量，即从头顶量至坐骨结节，从坐骨结节量至膝盖，再从膝盖量至脚跟，三者之和为立高。

2. 人体胚胎各期主要形态特征（表 21-1、表 21-2）。

表 21-1 人胚外形的主要变化与长度

胚龄（周）	外形特征	坐高（mm）
1	受精、卵裂、胚泡形成，开始植入	
2	植入完成，二胚层胚盘形成，绒毛膜形成	
3	三胚层胚盘形成，脊索、神经管形成，体节开始出现	
4	胚体逐渐形成，脑泡形成，鳃弓出现，心管和原始消化管形成，胚体血液循环初步建立，肝脏发生，外生殖器发生，脐带与胎盘形成，眼、鼻、耳原基出现	
5	胚体弯向腹侧，鳃弓 5 对，体节 30 ~ 40 对，肢节出现，手板明显	4～8
6	肢节分为二节，足板明显，耳郭突出现，视网膜出现色素	7～12
7	手足板开始出现指趾，颜面形成，乳腺嵴出现	10～21
8	指趾明显，眼睑开裂，尿生殖膜和肛膜破裂，外阴可见，性别不可辨	19～35

表 21-2 胎儿外形主要特征、长度与体重

胎龄（周）	外形特征	坐高（mm）	体重（g）
9	眼睑闭合，外阴性别不可分	50	8
10	指甲发生，肠袢退回腹腔	61	14
12	性别可辨别，胎头特大，颈明显	87	45
14	头竖直，下肢发育好，指甲发生	120	110
16	耳竖起，皮肤很薄，肌肉发达	140	200
18	胎脂出现	160	320
20	头和体部有胎毛	190	460
22	皮肤红而皱	210	630
24	眉毛和睫毛生长，胎体瘦，无皮下脂肪，趾甲全出现	230	820
26	眼睑部分打开，皮下脂肪少	250	1 000
28	眼睑重新打开，头发出现，皮肤略皱	270	1 300
30	睾丸开始下降，趾甲全出现	280	1 700
32	皮下脂肪渐增，皮肤浅红光滑	300	2 100
36	体丰满，肢体弯曲，指（趾）甲越过指（趾）尖	340	2 900
38	胎毛开始脱落，四肢变圆，头发长，睾丸降入阴囊	360	3 400

五、双胎、多胎和连体双胎

（一）单卵孪生

单卵孪生（monozygotic twins）又称**真孪生**（true twins），是来自同一个受精卵的双胎。单卵双胎的发生率为 0.3%，是一个早期胚胎一分为二的结果。单卵孪生的两个个体由于遗传构成完全相同，因而两者相貌相似，性别相同，遗传表型也完全相同。两者之间进行组织器官移植不会发生免疫排异。单卵孪生发生的原因有：① 卵裂球分裂为二，各自演变为一个完整的个体，两个胎儿有各自的羊膜腔和胎盘；② 一个胚泡形成两个内细胞群，分别演变为完整个体，它们具有共同的绒毛膜和胎盘，各自具有一个羊膜腔；③ 一个胚盘上形成两个原条，每个原条诱导周围组织发育成为一个完整的个体，两个胎儿同位于一个羊膜腔内，也共享一个胎盘（图 21-20）。

（二）双卵孪生

双卵孪生（dizygotic twins），又称**假孪生**（false twins）是来自两个受精卵的双胎，即卵巢一次排出

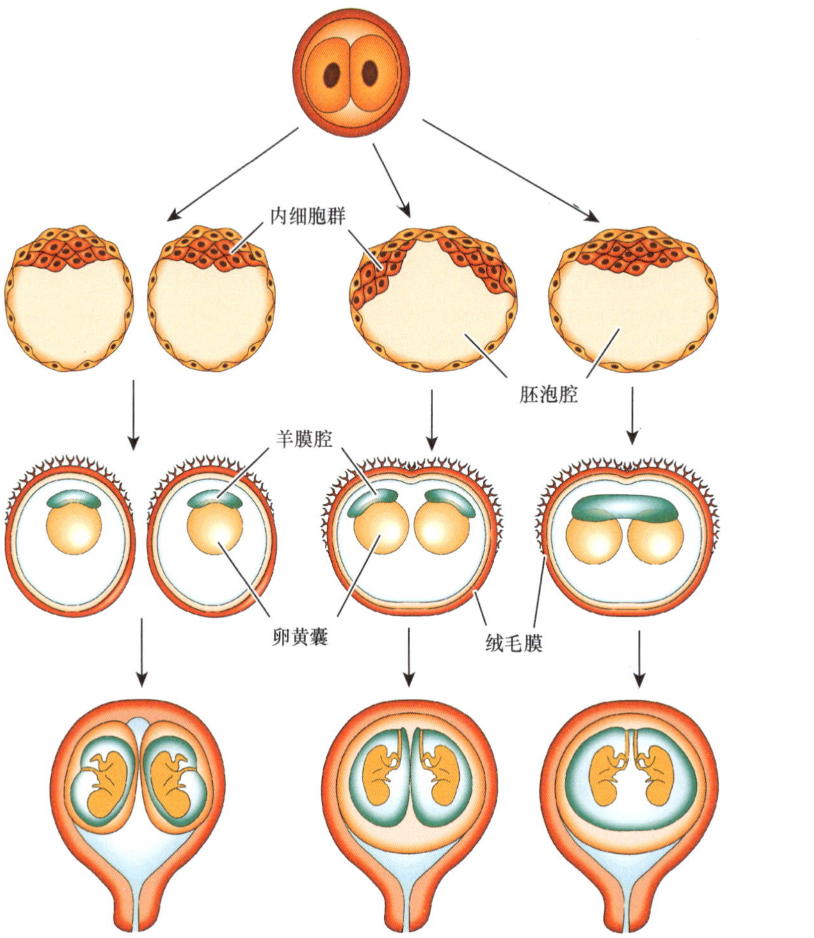

图 21-20　单卵孪生形成类型及其与胎盘、胎膜关系

两个卵细胞，分别受精后发育成双胚。双卵孪生的发生率为 0.7% ～ 1.1%，且随孕妇年龄增长而升高，常有家族性孪生历史。双卵孪生的两个个体由于遗传构成不相同，因而两者相貌特征、性别与遗传表型就如亲兄弟姐妹。每个胚胎有其独立的绒毛膜囊和胎盘。

（三）多胎

多胎（multiple birth）是指一次分娩出生三个或以上胎儿。多胎发生率很低，据统计三胎发生率约为万分之一，四胎发生率约为百万分之一。从理论上讲，来自一个受精卵的多胎称单卵多胎，来自多个受精卵的多胎称多卵多胎，如果多胎中既有单卵性，也有多卵性，称混合多胎。

（四）连体双胎

连体双胎（conjoined twins）是指两个未完全分离的单卵孪生。连体双胎有共同的胎盘、绒毛膜和羊膜囊。连体双胎多因一个胚盘上出现的两个原条靠得太近，使各自发育的胚体局部相连。根据连接部位不同可以分为头连双胎、臀连双胎、胸连双胎、腹连双胎、背连双胎等，其连接的深度和广度也有所不同。如果两个连体胎儿发育基本相同、大小相似称对称性连体双胎，反之为不对称性连体双胎。连体胎中出现其中一个胎儿很小且发育不完整，此小胎儿称**寄生胎**（parasitic fetus）；小而发育不完整胎儿被包裹在大胎儿体内，则称**胎内胎**（fetus in fetus）（图 21-21）。

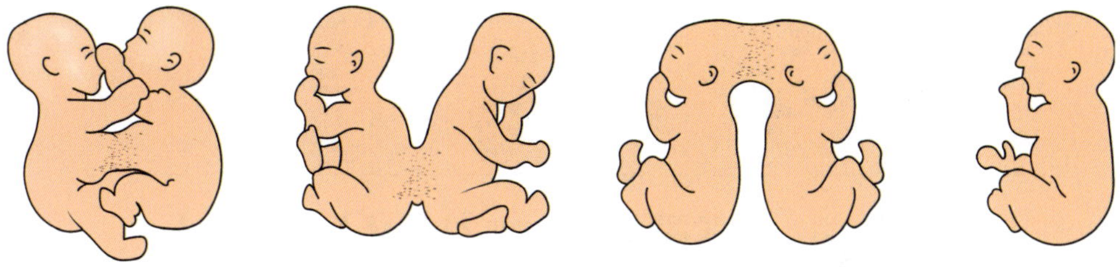

图 21-21*　连体双胎

本章小结

受精是 ________ 与 ________ 相互融合形成 ________ 的过程，受精一般在 ________ 内进行，受精时间多发生在排卵后 ________ 小时内。受精卵的早期细胞分裂称 ________，分裂产生的细胞称 ________。受精后 ________ 小时，形成桑椹胚。胚泡由 ________，________ 和 ________ 三部分组成。胚泡侵入子宫内膜的过程称 ________，此时的子宫内膜改称 ________，它又分为 ________，________ 和 ________ 三部分。

二胚层胚盘是由 ________ 和 ________ 形成的椭圆盘状结构。胚内中胚层是由 ________ 细胞增生，下陷在两个胚层之间，向两侧及头尾端伸展形成的一层新的细胞层。胚内中胚层在向头尾两端扩展时，在头尾部各留下一内胚层与外胚层紧贴且其间无中胚层的圆形小区域，头端称 ________，尾端称 ________。神经系统主要由 ________ 胚层分化而来，中胚层大致可分为 ________，________ 和 ________ 三部分。内胚层被卷入胚体内形成的内胚层管称 ________，从头至尾分为 ________，________ 与 ________。

胎膜包括 ________，________，________，________ 和 ________。胎盘是由胎儿的 ________ 和母体的 ________ 构成的圆盘状器官。胎儿血与母体血之间通过 ________ 进行物质交换。胎盘分泌的主要激素包括 ________，________，________ 和 ________。单卵孪生是来自 ________ 的双胎，双卵孪生是来自 ________ 的双胎。多胎与连体双胎是胚体发育中的特殊情况。

（王亚平　李　静）

第二十一章微课

胚泡的形成

异位妊娠

第二十二章

颜面、颈和四肢的发生

学习要点

① 颜面的形成和腭的发生；② 口腔与鼻腔的分隔；③ 四肢的发生；④ 颜面和四肢的常见畸形。

人胚第 4 周时，胚盘向腹侧卷折成为柱状胚体。前神经孔逐渐闭合，神经管头端迅速膨大形成**脑泡**（brain vesicle）。脑泡腹侧的间充质局部增生，使胚体头部外观呈较大的圆形隆起，称**额鼻突**（frontonasal prominence）。同时，口咽膜尾侧的原始心脏发育长大并隆起，称**心隆起**（heart prominence）（图 22-1）。

一、鳃器的发生

人颜面和颈的发育与鳃器的形成及演变有密切的关系。在第 4 周初，头颈部两侧的间充质增生，形成背腹方向排列、左右对称的 6 对柱状突起，称**鳃弓**（bronchial arch）。相邻鳃弓之间的凹沟称**鳃沟**（bronchial groove），共有 5 对。人胚前 4 对鳃弓明显，第 5 对鳃弓很快消失，第 6 对鳃弓发育不全。前肠头段有一左右较宽、背腹略扁、头宽尾窄的漏斗状结构，称**原始咽**（primitive pharynx），其起自口咽膜，止于喉气管憩室起始部（见后述）。原始咽侧壁的内胚层向外膨出，形成左右 5 对囊状突起即**咽囊**（pharyngeal pouch）。咽囊与鳃沟相对应，二者之间隔以间充质薄膜，称**鳃膜**（bronchial membrane）。鳃弓、鳃沟、鳃膜与咽囊统称**鳃器**（bronchial apparatus）。人胚的鳃器存在时间短暂，其中鳃弓参与颜面与颈的形成，其中的间充质分化为肌组织、软骨和骨；咽囊内胚层则是多种重要器官的发生原基。鱼类和

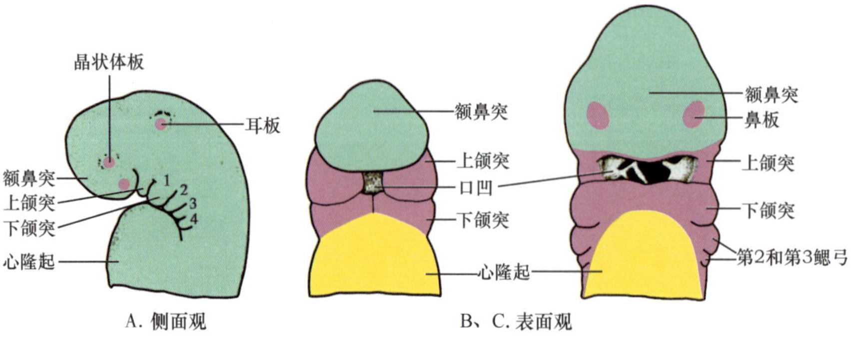

图 22-1　第 4 周人胚头部

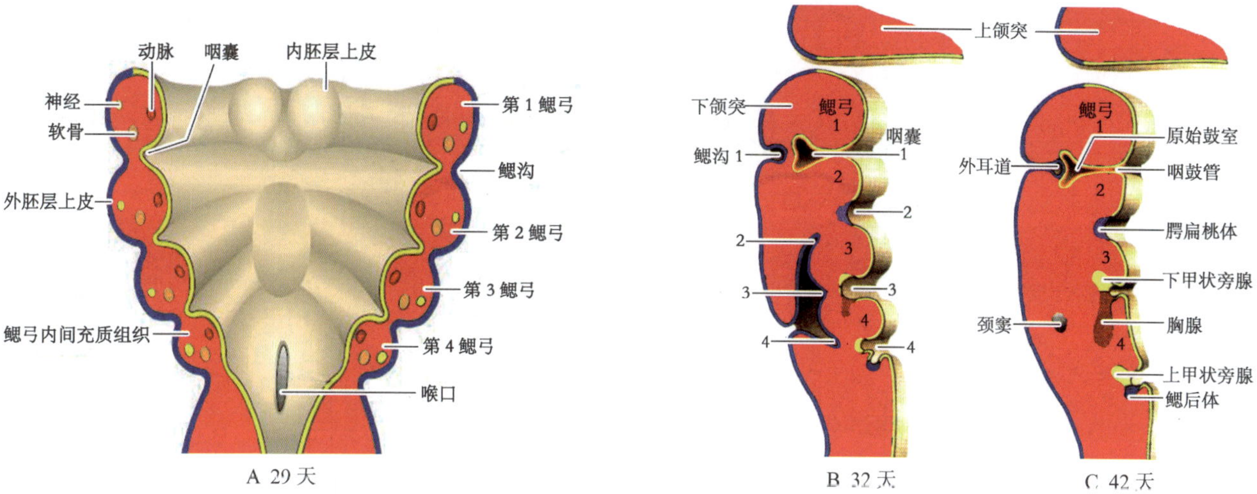

图 22-2　鳃沟和咽囊 (A) 以及其发育（B 和 C）

两栖类幼体的鳃器演化为具有呼吸功能的鳃等器官。人胚胎出现鳃器是种系发生的重演，也是生物进化的佐证之一（图 22-1、图 22-2）。

鳃弓位于原始咽的侧壁。每个鳃弓的中轴为中胚层，其外表被覆有外胚层，内侧面被覆有内胚层。每个鳃弓含有一条动脉、一条软骨棒、一些肌肉成分和一条来自脑的神经。第 1 鳃弓软骨的背侧端与耳的发生密切相关，软骨腹侧端则大部分消失。第 1 对鳃弓主要参与面部的发育，第 1 和第 2 鳃弓背侧端的丘状隆起逐渐合并形成耳郭。

二、颜面的形成

第 1 鳃弓发生不久，其腹侧部分迅速分叉成为上、下两支，分别称**上颌突**（maxillary prominence）和**下颌突**（mandibular prominence）。此时的胚体颜面由额鼻突、左右上颌突及左右下颌突及中间的凹陷即**口凹**（stomodeum）组成（图 22-1）。口凹即原始口腔，其底部由外胚层与内胚层直接相贴的口咽膜与原始消化管相隔。口咽膜约在第 24 天破裂，原始口腔与原始咽相通。

颜面形成与鼻的发生关系密切。第 4 周末，额鼻突下缘两侧的外胚层增生，形成两个椭圆形增厚区，称**鼻板**（nasal placode）(图 22-1)。第 5 周，鼻板的间充质增生，其中央区凹陷形成**鼻窝**（nasal pit）。鼻窝的内、外侧缘增生突起分别形成**内侧鼻突**（median nasal prominence）和**外侧鼻突**（lateral nasal prominence）。外侧鼻突与上颌突之间有一条浅沟称鼻泪沟，它是鼻泪管和泪囊的原基（图 22-3）。

颜面的形成是从两侧向正中方向发展。第 5 周，左右下颌突在中线愈合，发育形成下颌与下唇。在第 6 ～ 7 周，左右上颌突也向中线生长，并先后与同侧的外侧鼻突和内侧鼻突愈合，上颌突发育形成上颌及上唇的外侧部分，内侧鼻突在中线合并形成鼻梁和鼻尖，其下缘向下方迁移与上颌突融合，发育形成上唇的正中部分和人中。外侧鼻突发育形成鼻外侧壁与鼻翼，额鼻突发育形成额。鼻窝与口凹被分隔开，原来向前方开口的鼻窝转向下方即为外鼻孔。鼻窝向深部扩大，形成原始鼻腔。原始鼻腔和原始口腔之间隔以菲薄的口鼻膜，该膜破裂后，原始鼻腔和口腔相通（图 22-4）。

随上、下颌突在中线方向的汇拢，眼原基逐渐从侧面移向腹面。第 1 鳃沟分化为外耳道，第 1 鳃膜演化为鼓膜，第 1 鳃沟周围的间充质增生形成耳郭，并逐渐上移。同侧上、下颌突分叉处向中线方向生长，形成颊，口裂变小，口凹形成原始口腔。至第 2 个月末，胚胎颜面已初具人貌。

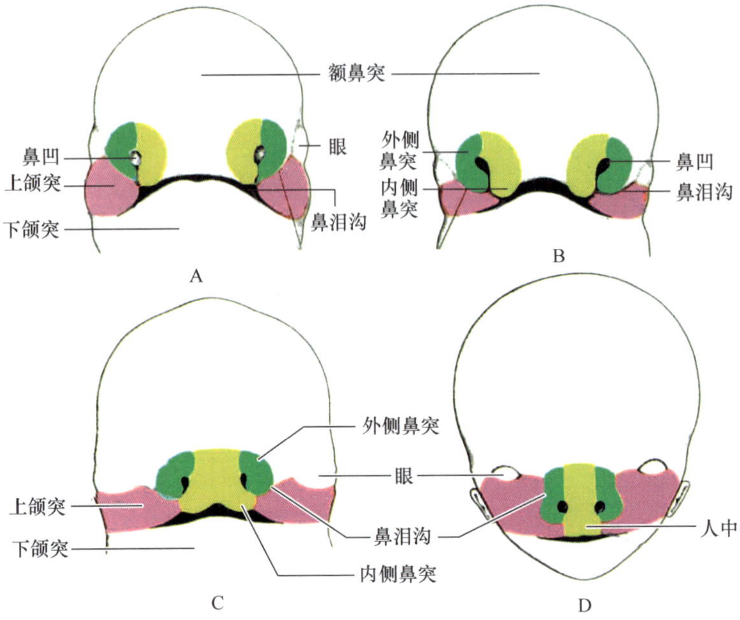

图 22-3　颜面的形成

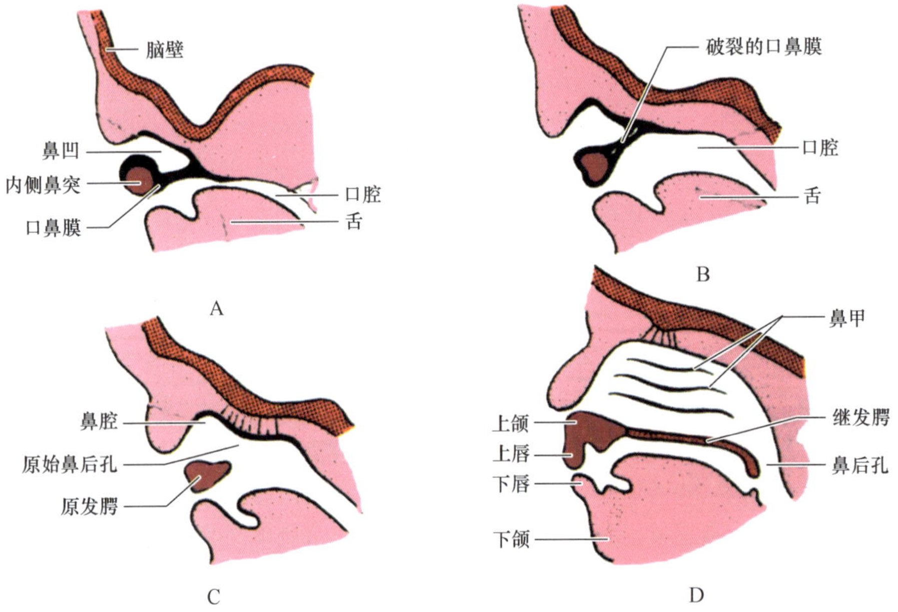

图 22-4　鼻腔的发育

三、腭的发生

腭的发生来自**正中腭突**（median palatine prominence）与**外侧腭突**（lateral palatine prominence）。第 6 周，左、右内侧鼻突融合处内侧面的间充质增生，向原始口腔内长出一个短小的突起，即正中腭突，它最后形成腭前部的一小部分。第 8～9 周，左、右上颌突内侧面的间充质增生，向原始口腔内长出一对扁平突起，即外侧腭突，它们向中线生长愈合形成腭的大部分。左、右外侧腭突前缘与正中腭突愈合，融合处留一小孔，即切齿孔。腭前部间充质骨化为硬腭，后部则为软腭。软腭后缘正中部组织增生并向后方突出，形成悬雍垂。随着腭的形成，原始口腔与原始鼻腔被分隔形成永久的口腔与鼻腔（图 22-5）。

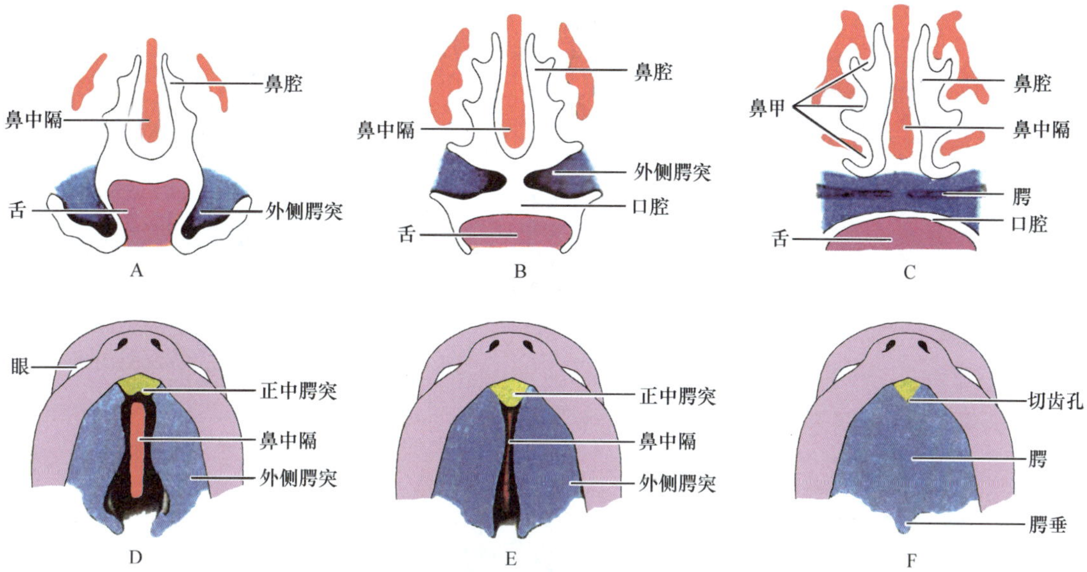

图 22-5*　腭的发生

A、B、C. 头部额状切面；D、E、F. 口腔顶部

四、牙与舌的发生

（一）牙的发生

牙釉质来自外胚层，牙本质和牙髓来自神经嵴来源的外胚层间充质。牙的发育是一个长期、复杂的生物学过程，包括细胞与细胞、上皮与间充质的相互作用，细胞分化、形态发生、组织矿化和牙萌出。所有牙的发育过程是相似的。乳牙可经历 2 年时间，恒牙则需要 10 年左右时间。牙的发育是一连续过程，包括牙胚的发生、组织形成和萌出。牙的发育不仅发生在胚胎时期，还可持续到出生之后。人胚第 6 周时，口凹边缘的外胚层组织增生，沿上、下颌形成“U”形的**牙板**（dental lamina）。牙板向深部中胚层内生长，在上、下颌内先后各形成 10 个圆形突起，称**牙蕾**（tooth bud）。牙蕾发育增大，牙蕾的外胚层形成帽状的**造釉器**（enamel organ）；间充质从其底部进入，形成**牙乳头**（dental papilla）。造釉器和牙乳头周围的间充质形成**牙囊**（dental sac）。造釉器、牙乳头和牙囊共同构成乳牙原基（图 22-6）。

1. 釉质的形成　造釉器发育分化为三部分：外层为单层立方或扁平细胞组成的外釉上皮；内层为单层柱状细胞组成的内釉上皮，该柱状细胞称为成釉质细胞；内、外釉上皮之间为有突起的星状细胞组成的釉网。成釉质细胞具有造釉质作用，细胞不断分泌基质，基质钙化后形成釉柱。釉质的形成是从牙冠尖部开始，逐渐向牙颈部扩展。随着釉质增厚，成釉质细胞渐向浅部迁移，最后与外釉上皮相贴，共同组成牙小皮，覆于牙釉质表面，釉网则退化消失。婴儿出牙时，牙小皮随之消失。

2. 牙本质的形成　牙乳头靠近内釉上皮的间充质细胞分化为一层柱状的、有突起的成牙本质细胞，该细胞在此不断分泌基质，基质钙化后即为牙本质。随着牙本质的增厚，成牙本质细胞胞体渐向深部迁移。其突起则增长，存留于牙本质小管内，称为牙本质纤维。牙乳头的其余部分则分化为牙髓。

3. 牙骨质的形成　牙囊的内侧份分化为牙骨质，外侧份分化为牙周膜。在乳牙原基发生的同时，牙板形成恒牙原基，其体积小，分化发育晚。恒牙原基在胚胎第 10 周开始发生，其形成过程与乳牙相同。乳牙通常在出生后第 6 ～ 24 个月长出，而恒牙通常在 6 岁左右开始长出。

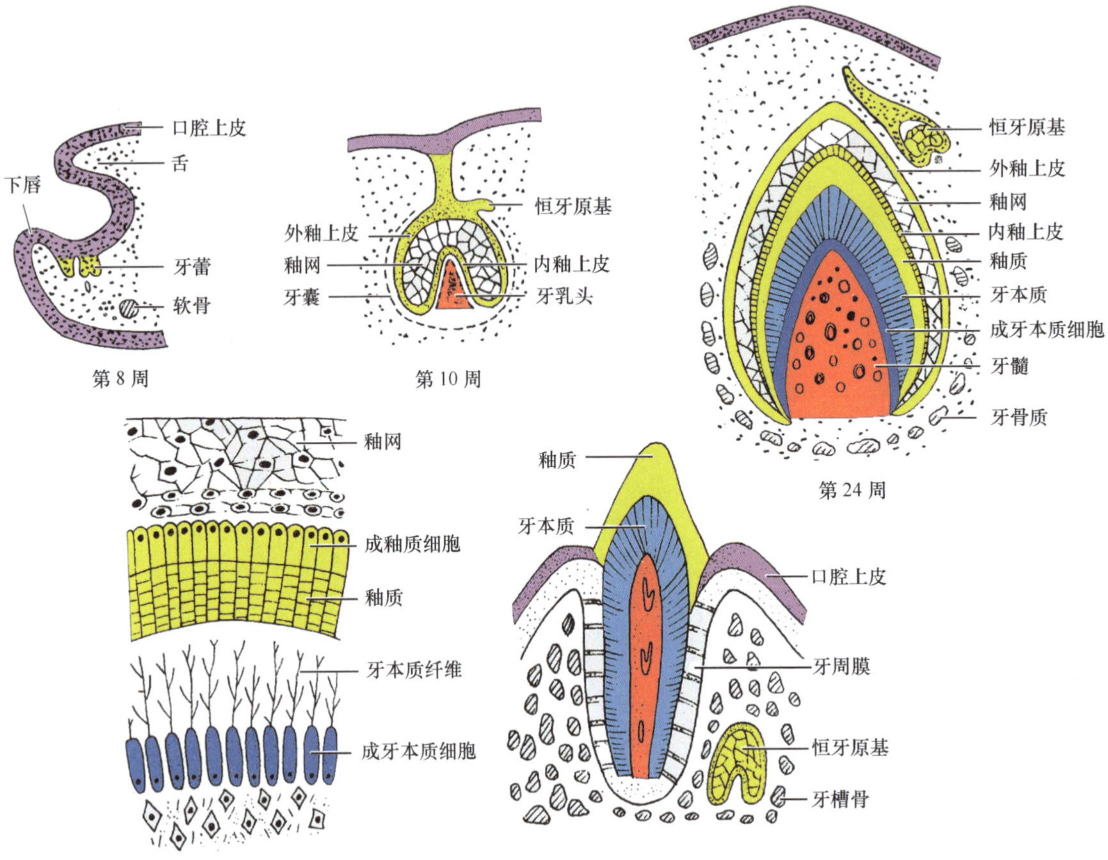

图 22-6 牙的发生

（二）舌的发育

舌发生在口腔与咽的头端底部。胚胎第 4 周末，左、右下颌增生，在口腔内形成三个突起，头侧左右成对较大隆起，称**侧舌突**（lateral lingual swelling），尾侧一个较小隆起位居中线，称**奇结节**（tuberculum impar）。左、右侧舌突迅速增大，并在中线愈合，形成舌体。奇结节生长缓慢，形成舌盲孔前方舌体的一小部分。第 2 ～ 4 对鳃弓腹侧端之间的间充质增生，形成**联合突**（copula）和**会厌突**（epiglottal swelling），前者发育成舌根，后者发育为会厌。舌根与舌体的愈合线为一条“V”形界沟，沟顶点即为舌盲孔。舌体上皮来自口凹外胚层，舌根上皮来自咽壁内胚层，舌内结缔组织来自鳃弓间充质，

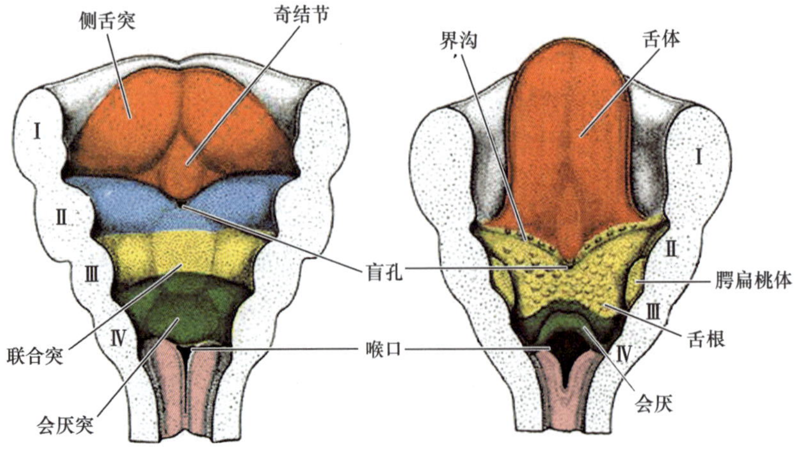

图 22-7* 舌的发生

而舌肌则主要来自枕部体节的生肌节（图 22-7）。

五、颈的形成

颈部由第 2 ～ 4 和第 6 对鳃弓与心上嵴发育形成。第 4 ～ 5 周，第 2 对鳃弓生长迅速，向尾侧延伸并覆盖于第 3、4 和第 6 对鳃弓表面，与下方的心上嵴融合（图 22-2）。心上嵴是心突上缘的间充质增生、向头端长出的嵴状突起。当两者愈合后，第 2 鳃弓与深部 3 个较小鳃弓之间形成了一个封闭腔隙，称**颈窦**（cervical sinus）。颈窦很快闭锁消失。由于鳃弓的分化、食管和气管的伸长及心脏位置的下降，颈部逐渐延长、成形。

六、四肢的发生

人胚第 4 周末，在胚体左、右外侧壁上先后出现两对小突起，即**上肢芽**和**下肢芽**（upper and lower limb bud）。在四肢发育的早期阶段，上肢和下肢是相同的，但上肢芽发生的时间比下肢芽早几天。上肢芽发生的部位正对着颈部尾侧的几个体节，下肢芽的发生部位正对着腰部和骶部上方的几个体节。最初，每个肢芽由深部增殖的中胚层和表面的外胚层组成。肢体中轴的间充质以软骨内成骨的方式形成骨。肢芽逐渐增长、变粗并先后出现近端和远端两个缩窄环，将每一肢芽分为三段，在上肢分别发育为上臂、前臂和手，在下肢则分别发育为大腿、小腿和足。手和足的原基均为扁平船桨状，称**手板和足板**（hand and foot plates），后渐呈蹼状。至第 7 周蹼膜细胞凋亡消失、手指形成，第 8 周时足趾形成（图 22-8、图 22-9）。

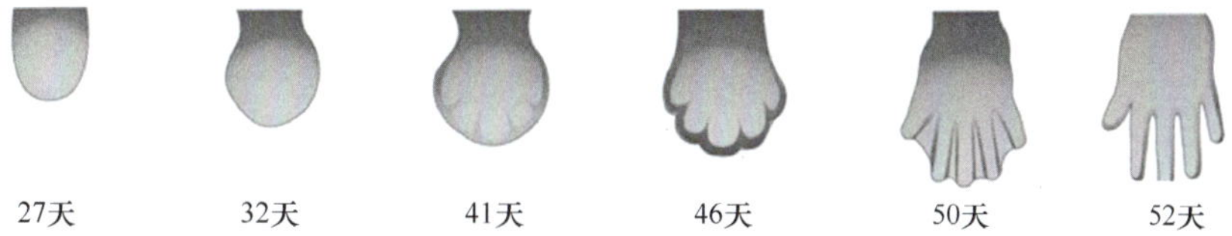

图 22-8　上肢的演变过程（改自 Moore，2011）

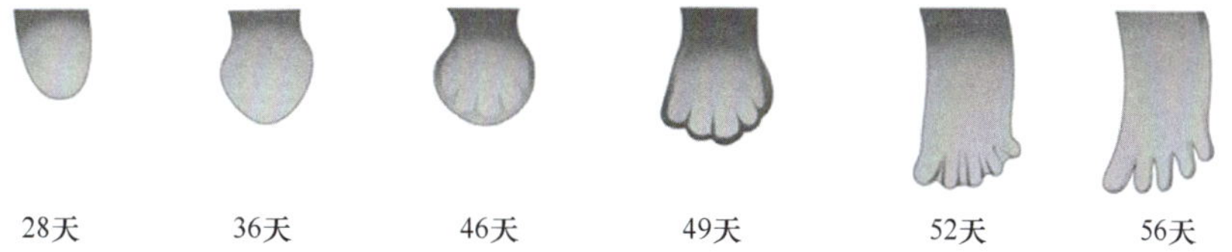

图 22-9　下肢的演变过程（改自 Moore，2011）

七、常见畸形

绝大多数头颈部畸形是因鳃器演化为成体结构过程中发生异常所致。

1. 唇裂　**唇裂**（cleft lip）是最常见的颜面畸形。多见于上唇，多为单侧，也可见双侧者。表现为人中外侧的垂直裂隙。系因上颌突与同侧内侧鼻突未融合所致，可伴有腭裂和牙槽突裂。如左、右内侧鼻突未融合或两侧下颌突未融合，可分别导致上唇或下唇的正中唇裂，但均少见。如内侧鼻突发育不良导致人中缺损，则出现正中宽大唇裂（图 22-10）。

2. 面斜裂　**面斜裂**（oblique facial cleft）是位于眼内眦与口角间的裂隙，因上颌突与同侧外侧鼻突未融合所致，不能形成鼻泪管（图 22-10）。

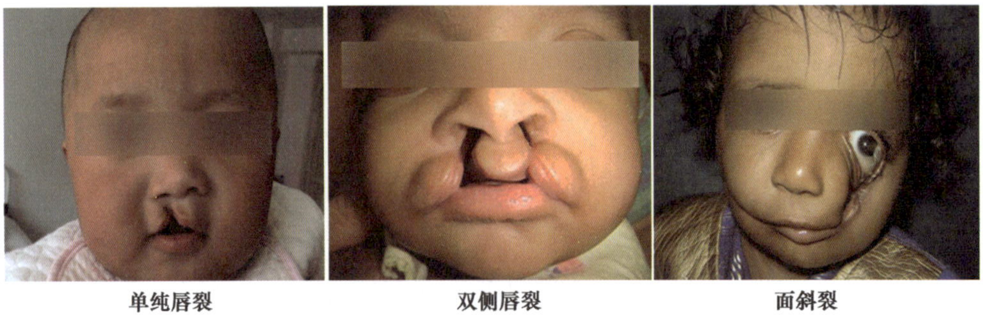

图 22-10　唇裂和面斜裂

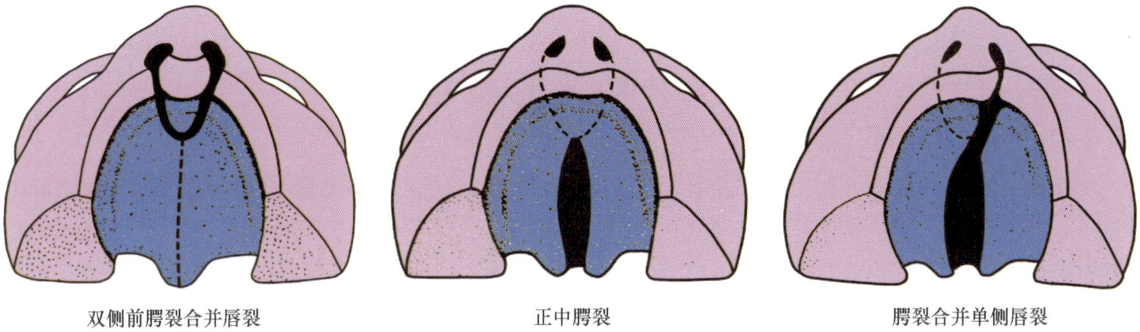

图 22-11　腭裂和唇裂

3. 腭裂　**腭裂**（cleft palate）较常见，呈现多种类型。因正中腭突与外侧腭突未融合而致前腭裂（单侧或双侧，常伴发唇裂），表现为切齿孔至切齿之间的裂隙。因左、右外侧腭突未在中线融合而致正中腭裂，表现为切齿孔至腭垂的矢状裂隙。若前腭裂与正中腭裂同时存在称完全腭裂（图 22-11）。

4. 颈囊肿和颈瘘　颈窦若未完全闭锁消失，在胸锁乳突肌前缘处留**有颈囊肿**（cervical cyst）。若颈囊肿有开口与咽腔或体表相通，则形成**颈瘘**（cervical fistula）。

5. 四肢畸形　表现为一个或多个肢体的完全缺如或局部缺如及重复畸形。多因遗传因素或环境因素所致，有多种类型（图 22-12）。

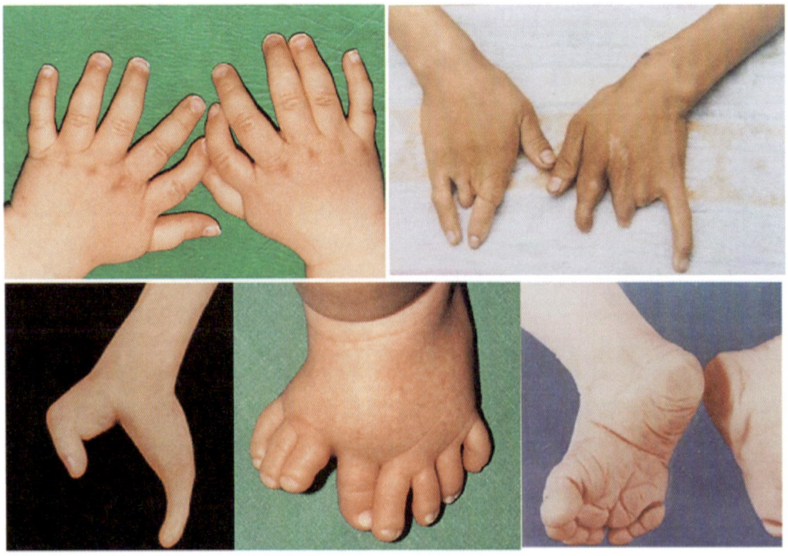

图 22-12　四肢畸形

（1）缺失性畸形：**缺失性畸形**（reduction defect）：可表现为肢体某一部分的缺失称**残肢畸形**（meromelia），整个肢体的缺失称**无肢畸形**。

（2）重复性畸形：**重复性畸形**（duplication defect）：表现为肢体某一成分的重复发生，如**多指（趾）畸形**（polydactyly）。

（3）发育不全：**发育不全**（dysplasia）如**并肢畸形**（sirenomelus）和**并指（趾）畸形**（syndactyly）。

知识拓展

1957年沙利度胺（Thalidomide，反应停）最先在德国上市使用，主要用于治疗妊娠反应出现的恶心、呕吐，并迅速在全球广泛使用。一些孕妇服用沙利度胺后，生下的婴儿有明显的四肢畸形，由于肢体短小，被称为“海豹胎”。该药在1961年停止使用。全球范围内约有12 000名因沙利度胺引起肢体先天性畸形患者，这是20世纪最大的药物导致先天畸形的灾难性事件。沙利度胺致畸范围广，除了四肢畸形，还有颜面，眼，耳，生殖器，内脏器官（心脏，肾脏和消化道），脊柱和关节的畸形和损害；致畸在受精后20～36天最为敏感；先天畸形的类型和开始服药的时间有明显的关系。

本章小结

在胚胎发生第4～5周，由＿＿＿＿＿，＿＿＿＿＿，＿＿＿＿＿和＿＿＿＿＿组成鳃器开始发生。颜面的形成与＿＿＿＿＿密切相关，形成是从＿＿＿＿＿向＿＿＿＿＿方向发展。腭的发生来自＿＿＿＿＿与＿＿＿＿＿。颈部由第2、3、4和6对鳃弓发育形成，第＿＿＿＿＿对鳃弓生长迅速，向尾侧延伸并覆盖于第＿＿＿＿＿、＿＿＿＿＿和＿＿＿＿＿对鳃弓表面。牙齿来源于外胚层和中胚层。人胚第6周时，口凹边缘的外胚层组织增生形成＿＿＿＿＿，其向深部中胚层内生长形成＿＿＿＿＿，其外胚层形成＿＿＿＿＿，间充质从其底部进入形成＿＿＿＿＿，两者周围的间充质形成结缔组织的牙囊。＿＿＿＿＿、＿＿＿＿＿和＿＿＿＿＿三者共同形成乳牙原基。恒牙的形成过程与乳牙相同。舌的形成大约始于第4周末，两个＿＿＿＿＿与＿＿＿＿＿联合发育成舌体。第2、3、4鳃弓中线处的间充质增生，形成联合突和会厌突，分别发育为＿＿＿＿＿和＿＿＿＿＿。在胚体左、右外侧壁上先后出现两对小隆起，即＿＿＿＿＿和＿＿＿＿＿，逐渐形成上、下肢。颜面与颈发生常见畸形包括＿＿＿＿＿，＿＿＿＿＿，＿＿＿＿＿，颈囊肿和颈瘘。四肢畸形常见＿＿＿＿＿，＿＿＿＿＿，＿＿＿＿＿与＿＿＿＿＿等。

（常　青）

第二十三章

眼和耳的发生

学习要点

① 视网膜的发生；② 视神经的发生；③ 内耳的发生。

一、眼 的 发 生

眼有三个发生来源，即神经外胚层、体表外胚层和中胚层。始于第 3 周神经管前端两侧的视沟及第 4 周视沟向外膨出形成的视泡。

（一）眼球的发生

胚胎第 3 周，神经管前端尚未闭合前，其两侧各出现一条沟，即**视沟**（optic groove）。第 4 周，当神经管闭合形成前脑时，在前脑周围的间充质诱导下，视沟向外膨出形成一对中空的囊泡，即**视泡**（optic vesicle）（图 23-1）。随着视泡的向外生长，其近端变细与间脑相连，称**视柄**（optic stalk）；其远端膨大并逐渐凹陷形成双层杯状结构，称**视杯**（optic cup）。同时，体表外胚层在视泡的诱导下增厚，形成**晶状体板**（lens placode）。随后晶状体板凹陷入视杯内，并逐渐与表面外胚层脱离，发育成晶状体泡（lens vesicle）。眼球各部分由视柄与视杯、晶状体泡及它们周围的间充质进一步发育形成。

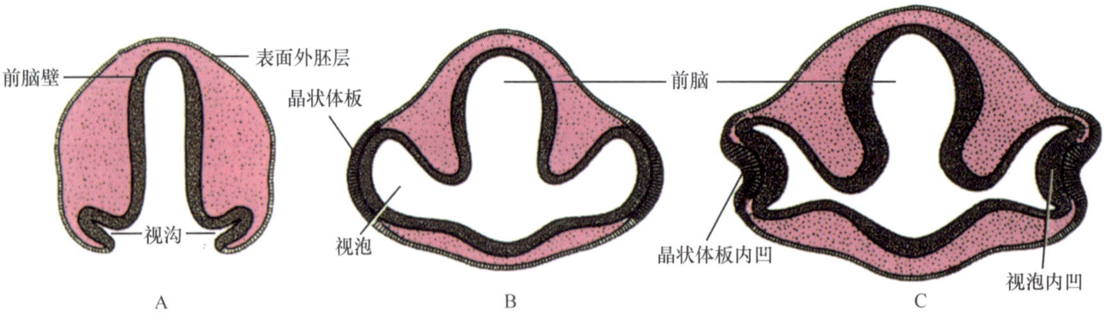

图 23-1 视泡、晶状体泡的发生

1. 视网膜与视神经的发生　视网膜由视杯内、外两层共同分化而来。视杯外层较薄，分化为视网膜的色素上皮层。视杯内层较厚，在晶状体的影响下，视杯的内层增生，形成一层神经上皮，自第 5 周起，先后分化出节细胞、视锥细胞、无长突细胞、水平细胞、视杆细胞和双极细胞。随后视杯两层之间的视泡腔变窄，最终消失，此时视杯内外两层直接相贴，形成视网膜视部。视杯边缘内层上皮不再增厚，与外层分化的色素上皮相贴，并向晶状体泡与角膜之间的间充质内延伸，形成视网膜盲部，即睫状体与虹膜的上皮。

节细胞的轴突集合形成视神经，走行于视柄中。由于视网膜的神经层向内转折，导致感光细胞的感光部分与色素上皮贴近，使得进入眼球的光线需先穿过视网膜的各层才能到达光感受器。随着视网膜的分化发育，逐渐增多的节细胞轴突向视柄内层聚集，使其逐渐增厚并与外层融合。视柄内、外层细胞演变为星形胶质细胞和少突胶质细胞并与节细胞混在一起，此时视柄演变为视神经。胚胎 8 个月时胎儿的视网膜与成人基本一致，但黄斑的发育较晚，从胚胎第 7 ～ 8 个月开始分化至出生后 6 个月才发育完成（图 23-2、23-3）。

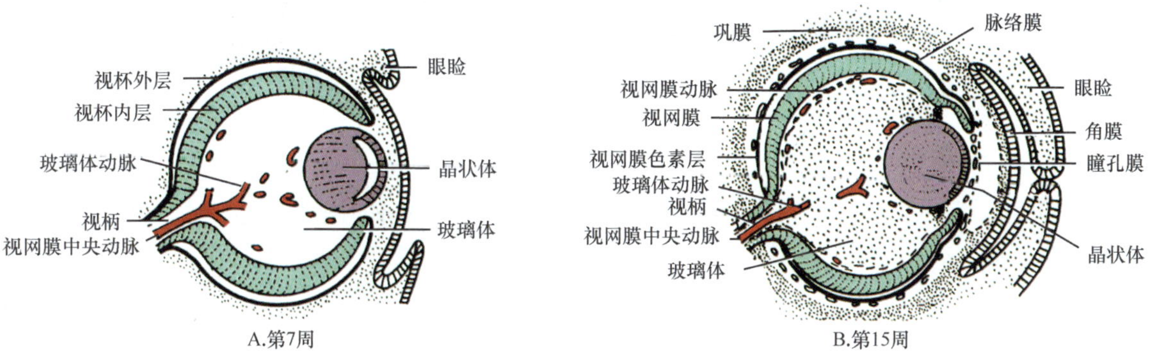

图 23-2*　眼球和眼睑的发生

胚胎第 5 周，视杯和视柄的下方向内凹陷成一条纵沟，称**脉络膜裂**（choroid fissure）。脉络膜裂内含有间充质和玻璃体动、静脉，为玻璃体和晶状体的发育提供营养。玻璃体动脉还发出分支营养视网膜。脉络膜裂在胚胎第 7 周封闭，玻璃体动、静脉穿经玻璃体的一段退化，并遗留一残迹为玻璃体管，近段成为视网膜中央动、静脉（图 23-3）。

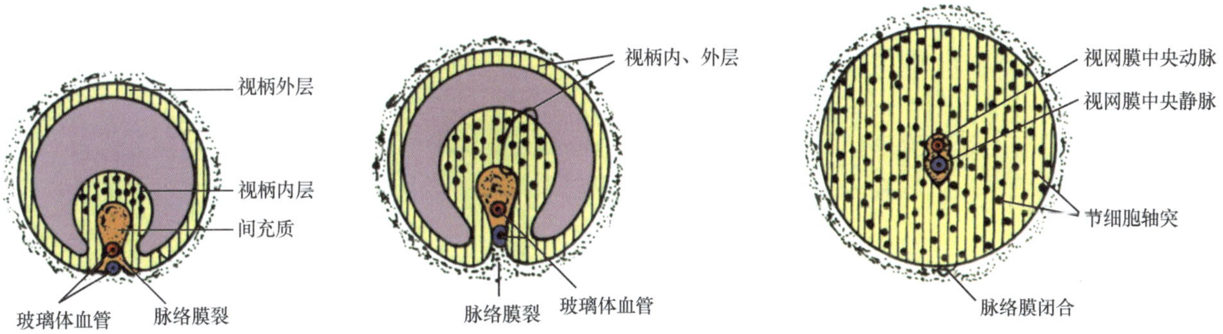

图 23-3*　视神经的发生

2. 晶状体的发生　由来自体表外胚层的晶状体泡演变而来。最初晶状体泡由单层上皮构成。晶状体泡前壁细胞呈低柱状，以后演变为晶状体上皮。晶状体泡后壁细胞呈高柱状，并逐渐长入晶状体泡腔，形成**初级晶状体纤维**（primary lens fiber）。在第 7 周时晶状体泡腔逐渐缩小直至消失，晶状体最终变为实体结构（图 23-4）。此后，晶状体赤道区的上皮细胞不断增生、变长，形成**次级晶状体纤维**（secondary lens fiber），原有的初级晶状体纤维及其胞核逐渐退化形成晶状体核。新的晶状体纤维逐层添加到晶状体核的周围，晶状体核及晶状体逐渐增大。此过程持续终生，随年龄增加而速度减慢。

3. 血管膜与纤维膜的发生　胚胎第 6 周，视杯周围的间充质分为内、外两层。内层较疏松，有丰富的血管和色素细胞，将分化为眼球壁的血管膜，其大部分贴在视网膜外面，即脉络膜。晶状体前面的间充质形成一层膜，其周边部分较厚，以后形成虹膜基质和睫状体主体；中央部分较薄，封闭视杯口，称**瞳孔膜**（pupillary membrane），出生前瞳孔膜被吸收，形成瞳孔。视杯两层上皮的前缘部分形成虹膜上皮层。视杯周围间充质的外层较致密，分化形成巩膜。晶状体前面的体表外胚层受晶状体诱导，分化为角

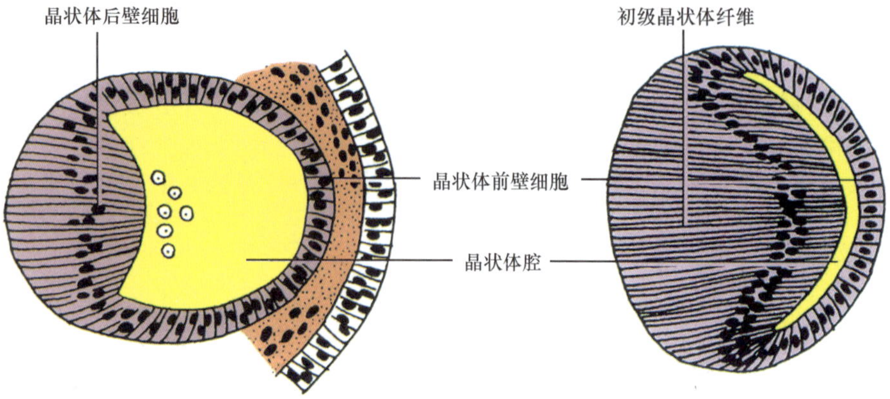

图 23-4 晶状体的发生

膜上皮，角膜上皮后面的间充质分化为角膜的其余各层。在晶状体泡与角膜上皮间充填的间充质内出现一个间隙，即前房。虹膜与睫状体形成后，虹膜、睫状体与晶状体之间形成后房。

（二）眼睑和泪腺的发生

胚胎第 7 周，眼球前方与角膜上皮毗邻的表面外胚层形成上、下两个皱褶，分别发育为上、下眼睑。反折到眼睑内表面的体表外胚层分化为结膜上皮，眼睑外面的表面外胚层分化为表皮。眼睑外侧部表面外胚层细胞下陷形成细胞索，第 3 月，细胞索中央出现腔隙，形成由腺泡和导管构成的泪腺。

（三）常见畸形

1. 先天性无虹膜 **先天性无虹膜**（congenital aniridia）属常染色体显性遗传性异常，可能是视杯前缘生长和分化障碍导致虹膜不能发育所致。由于没有虹膜，瞳孔特别大（图 23-5）。

2. 虹膜裂 **虹膜裂**（coloboma iridis）因脉络膜裂在虹膜处未完全闭合，导致虹膜下方缺损，使圆形瞳孔下方呈现钥匙孔样（图 23-5）。此种畸形严重时可延伸到睫状体、视网膜和视神经，通常伴有其他眼的异常。

3. 瞳孔膜残留 **瞳孔膜残留**（persistent pupillary membrane）因瞳孔膜未能全部退化消失所致。残存的结缔组织网遮盖在晶状体前方（图 23-5），出生后可随着年龄的增长而逐渐吸收。如果残存的瞳孔膜影响视力，可手术剔除。

4. 先天性白内障 **先天性白内障**（congenital cataract）因晶状体的透明度发生异常所致，出生前晶状体即不透明（图 23-5），多为遗传性，也可能由于母体在妊娠早期感染风疹病毒、母体甲状腺功能低下、维生素缺乏等原因引起。

5. 先天性青光眼 **先天性青光眼**（congenital glaucoma）因眼球增大，故俗称牛眼。原因是巩膜静脉窦发育异常或缺失，致使房水回流受阻，眼内压增高，眼球膨大，角膜突出，最后导致视网膜损伤而失明。

6. 眼的其他畸形 若两侧视泡在中线合并，则产生**独眼畸形**（cyclopia），仅在正中部有一个眼，眼的上方常有一管状鼻。倘若视泡未发生或视泡发育受阻则产生无眼或小眼畸形。

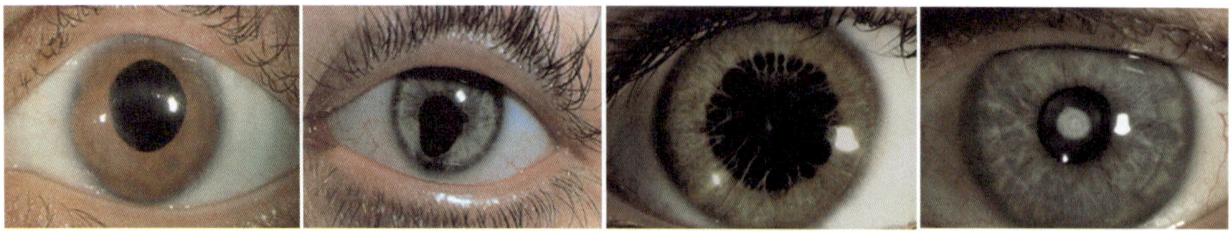

图 23-5 眼的常见畸形

二、耳的发生

耳由内耳、中耳和外耳三部分组成，分别由头部表面外胚层形成的听板、内胚层来源的第 1 对咽囊和外胚层来源的第 1 鳃沟及其周围的 6 个结节演变而来。

（一）内耳的发生

胚胎第 4 周时，菱脑两侧的表面外胚层在菱脑的诱导下出现一增厚区，即**听板**（otic placode），继之内陷形成**听窝**（otic pit）；最后听窝的边缘向中间闭合并与外胚层分离形成囊状的**听泡**（otic vesicle）。听泡将演变为内耳膜迷路。听泡上长出一个憩室状的突起，以后伸长形成内淋巴管和内淋巴囊。

听泡的背侧部即椭圆囊部，除了长出内淋巴管外，还长出三个扁盘状的憩室，逐渐发育成三个膜半规管、椭圆囊和球囊。听泡腹侧部长出的憩室为蜗管芽，逐渐发育成蜗管。蜗管壁细胞分化形成**螺旋器**（Corti 器），第 8 对脑神经的神经节细胞随蜗管移动，螺旋状地形成蜗神经节即螺旋神经节，这些神经节的细胞长出突起进入螺旋器。听泡周围的间充质分化为软骨性听囊，然后骨化形成内耳的骨迷路。软骨性听囊的周围出现许多液泡，逐步分化形成外淋巴间隙并与蜗管相连，进一步分化为前庭阶和鼓室阶（图 23-6、图 23-7）。

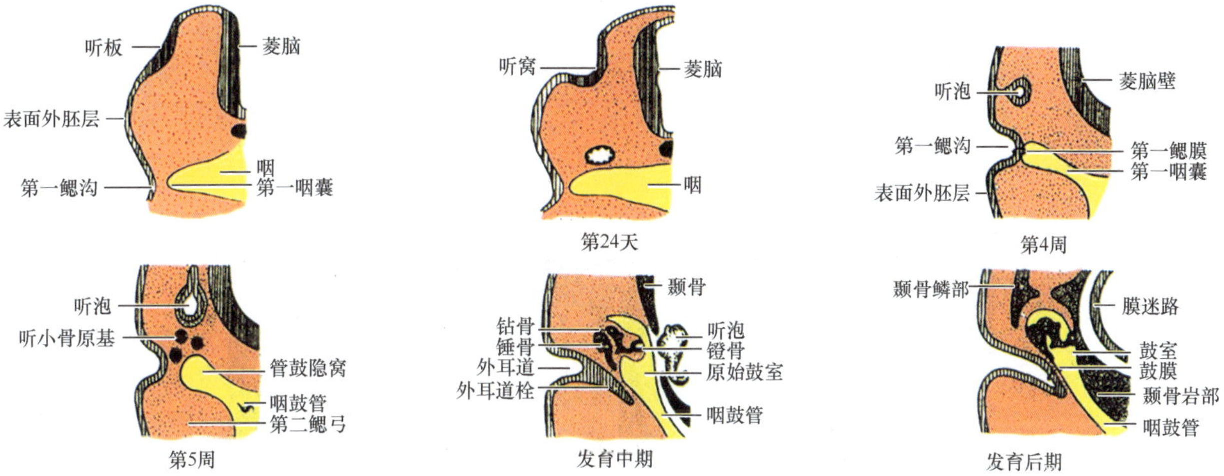

图 23-6* 耳的发生

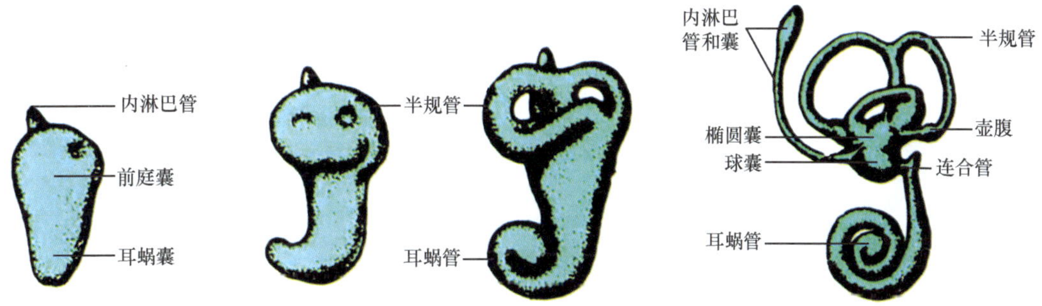

图 23-7* 听泡的发生

（二）中耳的发生

胚胎第 9 周时，第 1 对咽囊向背外侧扩伸，其末端膨大形成管鼓隐窝，近端形成咽鼓管。管鼓隐窝上方的间充质分化成 3 块听小骨原基，胚胎 6 个月时，听小骨原基先后骨化成为听小骨。与此同时，管鼓隐窝远侧段扩大形成原始鼓室。听小骨周围的结缔组织逐渐被吸收而形成腔隙并与原始鼓室共同形成鼓室。鼓室的外壁与第 1 鳃沟外胚层相贴构成鼓膜（图 23-6）。

（三）外耳的发生

胚胎第 2 个月末，第 1 鳃沟向内深陷成漏斗状管道，进而演变为外耳道外侧段；管道底部的外胚层细胞增生成一上皮细胞板，称**外耳道栓**（meatal plug）。到胚胎 7 月龄时，外耳道栓内部细胞退化吸收，演变为外耳道的内侧段（图 23-6）。胚胎第 6 周时，第 1 鳃沟周围的间充质增生形成 6 个结节状突起，称**耳丘**（auricular hillock）。耳丘围绕外耳道口生长，逐渐合并演变成耳郭。

（四）常见畸形

1. 先天性耳聋　**先天性耳聋**（congenital deafness）有遗传性和非遗传性两类。遗传性耳聋属常染色体隐性遗传，主要由内耳发育不全、听小骨发育缺陷、耳蜗神经发育不良或外耳道闭锁等原因所致。非遗传性耳聋与药物中毒、感染或新生儿溶血性黄疸等原因有关。先天性耳聋患儿由于听不到语言，不能进行语言学习与锻炼，故也常伴有哑。

2. 外耳道闭锁　**外耳道闭锁**（atresia of external acoustic meatus）由于第 1 鳃沟和第 1、2 鳃弓发育异常所致。外耳道局部或全部闭锁。多发生在外耳道近表面部分，被骨或纤维结缔组织封闭（图 23-8）。

3. 耳瘘　**耳瘘**（auricular fistula）常见于耳屏前方，可能因第 1 鳃沟的背部闭合不全，或第 1、2 鳃弓发生的耳丘融合不良所致（图 23-8）。耳瘘形成的皮肤性盲管可向下延伸与鼓室相通，可挤压出白色乳酪样液体，易感染发炎。

4. 副耳郭　**副耳郭**（accessory auricle）又称耳郭附件，常发生在耳屏前方或颈部，单侧或双侧，是耳丘发生过多所致（图 23-8）。

5. 先天性小耳　**先天性小耳**（congenital microtia）耳郭部分缺如，如无耳垂，无耳屏等（图 23-8）。常由于第 1、2 鳃弓发育不良所致。

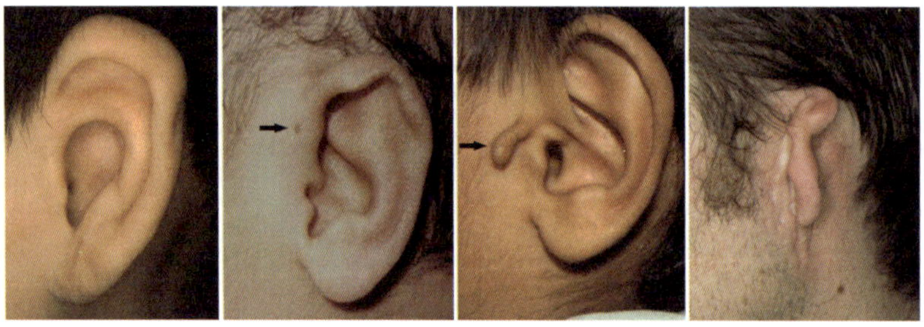

图 23-8　耳的常见畸形

本章小结

眼有三个发生来源，即 ________、________ 和 ________。眼球的各部分是由 ________、________ 及它们周围的间充质发育形成。眼球前方与角膜上皮毗邻的表面外胚层形成上、下两个皱褶，分别发育为 ________。眼的常见先天畸形 ________，________，先天性白内障，先天性青光眼，独眼畸形，无眼或小眼畸形等。

内耳、中耳和外耳分别由头部表面外胚层形成的 ________、内胚层来源的第 1 对 ________ 和外胚层来源的 ________ 及其周围的 ________ 演变而来。遗传性先天性耳聋属常染色体隐性遗传，主要由 ________、________、耳蜗神经发育不良或外耳道闭锁等原因所致。

（常　青）

第二十四章

消化系统和呼吸系统的发生

学习要点

①原始消化管的形成与分化及消化管各段的发生；②肝与胰的原基与发生过程；③气管与肺的原基与发生过程；④消化系统与呼吸系统的常见先天性畸形；⑤咽囊的演变。

消化系统和呼吸系统的大多数器官由原始消化管分化而成。人胚第3～4周，胚盘向腹侧卷折，形成圆柱状的胚体，卵黄囊顶部的内胚层被卷入胚体内，形成一条头尾方向走行的封闭管道，称**原始消化管**或**原肠**（primitive gut）。随着封闭原始消化管头端的口咽膜在第4周破裂，封闭其尾端的泄殖腔膜在第8周破裂，原始消化管头尾两端与外界相通。原始消化管的头段称前肠（foregut），尾段称后肠（hindgut），与卵黄囊相连的中段称中肠（midgut）。前肠主要分化为部分口腔底、舌、咽、食管、胃、十二指肠上段、肝、胆、胰、喉及其以下的呼吸道、肺等器官；中肠主要分化为十二指肠中段至横结肠右2/3部的肠管；后肠主要分化为横结肠左1/3部、降结肠、乙状结肠、直肠和肛管上段。消化管与呼吸道的上皮及腺的实质大多来自原始消化管的内胚层，而结缔组织和肌组织来自脏壁中胚层（图24-1）。

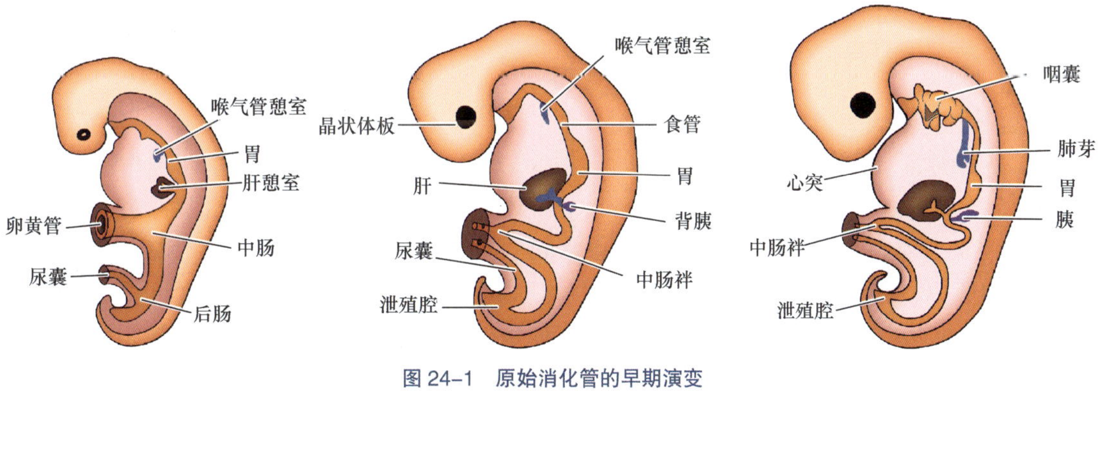

图24-1　原始消化管的早期演变

一、消化系统的发生

（一）前肠的演变

从口咽膜至肝原基发生处的一段原肠称前肠，前肠头段为一左右较宽、背腹略扁、头宽尾窄的漏斗状结构，称**原始咽**（primitive pharynx），它起自口咽膜，止于喉气管憩室起始部（见后述）。在原始咽的侧壁有5对囊状突起，称**咽囊**（pharyngeal pouch），分别与其外侧的鳃沟相对。随着胚胎的发育，咽囊演变出头颈部一些重要的器官。

1. 咽的发生和咽囊的演变　咽由原始咽发育而成。第4周时，原始咽头端的口咽膜破裂，咽与原始口腔和原始鼻腔相通。咽囊的演变如下（图24-2）。

第1对咽囊：末端膨大，演化为中耳鼓室，鼓室与咽相连的部分伸长演化为咽鼓管，第1鳃沟形成外耳道，鳃膜分化为鼓膜（详见第23章）。

第2对咽囊：外侧份退化，内侧份演变为腭扁桃体表面上皮。

第3对咽囊：腹侧份上皮增生，形成左右两条细胞索，伸向尾侧，合并形成胸腺；背侧份上皮增生，下移至甲状腺原基背侧，形成下一对甲状旁腺。

第4对咽囊：腹侧份退化，背侧份上皮细胞增生迁移，分化成上一对甲状旁腺。

第5对咽囊：形成一小的细胞团，称后鳃体，其部分细胞迁入甲状腺内，分化为滤泡旁细胞。但也有学者认为，滤泡旁细胞由迁移来的神经嵴细胞分化而成。

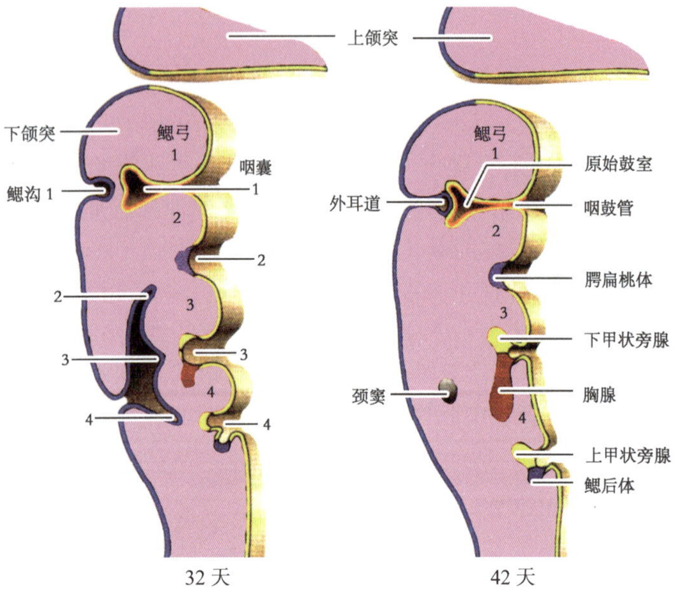

图24-2*　鳃沟和咽囊的发育

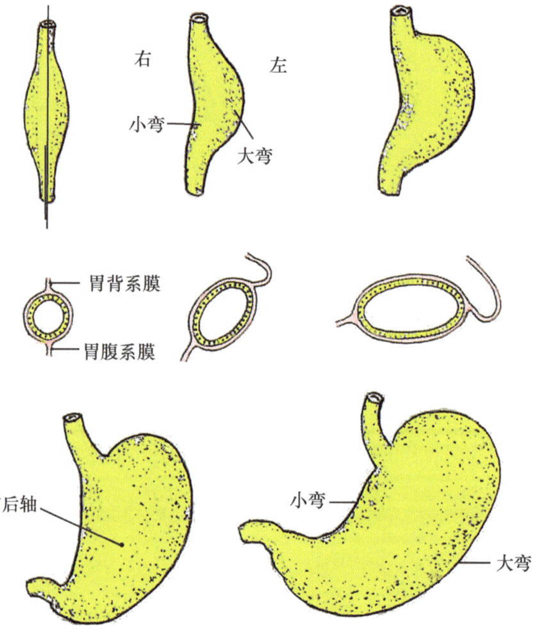

图24-3*　胃的发生

2. 食管和胃的发生　食管由原始咽尾端至胃之间的一段前肠分化而来。第5周时，食管为一短管，以后随着颈部的形成和心、肺的下降而迅速伸长。食管上皮由单层增生为复层，致使管腔一度闭锁，约在第8周，部分上皮凋亡吸收，管腔重新出现。上皮周围的间充质分化为食管的结缔组织和肌组织。

第4～5周时，食管尾侧的前肠膨大呈梭形，为胃的原基。其背侧缘生长较快，形成胃大弯；腹侧缘生长较慢，形成胃小弯。胃大弯的头端向上膨出，形成胃底。由于胃背系膜发育快并突向左侧形成网膜囊和大网膜，致使胃沿胚体纵轴顺时针旋转90度，胃小弯由腹侧转向右侧，胃大弯由背侧转向左侧。同时，由于肝的增大使胃的头端被推向左侧，胃的尾端因十二指肠贴于腹后壁而被固定，从而使胃的位置由原来的垂直位变成由左上至右下的斜行位（图24-3）。

3. 十二指肠的发生　十二指肠由前肠尾段和中肠头段共同形成，两段的交界点即是肝脏原基的发生处。十二指肠先形成一个突向腹侧的“C”形肠袢，伴随胃的旋转，“C”形肠袢转向右侧。由于十二指肠的旋转和胰头的迅速生长，使十二指肠由腹腔正中转到腹腔右侧。加之十二指肠背系膜的消失，致使十二指肠大部固定于腹后壁。

4. 肝和胆囊的发生　第 4 周初，前肠末端腹侧壁的内胚层上皮增生，形成一囊状突起，称**肝憩室**（hepatic diverticulum），它是肝和胆囊的原基。肝憩室迅速生长并伸入到原始横膈内。憩室的末端膨大，分头、尾两支（图 24-4）。头支是形成肝的原基，该处细胞迅速增生，反复分支分化为肝板和肝内胆管上皮，它们与横膈内的卵黄静脉和脐静脉演变的肝血窦交错。约第 6 周，肝细胞间出现胆小管，第 9 ~ 10 周出现肝小叶。原始横膈中的间充质分化为肝内结缔组织和肝被膜。第 3 个月，肝细胞开始分泌胆汁，胚胎时期肝还具有造血功能。

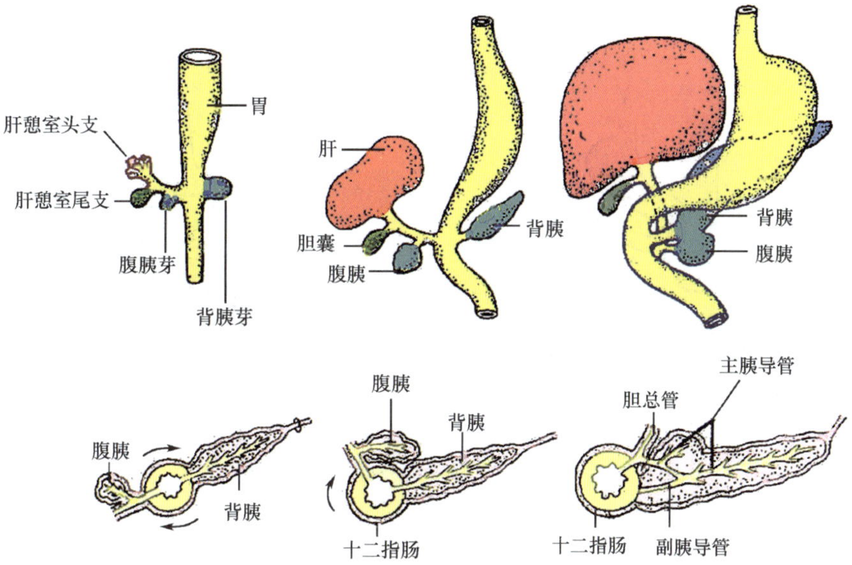

图 24-4*　肝、胆、胰的发生

肝憩室的尾支较小，其近端伸长形成胆囊管，远端扩大形成胆囊（图 24-4）。肝憩室的基部伸长形成胆总管，并与胰腺导管合并，开口于十二指肠。

5. 胰的发生　第 4 周末，前肠末端近肝憩室处，内胚层细胞增生，分别向腹侧和背侧突出形成两个突起，称**腹胰芽**（ventral pancreatic bud）和**背胰芽**（dorsalpancreatic bud），它们是胰腺的原基。背、腹胰芽的上皮细胞增生并反复分支，形成各级导管及其末端的腺泡。由于胃和十二指肠的旋转及肠壁的不等速生长，致使腹胰由腹侧转向右侧，背胰转向左侧，腹胰逐渐移至背胰的下方并与之融合，形成一个胰腺。腹胰的导管和背胰导管的远侧段构成主胰导管，主胰导管和胆总管汇合开口于十二指肠乳头。背胰导管近侧段退化消失，若不退化则形成副胰导管。胚胎第 3 个月时，部分上皮细胞游离进入间充质，形成细胞团并分化为胰岛。

（二）中肠的演变

胚胎第 4 周时，中肠为一条直管，以背系膜连于腹后壁。第 5 周，由于中肠的增长速度较快，致使肠管向腹侧弯曲形成“U”字形袢，称**中肠袢**（midgut loop）。中肠袢的背系膜内有肠系膜上动脉走行。中肠袢顶端连于卵黄蒂，并以此为界分为头、尾两支（图 24-5A）。

中肠袢生长迅速，至第 6 周，由于肝、肾的发育，腹腔容积相对较小，致使中肠袢突入脐带中的胚外体腔，即脐腔（umbilical coelom），形成**生理性脐疝**（physiological umbilical herniation）。中肠袢在脐腔中生长的同时，以肠系膜上动脉为轴发生 90° 逆时针旋转（从腹面观）（图 24-5B），使中肠袢的头支从上方转向右侧，尾支从下方转向左侧。此时，尾支近卵黄蒂处长出一囊状突起，称**盲肠突**（caecal bud），是盲肠和阑尾的原基，也是大肠与小肠的分界点。

第 10 周，由于腹腔容积增大，脐腔内中肠袢退回腹腔，脐腔随之闭锁。退回时头支先退，尾支随后，逆时针方向再旋转 180°，使头支转至左侧，尾支转至右侧（图 24-5C）。头支进一步演化为空肠和

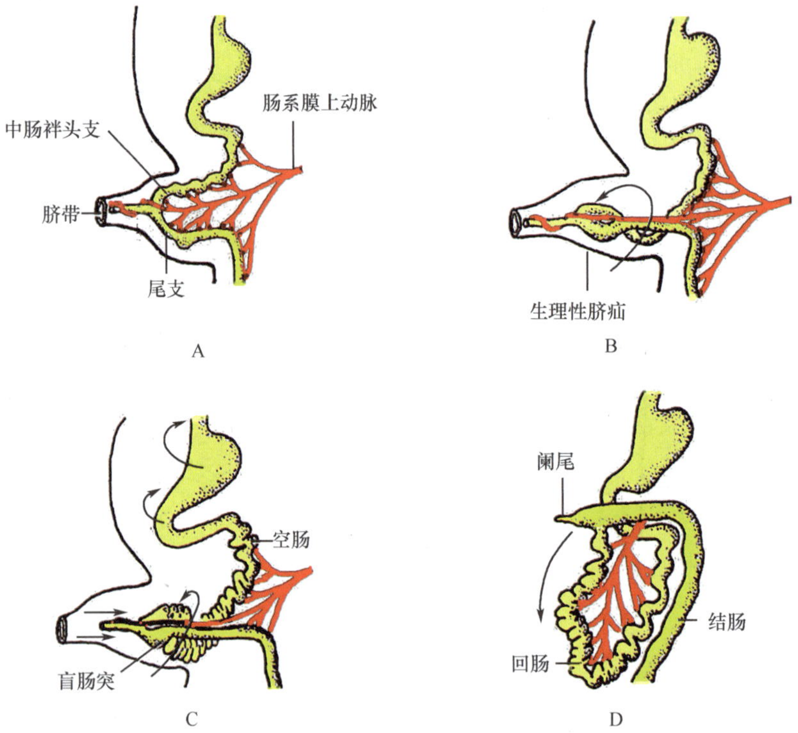

图 24-5* 中肠袢的旋转

回肠的大部分，位居腹腔的中部；尾支形成回肠末端至横结肠的右 2/3 段，主要位居腹腔的周边（图 24-5D）。盲肠突从肝右叶下方逐渐下降到右髂窝，其近侧段形成盲肠，远侧段形成阑尾。

胚胎第 6 周以后，卵黄蒂退化闭锁，脱离肠袢，最终消失。

（三）后肠的演变

当中肠袢退回到腹腔时，后肠的大部被推向左侧，形成横结肠的左 1/3 段、降结肠和乙状结肠（图 24-5D）。后肠的末段膨大，称**泄殖腔**（cloaca），其腹侧与尿囊相连，末端有泄殖腔膜封闭。人胚第 4～7 周，后肠与尿囊之间的间充质增生，形成**尿直肠隔**（urorectal septum）。它向尾端生长，抵达泄殖腔膜并与之愈合，将泄殖腔分隔成背侧的**肛直肠管**（anorectal canal）和腹侧的**尿生殖窦**（urogenital sinus）。肛直肠管将分化为直肠和肛管上段，尿生殖窦分化为膀胱和尿道（详见第 25 章）。泄殖腔膜也被分为腹侧的尿生殖膜和背侧的肛膜，尿直肠隔的尾端形成会阴体（图 24-6）。肛膜外方有一浅凹，称肛凹（anal pit）。第 8 周时，肛膜破裂，肛凹加深，演化为肛管下段。肛管上段的上皮来源于内胚层，肛管下段的上皮来源于外胚层，两者的分界线为齿状线。

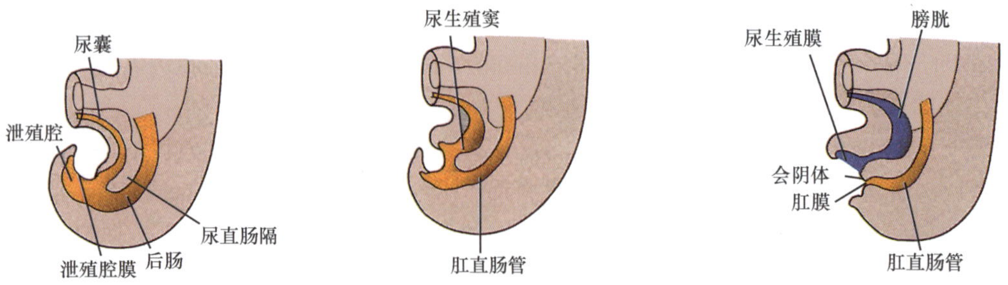

图 24-6* 泄殖腔的分隔

二、呼吸系统的发生

第 4 周时，原始咽尾端底壁正中出现一纵行浅沟，称为**喉气管沟**（laryngotracheal groove）。此沟逐渐加深，从尾端向头端愈合，形成一囊状突起，称**喉气管憩室**（laryngotracheal diverticulum），它是喉、气管的原基。喉气管憩室与食管间的间充质增生，形成**气管食管隔**（tracheoesophageal septum）（图 24-7）。喉气管憩室的上端发育为喉，中段发育为气管，末端膨大并分为左、右两支，称**肺芽**（lung bud），是支气管和肺的原基。肺芽呈树枝状反复分支（图 24-8）。第 24 周时分支已达 17 级，出现终末细支气管、呼吸性细支气管和少量肺泡。第 28 周时，肺泡数量增多，肺泡上皮除Ⅰ型肺泡细胞外，还出现了Ⅱ型肺泡细胞，并开始分泌表面活性物质，肺泡隔内有丰富的毛细血管，胎儿出生可进行呼吸，故妊娠 7 个月的胎儿出生后也能够存活。

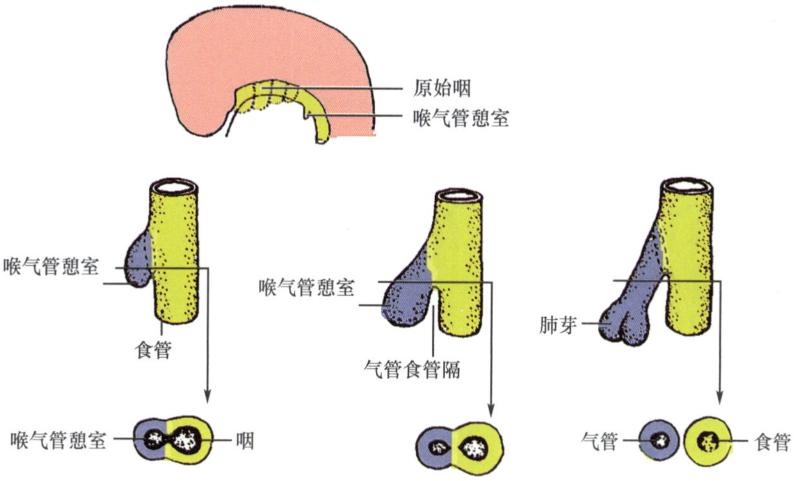

图 24-7*　喉气管憩室的发生和演化

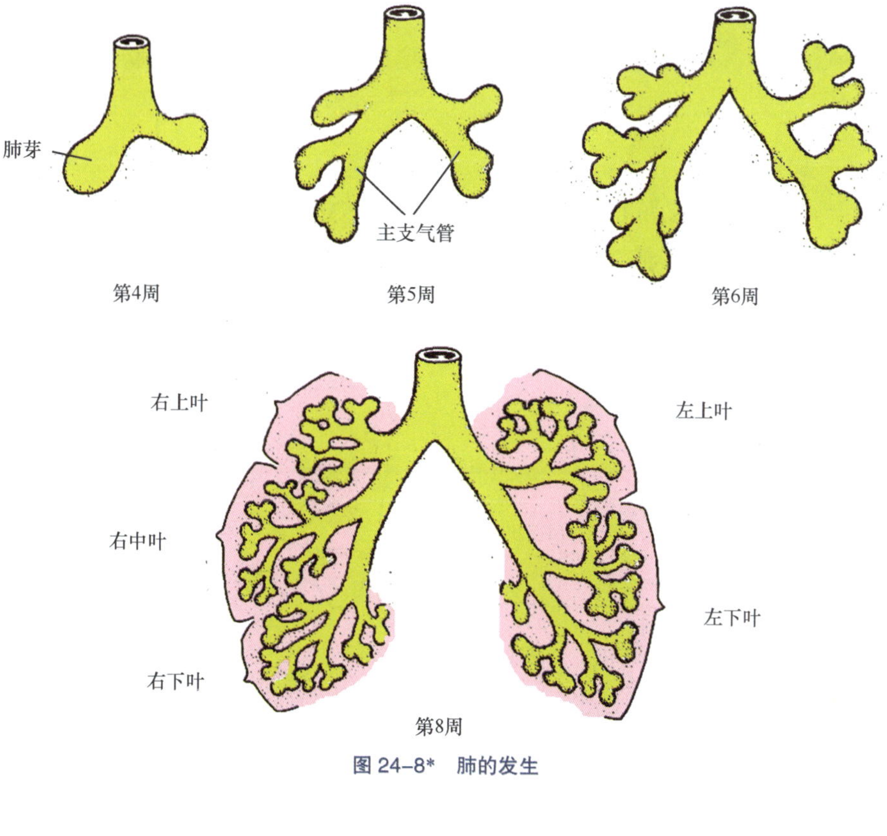

图 24-8*　肺的发生

三、消化系统和呼吸系统的常见先天性畸形

1. 消化管狭窄或闭锁　主要见于食管和十二指肠，在其发生过程中，上皮细胞曾一度出现过度增生而使管腔狭窄或闭锁。随后过度增生的细胞凋亡，上皮变薄，管腔重新出现。若管腔重建过程受阻，则引起消化管狭窄或闭锁。

2. 先天性脐疝　先天性脐疝（congenital umbilical hernia）是由于肠袢未从脐腔退回腹腔或脐腔未闭锁，当腹压增高时，肠管可从脐部膨出（图 24-9A）。

3. 卵黄蒂相关畸形　胚胎第 6 周，卵黄蒂闭锁并逐渐退化消失。若卵黄蒂未闭锁，回肠与脐之间残留一瘘管，出生后，肠内容物可由此从脐溢出，这种异常称脐瘘或卵黄蒂瘘（图 24-9B）。若卵黄蒂远段闭锁，但基部保留一段盲囊连于回肠，则称**麦克尔憩室**（Meckel's diverticulum）（图 24-9C），又称回肠憩室，其较为常见，多位于距回盲部 40 ～ 50 cm 处的回肠壁上。其顶端可有纤维索（卵黄蒂韧带）与脐相连。

图 24-9*　肠管先天性畸形

4. 先天性巨结肠　由于神经嵴细胞未能迁移至结肠壁内，使该段肠壁缺少副交感神经节细胞，肠壁失去收缩力，肠腔内容物淤积而使上段肠管极度扩张。该畸形多见于乙状结肠。

5. 肛门闭锁　**肛门闭锁**（imperforate anus）多发生于男胎，是由于肛膜未破或肛凹与直肠末端未相通所致，常伴有各种直肠瘘，如直肠尿道瘘、直肠阴道瘘、直肠会阴瘘、直肠膀胱瘘等（图 24-10）。

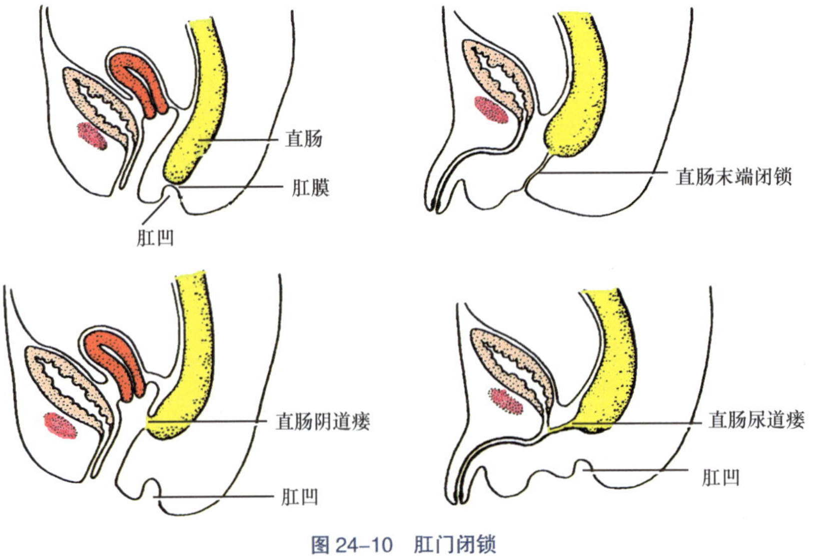

图 24-10　肛门闭锁

6. 中肠袢旋转异常　中肠袢从脐腔退回腹腔时，应逆时针方向旋转 180 度。如果未发生旋转、转位不全或反向转位，就会形成各种各样的消化管异位，并常伴有心、肝、脾等器官的异位。

7. 气管食管瘘 **气管食管瘘**（tracheoesophageal fistula）是因气管食管隔发育不良，导致气管与食管分隔不完全，两者间有瘘管相通（图 24-11）。

8. 透明膜病 多见于早产儿。由于Ⅱ型肺泡细胞分化不良，不能分泌足够的表面活性物质，致使肺泡表面张力增大，胎儿出生后，肺泡不能随呼吸运动而扩张。镜下可见肺泡萎缩塌陷，间质水肿，肺泡上皮表面覆盖一层透明状血浆蛋白膜。

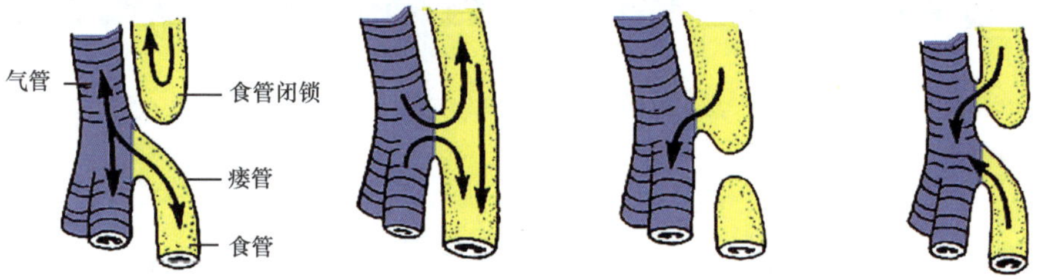

图 24-11 气管食管瘘

本章小结

消化系统和呼吸系统的发生主要由__________演变而来，消化管与呼吸道的上皮及腺的实质大多来自此结构的__________胚层，而结缔组织和肌组织则来自__________胚层。学习本章时，注意每个器官的原基及演变结果，关注生长、迁移、转位、不等速生长及闭锁等胚胎发生具体过程。

咽是由__________发育而成；第 1 对咽囊将演化为__________和__________；第 2 对咽囊的内侧份演变为__________；第 3 对咽囊的腹侧份上皮增生迁移形成__________，背侧份上皮增生下移形成__________；第 4 对咽囊背侧份上皮细胞增生迁移，分化成__________；第 5 对咽囊形成一小的细胞团，称__________，其部分细胞迁入甲状腺内，分化为__________。

除上述结构外，前肠还可演变为__________、__________以及部分__________等消化管黏膜上皮。肝的原基是__________，其可分为头支和尾支，头支细胞增生，反复分支分化为__________和__________；尾支演变为__________和__________。胰腺有两个来源，分别是__________和__________。

胚胎第 6 周时，“U”字形中肠袢生长迅速，突入__________中，形成__________。中肠袢在此以肠系膜上动脉为轴先逆时针旋转__________度，胚胎第 10 周中肠袢退回腹腔时继续按原方向旋转__________度。在此期间，尾支近卵黄蒂处长出一囊状突起，称__________，是__________和__________的原基。

后肠的末段膨大，称__________。后肠与尿囊之间的间充质增生，向尾端生长，形成__________，它将前述结构分隔成背侧的__________和腹侧的__________。前者将分化为__________和__________，后者分化为__________和__________。

喉、气管的原基是__________，其末端膨大并分为左、右两支，称__________，是__________和__________的原基。

（吴 宏）

第二十五章

泌尿系统和生殖系统的发生

学习要点

① 前肾、中肾及后肾的发生；② 膀胱和尿道的发生；③ 生殖腺、生殖管道、外生殖器的发生和性别分化；④ 泌尿系统和生殖系统的常见先天性畸形。

泌尿系统和生殖系统的发生关系密切，肾、输尿管及生殖腺、生殖管道起源于间介中胚层。胚胎发育第 4 周，随着胚体侧褶的形成，间介中胚层逐渐向腹侧移动，在头段形成节段性排列的细胞团，称**生肾节**（nephrotome），它是前肾的原基。在胸、腰、骶部形成左、右两条纵行不分节的索状结构，称**生肾索**（nephrogenic cord）。第 4 周末，生肾索进一步增生，在背主动脉两侧形成左右对称的一对突向体腔的纵行隆起，称**尿生殖嵴**（urogenital ridge），它是肾、生殖腺及生殖管道发生的原基。尿生殖嵴进一步发育，中部出现一条纵沟，将其分为外侧粗而长的中肾嵴（mesonephric ridge）和内侧细而短的**生殖腺嵴**（gonadal ridge）（图 25-1）。

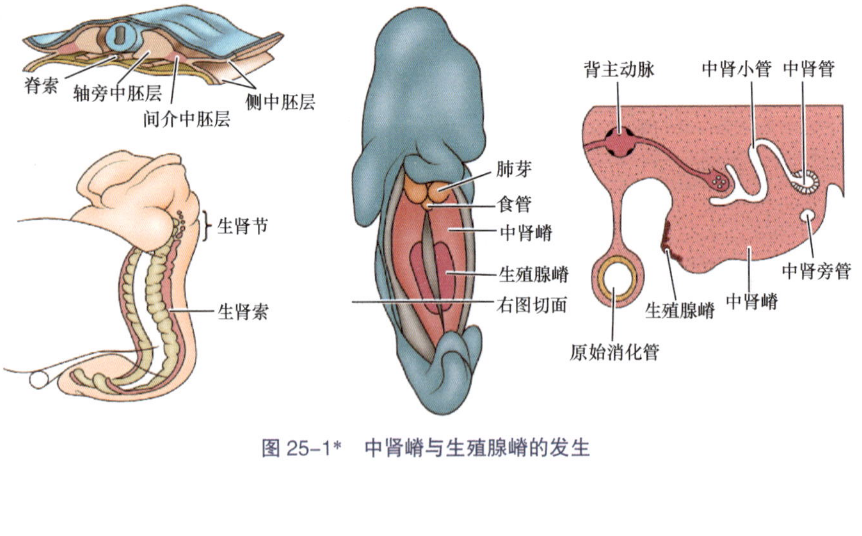

图 25-1* 中肾嵴与生殖腺嵴的发生

一、泌尿系统的发生

（一）肾和输尿管的发生

人胚肾的发生分为三个阶段，即从胚体颈部向盆部相继出现的前肾、中肾和后肾。前肾和中肾是生物进化过程的重演，后肾是人类的永久肾。

1. 前肾　**前肾**（pronephros）又称原肾，人胚第 4 周初，颈部第 7 ～ 14 体节外侧的生肾节从头端向尾端先后形成数条横行管道即前肾小管，其内侧端开口于胚内体腔，外侧端均向尾部延伸，并相连成一条纵行的前肾管。前肾在人类无功能意义，第 4 周末前肾小管和头端一部分前肾管退化，但前肾管的大部分保留，向尾部继续延伸，成为中肾管（图 25-2）。

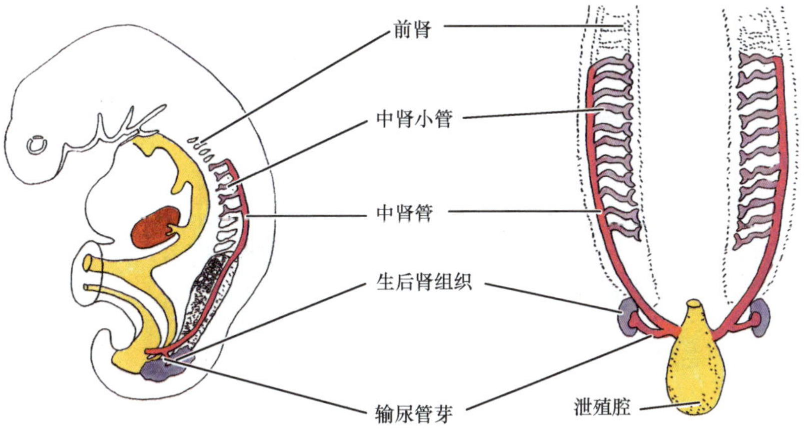

图 25-2*　前、中、后肾的发生

2. 中肾　**中肾**（mesonephros）发生在前肾尾端。第 4 周末，位于第 14 ～ 28 体节外侧的中肾嵴内，从头至尾相继发生许多横行“S”形小管，称**中肾小管**（mesonephric tubule）。两侧中肾小管共发生约 80 对。中肾小管内侧端膨大并凹陷成双层杯状的肾小囊，内有从背主动脉分支而来的毛细血管球，两者共同组成肾小体（图 25-1）；中肾小管外侧端接于前肾管，于是前肾管改称为**中肾管**（mesonephric duct，又称 Wolff 管）。该管尾端通入泄殖腔（图 25-2）。在人类，中肾可能有短暂的功能活动。至第 2 个月末，中肾大部分退化，仅留下中肾管及尾端小部分中肾小管。

3. 后肾　第 5 周初，**后肾**（metanephros）开始形成，它起源于输尿管芽和生后肾组织两个部分（图 25-2）。

（1）输尿管芽：**输尿管芽**（ureteric bud）是指左右中肾管末端近泄殖腔处向背外侧长出的一条盲管。输尿管芽向胚体头侧方向延伸，长入生后肾组织中，其末端膨大并反复分支。输尿管芽的主干形成输尿管，其各级分支分别演变为肾盂、肾盏和集合小管。集合小管的末端呈“T”形分支，弓形盲端诱导邻近的生后肾组织分化为肾单位（图 25-3）。

（2）生后肾组织：**生后肾组织**（metanephrogenic tissue）是中肾嵴尾端的中胚层组织。其外周部分演变为肾的被膜，中央部分形成多个细胞团，附于弓形集合小管的盲端。在集合小管的诱导下，其逐渐演变成“S”形弯曲的后肾小管，一端与弓形集合小管的盲端相连通，另一端膨大凹陷形成肾小囊，有肾动脉分支形成的毛细血管球突入，两者共同组成肾小体。“S”形小管逐渐增长，分化成肾小管各段。肾小管与肾小体共同组成肾单位。近髓肾单位发生较早，随着集合小管末端不断向皮质浅层生长并分支，陆续诱导生后肾组织形成浅表肾单位（图 25-4）。胎儿出生后，不再发生新的集合小管和肾单位，但原有肾单位的生长发育使肾体积增大。

由于后肾发生于中肾嵴的尾侧，故肾的原始位置较低。随着胚体生长和输尿管芽延伸，肾的位置逐渐上升至腰部。原来朝向腹侧的肾门，逐渐转向内侧。人胚 3 个月时，后肾开始产生尿液，其功能持续于整个胎儿期。尿液排入羊膜腔，成为羊水的一个来源。由于胚胎的代谢产物主要由胎盘排泄，故胎儿期肾的排泄功能极微。

（二）膀胱和尿道的发生

人胚第 4 ～ 7 周时，尿直肠隔将泄殖腔分隔为尿生殖窦和肛直肠管两部分。尿生殖窦又分为三段：

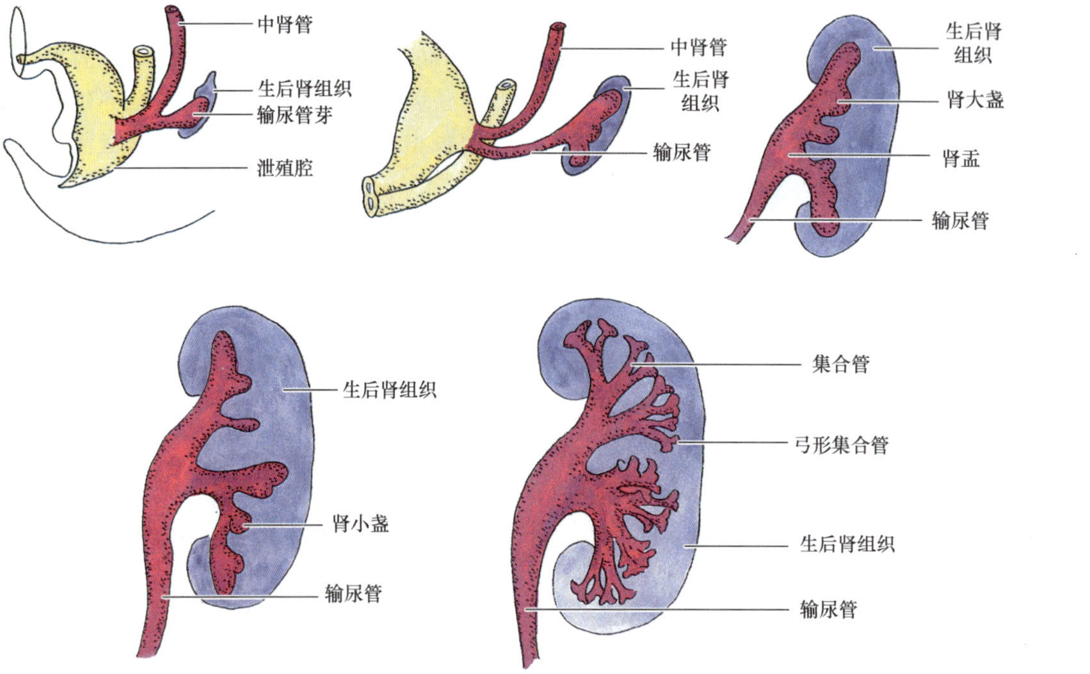

图 25-3　后肾的发生

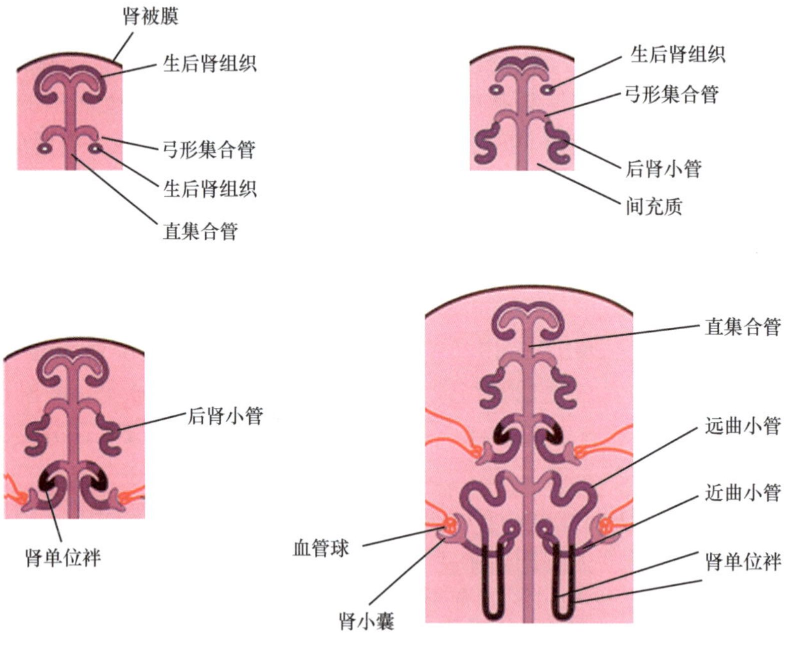

图 25-4*　集合小管与肾单位的发生

上段较膨大，发育为膀胱，其顶端与尿囊相接，连接膀胱与脐之间的尿囊缩窄为**脐尿管**。胎儿出生前脐尿管闭锁退化成纤维索，称**脐中韧带**。随着尿生殖窦扩大，输尿管芽开口处以下的左、右中肾管并入膀胱壁，导致输尿管与中肾管分别开口于尿生殖窦。中段较为狭窄，保持管状，在女性形成尿道，在男性成为尿道的前列腺部和膜部；下段在女性扩大成阴道前庭，在男性则形成尿道海绵体部（图 25-5）。

（三）泌尿系统的常见先天性畸形

1. 多囊肾　**多囊肾**（polycystic kidney）是一种常见畸形。由于集合小管与远端小管未接通，或者是集合小管发育异常，管道阻塞，使肾单位产生的尿液不能排出而积聚，肾内出现大小不等的囊泡，使周围正常肾组织受压而萎缩，造成肾功能障碍（图 25-6A）。

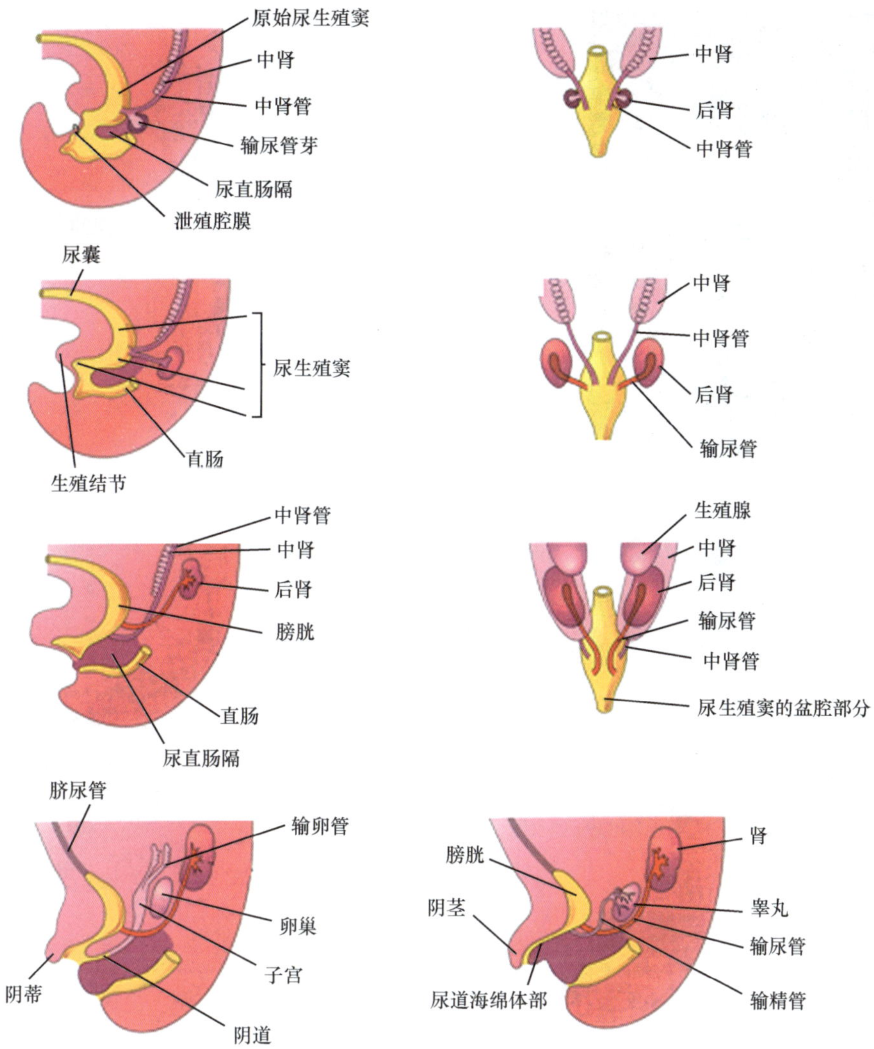

图 25-5* 中肾、后肾、膀胱和尿道的发生

2. 异位肾 凡肾在上升过程中受阻，使出生后肾未达到正常位置者，均称**异位肾**，常见于盆腔内（图 25-6B）。

3. 马蹄肾 马蹄肾是由于两肾的下端异常融合而形成一个马蹄形的肾，其原因为肾上升时被肠系膜下动脉根部所阻而致，其位置较低（图 25-6C）。

4. 肾缺如 肾缺如的原因是中肾管未长出输尿管芽，或者是输尿管芽未能诱导生后肾组织分化出后肾。单侧肾缺如发生率占出生婴儿的 1/1 000，双侧肾缺如者少见。单侧肾缺如由于功能上的代偿可无症状。

5. 双输尿管 双输尿管是由于在同一侧发生两个输尿管芽或一个输尿管芽过早分支所致。此时一个肾有两个肾盂，各连一条输尿管，两条输尿管可分别开口于膀胱，或两条输尿管合并为一条开口于膀胱。

6. 脐尿瘘 膀胱顶端与脐之间的脐尿管未闭锁，出生后尿液可从脐部漏出，称**脐尿瘘**（图 25-6D）。若仅部分脐尿管残留并扩张，则形成脐尿管囊肿。

7. 膀胱外翻 尿生殖窦与表面外胚层之间未形成间充质，因此在下腹壁无肌肉覆盖膀胱，致使薄的表皮和膀胱前壁破裂，膀胱黏膜外露，称**膀胱外翻**。多见于男性。

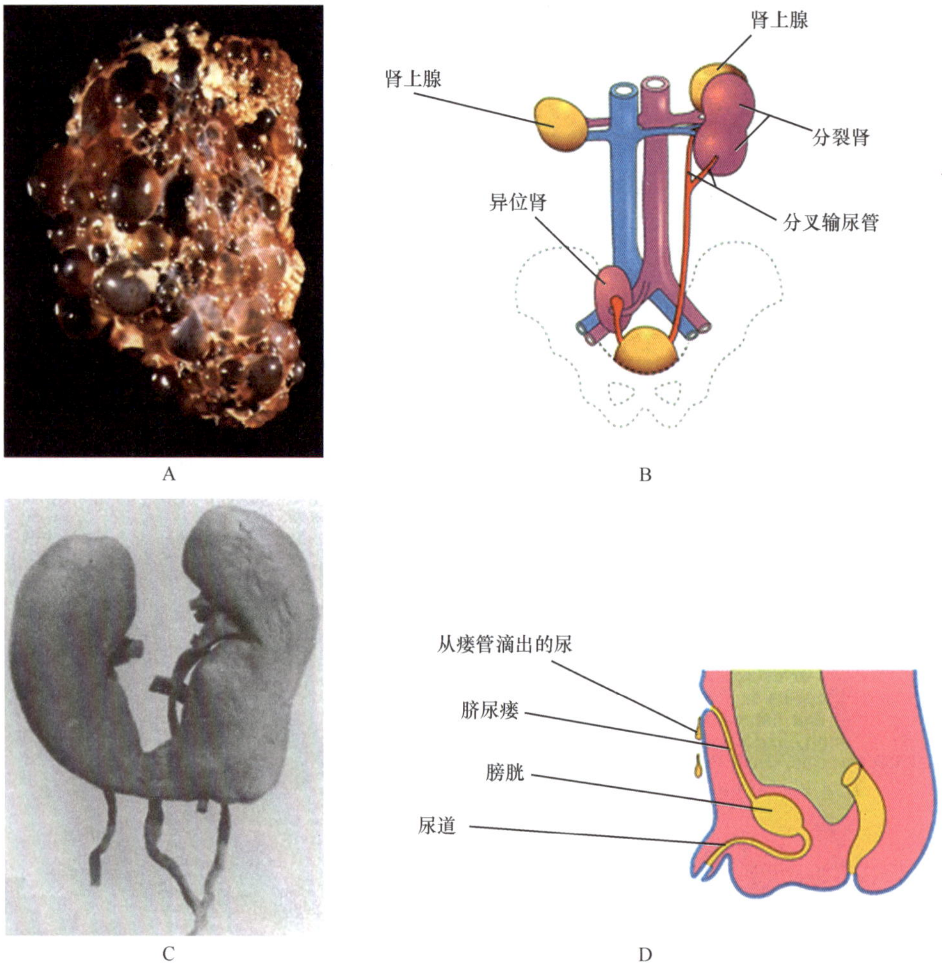

图 25-6　泌尿系统先天性畸形

二、生殖系统的发生

胚胎的遗传性别虽在受精时就已确定，但直到胚胎第 7 周，生殖腺才能分辨出性别，而生殖管道和外生殖器的性别分化时间更晚，要到第 12 周才能分辨外生殖器的性别。故生殖系统在发生中可分为性未分化和性分化两个阶段。

（一）生殖腺的发生

1. 未分化性腺的发生　人胚第 6 周时，生殖腺嵴位于中肾嵴内侧，其表面的体腔上皮向下方的间充质内生长形成许多不规则的细胞索，称**初级性索**（primary sex cord）。从尿囊根部的卵黄囊内胚层分化形成的原始生殖细胞（primordial germ cell）沿着后肠的背系膜向生殖腺嵴移动，迁入初级性索内，此时，尚不能区分是睾丸或卵巢（图 25-7）。

2. 睾丸的发生　性腺的分化决定于迁入的原始生殖细胞是否含有 XY 染色体。人胚第 7 周，在 Y 染色体短臂上的性别决定区（sex determing region of the Y，SRY）基因表达的**睾丸决定因子**（testis determing factor，TDF）影响下，初级性索进一步向生殖腺嵴深部增殖，并与表面上皮分离，逐渐分化为细长弯曲的生精小管，其末端相互连接形成睾丸网。第 8 周，生殖腺嵴表面上皮下方的间充质形成一层白膜，生精小管之间的间充质细胞分化为睾丸间质细胞，并分泌雄激素。胚胎时期的生精小管为实心细胞索，内

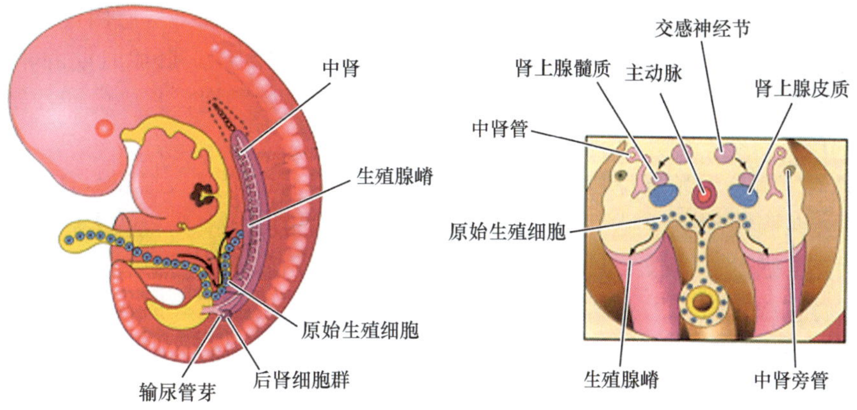

图 25-7*　原始生殖细胞的迁移

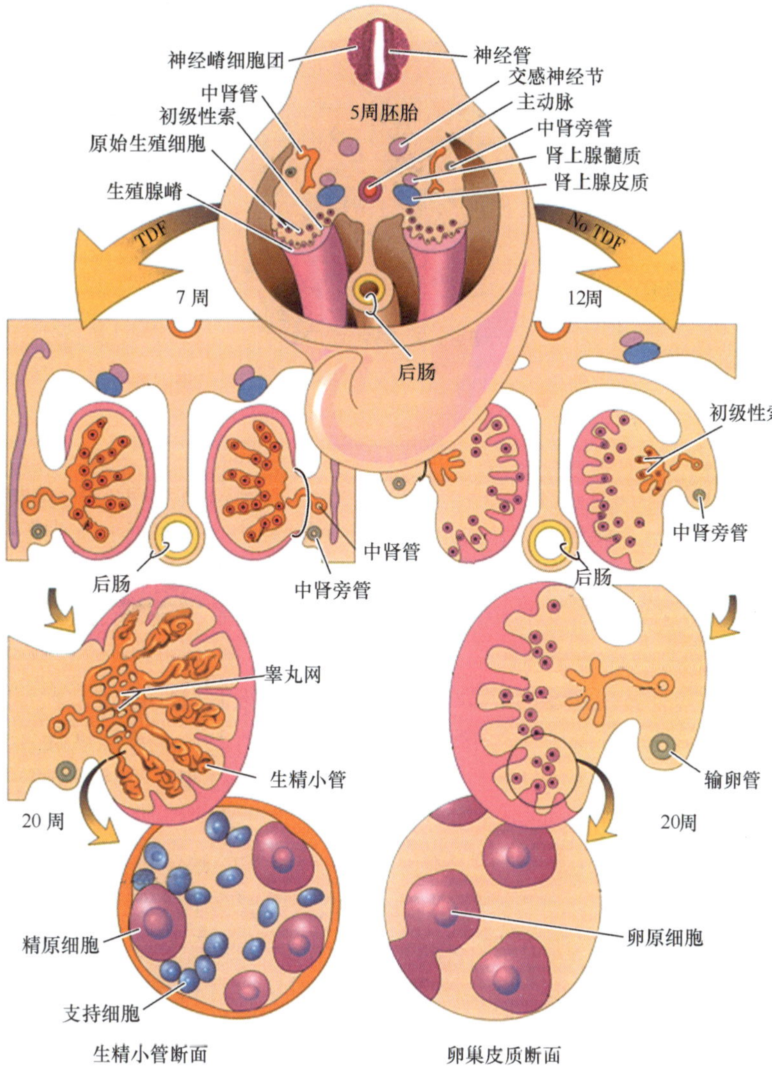

图 25-8*　性腺的发生

含两类细胞，即由初级性索分化来的支持细胞和原始生殖细胞分化的精原细胞，生精小管的这种结构状态持续至青春期前（图 25-8）。

3. 卵巢的发生　卵巢的分化比睾丸晚，原始生殖细胞含有 XX 染色体时，未分化性腺自然发育为卵巢。由于无 TDF，第 10 周后，初级性索退化，生殖腺表面上皮重新形成细胞索，称**次级性索**（secondary sex cord）或**皮质索**（cortical cord），人胚第 16 周时，皮质索被间质分隔成许多孤立的细胞团，即为原始卵泡。原始卵泡的中央是一个由原始生殖细胞分化来的卵原细胞，周围是一层由皮质索细胞分化来的小而扁平的卵泡细胞（图 25-8）。卵泡之间的间充质组成卵巢内结缔组织。胚胎时期的卵原细胞分裂增生，并分化为初级卵母细胞。出生时，卵巢内有 100 万～ 200 万个原始卵泡，其中的卵原细胞已分裂为初级卵母细胞，并停止在第一次成熟分裂前期。

4. 睾丸和卵巢的下降　生殖腺最初位于腹后壁腹膜后方，后逐渐突入腹腔，它与腹后壁之间的组织演变成系膜，即睾丸系膜或卵巢系膜。在生殖腺尾侧有一条由中胚层演变成的索状结构，称**引带**，末端与阴唇阴囊隆起相连，随着胚体长大，引带相对缩短，导致生殖腺下降。第 3 个月时，生殖腺已下降至盆腔，卵巢停留在骨盆缘下方，睾丸则继续下降，第 5 个月，睾丸接近腹股沟管内口，第 7 ～ 8 个月时抵达阴囊。当睾丸下降通过腹股沟管时，腹膜形成鞘突包于睾丸的周围，随同睾丸进入阴囊，鞘突成为鞘膜腔（图 25-9）。鞘膜腔与腹膜腔之间的通道逐渐封闭。

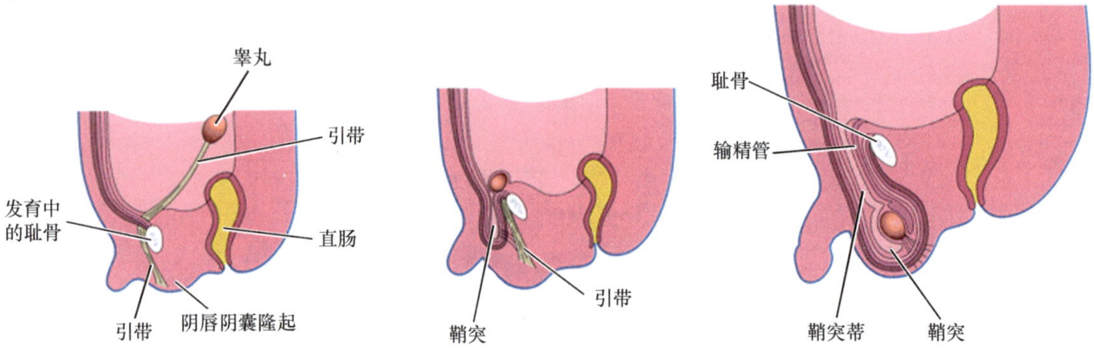

图 25-9　睾丸的下降

（二）生殖管道的发生和演变

1. 未分化期　人胚第 6 周时，男女两性胚胎都具有两套生殖管道，即**中肾管**和**中肾旁管**（paramesonephric duct，又称 Müller 管）。中肾旁管出现于第 6 周，由体腔上皮内陷卷褶而成，上段位于中肾管的外侧，两者相互平行；中段弯向内侧，越过中肾管的腹面，到达中肾管的内侧；下段的左、右中肾旁管在中线合并。中肾旁管上端呈漏斗形开口于腹腔，下端是盲端，突入尿生殖窦的背侧壁，在窦腔内形成一隆起，称**窦结节**（sinus tubercle），又称 Müller 结节（图 25-10）。

2. 男性生殖管道的分化　若生殖腺分化为睾丸，睾丸间质细胞分泌的雄激素促进中肾管发育，同时支持细胞产生的抗中肾旁管激素抑制中肾旁管的发育，使其逐渐退化。雄激素促使与睾丸相邻的中肾小管发育为附睾的输出小管，中肾管头端增长弯曲成为附睾管，中段变直形成输精管，尾端较直成为射精管和精囊（图 25-10）。

3. 女性生殖管道的分化　若生殖腺分化为卵巢，由于雄激素的缺乏，中肾小管和中肾管退化；同时，因缺乏抗中肾旁管激素的抑制作用，中肾旁管则充分发育。中肾旁管上段和中段分化形成输卵管；下段在中央愈合形成子宫及阴道穹隆部。阴道的其余部分则由尿生殖窦后壁的窦结节增生而成的阴道板形成。阴道板起初为实心结构，在第 5 个月时，演变成管道，内端与子宫相通，外端与尿生殖窦腔之间有处女膜相隔（图 25-10、图 25-11）。

（三）外生殖器的发生

1. 未分化期　人胚第 9 周前，外生殖器不能分辨性别。第 4 周，外生殖器原基开始形成，尿生殖膜头侧形成一隆起，称**生殖结节**。尿生殖膜的两侧各发生两条隆起，内侧的较小，为**尿生殖褶**，外侧的较大，为**阴唇阴囊隆起**。尿生殖褶之间的凹陷为尿生殖沟，沟底覆有尿生殖膜（图 25-12）。

2. 男性外生殖器分化　性腺分化为睾丸后，在雄激素的作用下，外生殖器向男性分化。生殖结节伸长形成阴茎，两侧的尿生殖褶沿阴茎的腹侧面，从后向前合并成管，形成尿道海绵体部。左右阴唇阴囊

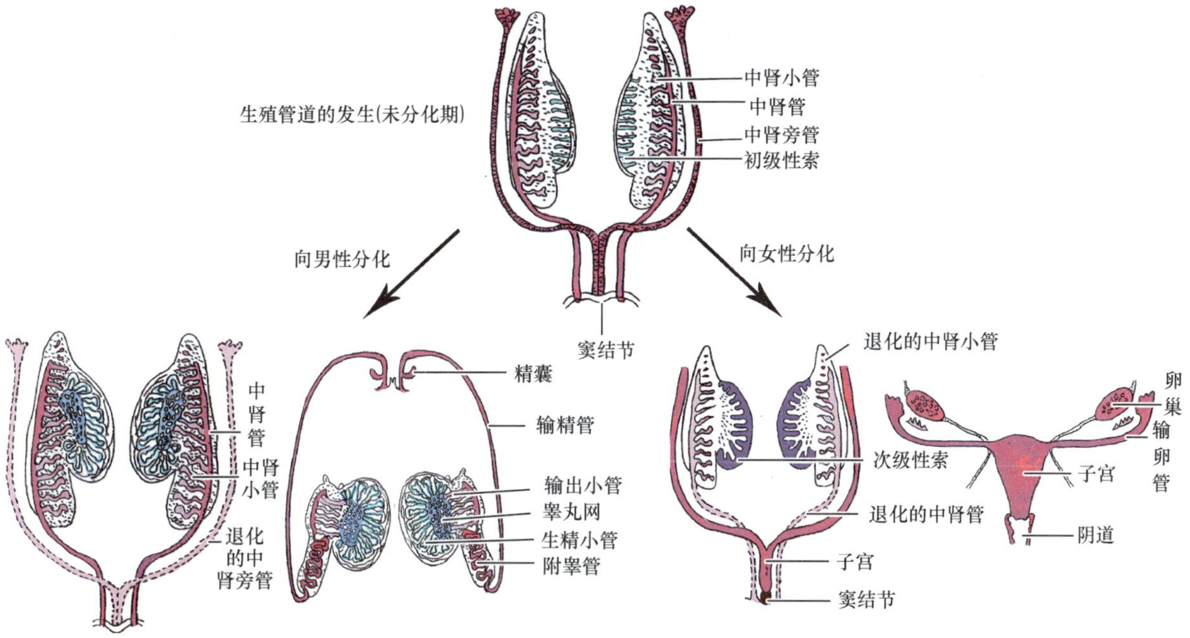

图 25-10*　生殖管道的发生及尿生殖窦的演变

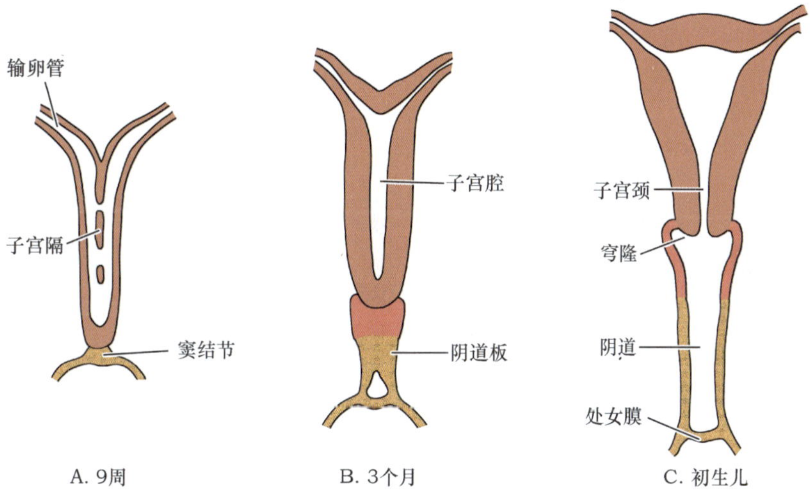

图 25-11　子宫与阴道的形成

隆起移向尾侧，并相互靠拢，在中线处愈合成阴囊（图 25-12）。

3. 女性外生殖器分化　由于无雄激素的作用，外生殖器自然向女性分化。生殖结节略增大，形成阴蒂。两侧的尿生殖褶不合并形成小阴唇。左右阴唇阴囊隆起在阴蒂前方愈合，形成阴阜，后方愈合形成阴唇后连合，大部分不愈合成为大阴唇。尿生殖沟扩展，并与尿生殖窦下段共同形成阴道前庭（图 25-12）。

（四）生殖系统的常见先天性畸形

1. 隐睾　**隐睾**（crytorchidism）是指睾丸未下降至阴囊而停留在腹腔或腹股沟等处。可单侧或双侧。因腹腔温度高于阴囊，故隐睾会影响精子发生，双侧隐睾可造成不育（图 25-13A）。

2. 先天性腹股沟疝　**先天性腹股沟疝**（congenital inguinal hernia）多见于男性。由于腹腔与鞘膜腔间的通道没有闭合或闭合不全，当腹压增大时，部分肠管可由此突入鞘膜腔，形成先天性腹股沟疝（图 25-13B）。

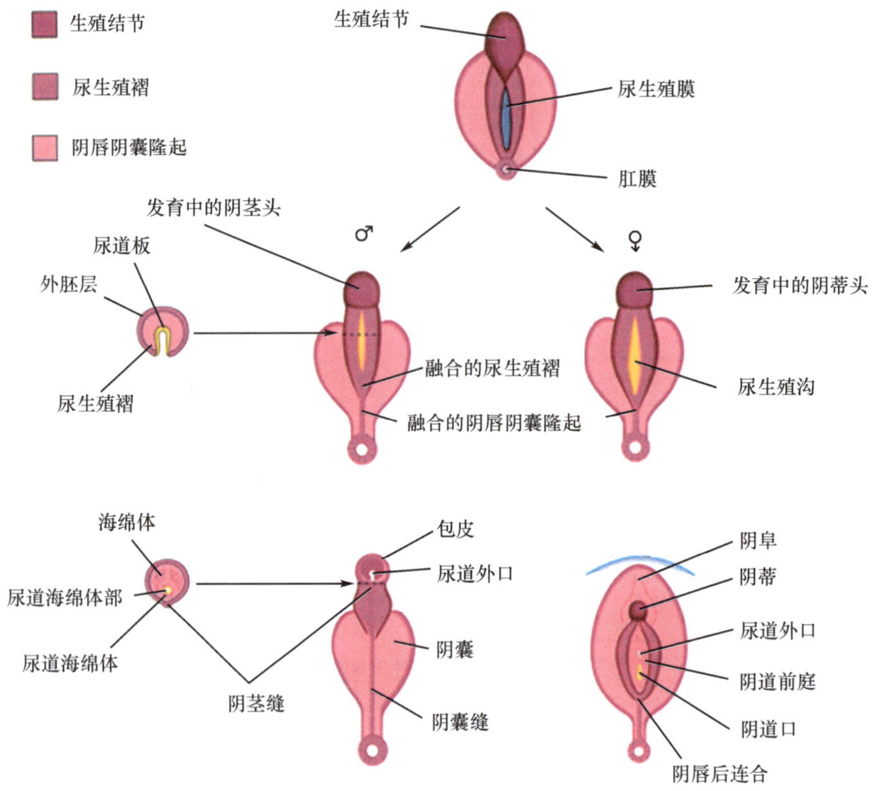

图 25-12　外生殖器的演化

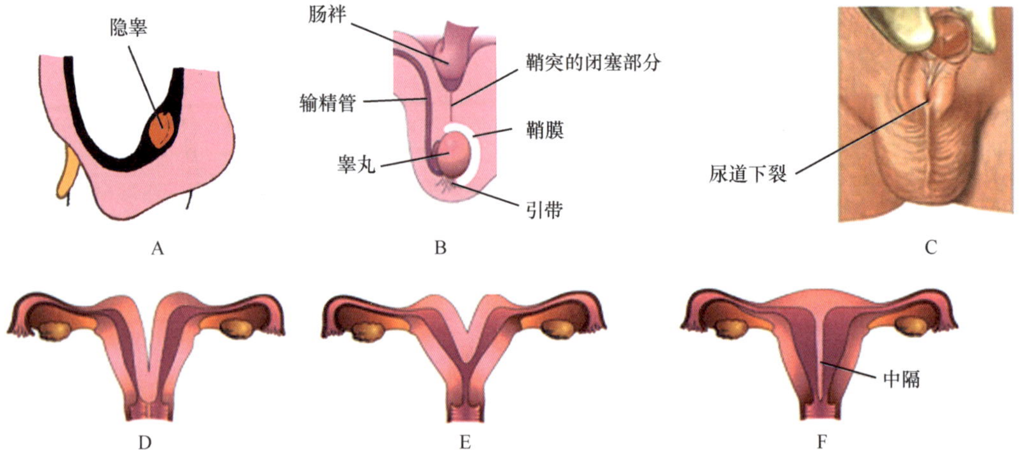

图 25-13*　生殖系统先天性畸形

3. 尿道下裂　**尿道下裂**（hypospadias）发生在男胎，如左右尿生殖褶未能在正中愈合，造成阴茎腹侧面有尿道裂口，称尿道下裂（图 25-13C）。

4. 子宫畸形　多由左右中肾旁管的下段合并异常所致，常形成以下畸形：① 双子宫（double uterus）：是由于左右中肾旁管的下段完全未愈合而形成。若同时伴有阴道纵隔，则为双子宫双阴道。② 双角子宫：仅为中肾旁管下段的上半部未愈合，则形成双角子宫。③ 中隔子宫：若中肾旁管的下段合并后，融合的壁未消失，则形成中隔子宫（图 25-13D ～ F）。

5. 阴道闭锁　**阴道闭锁**（viginal atresia）是因尿生殖窦的窦结节未形成阴道板，或因阴道板未形成管腔而导致阴道闭锁。如果仅是处女膜未破裂，则称处女膜闭锁。

6. 两性畸形　**两性畸形**（hemaphroditism）又称半阴阳，是性分化异常导致的畸形。两性畸形可分为真、假两类：① 真两性畸形：极为罕见，患者体内同时具有睾丸和卵巢，性染色体属嵌合型，即具有46，XY和46，XX两种染色体组型，其外生殖器和第二性征介于男女之间；② 假两性畸形：患者体内只有一种生殖腺，按所含睾丸或卵巢的不同，可分为男性假两性畸形和女性假两性畸形。前者虽具有睾丸，但外生殖器似女性，染色体核型为46，XY，主要由于雄激素分泌不足所致；后者具有卵巢，但外生殖器似男性，染色体核型为46，XX，由于雄激素分泌过多所致，常见为先天性肾上腺皮质增生症，肾上腺皮质分泌过多雄激素，使外生殖器男性化。

7. 雄激素不敏感综合征　**雄激素不敏感综合征**（androgen insensitive syndrome）又称睾丸女性化综合征。患者虽有睾丸，也能分泌雄激素，染色体核型为46，XY，但因体细胞和中肾管细胞缺乏雄激素受体，使中肾管未能发育为男性生殖管道，外生殖器也未向男性方向分化，而睾丸支持细胞产生的抗中肾旁管激素仍能抑制中肾旁管的发育，故输卵管与子宫也未能发育，患者外阴似女性，且具有女性第二性征。

本章小结

泌尿系统和生殖系统的主要器官均起源于__________。由它在腹后壁两侧形成的生肾索演变为__________，它是肾、输尿管、生殖腺和生殖管道发生的原基。肾和输尿管的发生经历了__________、__________、__________三个阶段，最后一个阶段为永久肾，其来自__________和__________。尿生殖窦逐渐演变为__________和__________。

生殖系统各器官的发生均经历了__________和__________两个阶段。生殖腺最早发生形成，生殖管道和外生殖器的发生在其后。生殖腺有自然向__________分化的趋势，要分化为睾丸必须依赖于__________染色体短臂上性别决定区所表达的__________。在早期，男女两性胚胎都具有两套生殖管道，即__________和__________，在男性__________退化，在女性__________退化。而生殖管道和外生殖器的演变与__________激素密切相关。

（吴　宏）

第二十六章

心血管系统的发生

学习要点

① 原始心血管的发生；② 心脏外形的建立与心脏内部的分隔；③ 胎儿的血液循环途径、特点及出生后的改变；④ 心血系统常见的先天畸形。

心血管系统是胚胎最早发生，最早执行功能的系统，胚胎首先形成原始心血管系统，约在第 4 周末开始定向血液循环。使胚胎能有效地从母体获得养料和排出废物，以适应胚胎迅速发育需要。心血管系统由中胚层分化而来，胚胎早期心血管系统左右对称，后来通过生长、扩大、合并、萎缩等复杂过程，演变成为非对称的心血管布局。

一、原始心血管系统的建立

人胚第 3 周，在卵黄囊壁上的胚外中胚层间充质细胞聚集成团，称**血岛**（blood island）。血岛中央的细胞游离变圆，分化为造血干细胞，血岛周边的细胞变扁平，分化为内皮细胞。内皮细胞不断向外出芽延伸，与相邻的血岛内皮细胞相互融合通连，逐渐形成原始内皮管网。第 18 ～ 20 天，胚体内各处间充质内出现裂隙，裂隙周围的间充质细胞变扁围成内皮管，逐渐形成胚内毛细血管，相邻血管内皮以出芽方式相互通连，形成胚体内的内皮管网。第 3 周时，胚内与胚外血管在体蒂处彼此相连。在发育过程中有的内皮管因相互融合及血液汇流而增粗，有的则因血液减少而萎缩甚至消失，逐渐形成了胚胎早期原始心血管系统（图 26-1）。第 4 周末，原始心脏开始节律性跳动，启动了最早的定向血液循环。

原始心血管系统左右对称，主要由心管、动脉和静脉组成。到第 3 周末，胚体内外已建立了胚体循环，卵黄囊循环和脐循环通路。

1. 心管　开始为一对，位于原始消化管头端腹侧，胚胎发育至第 4 周时，左右心管合并为一条。

2. 动脉　① **背主动脉**（dorsal aorta）一对，由心管发出，位于原始肠管背侧，从咽至尾侧左、右背主动脉合并成一条，沿途发生若干对节间动脉，营养胚体各部。② **卵黄动脉**（vitelline artery）若干对，从背主动脉腹侧发出，分布于卵黄囊。③ **尿囊动脉**（allantoic artery）一对，从背主动脉尾端发出，以后演变为**脐动脉**（umbilical artery），经体蒂分布于绒毛膜。④ **弓动脉**（aortic arch）六对，连接腹主动脉与背主动脉，位于胚胎头端，穿行于相应的鳃弓内。⑤ **腹主动脉**位于前肠腹侧，当两条心管合并为一条心管时，左、右两条腹主动脉的近心端也融合成一条主动脉囊。

3. 静脉　在动脉发生的同时，胚体内出现了三对主要静脉，它们收集早期胚胎不同部位回流的血液。

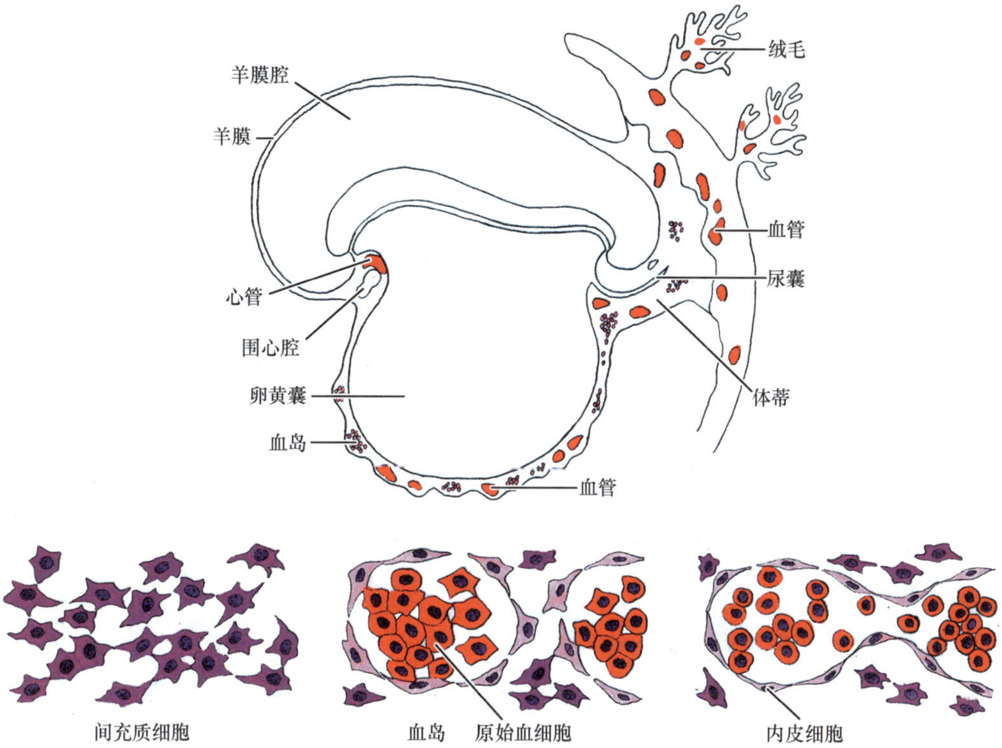

图 26-1　血岛与原始血管形成

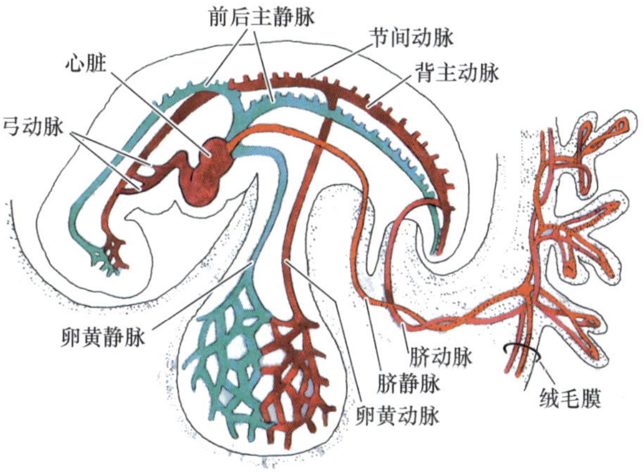

图 26-2　原始心血管系统模式图（第 4 周）

① **卵黄静脉**（vitelline vein）一对，收集卵黄囊来的血液回流入心脏。② **脐静脉**（umbilical vein）一条，收集绒毛膜内含氧和营养物质的血液，输送至心脏。③ **主静脉**（cardinal vein）：包括一对前主静脉收集头颈和上肢的血流，一对后主静脉收集胚体其余部位的血流，两侧的前、后主静脉汇合成左、右总主静脉，分别开口于心管尾端静脉窦的左、右角。

二、心 脏 的 发 生

（一）原始心脏的形成

人胚第 18 ～ 19 天，口咽膜头端生心区出现两条细胞索，称**生心索**（cardiogenic cord），生心索背侧发生一个腔，称**围心腔**（pericardiac coelom）。以后围心腔发育成心包腔。生心索中央出现空腔，分别形成左、右各一条纵行的内皮管道，称**原始心管**（primitive heart tube）。随着胚胎头端向腹侧卷曲，原始心管由口咽膜的头侧转向前肠腹侧，围心腔也由原始心管的背侧转到原始心管的腹侧。当胚体发生侧褶时，左右并列的一对原始心管向中心靠拢，约在第 22 天融合成一条心管，心管头端与动脉连接，尾端与静脉相连。由于心管头、尾还保留有心背系膜而固定外，其余大部分心背系膜退化消失，使心管大部分游离在围心腔内（图 26-3）。心管壁分内、外两层，内层分化为心内膜，外层分化为心肌膜和心外膜。至此，早期的心管已具备心内膜、心肌膜和心外膜三层结构的雏形。

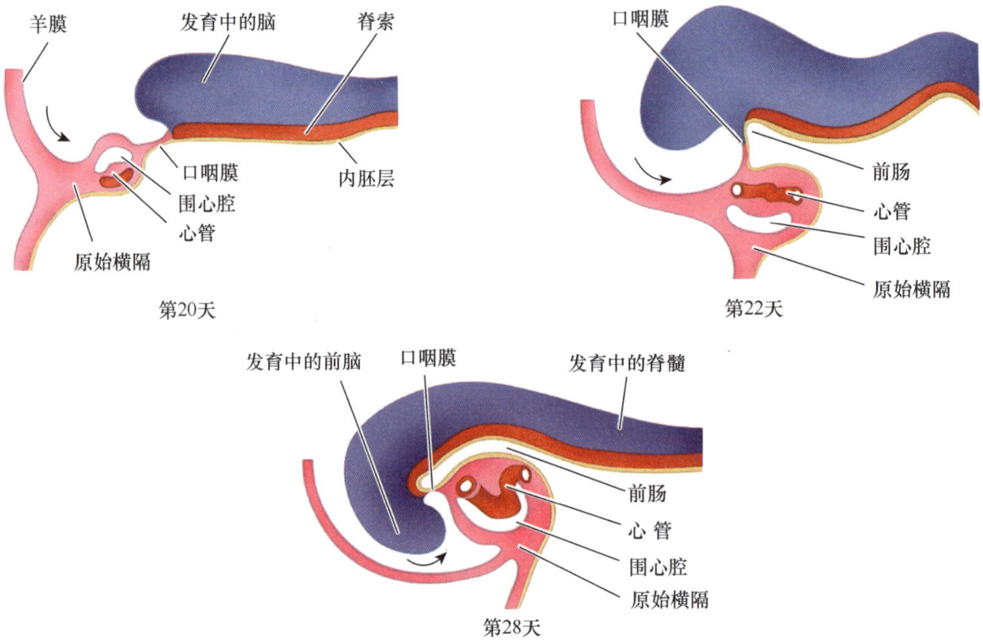

图 26-3 原始心脏的位置变化（人胚头部纵切）

（二）心脏外形的建立

由于心管各段生长速度不同，心管发生两个收缩环，形成三个膨大部分，从头端到尾端依次为**心球**（bulbus cordis）、心室和心房。之后，在心房尾端又出现了一个膨大的部分，称**静脉窦**。静脉窦分为左、右两角，左、右总主静脉，脐静脉和卵黄静脉分别通入两个角。

在心管发生过程中，由于心管头尾两端固定，而心管游离部的发育远较心包腔扩展速度快，因而心球和心室首先形成“U”形弯曲。不久，心房渐渐离开原始横隔，移至心室头端背侧，并稍偏左。静脉窦从原始横隔内游离出来，位于心房背面尾侧。进而心脏外形转变成“S”形。第 1 个弯曲发生在心球与心室之间，第 2 个弯曲发生在心房和心室之间。此时，心房转向背侧、头侧，心室转向腹侧、尾侧。而心房受腹侧的心球和后面的食管限制，向左、右方向扩展，膨出于心球两侧，将来形成左、右心房。心球近心室部分被吸收纳入心室，成为原始右心室，原来的心室演化为原始左心室。心房和心室间缩窄明显，形成**房室管**（atrio-ventricular canal），左、右心室之间出现室间沟（图 26-4）。至此，成体心脏的外形已初步形成，但内部仍未完全分隔。

（三）心脏内部的分隔

人胚胎心脏内部的分隔发生于胚胎第 4 ～ 7 周，心脏各部的分隔同时进行。

1. 房室管的分隔 胚胎第 4 周，房室管的背、腹两侧心内膜增厚，形成隆起，分别称为**背、腹心内膜垫**。第 5 周末，两个心内膜垫相互融合，将房室管分成左、右房室孔（图 26-5）。房室孔处的间充质局

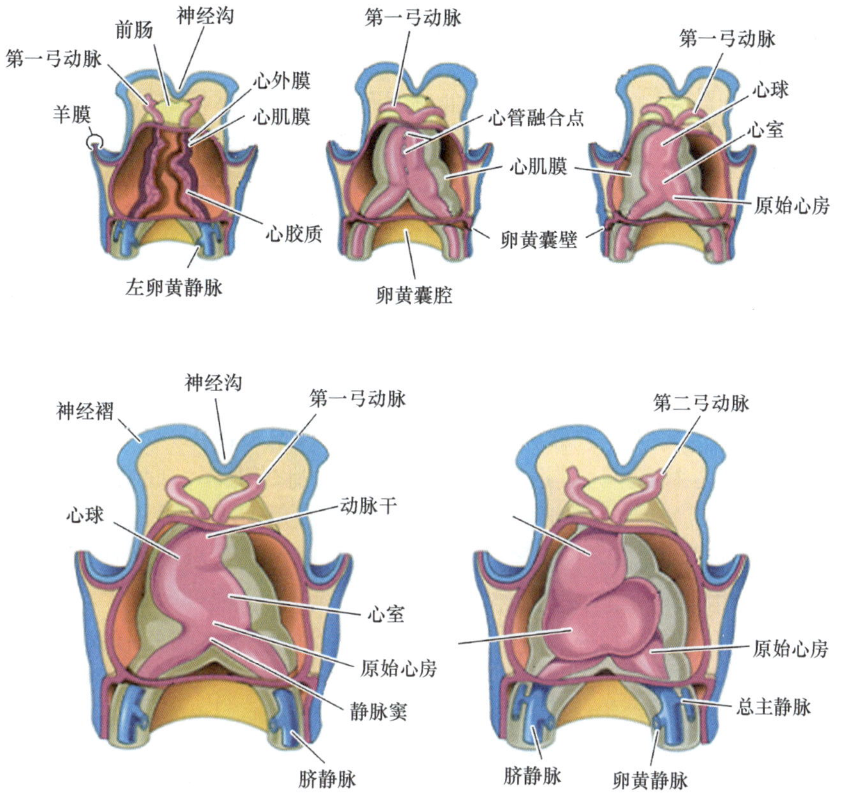

图 26-4*　心脏外形的建立

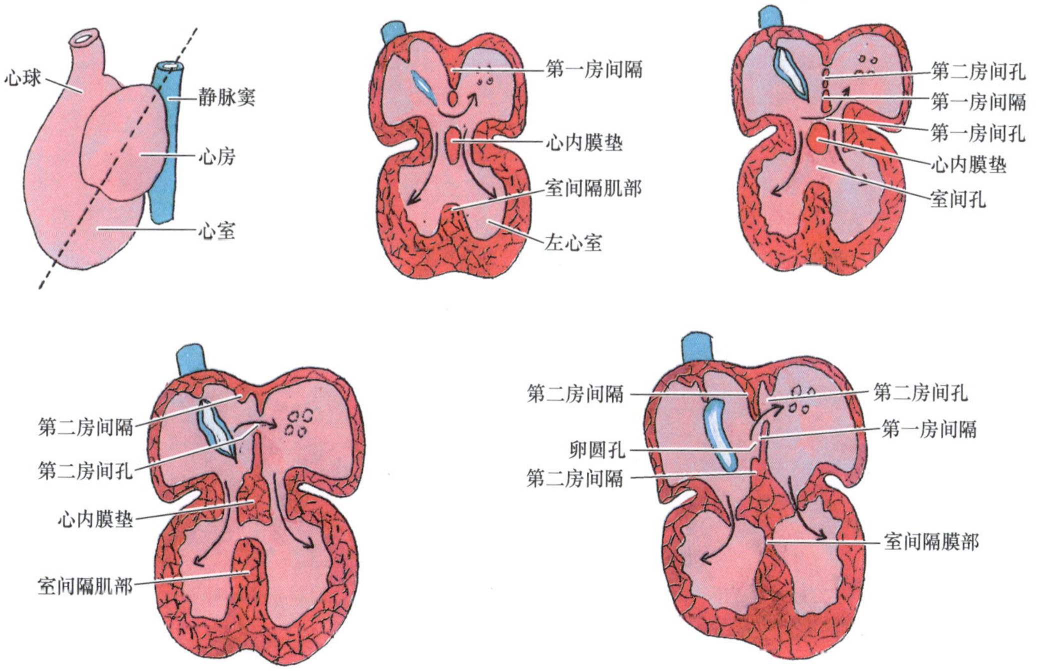

图 26-5　房室管、心房与心室的分隔

部增生并向腔内隆起，形成房室瓣，右侧为三尖瓣，左侧为二尖瓣。

2. *心房的分隔*　在心内膜垫发生的同时，心房的头端背侧正中线上，发生一半月形矢状隔，称原发隔或第一房间隔。其向心内膜垫方向生长，将原始心房分隔为左、右心房。但第一房间隔下缘与心内膜垫之间留有一孔，称**原发孔**（foramen primum）或**第一房间孔**。在第一房间孔封闭前，在第一房间隔的上部中央变薄而穿孔，若干小孔融合成一个大孔，称**继发孔**（foramen secundum）或**第二房间孔**。之后，第一房间隔的下缘与心内膜垫愈合，使第一房间孔完全封闭。此时，原始心房被分成左、右心房，但两者之间仍借第二房间孔沟通。

第 5 周末，在第一房间隔右侧又形成一较厚的新月形隔膜，称继发隔或**第二房间隔**，此隔较厚，下缘呈弧形，其下缘的前、后角向心内膜垫生长，逐渐盖住第一房间隔上的第二房间孔，第二房间隔与心内膜垫之间留有一卵圆形孔，称**卵圆孔**（foramem ovale）。由于第一房间隔很薄，上部逐渐融合于左心房的壁，其余部分在继发隔的左侧覆盖于卵圆孔上，称**卵圆孔瓣**，相当于卵圆孔上的瓣膜。出生前右心房的血液可以经卵圆孔进入左心房，而卵圆孔瓣能阻止左心房的血液倒流入右心房。出生后，肺循环功能建立，左心房回流血液增加，压力增大，致使两个房间隔紧贴，并逐渐融合形成一个完整隔，卵圆孔逐渐关闭，左右心房完全被分开。

3. *静脉窦的演变与永久心房的形成* 位于原始心房尾端的静脉窦分为左、右两个角，且相互对称，它们与左、右总主静脉、脐静脉和卵黄静脉通连。由于之后大量血液汇入右角，右角逐渐扩大，窦房孔也逐渐右移；而左角则逐渐萎缩变小，其远侧段成为左房斜静脉的根部，近侧段成为冠状窦。

胚胎发育第 7～8 周，原始心房扩展很快，以致静脉窦右角被吸收并入右心房，成为永久性右心房的光滑部，原始右心房则成为右心耳。原始左心房最初只有单独一条肺静脉在原发隔的左侧通入，此静脉分出左、右属支，各支再分为两支。当原始心房扩展时，肺静脉根部及其左、右属支逐渐被吸收融入左心房，结果有 4 条肺静脉直接开口于左心房。由肺静脉参与形成的部分形成永久性左心房的光滑部，原始左心房则成为**左心耳**。

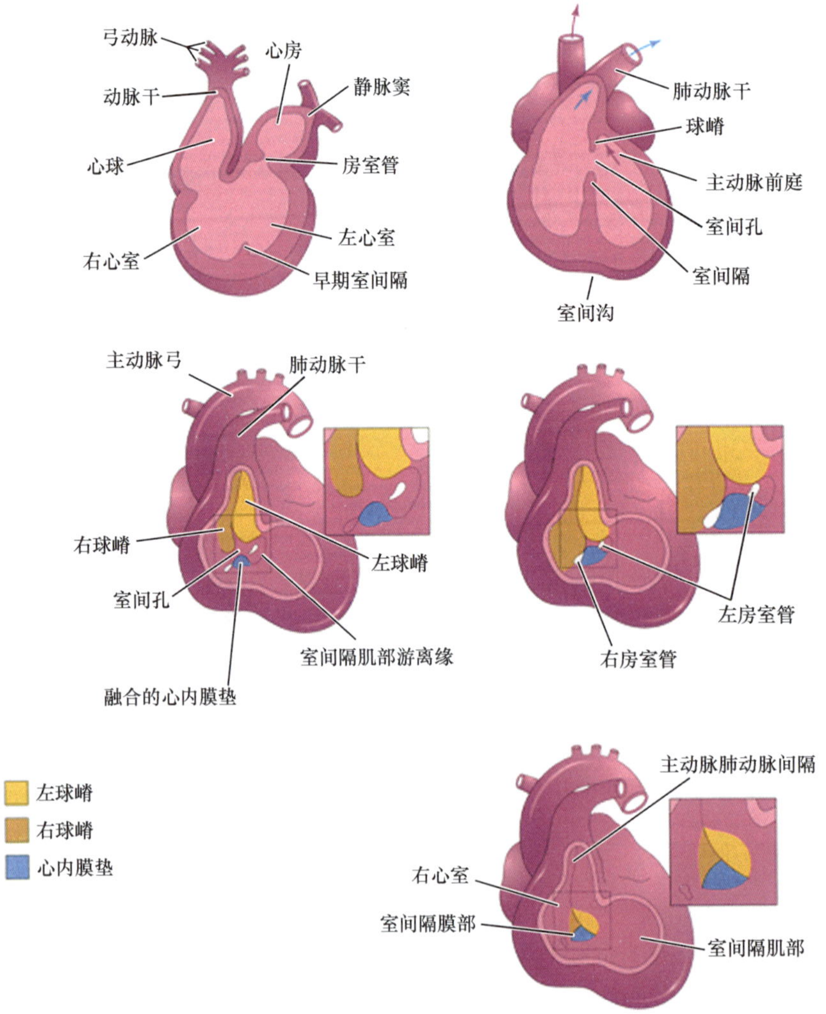

图 26-6* 室间隔膜部的形成与室间孔封闭

4. 心室的分隔　第 4 周末，从心室底壁心尖处组织局部增生形成一较厚的半月形肌性隔膜，向心内膜垫方向生长，称肌性室间隔。肌性室间隔游离缘的凹陷与心内膜垫之间留有一孔，称**室间孔**（interventricualr foramen），使左、右心室相通。至第 2 月，由于左、右心球嵴的延伸及心内膜垫组织的增生，形成了室间隔膜部，并封闭了室间孔。室间孔封闭后，左、右心室完全分隔（图 26-6）。

5. 动脉干和心球的分隔　第 5 周，在动脉干和心球内面局部内膜增生，形成一对螺旋状纵嵴，称左、右球嵴。约在第 2 个月时，它们在中线融合形成一条螺旋形的隔膜，称主动脉肺动脉隔，将动脉干和心球分隔成为两条互相缠绕的管道，一为主动脉，通入左心室，一为肺动脉，通入右心室。由于主动脉肺动脉隔呈螺旋状，故肺动脉干成扭曲状围绕主动脉。主动脉和肺动脉起始处的内膜组织增厚，形成半月形的主动脉瓣和肺动脉瓣（图 26-7）。

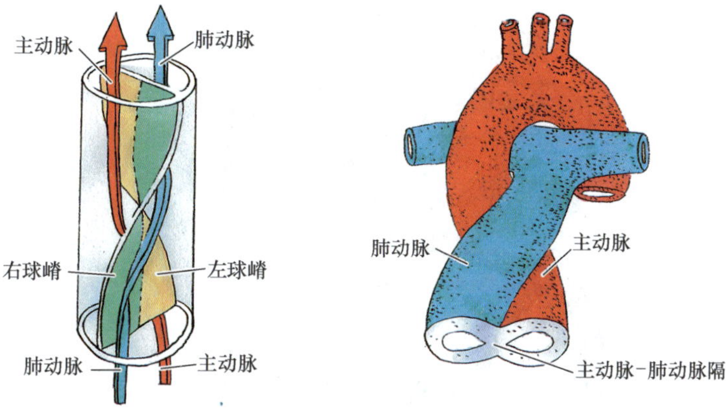

图 26-7　动脉干和心球的分隔

三、胎儿的血液循环及出生后变化

（一）胎儿的血液循环途径

从胎盘来的含氧量高和营养物质丰富的血液，由脐静脉进入胎体流经肝脏时，大部分血液流经静脉导管直接进入下腔静脉，小部分进入肝血窦与门静脉来的血液相混合，经肝静脉至下腔静脉。下腔静脉还收集从下肢、盆腔和腹腔器官来的静脉血。下腔静脉的血液进入右心房后，大部分经卵圆孔进入左心房，小部分和来自上腔静脉含氧量低的血液混合进入右心室。经卵圆孔进入左心房的血液与少量来自肺静脉的血液混合流入左心室，左心室的大部分血液经主动脉弓上的三大分支分布到头、颈和上肢，充分供应胎儿头部发育所需要的氧气和营养；小部分流入降主动脉。右心室血液进入肺动脉，大部分经动脉导管注入降主动脉，少部分进入尚无呼吸功能的肺。降主动脉的血液除分布到腹腔、盆腔器官和下肢外，还经由脐动脉运送至胎盘，进行气体和物质交换，再由脐静脉返回胎儿体内（图 26-8）。

从上述循环途径可以知道，脐静脉来的动脉血，在不同部位和静脉血不同程度的混合，但含氧量高的血液和含氧量低的血液还是基本分流的，心脏和脑等重要器官能得到富有营养和含氧量高的血液供给。这和胎儿血循环系统有静脉导管、卵圆孔、动脉导管和脐动脉、脐静脉等结构特点有关。

（二）胎儿出生后血液循环的改变

胎儿出生后由于胎盘血供中断和肺开始呼吸，胎儿血循环发生重要改变：

（1）脐静脉和静脉导管相继关闭，分别形成肝圆韧带和静脉韧带；脐动脉大部分闭锁成为脐外侧韧带，仅近侧段保留为膀胱上动脉。

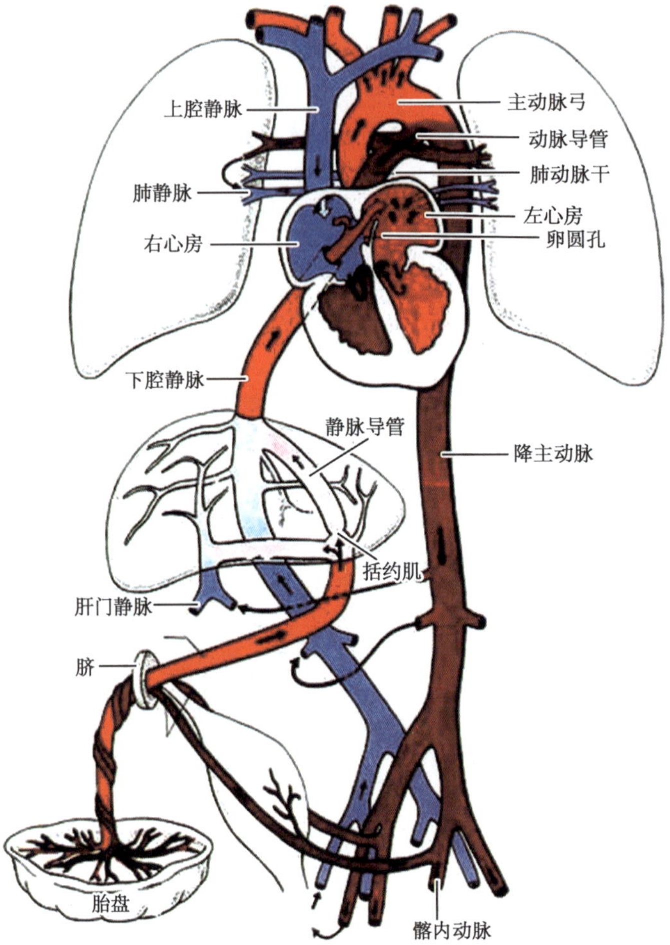

图 26-8 胎儿血液循环示意图

（2）动脉导管闭锁，由于肺开始呼吸，肺动脉的血液大量进入肺，导致动脉导管功能性关闭，其管壁平滑肌收缩，内膜逐渐增厚，出生后 2 ～ 3 个月动脉导管完全闭锁，成为动脉韧带。

（3）卵圆孔关闭，胎儿出生后，左心房压力增高，致使心房第一隔与第二隔相贴，卵圆孔功能性关闭。出生后约一年，第一隔与第二隔粘连在一起，卵圆孔完成结构上的关闭，成为卵圆窝。约有 25% 的人的卵圆孔未达到这种完全的关闭。

四、心血管系统常见的先天畸形

1. 房间隔缺损　最常见的**房间隔缺损**（atrial septal defect）是卵圆孔未闭。其原因多数是由于第二房间孔形成时，第一房间隔被吸收过大，不能遮盖卵圆孔；或是第二房间隔发育不全，卵圆孔过大，难以被第一房间隔遮盖；心内膜垫发育不良，第一房间隔未与心内膜垫愈合而留有一孔。

2. 室间隔缺损　**室间隔缺损**（ventricular septal defect）分为室间隔膜部缺损和室间隔肌部缺损两种情况。最多见的是室间隔膜部缺损，常由于心内膜垫组织发育不良所致，未能与球嵴和室间隔肌部融合。室间隔肌部缺损较少见，是由于室间隔肌部形成时心肌膜组织过度吸收所造成，可出现在肌性隔断各个部位，呈单发性和多发性。此外还存在室间隔缺如的情况。

3. 主动脉和肺动脉错位　**主动脉和肺动脉错位**（transposition of aorta and pulmonary）指主动脉和肺动脉发生中相互错位，以致主动脉位于肺动脉前面，由右心室发出，肺动脉干则由左心室发出。此种畸

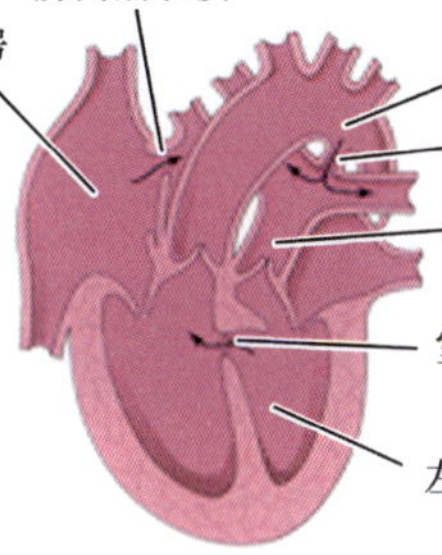

图 26-9*　主动脉和肺动脉错位

形发生的原因为动脉干和心球分隔时，主动脉肺动脉隔不按螺旋方向生长，而是形成平直的隔板（图 26-9）。此畸形常伴有房室隔或室间隔缺损和动脉导管未闭，使肺循环和体循环出现多处直接交通。

4. 主动脉或肺动脉狭窄　由于动脉干和心球分隔不均，形成一条动脉粗大，一条动脉狭小，即**主动脉或肺动脉狭窄**（stenosis of aorta or pulmonary artery），这种畸形常伴有室间隔膜部缺损。

5. 动脉导管未闭　常见的血管畸形，女性为男性发病率的 2 ～ 3 倍。原因可能为动脉导管过于粗大或出生后动脉导管的平滑肌未能收缩，致使肺动脉和主动脉保持相通的状态。由于动脉导管未闭，主动脉的血流必然经动脉导管向右分流，造成肺循环量增加而体循环减少，从而引起肺动脉高压、右心室肥大等。

6. 法洛四联征　**法洛四联征**（tetralogy of Fallot）主要原因是主动脉肺动脉隔偏位，以致产生① 肺动脉狭窄；② 室间隔缺损；③ 主动脉骑跨；④ 右心室肥大（图 26-10）。由于肺动脉狭窄，右心室排血阻力增大，致使右心室逐渐肥大。患此病的新生儿有明显发绀现象。

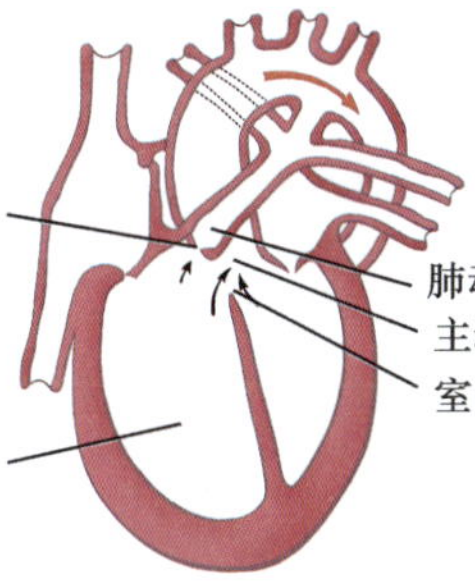

图 26-10　法洛四联征

本章小结

原始心血管系统是由胚体外和胚体内的 ________ 网彼此联通、不断改建形成，包括一对心管和动静脉结构。心脏的发生包括：________、________ 以及 ________ 三个过程。由生心区的生心板形成一对原始心管，两侧心管逐渐融合为一条，出现 ________、________ 和 ________ 三个膨大。心房的分隔过程中先后形成 ________ 个房间隔，________ 个房间孔。第一房间隔上有 ________ 个房间孔，分别是 ________ 和 ________；第二房间隔下缘处形成卵圆孔，其上由 ________ 覆盖，完成心房分隔。出生后 1 年 ________ 达到解剖学上的关闭。心室分隔由 ________ 与 ________ 两部分构成，将左、右心室完全分隔。动脉干和心球分隔后成为 ________ 和 ________，其分隔异常导致法洛四联征，其特征为：________、________、________ 和 ________。

（李红丽　田衍平）

第二十七章

神经系统的发生

学习要点

① 神经管的早期分化、神经管的分层及其细胞的迁移；② 脊髓和脑组织发生的基本过程；③ 神经系统的常见先天畸形。

神经系统起源于胚期的神经外胚层，神经外胚层先形成神经管和神经嵴。神经管演化为中枢神经系统，神经嵴演化为周围神经系统。

一、中枢神经系统的发生

（一）神经管的早期分化

胚胎第 3 周初，在脊索的诱导下，出现了由神经外胚层构成的神经板。神经板凹陷形成神经沟。在相当于枕部体节的平面上，神经沟首先愈合成神经管，愈合过程向头、尾两端延伸，最后在头、尾两端各有一开口，分别称**前神经孔**（anterior neuropore）和**后神经孔**（posterior neuropore）。胚胎第 25 天左右，前神经孔闭合，第 27 天左右，后神经孔闭合，形成完整的神经管。至第 4 周，神经管的头端膨大，衍化为脑；后段较细，仍呈管状发育衍化为脊髓（图 27-1）。

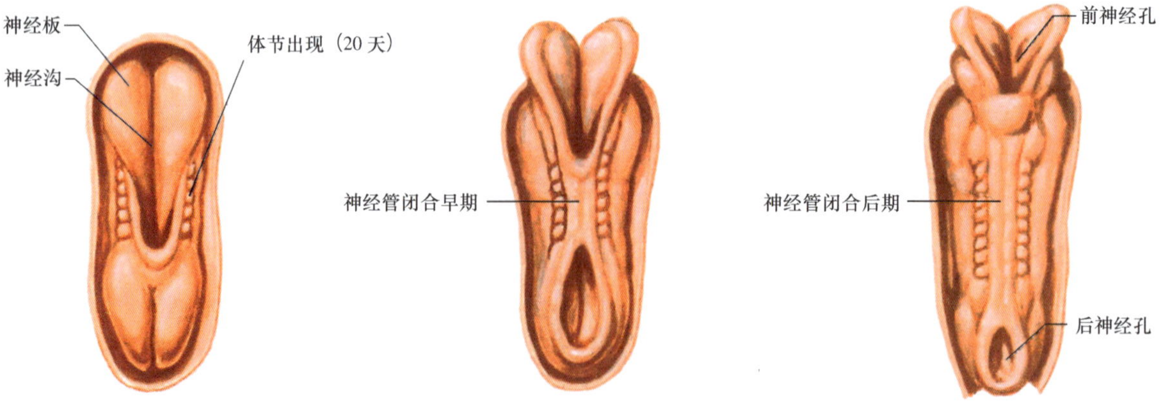

图 27-1* 神经管的形成

神经管形成后，管壁由单层柱状上皮变为假复层柱状上皮，称**神经上皮**（neuroepithelium）。神经上皮的基膜较厚，称外界膜。管腔内面也有一层膜，称为内界膜。神经上皮细胞不断分裂增殖，部分细胞迁延至神经上皮外周，先后分化为**成神经细胞**（neuroblast）和**成神经胶质细胞**（glioblast），并在此处构成一层新的细胞层，称套层（mantle layer），该层将发育为中枢神经系统的灰质。而原位的神经上皮停止分化，成为由单层立方或矮柱状细胞构成的**室管膜层**（ependymal layer），该层最终发育成为脑室和中央管的室管膜。套层的成神经细胞起初为圆球形，很快发出突起并逐渐伸至套层外周，形成细胞稀少的**边缘层**（marginal layer）。随着成神经细胞的分化，套层中的成胶质细胞也分化为星形胶质细胞和少突胶质

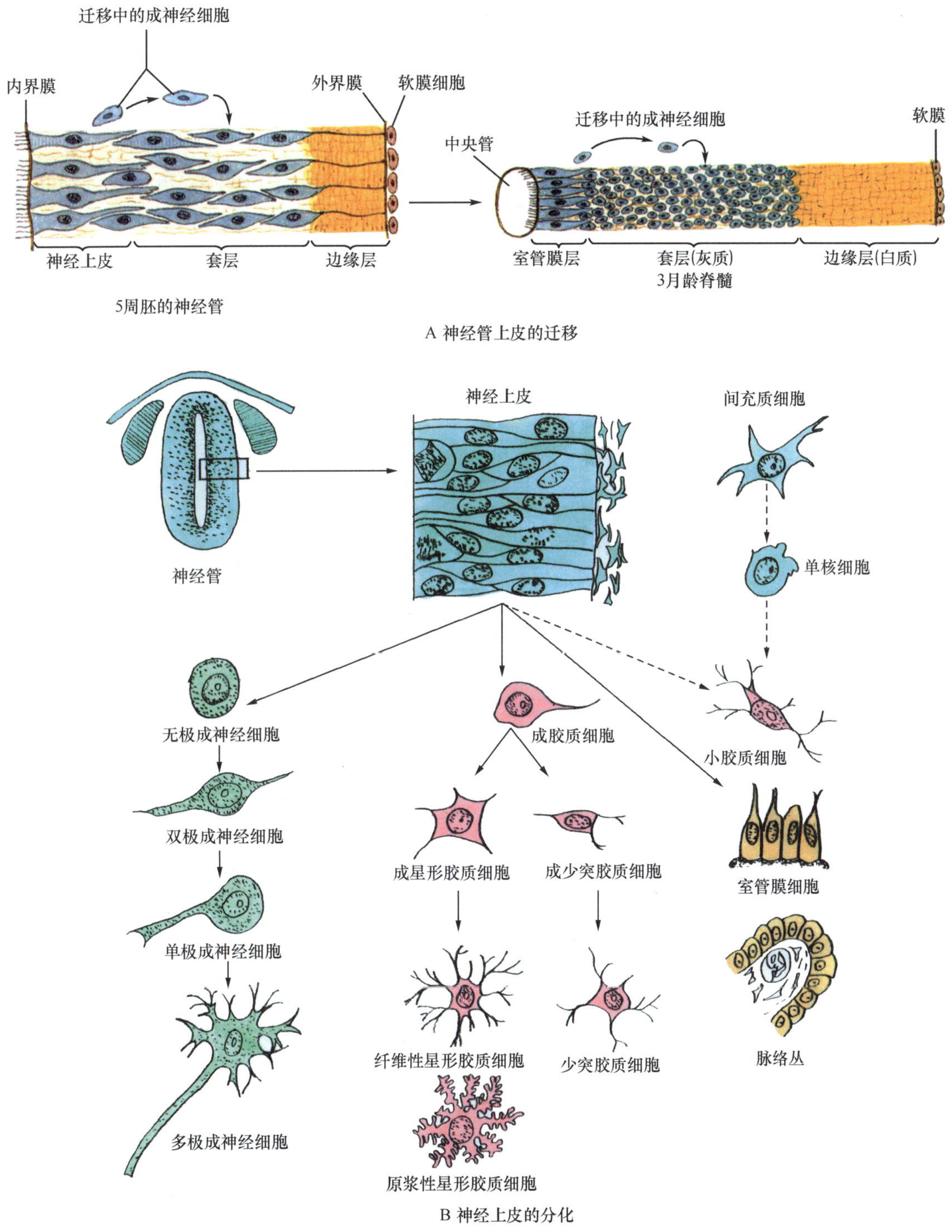

图 27-2　神经管壁上皮的迁移与分化

细胞，并有部分进入边缘层（图 27-2）。边缘层以后发育为中枢神经系统的白质。

成神经细胞起初为圆形，形成无极成神经细胞，以后经历双极成神经细胞、单极成神经细胞和多极成神经细胞的演变过程，再分化为各种神经元。

在神经元的发生过程中，最初生成的细胞数量要远多于最终分化存留的细胞，那些最终未能与靶细胞建立连接或处于异常部位的神经细胞都可能发生凋亡。神经细胞的存活及其突起的发生主要受靶细胞产生的神经营养因子的调控，如神经生长因子、成纤维细胞生长因子、表皮生长因子等。大量神经细胞的凋亡与它们不能获得靶细胞释放的神经营养因子密切相关。

神经胶质细胞的发生过程中，先由成神经胶质细胞分化为各类胶质细胞的前体细胞，即成星形胶质细胞和成少突胶质细胞，再由前者分化为原浆性和纤维性星形胶质细胞，后者分化为少突胶质细胞。小胶质细胞的形成较晚，来源于血液单核细胞。

（二）脊髓的发生

神经管的下段发育成脊髓，其管腔演化为中央管。神经管壁的内层发育为脊髓的室管膜层，中间的套层发育为脊髓的灰质，外周的边缘层发育为白质。神经管的两侧壁由于套层中成神经细胞和成胶质细胞的增生而迅速变厚，背侧形成左、右两个**翼板**（alar plate），腹侧形成左、右**基板**（basal plate）。翼板和基板之间的内表面有左、右相对的两条纵沟，称**界沟**（sulcus limitans）。神经管的背侧壁和腹侧壁变薄变窄，分别称**顶板**（roof plate）和**底板**（floor plate）（图 27-3）。

由于成神经细胞和成胶质细胞的增多，左、右两基板向腹侧突出，致使在二者之间形成一条纵行的裂隙，位居脊髓的腹侧正中部，称前正中裂。同时，左、右两翼板增大并向内侧推移，至中线融合而形成一隔膜，称后正中隔。基板形成脊髓灰质的前柱（或前角），其中成神经细胞主要分化为躯体运动神经元。翼板形成脊髓灰质的后柱（或后角），其中成神经细胞分化为中间神经元。若干成神经细胞聚集于基板和翼板之间形成脊髓灰质侧柱（或侧角），其内的成神经细胞分化为内脏传出神经元。另外，位于中央管腹侧和背侧的套层，形成脊髓灰质的前连合和后连合。随着套层内的细胞不断增生，成神经细胞的突起延伸至边缘层，并使之不断增厚，由于髓鞘的发生，边缘层有髓神经纤维形成脊髓白质。

胚胎第 3 个月之前，脊髓与脊柱等长，其下端可达脊柱尾骨。第 3 个月之后，脊柱逐渐超越脊髓向尾端延伸，脊髓位置相对上移。出生前，脊髓下端与第 3 腰椎平齐，仅以终丝与尾骨相连。当脊髓位置相对上移后，腰、骶和尾段的脊神经根则在椎管内垂直下行，与终丝共同组成马尾。

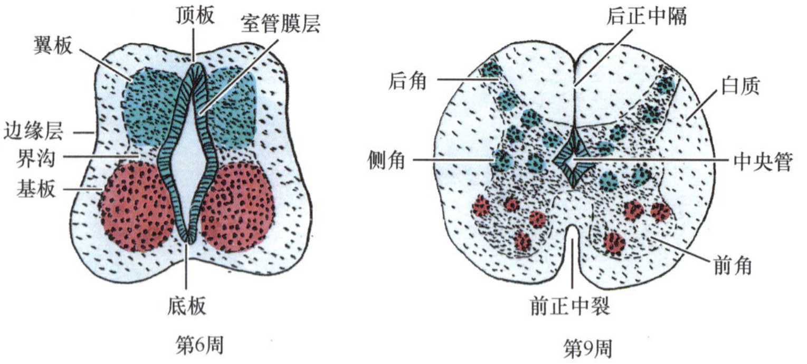

图 27-3 脊髓的分化模式图

（三）脑的发生

1. 脑泡的形成和演变 胚胎第 4 周末，神经管的头端膨大形成三个**脑泡**（cerebral vesicle），从头至尾分别称**前脑泡**、**中脑泡**和**菱脑泡**。到第 5 周时，前脑头端向两侧膨大，发育成左、右两个端脑及间脑。端脑向两侧膨大，以后演变为左、右两个大脑半球。中脑泡演变为中脑。菱脑泡的头端发育成后脑，尾端发育成末脑，后脑再演变为脑桥和小脑，末脑演变为延髓（图 27-4）。

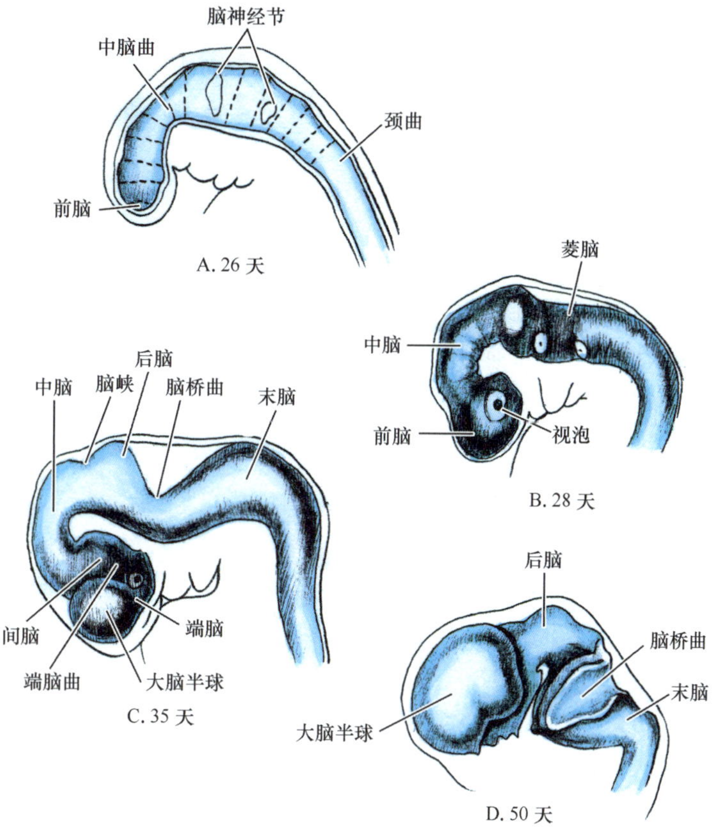

图 27-4 脑泡和脑曲的发生模式图

脑演变的同时，神经管的管腔也演变为各部位的脑室。前脑泡腔演变为左、右两个侧脑室和间脑中的第三脑室；中脑泡腔形成狭窄的中脑导水管；菱脑腔演变为宽大的第四脑室。

由于脑各部发育时不平衡，在其发育过程中相继出现了几个不同方向弯曲。由于胚胎头部向腹侧屈曲，在中脑处出现凸向背侧的头曲和菱脑与脊髓之间凸向背侧的颈曲。之后，端脑和脑桥处产生两个凸向腹侧的端脑曲和脑桥曲。

2. *大脑皮质与小脑皮质的组织发生* 脑泡壁的演化与脊髓相似，但更为复杂。神经上皮细胞增殖并向外迁移，分化为成神经细胞和成神经胶质细胞，形成套层。套层增厚使侧壁分成背侧的翼板和腹侧的基板。间脑和端脑的套层大部分形成翼板，基板甚小。端脑套层中的大部分细胞都迁至外表面，形成大脑皮质，少部分细胞聚集成团，形成神经核。中脑、后脑和末脑中的套层细胞多聚集形成各种神经核。翼板中的神经核多为感觉中继核，基板中的神经核多为运动核。后脑翼板背侧部发育成小脑皮质。

二、周围神经系统的发生

（一）神经节的发生

神经节起源于神经嵴。神经嵴细胞向两侧迁移，分列于神经管背外侧并聚集成细胞团，进而分化为脑神经节和脊神经节。这些神经节均属感觉神经节。成神经细胞最先长出两个突起成为双极神经元，之后两个突起起始部合二为一成为假单极神经元。卫星细胞是一种神经胶质细胞，包绕在神经元胞体的周围，神经节周围的间充质分化为结缔组织被膜，包绕整个神经节。

于胚胎第 5 周，胸段神经嵴的一部分细胞迁至背主动脉背外侧，分化形成两列节段性排列的交感神经节。节中的神经嵴细胞首先分化为交感成神经细胞，再由此分化为多极的交感神经节细胞。副交感神经节的起源问题尚有争议。有人认为神经管中的成神经细胞形成副交感神经节，也有人认为来源于脑神经节中的成神经细胞。神经节周围的间充质分化为结缔组织被膜。

（二）周围神经的发生

周围神经内包含感觉神经纤维和运动神经纤维，神经纤维由神经细胞的突起和施万细胞构成。感觉神经节内细胞的周围突形成感觉神经纤维；脑干及脊髓灰质前角的运动神经元轴突形成躯体运动神经纤维。脊髓灰质侧角和脑干内脏运动核内的神经元发出的轴突形成内脏运动神经节前纤维，终止于自主神经节，节后纤维则是自主神经节细胞的轴突。周围神经发生时，由神经嵴分化而来的施万细胞随神经元轴突的延长而同步增殖和迁移，形成有髓神经纤维的髓鞘。

三、神经系统的常见先天畸形

（一）神经管缺陷

神经管缺陷（neural tube defects）是由于神经管闭合和发育不全引起的一类畸形，主要表现是脑和脊髓的异常，并常伴有颅骨和脊柱的异常。

1. *无脑畸形* 正常情况下，胚胎第4周末神经管应完全闭合，若头侧神经沟未闭，就会形成**无脑畸形**（anencephaly），常伴有颅顶骨发育不全，称为露脑。由于颅骨的发育不全而使脑膜自缺损处向外突出者称脑膜脑膨出，多发生于枕部。缺口常与枕骨大孔相通。

2. *脊髓裂和脊柱裂* 若神经管尾侧神经沟未闭，就会形成**脊髓裂**（myeloschisis），常伴有相应节段的**脊柱裂**（spina bifida），以腰骶部多见。脊柱裂的严重程度不同，其中中等的脊柱裂比较多见，在患处常形成一个大小不等的皮肤囊袋，如果囊袋中只有脊膜和脑脊液，称**脊膜膨出**；如果囊袋中既有脊膜和脑脊液，又有脊髓和神经根，则称**脊膜脊髓膨出**（图 27-5）。

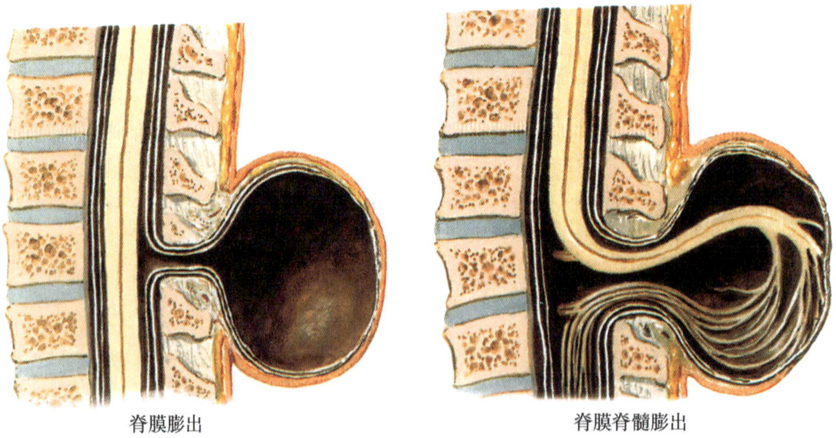

图 27-5* 脊膜膨出和脊膜脊髓膨出

（二）脑积水

脑积水（hydrocephalus）因脑室系统发育障碍、脑脊液生成和吸收失去平衡所致，以中脑导水管和室间孔狭窄或闭锁引起的最为常见。由于大量脑脊液不能正常流通循环而聚集于脑室内，致使脑室中积满液体或在蛛网膜下腔中积存大量液体，前者称为脑内脑积水，后者称为脑外脑积水，临床特征主要为脑内压升高，脑室扩张，脑壁变薄，颅缝变宽，胎儿头部明显增大。

本章小结

神经系统发育从胚胎第3周开始，由神经板形成 __________ 并愈合成 __________。神经管的头尾两端各有一开口，分别称为 __________ 和 __________。神经管管壁由神经上皮组成，可分化为成神经细胞和成胶质细胞，形成一层新的细胞层，称为 __________，该层再进一步分化成熟为中枢神经组织的 __________；而边缘层以后发育为中枢神经组织的 __________。神经管前段依次膨大形成三个脑泡，前脑泡形成 __________，中脑泡形成 __________，菱脑泡形成 __________、__________ 和 __________。大脑皮质由迁移分化形成。神经嵴大部分细胞分列于神经管背外侧，进而分化为 __________ 和 __________ 等。神经管闭合和发育不全常造成畸形，如头侧神经沟未闭会形成 __________，伴有颅顶骨发育不全者为 __________。脑膜自缺损处向外突出者称 __________。若尾侧神经沟未闭，就会形成 __________ 等神经系统畸形。

（李红丽　田衍平）

第二十八章

先天畸形

学习要点

① 先天畸形的发生原因与致畸敏感期；② 先天畸形的预防与产前诊断。

先天畸形（congenital malformation）是由于胚胎发育异常，患儿在出生时表现以形态结构异常为主要特征的先天性疾病，属于出生缺陷的一种。狭义的先天畸形仅指解剖结构畸形，而广义的概念是指胚胎发育紊乱而引起的结构、功能、代谢、精神、行为、遗传等方面的异常。研究先天畸形的科学称**畸形学**（teratology），它是胚胎学的一个重要分支学科。

一、先天畸形的发生原因

先天畸形的发生原因主要有两大因素，一是遗传因素，约占 25%；二是环境因素，约占 10%；而大多数则是遗传因素与环境因素相互作用的结果，这两种因素同时存在加上原因不明引发的出生缺陷则约占 65%。有资料提出了新的出生缺陷病因比例：遗传因素约占 40%，环境因素占 5% ～ 10%，原因不明或两者相互作用约占 50%，即多数出生缺陷是遗传和环境因素相互作用的结果。

（一）遗传因素

引起先天畸形的遗传因素有两类：染色体畸变和基因突变。

1. 染色体畸变　**染色体畸变**（chromosome aberration）是指染色体数目与结构的异常。染色体数目减少或增多均可导致先天畸形。染色体数目减少表现为单体型，常染色体单体型胚胎几乎不能存活，性染色体单体型胚胎存活率仅有 3%，且有畸形，如先天性卵巢发育不全（Turner 综合征）畸形患儿的染色体数目表现为 45，XO；染色体数目增多表为三体型，如先天性愚型（Down syndrome）患儿的 21 号染色体为三体型；先天性睾丸发育不全（Klinefelter 综合征）患儿的性染色体为三体型（47，XXY）等等。染色体结构异常多表现为染色体断裂，其断片在重新连接时发生缺失、易位、倒位和重复等是造成胚胎畸变的主要原因。

2. 基因突变　**基因突变**（gene mutation）是指 DNA 分子碱基组成或排列顺序发生改变，如果这些改变累及了生殖细胞，由此引起的畸形就会遗传给后代，如血友病、色盲、线粒体病（线粒体染色体基因突变导致的疾病）等。

（二）环境因素

影响胚胎发育的环境包括母体外环境、母体内环境和胚胎所处的微环境。尽管胚胎在整个分化和发育过程中都受到绒毛膜和胎盘屏障的保护，但环境中的某些因子仍会直接或间接地干扰胚胎的正常发育，导致流产、早产、死胎、先天畸形、胎儿宫内生长迟缓或新生儿感染等。这些环境因素统称为**致畸因子**（teratogen）。环境因素引起的出生缺陷通常不具遗传性。

1. *生物性致畸因子* 包括病毒、细菌、寄生虫等，其中以病毒感染最为常见。这些微生物有的可穿过胎盘屏障、羊水或产道等直接作用于胚胎，引起胎儿宫内感染，而有些是作用于母体和胎盘，引起母体发热、缺氧、脱水、酸中毒、休克等，或引起胎盘物质转运功能改变、胎盘屏障破坏等，进而影响胚胎的发育。现已确定对人类胚胎有致畸作用的生物性致畸因子有风疹病毒、巨细胞病毒、单纯疱疹病毒、弓形体和梅毒螺旋体等。

2. *物理性致畸因子* 电离辐射是物理因素中较为肯定的致畸因素。另一致畸物理因素是高温，研究证实，在怀孕期，无论何种原因引起的体温升高，如感染发热、夏日中暑、高温作业，都可能使早期胚胎受到伤害，特别是胎儿中枢神经系统受损最为明显。其他如视频显示终端、超声、噪声等物理因素是否与出生缺陷有关还有待研究。

3. *致畸性药物* 药物致畸主要作用于第 3 ～ 8 周的胚胎，即器官分化期。现已确定的致畸性药物主要有镇静剂类，如用于治疗妊娠呕吐的反应停，可致胎儿短肢畸形；抗肿瘤类药物如环磷酰胺、苯丁酸氮芥等可通过干扰胚胎细胞的 DNA 和蛋白质合成而致畸；除此之外，某些抗生素亦可导致胎儿畸形，如大剂量应用四环素，可引起胎儿牙釉质发育不全，呈棕黄色，大剂量应用链霉素可引起先天性耳聋；某些抗凝血剂和抗惊厥剂在妊娠早期应用，可能导致颜面部畸形；妊娠早期长时间、大剂量应用黄体酮，会引起男胎女性化的危险。

4. *化学性致畸因子* 随着工业高度发展，人类生存环境的污染日趋严重，工业“三废”、农药、食品添加剂和防腐剂中均含有致畸化学物质。目前已经确认的致畸性化学物质主要有：某些多环芳香碳氢化合物、某些亚硝基化合物、某些烷基和苯类化合物、农用杀虫剂以及铅、砷、镉、汞等重金属。

5. *其他致畸因子* 除上述生物、物理、药物和化学性致畸因子外，孕期缺氧、营养不良及失衡、酗酒、吸烟等也可导致胎儿畸形。如过量饮酒可引起胎儿酒精综合征，表现出发育迟缓、小头、小眼等。近年来，大量出生缺陷监测资料显示：出生缺陷的发生与母亲的健康、生活习惯及孕龄等因素亦有较密切的关系。一些先天畸形，如腹裂、脊柱裂、心脏畸形与母亲的年龄相关，随着母亲年龄的增长，这些先天畸形的发病率亦随之升高。

（三）遗传因素与环境因素共同作用

在先天畸形的发生中，遗传因素与环境因素的相互作用十分明显，这种相互作用一方面表现为环境致畸因子可引发胚胎遗传结构发生改变（染色体畸变和基因突变），进而导致胚胎发育异常；另一方面，胚胎的遗传结构特点也影响着胚体对致畸因子的易感性。流行病学调查显示，在同一地区、同一自然条件下、同时怀孕的几个孕妇，在一次风疹流行中都受到了感染，但出生的婴儿有的出现了畸形，有的却完全正常。决定这种易感性的主要因素就是胚体的遗传结构。

在环境因素与遗传因素相互作用引起的各种先天畸形中，两种因素所起作用的大小各不相同。用来衡量遗传因素在某种畸形发生中作用大小的指标称该畸形的遗传度。某一畸形的遗传度越高，说明遗传因素在该畸形发生中的作用越大。

二、致畸敏感期

胚胎发育是连续的过程，处于不同发育阶段的胚胎对致畸因子作用的敏感程度不同。受到致畸因子作用后，最易发生畸形的发育时期称**致畸敏感期**（susceptible period）。受精后第 3 ～ 8 周，胚体细胞增殖分化活跃，器官原基正在形成，是最容易受到致畸因子干扰而发生畸形的时间，此孕期的保健最为重要（图 28-1）。

不同致畸因子对胚胎作用的致畸敏感期也不同。例如，风疹病毒的致畸敏感期为受精后第 1 个月，畸形发生率为 50%；第 2 个月降至 22%，第 3 个月只有 6% ～ 8%。

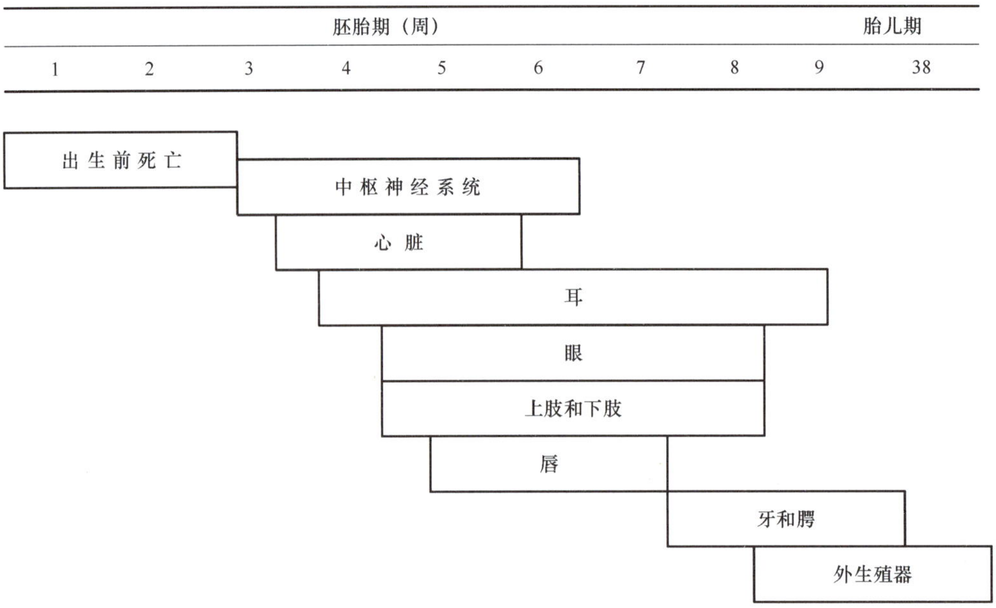

图 28-1 人胚胎主要器官的致畸敏感期

三、先天畸形的预防和产前诊断

随着现代医疗技术的提高，宫内诊断和宫内治疗为畸形的预防开辟了广阔的前景。

（一）先天畸形的预防

1. 遗传咨询　遗传咨询是预防遗传性畸形的有效措施。凡出现或曾经出现过遗传性先天畸形患者的家族、多次出现过同样疾患的家族、先天智力发育不全的家族和多次自然流产者，均应进行遗传咨询。

2. 杜绝近亲婚配　血缘关系越近，相同的致病基因相遇的概率越大。父母和子女之间有半数左右的基因相同，兄弟姐妹之间有 1/4 左右的基因相同，姑表或姨表兄弟姐妹之间约有 1/6 的基因相同。因此，近亲结婚所生子女纯合型基因对的机会增多。

3. 孕前围孕期保健　孕前保健是指通过评估和改善计划妊娠夫妇的健康情况，降低或消除导致出生缺陷等不良妊娠结局的危险因素。而在围孕期保健中，以妊娠 8 周以内的保健最为重要。这段时间正是胚胎器官发生的关键期，最易受到致畸因子的影响而发生畸形。此外合理营养、预防感染、谨慎用药、戒烟戒酒、尽量避免或减少射线照射等措施都是确保胎儿正常发育的基本手段，达到控制出生缺陷的目的。

（二）产前诊断

产前诊断又称宫内诊断或出生前诊断，是预测诊断胎儿出生前是否患有某种遗传性疾病或先天畸形的方法。在遗传咨询的基础上，结合现代生物学、生物化学、免疫遗传学、细胞遗传学、分子遗传学等学科知识，采用多种技术方法，通过对母体或胚胎（胎儿）的检测，诊断胎儿是否患有某种遗传疾病、先天畸形或异常。产前诊断是优生优育，预防缺陷儿出生的重要手段。产前诊断方法包括两大类，创伤性方法和非创伤性方法，前者主要有羊膜囊穿刺检查、绒毛膜取样检查、胎儿镜检查等；后者主要包括超声波检查。

1. 羊膜囊穿刺　羊膜囊穿刺是一种借助超声波引导，经腹部穿刺羊膜囊收集羊水的孕中期诊断方法。羊水中不仅含有胎儿的排泄物、分泌物和多种酶，而且还含有从胎儿皮肤和黏膜脱落下来的上皮细胞。所以，羊水的化学组成能够准确地反映胎儿的代谢状况，羊水细胞的染色体分析能够准确地反映胎儿的遗传构成。羊膜穿刺的时间以第 16 ～ 20 周最为适宜。

2. 绒毛膜取样检查　绒毛膜细胞是由受精卵发育分化的滋养层细胞及绒毛间质中的胚外中胚层细胞组成，因此绒毛膜细胞与胚体细胞同源，具有相同的遗传特性。故可通过绒毛膜活检诊断胚体的染色体异常。此检查可在孕早期第 6 ～ 9 周进行。

3. 胎儿镜检查　胎儿镜是用光导纤维制成的一种内窥镜，胎儿镜检查即是通过胎儿镜在宫腔内对胎儿生长发育及具体组织器官变化情况进行直接观察。必要时，还可从胎儿特定部位取活体组织标本，对特殊疾病进行诊断。此检查在妊娠第 15 ～ 20 周进行效果最好。通过胎儿镜可直接观察有无面裂、唇裂、残肢、并指（趾）、神经管缺陷、前腹壁裂等发育畸形，确定胎儿性别，还可采集血液、皮肤标本，进行相关检查。

4. B 型超声波检查　B 型超声波检查是现代产前诊断中常规使用的一项简便实用、准确可靠的方法。通过超声波检查，不仅可以对胎儿正常发育情况进行定期评估，也可以有目的的观察和追踪胎儿的特殊病理改变，同时，它还是羊膜囊穿刺和胎儿镜检查的先导，能确定胎儿和胎盘的位置及多种畸形。

5. 甲胎蛋白测定　甲胎蛋白又称胎儿蛋白，是胎儿产生的一种特殊蛋白。在孕妇血清中和胎儿羊水中均有表达，但在羊水中检测，其敏感度更高。开放性神经管畸形甲胎蛋白浓度高于正常胎儿的 10 倍。

此外，采集羊水用分光光度计测量胆红素，诊断因 Rh 不相容导致的新牛儿溶血性疾病；检测卵磷脂 / 鞘磷脂比值和磷脂酰甘油含量，可测定胎儿肺成熟度；用 DNA 检测方法，如核型分析或限制性片段长度多态性分析，可诊断染色体异常或单基因缺陷。

（三）宫内治疗

近年来，宫内诊断研究进展很快，但是宫内治疗畸形的手段还非常有限。宫内治疗可分为非手术治疗和手术治疗两类。宫内诊断和宫内手术治疗已经形成了一个专门的学科领域，称胎儿外科学。越来越先进的超声技术大大提高了畸形的宫内诊断水平，使越来越多的畸形能够得到准确的产前诊断，为对其进行宫内手术矫正提供了前提条件。

本章小结

先天畸形是指由于胚胎发育紊乱，患儿在出生时即出现以＿＿＿＿＿＿异常为主要特征的出生缺陷。导致先天畸形主要有两大因素，一是＿＿＿＿＿＿因素，包括了＿＿＿＿＿＿和＿＿＿＿＿＿；二是＿＿＿＿＿＿因素，包括了生物性、物理性、化学性致畸因子及致畸性药物等；而大多数畸形则是＿＿＿＿＿＿因素与＿＿＿＿＿＿因素相互作用的结果。胚胎不同发育阶段对致畸因子作用的敏感程度不同，最易发生畸形的发育时期称__________。受精后第__________周是最易发生畸形的时期，孕前__________是预防先天畸形的重要手段；__________、__________、__________、__________和__________等产前检查诊断方法和宫内治疗为防治先天畸形开辟了广阔的前景。

（石娅萍　周　玥）

第二十八章微课

致畸敏感期

索　引

D

E

F

G

H

J

K

L

M

N

P

Q

R

S

T

W

X

Y

Z

主要参考文献

成令忠，钟翠萍，蔡文琴，2003. 现代组织学［M］. 第 3 版. 上海：科学技术文献出版社.
李和，陈活彝，2021. 组织学与胚胎学（英文改编版）［M］. 第 2 版. 北京：科学出版社.
李和，李继承，2015. 组织学与胚胎学［M］. 第 3 版. 北京：人民卫生出版社.
李继承，曾园山，2018. 组织学与胚胎学［M］. 第 9 版. 北京：人民卫生出版社.
石玉秀，2018. 组织学与胚胎学［M］. 第 3 版. 北京：高等教育出版社.
王亚平，周雪，2016. 组织学与胚胎学［M］. 第 2 版. 北京：科学出版社.
ANTHONY L. MESCHER, 2018. Junqueira's Basic Histology Text & Atlas [M] .15th ed. New York: McGraw-Hill Education.
SADLER T W, 2012. Langman's Medical Embryology [M]. 12th ed. Philadelphia: Lippincott Williams & Wilkins and Wolters Kluwer business.

（* 图片引自：高英茂，2009. 组织学与胚胎学（双语版）［M］. 第 2 版. 北京：科学出版社.）